그리스도를 따르는 길

— 성서와 함께

이기영 목사 에세이

그리스도를 따르는 길 — 성서와 함께

2022년 9월 23일 초판 1쇄 인쇄
2022년 9월 30일 초판 1쇄 발행

지은이 | 이기영
펴낸이 | 김영호
펴낸곳 | 도서출판 동연
등 록 | 제1-1383호(1992. 6. 12)
주 소 | 서울시 마포구 월드컵로 163-3
전 화 | (02)335-2630
전 송 | (02)335-2640
이메일 | yh4321@gmail.com

ISBN 978-89-6447-834-9 03040

이기영 목사 에세이

그리스도를
따르는 길

성
서
와 📖
함
께

이기영 지음

동연

머 리 말

한국 개신교 역사에서 '교회다운 교회상'을 찾는다면 한국 개혁교회가 3·1운동 당시의 독립운동, 민족운동의 온상 격이 되었던 시기였다는 장공(長空) 선생님이 회상한 글을 읽었습니다. 1910년에 우리나라는 일본에 합병되었습니다. 한국에서의 프로테스탄트 기독교는 '교회'로 조직이 자리 잡기 시작하였습니다. 정교 분리의 원칙도 어느 정도 실현되었으며, 특히 개혁교회에서 파송한 선교사들은 직접 일제 치하에 있지 않은 관계로 선교사들의 치외권 세력이 어떤 경우에는 한국교회에도 미치게 되었습니다. 그리하여 교회는 독립운동, 민족운동의 온상이 되어갔습니다. 그동안 다수의 신자를 획득하고 선교사들을 통하여 영·미·캐나다·호주 등 제국의 선교지 교회와 혈맥을 나누고 있던 한국교회는 의연하게 독자적인 지위에서 미래를 창건하고 있었습니다(『장공(長空) 김재준의 삶과 신학』, 2014, 장공기념사업회, 470-480).

합병 초기의 일제 군정을 통한 탄압은 거의 완벽하였지만 단 한 가지, 세계의 이목이 두려워서 감히 손대지 못한 단체가 곧 교회였습니다. 그러므로 교회는 일제의 눈 위의 흙처럼 미운 존재였습니다. 그리하여 사내(데라우치) 총독은 '총독 암살 음모'를 꾸민다는 허구로 기독교 지도자 105인을 일망타진하려는 악랄한 수단까지 썼습니다.

1919년 3·1운동에서 독립선언의 내용, 정신과 태도에 그리스도교적인 윤리가 다분히 반영되어 있다는 것은 주지의 사실입니다. 그런데 그 운동을 전개하는 데 주동적인 구실을 한 것이 그리스도교인들이었다는 사실을 유념해야 합니다. 천도교, 불교에서 동참했지만, 그들의 민간 조직체가 교회와 같이 전국적으로 민중 속에 침투하여 있지 못했기 때문에 각 지방에서 주로 교회가 그 운동의 기점이 되었습니다. 그때 이후, 한국교회는 민족주의, 자유독립운동자들의 은신처, 또는 온상의 구실을 해왔습니다. 그리고 3·1운동 직후의 한국교회 강단에서 가장 총애를 받은 설교 본문은 주로 출애굽기였고, 노예에서 자유 해방을 거쳐 건국의 거인이 된 모세가 지도자상의 목표였습니다.

　　오늘의 한국교회는 3·1운동 당시의 교회상을 가장 교회다운 교회로 여기며 내세워야 한다고 생각합니다. '교회를 교회 되게' 하기 위하여 정의·평화와 역사적인 책임에 철저하고, 의에 용감하며, 사랑에 진실해야 합니다. 3·1운동의 그 저항은 비폭력저항이었기에 더욱 빛나고 이 같은 정신은 자기 초월의 신앙, 평화 지향적이었음을 잊지 말아야 합니다.

　　지금 우리는 인류사적 위기, 문명의 위기, 자연과 미생물의 침공에 시달리고 있습니다. 이런 때일수록 그리스도인들은 더 높은 공공의식을 갖고 이 위기를 극복하는 지혜와 주님의 역사 섭리를 깊은 데서 되물어야 합니다. 새로운 삶의 방식을 제시하는 데 더 큰 지혜를 모아야 합니다. 더 큰 용서로 서로 위로하며 서로 치유하는 일에 적극 공조해야 합니다. 그러기 위해 1세기 전 세계가 약한 백성들의 땅을 탐욕대로 강점하고 수탈했던 시기에, 그 폭력적 제국주의 권력에 비폭력적으로 살신성인의 정신으로 저항했던 3·1 만세 때의 정신과 용기 투쟁을 계승하여야 합니다. 분단으로 아픔을 겪어 온 부끄러운 역사였고, 아직도 피차 군사력 강화로 폭력 시위를 하는 현실에 의존하지 말고, 정말 상호 협력·화해·평화 통일을 갖는 새로운 결단, 새로운 가치의 메시지 그리고 오늘의 예수님 하나님 나라 운동(평화)을 찾아 일어나야 합니다.

남북 화해는 주변 강대국과 긴밀한 협력을 하되 의존할 성질의 것은 아닙니다. 남북 당사자 간의 신뢰와 인간애, 상생의 원칙과 민족 자주성을 회복하여 교류하고 도우며, 한반도 평화를 실현해 가야 합니다. 우리는 주권 국가의 자주민이고 충분히 그렇게 할 수 있을 만큼 성숙하였습니다. 이제는 평화 체제로 전환하고, 핵전쟁을 제거하고, 온 인류와 세계의 생존과 평화를 물려주는 세계사적, 인류사적 사명도 동시에 가져야 합니다. 하나님 평화(샬롬)를 우리 한반도에서 시작하는 것입니다.

목회자의 사명, 말씀 선포는 정성껏 준비한 생명 양식과 같아서 그 말씀을 듣는 이들과 교감(交感) 내지 사귐을 계속하고, 참 신앙의 열매를 공유(共有)하며, 상호소통의 열매를 실감하며 감사하는 것입니다. 지난 2년여간 코로나19와 러시아의 우크라이나 침공과 급변하는 주변 정세의 소용돌이 속에서 끈끈히 상호소통하며 보낸 나루교회 교우님들과 나누었던 메시지를 세상에 내놓게 되었습니다. 정말 부스러기를 모아서 『그리스도를 따르는 길 ― 성서와 함께』를 책으로 펴내게 되었습니다. 지치고 어두운 세상을 향해 걷는 순례 여정 목회자들과 공감한다는 결의이고 다짐입니다. 책 출판에 수고해주신 도서 출판 동연 김영호 사장님과 그 직원들에게 감사의 인사를 드립니다.

2022년 9월
이기영 목사

차 례

-1부-

그리스도를 본받아

황금률의 교훈과 비전

Teaching of Golden Rule and Vision

이사야 55:6-9; 누가복음 6:31-38

1

인종차별이 심했던 때의 이야기입니다. 한 미국 신사가 자기 집 정원 앞에서 맥주를 마시며 서 있었습니다. 이때 남루하고 몹시 피곤해 보이는 한 인디언이 지나가다가 그 신사에게 빵을 좀 달라고 애걸했습니다. 신사는 "너에게 줄 빵이 없다"라고 말했습니다. "그렇다면 지금 당신이 마시는 맥주라도 한잔…" 주십사고 부탁했으나 역시 거절당했습니다. 몹시도 배고프고 갈증이 난 인디언은 마지막으로 물 한 모금이라도 달라고 사정했지만, 미국 신사는 "너처럼 개 같은 인디언에게 줄 물은 없다"라고 잘라 말했습니다. 인디언은 슬픈 얼굴로 돌아갔습니다. 얼마 후에 미국 신사가 사냥을 나갔다가 깊은 산중에서 사냥개를 놓쳐 그만 길을 잃었습니다. 방향감각도 없이 산속에서 헤매는데 날이 어두워지기 시작했습니다. 그는 배고프고 목말라 죽을 지경에 이르렀습니다. 마침 그때 그곳을 지나가던 인디언은 그의 딱한 사정을 보고 당장 구출해서 자기 집으로 안내하여 후히 대접했습니다. 그 신사가 정신을 차리고 나서 가만히 보니 자기를 구출한 인디언이 바로 얼마 전 자기가 박대했던 그 인디언이었습니다. 너무 어이없고 부끄러워서 어쩔 줄 몰라 하는 신사에게 인디언이 조용히 말했다고 합니다. "당신이 얼마 전에 나에게 한 것처럼 내가 당신을 대했다면 지금쯤 당신은 산중에서 죽었을 것이다."

여러분, 심은 대로 거둔다는 이치는 평범한 진리입니다. 이 진리를 모르는 사람은 없습니다. 그럼에도 이 진리를 믿지 않고 거역하며 소홀히 여겨 많은 문제가 생겨나고 있습니다. 이웃으로부터 지금 내가 받는 이 대우가 바로 내가 심은 것이라고 믿을 수만 있다면 불평할 이유가 있겠습니까? 무엇을 심었든지 내가 심은 대로 거두게 될 것을 믿고 사는 자가 많을 때, 이 세상은 좀 더 평화로운 세상이 될 것입니다.

오래전 미국의 보스턴에 스트로사라는 청년이 있었습니다. 그는 큰 꿈을 가지고 있었지만, 그 꿈을 이루는 데 필요한 돈이 없어서 거부인 바턴 씨를 찾아가서 2천 불을 꾸어달라고 부탁했습니다. 자기에게는 담보는 없지만 일에 대한 꿈과 용기가 있으니 믿고 대여해 주시면 그 은혜는 잊지 않겠노라고 자신 있게 말했습니다. 바턴 씨의 주위 사람들은 경력도 없는 그에게 담보나 후원자도 없이 돈을 꾸어주는 것은 위험한 일이라고 만류했습니다. 그러나 바턴 씨는 왠지 그 청년의 용기가 마음에 들어 모험을 걸고 2천 불을 주었습니다. 과연 스트로사는 얼마 되지 않아 그 돈을 갚았습니다. 이 일이 있은 지 10년이 지났습니다. 당시 미국에는 경제공황이 일어나 바턴 씨는 완전히 파산당할 지경에 이르렀습니다. 소문으로 이 사실을 알게 된 스트로사는 바턴 씨를 찾아가 당신이 빚진 돈 7만 5천 불을 내가 대신 갚아 주겠다고 말했습니다. 바턴 씨는 깜짝 놀라 "자네가 가져갔던 돈은 이미 갚았는데 무슨 소리요?"하고 의아해했습니다. "분명히 빚진 돈 2천 불은 옛날에 갚았지만, 당신이 베풀어 준 그 은덕은 평생 갚지를 못한다. 그때 2천 불로 장사를 해서 오늘 이렇게 큰 부자가 되었다"라고 스트로사는 진심으로 고마워했습니다. 여러분, 은덕과 사랑은 갚을 길이 없습니다. 이것이 돈으로 갚아진다고 생각하는 사람은 정신 나간 사람입니다. 은덕과 사랑은 영원히 갚을 수 없는 빚입니다.

2

오늘 신약성서 본문은 심은 대로 거둔다는 인과율 위에 있는 하나님의 뜻과 그리스도의 마음을 우리에게 설명하고 있습니다. 세상 사람들의 삶의 형태를 여러 가지 측면에서 나눌 수 있는데, 여기서는 과거지향적인 형과 미래지향적인 형으로 나누어 보겠습니다. 과거지향적인 사람으로는 우선 악을 심고 그 악의 싹이 날 것을 두려워하며 벌벌 떠는 사람을 말합니다. 그도 심은 대로 거둔다는 이 진리를 알고 있기에 어딘가에 남몰래 심어 놓은 악의 씨가 머리를 들고 돋아날 것이므로 무사할 리가 없다는 것입니다. 그래서 늘 불안한 과거에 매여 사는 사람입니다.

또 하나는 작은 것이지만 선을 심고 기다리면서 불만을 가진 인간형이 있습니다. 내가 선한 일을 했는데 왜 하나님은 복을 주시지 않는 가, 또는 십일조를 바쳤는데 왜 장사가 잘되지 않는가하고 불만과 불평으로 살아가는 것입니다. 어쨌든 둘 다 과거지향적인 사람들로, 피곤한 삶을 사는 사람들입니다. 이렇게 율법적인 생이란 언제나 불안하거나, 불평 가운데 살기 마련입니다.

그러나 본문에서는 미래지향적이요 적극적이고 창조적인 생을 가르치고 있습니다. 본문은 네 가지 인생을 구분해서 말씀하고 있습니다. ① 사랑을 받고 미워하는 사람, 즉 은혜를 원수로 갚는 사람입니다. 세상에는 이런 배은망덕한 사람들이 더러 있습니다. ② 미움을 받고 미워하는 사람입니다. 빼앗겼으니 빼앗고 미움받았으니 미워하고 배신당했으니 배신한다는 식의 삶의 방법입니다. ③ 사랑을 받고 사랑을 하는 사람입니다. 사랑받았으니 사랑하는 것으로 일대일입니다. ④ 미움을 받고 사랑하는 사람입니다. 즉, 빼앗기고도 베푸는 형입니다. 본문에서 말하고자 하는 결론은 바로 네 번째의 인간형으로, 원수를 사랑하라는 것입니다. 어렵지만 여기서부터 그리스도인입니다.

내가 빼앗겼다고 빼앗을 권리가 있는 줄 아십니까? 미움을 받았으니 당연히 다른 사람을 미워해야 한다는 것은 그리스도인에게는 통하지 않습니다. 아무도 미워할 권리는 없습니다. 원수까지도 사랑하라고 말씀하십니다. 스데반처럼 돌에 맞아 죽으면서까지 용서하고 사랑하는 수준에 이르자는 것입니다.

본문은 또 다른 의미에서 네 가지의 사람을 보여주고 있습니다. ① 먼저 받고 주는 기본적이고 초보적인 사람을 말합니다. 이것은 보통 흔히 있는 일로써 죄인들도 이렇게 하고 있습니다. ② 받기를 바라고 주는 사람으로 보통 사람을 말합니다. 먼저 주는 것이므로 다소 주도권이 있습니다. 그런 받기를 바라는 마음으로 주는 것이므로 기회주의자라 할 수 있습니다. 가령 누군가와 악수를 하면서도 이 사람과 친해지면 나에게 유리할까 아닐까를 생각하는 눈치 빠른 타입입니다. 인사를 하든 선물을 주든 간에 조건적이요 바라는 마음이 앞서 있다는 말입니다. 이 세상에는 대체로 이런 종류의 사람이 제일 많습니다.

③ 바라지 않고 베푸는 사람을 말합니다. 본문에서도 바라는 것이 없이 베풀라고 말씀하고 있습니다. 바라고 베푸는 것은 앞에서도 언급했듯이 보통 흔히 있는 일이므로 바라지 말고 베풀라는 것입니다. 이런 수준의 사랑은 대단히 훌륭한 사람입니다.

영국 웨일스 지방의 아주 깊은 산골에 사는 한 소년이 병으로 사경을 헤매게 되었습니다. 이 소년은 어머니와 단둘이 살고 있었기에 그 어머니의 걱정은 이루 말할 수 없었습니다. 돈도 없었을 뿐만 아니라 집 부근에는 병원도 없었습니다. 걱정하다가 용기를 내어 5마일이나 되는 거리는 빗속을 뚫고 병원을 달려가 의사를 붙들고 사정했습니다. 의사는 괴로웠습니다. 의사된 것이 원망스럽기도 했고 한편으로는 돈만 보고 의사 노릇을 할 수 없지 않은가 자문하기도 했습니다. 결국, 그는 마지못해 빗속을 달려 그 아이를 치료해 주었습니다. 다행스럽게도 치료에 큰 효험이 있었습니다. 그 후 의사는 그 일을 잊어버렸습니다. 수십 년이 지난 어느 날, 로이드 존 경이라는 영국이 낳은 유명한 정치가가 재무상으로 등단하여 축하는 받게 되었습니다. 축하연이 벌어진 자리에 그 의사도 참석하였는데, 자세히 보니 그 재무상은 그 옛날 자기가 치료해 주었던 바로 그 소년이 아니겠습니까? 의사는 정말

놀랐습니다. 그 당시 억지로 치료해 준 그 선한 일이 오늘날 이렇게 엄청난 결과로 나타날 줄이야 상상이나 했겠습니까? 우리의 작은 선행이 뜻밖의 결과로 나타날 때가 있습니다. 작은 일이지만 바라는 바가 없이 베푸는 일에는 후에 엄청난 열매가 맺히는 것을 봅니다. 그러나 여기서 머물러 있을 수만은 없습니다.

④ 한 단계 더 깊이 들어가서 하나님께 받고 그 은혜에 감사하면서 베풀 수 있는 자의 입장에 대해 감사하며 베푸는 자는 하나님의 자녀가 된다고 본문은 약속하고 있습니다. 하나님께로부터 받고 사람들에게 베풀고 혹은 사람에게 베풀면서 하나님께 다시 받는 이 이치가 보상의 은혜입니다. 우리는 하찮은 것을 주지만, 그러나 하나님께서는 이것을 크게 보십니다. 주님은 냉수 한 그릇이라도 주님의 이름으로 줄 때는 결단코 상을 잃지 아니하리라고 말씀하셨습니다. 즉 순수한 동기에서 냉수 한 그릇이라도 베풀어질 때는 하늘의 상이 있겠다고 엄청난 보상의 진리를 말씀해주신 것입니다. 그 동기가 중요합니다. 인간에게 주고 인간으로부터 받고, 오늘 주고 내일 받기를 바라는 마음은 단순한 인과율에 불과하지만, 이웃에게 베풀고 하나님께로부터 받고 땅에서 베풀고 하늘에서 받으며 작은 것으로 베풀고 큰 것으로 받는 그 이치가 주님께서 말씀하시는 보상의 은혜입니다.

3

오늘 신약성서 본문에는 황금률이 있습니다. "남에게 대접을 받고자 하는 대로 너희도 남을 대접하라"라는 너무나 잘 아는 내용입니다.

여러분, 남으로부터 대접받고자 하는 바가 무엇입니까? 여러분의 이웃이나 친지들이 여러분께 어떻게 대해주기를 바라고 있습니까? 사람마다 공통적으로 그들의 이웃으로부터 바라는 바가 있는데 심리학자의 분석은 다음과 같습니다. ① 상대방이 정직하기를 바라는 것입니다. 누구든지 나와 상관되는 사람은 다 내게 정직하게 대해주기를 바란다는 것입니다. ② 다정하게 대해주기를 바랍니다. 즉, 사랑받기를 바라고 용서해주기를 바라는 욕구가 있는 것입니다. ③ 신실하기를 바랍니다. 오늘 한 약속을 끝까지 지켜주기를 바란다는 말입니다. 나는 비록 잘 지키지 못해도 상대방은 꼭 지켜 줄 것을 원하는 것입니다. ④ 인내하기를 바랍니다. 나는 성급하면서도 상대방은 참아주기를 원합니다. 이상 네 가지가 인간이 남에게 기본적으로 가지고 있는 욕구라고 합니다.

성경은 이 욕구에 대해 "네가 먼저 그리하라"라고 말씀하고 있습니다. 즉, 네가 대접을 받고자 하는 대로 먼저 남을 대접하라는 것입니다. 이것은 진리요 심판이며 보상입니다. 그리고 주님의 약속입니다. 자비를 베푸십시오. 그러면 하나님으로부터 자비하심을 받을 것이요. 용서를 베푸십시오. 그러면 하나님으로부터 용서함을 받을 것입니다. 먼저 하면 하나님의 자비와 용서와 은혜를 보상받을 수 있다는 진리입니다. 정말 귀한 복음입니다.

P. Tillich는 오늘을 가리켜 "흔들리는 세계"라고 표현했습니다. 지구는 병들어가고 존엄한 인간 생명은 여러모로 위협받고 있습니다. 산업화의 여파로 대기 오염, 자원 고갈, 인구 폭발, 핵무기 위험의 상존, 인간을 둘러싸고 있는 삶의 조건들이 이기 문명에 정비례로 위험이

가중되어가는 실정입니다. 이제 우리의 살길은 황금률의 정신을 회복해내고 그 교훈을 듣고 깊이 각성하는 것입니다. 그리스도인다운 오늘의 각성과 새 다짐으로 산상설교의 예수님의 교훈에 신실하게 삽시다.

4

하나님의 백성이란 그의 부르심을 받은 자, 곧 선택받은 자를 뜻합니다. 하나님은 인류 역사를 통하여 개인과 민족을 선택하시어 자기의 백성으로 삼으시고 거룩한 섭리를 펴십니다. 하시어 자기의 백성으로 삼으시고 거룩한 섭리를 펴십니다. 그들은 삶 속에서 보이는 것 뒤에 있는 절대자의 뜻을 간파하고 거기에 겸손히 복종하며 헌신적으로 역사 변화에 참여합니다. 이스라엘 역사 중에는 아브라함, 모세, 예언자들이 있고, 기독교에는 예수님의 제자들과 바울 그리고 개혁자들과 교회가 있습니다. 그들은 때의 징조를 보는 비전을 가졌고, 역사 변화의 도전에 헌신하였습니다. 그리고 하나님의 인류 구원에 동참하였습니다. 그것은 수가 적을 수도 있고 많을 수도 있으며, 제도화될 수도 있고 제도를 필요로 하지 않을 수도 있습니다.

성서는 교회를 하나님의 백성이라고 말합니다. 지금 우리는 무엇을 보고 있고, 보이는 현실 뒤에 있는 하나님의 뜻이 어떤 것이라 생각하고 있으며, 그 도전에 대해 어떤 헌신적 자세를 취하고 있습니까? 이것이 오늘 아침 함께 명상하고 싶은 주제입니다.

우리는 <간디>라는 영화를 통해 20세기 인도가 낳은 위대한 지도자의 생애와 사상을 볼 수 있습니다. 그의 영향력은 인도에서 그친 것이 아니라 온 세계에 확산되었고, 지금도 살아 움직이며 놀라운 힘을 발휘하고 있습니다. 마하트마 간디는 영국 옥스퍼드대학에서 법학을 공부하고 변호사가 되어 귀국하여 안정된 생활을 즐길 수 있었습니다. 그러나 그가 남아프리카의 인종 문제 해결을 위한 요청을 받고 그곳에서 활동하는 가운데 스스로 인종차별을 당하고, 거기서 새로운 비전에 눈을 뜹니다. 비인도적인 인종차별주의를 해결하는 것을 하나의 사명으로 자각합니다.

그는 귀국하여 인도의 독립을 위한 정치 투쟁에 헌신합니다. 그는 새 역사, 곧 식민주의 시대는 지나고 독립의 시대가 온다는 비전을 본 것입니다. 이것은 자기 자신과 민족의 운명을 건 전쟁이기도 했습니다. 이 투쟁을 위해 그는 "사티야그라하"라는 슬로건을 내걸었습니다. 그 말은 진리, 사랑 그리고 하나님을 뜻하는 "사티야"에서 유래된 것으로, 그 운동은 진리와 사랑에서 온 힘의 투쟁이라는 것이었습니다. 이 사랑, 진리, 하나님 신앙에 바탕을 둔 간디의 투쟁 방법이 "아힘사", 곧 비폭력이었습니다.

나아가서 간디는 말하기를 "나에게는 종교가 제외된 정치란 있을 수 없다. 여기서 종교란 미신의 종교도 아니고, 미워하고 다투는 맹목적 종교도 아니며, 관용하는 우주적 종교를 의미한다"라고 하였습니다. 간디는 정치적 힘 뒤에 있는 종교의 힘, 곧 진리, 사랑, 하나님의 힘을 깨닫고 실천하였습니다. 그리하여 그는 인류에게 위대한 정신과 교훈을 유산으로 남겼습니다.

5

그리스도의 부활을 몸소 경험한 그리스도의 제자들은 갈릴리에서 다시 찾은 직업을 버리고 재산 모두를 정리한 다음, 그것을 모아 새로운 공동체 생활을 하면서 복음을 전했습니다. 그들은 낡은 시대, 곧 율법이 지배하는 시대는 그리스도의 십자가와 함께 끝나고 부활과 함께 새역사, 곧 복음이 지배하는 시대가 시작되었음을 각성하고 헌신했습니다.

바울은 복음으로 새역사를 창조한 대표자라고 하겠습니다. 그는 유대인으로서 율법 교사였으나 배타적 민족 종교인 유대교의 율법으로는 하나님의 구원 역사를 성취할 수 없다는 사실을 깨달았습니다. 비록 당장에는 로마제국의 권력이 세계를 지배하고 있으나 그 힘은 잠정적인 것이고, 멸망하리라는 미래를 내다보고 있었습니다. 그러므로 바울은 회심한 다음 온갖 인간적인 것을 포기하고 온전히 그리스도의 복음 이해와 그 선포 그리고 선교에 투신함으로써 유대교로부터 기독교를 탄생시키고 로마제국으로부터 기독교 세계의 전환이라는 일대 역사적 변화를 가져오는 기수가 되었습니다. 바울은 하나님이 택한 사람으로 비전을 지니고 맡겨진 사명을 초과 달성한 인류의 사도요 스승입니다.

사회주의권의 붕괴와 냉전 체제의 해체는 지난 20세기 전체를 관통해 온 세계 질서가 전면적으로 개편된 현상입니다. 그 파급효과는 지구상의 모든 민족과 모든 나라에 미치고 있습니다. 우리나라는 냉전으로 인한 분단의 고통을 안은 채 지금도 체제 간 대립을 계속하고 있습니다. 이 세계 질서의 재편이라는 변수 외에도 두 가지가 더 있습니다. 하나는 과학기술 혁명으로 인한 경제 구조의 재편과 사회 구성 및 계급 관계의 변화입니다. 다른 하나는 이른바 '포스트모더니즘'으로 표현되는 탈이데올로기 현상과 그 결과로 나타나는 인간 의식 및 생활 양식의 다원화, 다양화 경향입니다.

이제 '자본주의냐, 사회주의냐'는 식의 파괴적 대립 대신에 인간에게 필요한 것이 무엇인가에 대한 더욱 본질적인 문제가 제기되고 있습니다. 그 결과 체제 논쟁식의 대결 대신에 공해, 환경, 교통, 의료, 교육 등 일상생활의 구체적인 영역들이 정치의 핵심적인 논제로 대두되기 시작하였습니다. 이 다원화의 물결이야말로 이 시대의 변화를 특징짓는 핵심적인 흐름입니다. 따라서 우리는 이 세계사적 과도기에서 우리 민족이 어디로 가야 할 것인가를 결정하지 않으면 안 되는 것입니다.

6

이러한 사회와 세계의 변화를 바라보면서 우리는 그 뒤에 숨은 하나님의 뜻이 무엇인가를 찾아야 합니다. 우리는 어떤 자세를 갖추고 살아가야 이 시대를 사는 하나님의 백성으로서의 정체 의식을 지닐 수 있겠습니까?

첫째로 우리는 오늘의 역사 변화의 주체가 하나님이심을 깨닫고 고백해야 합니다. 역사 변화의 전면에서 많은 지도자와 전문가들이 활동하고 있지만, 그들이 헌신하고 활동하는 지혜와 능력과 계획은 하나님의 섭리라는 것입니다. 하나님은 불가능을 가능으로 바꾸어

놓으십니다. 남북한의 문제도 현재로서는 침체되어 보이지만, 하나님의 때가 언제 올지 우리는 모릅니다. 그러나 통일이 되는 날은 반드시 하나님의 섭리의 장중에 기록되어 있을 것입니다. 그러므로 우리는 희망 속에 참고 기다리는 것입니다. 함석헌 선생이 8.15가 하나님이 주시는 떡이라고 말한 것처럼 통일도 하나님의 떡일 것이다.

둘째로 하나님의 백성은 하나님의 역사적 섭리가 인류공동체 완성에 있음을 깨달으면서 살아가야 합니다. 그러므로 인류 모두가 하나님의 같은 자녀로 더불어 살 수 있다는 인식과 실천을 필요로 합니다. 하나님의 역사 발전 계획은 인간 창조에서 씨족으로, 씨족에서 민족으로, 민족에서 인류 중심으로 발전합니다. 따라서 우리는 잠정적인 것과 과도기적인 것에 얽매이지 말고 하나님의 미래 곧 약속의 세계를 보면서 계속 전진해 나아가야 합니다. 온갖 종류의 인간 중심적 바벨탑은 그것이 개인적인 것이든지, 민족적인 것이든지, 경제 블록적인 것이든지 간에 결국은 하나님의 능력에 의해 허물어지고 말 것입니다.

우리는 민족과 남북과 인류가 하나 되기 위해 모두를 포용할 수 있는 그리스도의 마음을 지녀야 합니다. 그래서 배타보다 관용을, 비방보다는 이해를, 분석보다는 종합을, 독단보다는 타협을, 독존보다는 공존을 선택하는 훈련도 계속해야 합니다. 그리하여 하나님의 역사 완성의 일익을 감당하는 그리스도인이 되어야 합니다. 이 사명을 위해 하나님은 우리를 선택하셨습니다.

구약성서의 본문인 이사야 55:6-9은 제2이사야서로서 바빌론 포로 시대에 기록된 것입니다. 하나님의 징벌로 바빌론의 포로로 잡혀간 예루살렘의 지도자들이 아직도 정신을 차리지 못하고 하나님을 떠나 허영과 불의에 빠져 죄만 일삼고 있을 때 예언자는 그들의 참회를 권고하면서 "내 생각은 너희 생각과 같지 않다. 나의 길은 너의 길과 같지 않다."라는 하나님의 말씀을 전달합니다. 즉 하나님의 뜻은 이스라엘이 육신의 포로 생활뿐만 아니라 불의와 허영의 포로라는 이중적 포로 생활을 바라는 것이 아니라, 그들이 참회하면 다시 예루살렘으로 돌아가게 하여 영원한 평화와 사랑의 공동체를 이루게 하시겠다는 것입니다.

우리는 여기서 우리의 현실적인 삶을 하나님의 말씀에 비추어 반성해 봅시다. 우리의 생각과 하나님의 생각, 우리의 뜻과 하나님의 뜻의 괴리 현상에서 오는 문제점을 파악하고 신앙적으로 교정하며 거듭나는 자세를 지녀야 하겠습니다.

셋째로 우리는 안이하고 일상적인 종교적 관습에서 탈피해야 합니다. 우리는 늘 우리의 요구나 불만을 하나님께 고하고 그것이 이루어지면 하나님의 뜻이고 은총이라고 간주합니다. 그리고 우리의 뜻이 이루어지지 않으면 실망하고 낙망하고 심지어는 하나님을 원망하고 떠납니다. 그것은 결국 우리의 뜻과 생각을 하나님의 뜻과 생각으로 착각하는 것이거나 아니면 하나님의 뜻과 생각을 우리의 것으로 만드는 횡포와 교만일 것입니다.

우리는 우리의 뜻과 생각이 얼마나 이기적이고 교활하고 파괴적인가를 깊이 깨닫고 신앙의 힘으로 하나님의 뜻과 생각으로 과감하게 전향해야 합니다. 우리는 니체가 목사의 아들이고 마르크스가 신학도였던 사실을 압니다. 그들의 인간적인 생각이 제아무리 심오하고 찬양받을 바가 있다 해도 결과적으로 인류 역사에 긍정보다는 부정, 창조보다는 파괴를 더 많이 초래하였다는 것을 기억해야겠습니다.

7

교회가 그리스도의 몸이라고 할 때 그리스도의 삼중직무를 위임받아 성실히 수행할 때 교회의 진면목을 보여줄 수 있을 것입니다. 죄와 어둠, 사망의 권세가 왕노릇하는 세상에서 그리스도의 왕권을 세워 하나님 나라를 건설하는 것이 교회의 선교 과제입니다. 말씀을 통하여 하나님의 백성을 위로하고 강건케 하여 오직 주님께만 영광을 돌리게 하는 제사장의 직분을 잘 감당하는 것이 교회의 선교 과제입니다. 참과 거짓, 하나님의 의와 불의, 덕스러움과 부덕, 하나님의 형상과 우상의 모습을 분별케 해주며 구원에 이르는 길을 깨우쳐 주는 예언자의 직무를 성실히 수행하는 일이 교회의 선교 과제입니다. 역사적으로 볼 때 생명력 있는 교회와 그 사회를 살린 교회들은 이러한 직무들을 성실히 수행했습니다. 그런 의미에서 그리스도의 삼중직무는 오늘날 교회가 부여받은 삼중과제라고 할 수 있습니다.

오늘 우리 시대 21세기 초반에 생명이 주어진 우리 하나님의 백성은 태동하는 역사의 아픔과 변화 속에서 하나님의 놀라운 섭리를 보고 그것을 미리 맛보고 기뻐하며 그것을 알리고 실현하기 위해 개인적으로, 교회적으로 사회 각 분야에서 그리스도의 몸으로써의 봉사와 헌신을 다해야 합니다. 그것은 오늘의 우리에게 도전이고 사명이고 특권이기도 합니다. 이 일을 위해 우리 함께 기도하고 결단하고 실천하기 위하여 세상으로 나아갑시다. 그때 비로소 교회는 그리스도의 몸으로써 참모습을 세상에 보일 수 있을 것입니다. 하나님의 백성답게 비전을 가지고 나아갑시다.

2022년 2월 20일, 주현절 일곱째 주

예수님 나귀 타고 예루살렘 입성

누가복음 19:28-40

교회력(敎會曆)으로 오늘은 종려주일(Palm Sunday)입니다. 십자가 지시기 닷새 전의 이 주일날 예수님께서는 앞에 십자가의 고난이 있는 것을 확실히 아시면서도 종려나무 가지를 흔들면서 "호산나"를 외치는 군중들에 둘러싸인 채 나귀를 타고 예루살렘을 향하여 올라가십니다. 이 승리의 예루살렘 입성에 종려나무가 쓰였다고 해서 이 주일날을 특별히 '종려주일'이라 일컫게 되었습니다. 종려주일에 이어서 고난주간이 시작됩니다. 일주일의 고난주간 끝에 부활절이 옵니다.

우리는 성경 저자들의 성경 기록 의도를 깊이 생각해야 할 줄 압니다. 왜냐하면, 예수님의 생애가 33년이요 또 3년 동안 복음을 전하셨다고 하지마는 그 기록의 구조로 본다면 마지막 일주일 동안에 된 사건을 전체 기록의 3분의 1 이상으로 할애하고 있습니다. 그러니까 성경 저자들의 의도는 이 마지막 일주일에다 초점을 맞추어 집중적으로 예수님의 생애를 보았고, 그렇게 믿었고, 그렇게 기록하고 있다는 것입니다. 또한 그 기록의 중심, 증거하는 바의 초점, 핵심은 예수님의 십자가와 부활입니다. 여기서 우리가 생각해야 할 것은 고난주간이라고 하는 일주일의 호산나의 승리의 노래로 시작하여 부활을 승리로 끝나게 된다는 사실입니다. 다시 말해서 승리에서 시작하여 승리로 나아간다는 것입니다. 이것이 기독교 복음입니다. 복음의 진수입니다.

나사렛 예수의 역사적 실상(實像)이 무엇이냐에 대한 하나의 좋은 교본(敎本)이 있습니다. 미국의 프로테스탄트 교회 중에 손꼽히는 유력한 교회인 미국연합장로교회(미국장로교회로 통합 이전 교단)는 그 최고의 지혜를 모으고 학문적 연구를 감안해서 10여 년 동안 연구한 끝에 '1967년 신앙고백'이라는 것을 발표했습니다. 이것이 아마 현대 교회의 신앙 고백의 대표라고 말해도 좋을 것 같습니다. 그 신앙고백의 처음에 나사렛 예수의 역사적 실상이라고 판단되는 것을 다음과 같은 몇 마디로 말했습니다.

"팔레스타인의 한 유대인인 예수는 그의 동족 가운데 사셨고 그들의 곤궁과 시험과 기쁨을 같이 당하셨다. 그는 하나님의 사랑을 말과 행위로 나타내셨고 모든 종류의 죄인들에게 형제가 되셨다. 그의 완전한 순종은 오히려 그의 동족들과의 충돌을 일으켰다. 그의 생애와 교훈은 그들의 도덕적 선함과 종교적 신앙과 민족적 염원을 심판했다. 많은 사람은 그를 배척하고 그의 사형을 요구했다. 그들을 위해서 자기 자신을 스스로 내어주심으로써 그는 모든 사람이 받고 있는 심판을 자기 자신에게 지우셨다."

이 역사적 인물이 기독교 신앙의 핵심인 것입니다. 그 후 기독교 신앙은 물론 시대와 장소와 문화의 변천에 따라서 여러 가지로 이 역사적 예수의 실상에 착색(着色)했습니다. 다시 말해서 그에 관해서 여러 가지로 종교적인 상상을 계속했습니다. 사람들이 최선이라고 믿는 도덕 표준 종교 신앙 민족적 염원을 심판했고, 예수의 초상화를 만들어 갔습니다. 이제 2천 년의 기독교 역사상의 대표적인 몇 장의 예수의 초상화, 곧 신자들의 신앙에 비친 종교적 거울에 비치는 모습을 찾아보겠습니다.

첫째 초상화는 비잔틴 시대의 것입니다. 알록달록 도장을 찍어서 예수의 환상을 그린 것입니다. 이러한 화법으로 된 예수상(像)은 현대에도 많이 볼 수 있는 것으로써, 특히 동방정교회와 가톨릭 성당의 제단 위에 있는 창에 그려진 것입니다. 색유리 조각으로 배색(配色)된 예수상(像)입니다. 그 창은 영원에로의 창입니다. 색색의 유리 조각 사이를 통해서 보이게 한 모습은 그 뒤에, 그 너머 서 계시는 영원한 세계의 예수님입니다. 기독교 사상 고대의 문제는 죽음의 문제, 영생의 소망이었습니다. 그리스도는 무엇보다도 죽음을 넘어선 피안의 차원, 영원의 상징이었습니다.

둘째 초상화는 긴 중세기(中世紀)를 건너지른 서방 기독교의 예수상입니다. 그는 찬란한 황금빛 법복(法服)을 입고 보석으로 수놓은 면류관을 쓰고 왕권(王權)의 지팡이를 오른손에 쥐고 심판의 보좌에 앉은 모습입니다. 서양의 중세기 사람들에게 예수 그리스도는, 현세에서는 로마의 평화의 법질서를 상징하고, 내세에서는 도덕적 종교적 법리에 대한 심판주였습니다. 그들이 가장 무서워한 것은 사후(死後)의 연옥의 시련이었습니다. 말하자면 교권(敎權)의 '언어'를 상징합니다.

셋째 초상화는 십자가를 지고 골고다로 향하는 예수의 모습 혹은 가시면류관을 쓰고 십자가에 못 박혀 피를 흘리는 예수의 모습입니다. 앞의 것들과는 대조적입니다. 이것은 근세 교회의 예수상입니다. 경건주의 신앙에 비친 예수의 이미지입니다. 위의 두 장이 예수 그리스도의 신성을 나타내는 것이라면, 이제부터는 그의 인간성이 드러나기 시작합니다. 근세에 들어오면서부터 그리스도교인들은 그들의 현세적인 삶의 의미를 묻게 되었습니다. 그리고 그 의미와 모형을 예수의 고난받는 생애에서 찾았습니다. 고난의 삶을 시련 시켜서 승화한다는 생각, 나가서 고난 자체가 삶의 보람이고 그 구원의 비적(秘蹟) 성례전이라고 생각하게 되었습니다.

넷째 초상화는 어린 양을 그 품에 안고, 양 떼를 이끄는 목자 예수의 모습입니다. 이것은 아마 바로 근대의 부르주아지 기독교인의 눈에 비친 예수상인 것 같습니다. 영화관 광고 간판을 그리는 수법으로 그려졌습니다. 인자한 예수의 모습이라고 하겠습니다. 그는 사유재산과 이윤추구에 세례를 베풀고, 가정과 대학과 국가의 제도 관습 도덕을 재가하는 역(役)을 담당합니다. '현상 유지'(Status quo)의 신상(神像)입니다.

다섯 번째는 오늘의 예수상입니다. 예수가 수건을 앞치마 삼아 허리에 두르고 엎드려서 그의 제자 베드로의 발을 대야에 담가놓고 손수 씻는 모습입니다. 남을 섬기는 모습입니다. 이러한 예수를 오늘의 교회에서 '남을 위한 사람'(Man for others)라고 이름 지었습니다. 더 나아가서 병들고 헐벗고 굶주리고 혹은 짓눌린 자들에게 인간애(人間愛)로 대하는 것이 곧 나(예수)를 대하는 것이라는 예수의 분부에 따라서 나의 사람다운, 사람스러운 반응을 기다리는 모든 얼굴과 손이 곧 예수의 얼굴이요, 예수의 손이라고까지 하게 됩니다. 이러한 예수의 초상을 현대 신학에서는 '익명의 그리스도'(anonymous Christ _Karl Rahner)라고 말합니다.

여섯 번째, 마지막 초상화는 우리의 본문의 주제입니다. 이것은 예수가 아마 1년도 못 된 나귀 새끼를 타고 예루살렘에 입성하는 광경이다. 제자들은 겉옷을 벗어서 안장으로 깔고 군중들은 종려나무 가지를 꺾어서 손에 들고 흔들면서 기다리던 왕의 입성인 양 환호합니다. 아직 어려서 보조도 제대로 맞추지 못하는 나귀 새끼를 타고 흔들거리면서 만면에 웃음을 띤 예수는 진심인지 장난기인지 알 수 없습니다. 진심에서라면 좀 바보스러운 것 같고, 장난기에서라면 시니컬한 것 같습니다. 그는 지금 '어릿광대'입니다. 서커스의 어릿광대 말입니다. 얼마 전에는 곧잘 연극의 무대들을 휩쓴다는 슈퍼스타(Superstar) 말입니다.

1969년에 출판된 하아비 콕스(H. Cox)의 『바보제(祭)』(The Feast of Fools)라는 책이 있습니다. 이 책에서 콕스는 지배층의 기성문화가 아니라 사회의 밑바닥에 깔린 시민들의 문화에서 새로운 종교와 새로운 신학의 가능성을 봅니다. 중세기(中世紀)의 서민들이 즐겼던 잔치·축제를 분석하면서 그는 두 가지 중요한 요소를 발견합니다. 하나는 축제입니다. 중세기의 서민들은 이 축제를 통해서 고통과 슬픔과 절망으로 차 있는 현실의 역사를 용서하고 긍정합니다. 또 하나는 환상입니다. 당시의 지배층인 종교의 권력과 정치 권력을 풍자함으로써 그 권력이 절대적인 것이 아니라는 것을 나타내고 그것을 넘어선(초월한) 또 하나의 세계를 꿈꿉니다. 말하자면 과거와 현재를 긍정하면서도 동시에 새로운 미래를 꿈꾼다는 것입니다.

어릿광대의 의상은 괴상합니다. 좌우(左右)가 대조적인 다른 빛깔이고 상하(上下)가 또 대조적인 다른 무늬입니다. 양쪽 뺨과 이마와 턱에는 반점을 찍고 콧등에는 또 하나의 코를 붙이고 양쪽 눈꺼풀에는 가운데서 위아래로 가르는 선(線)을 그려놓았습니다. 그리고 고깔모자를 쓰고 버선발 채로입니다. 완전히 변장했습니다. 그러기에 평소의 자기의 탈을 벗어버렸습니다. 전통(傳統)과 억압과 권위로 눌려서 찍혀진 자아의식(自我意識), 조심성과 경계심과 방어제동으로 부어 만들어진 자기동일성(自己同一性)이라는 것으로부터 해방이 되었습니다. 이 어릿광대는 익살로 사회의 모순과 억압과 부자연한 것들을 풍자하기 때문에 군중은 참으로 배가 아프도록 웃을 수밖에 없고, 집권자들은 그놈을 살려둘 수도 없고 죽여버릴 수도 없는 난처한 입장에 잠시 빠지게 됩니다. 우리들의 주변에서도 가끔 대학생(大學生)의 무슨 축제 때 가장행렬이 벌어지곤 합니다. 어릿광대는 축제의 무드를 올리고 거기 따라서 학교 교수와 사회와 기성세대는 심판을 받습니다.

예루살렘은 종교와 문화와 경제와 교육 그리고 유행의 권위며 원천입니다. 거기에는 높은 사람, 귀하신 몸, 잘난 사람, 대학자(大學者), 자신만만한 사람들이 살고 있습니다. 정연한 조직, 기민한 교통과 정보의 망, 굳은 의지와 긁어모으는 욕심이 있는 곳입니다. 그러기에 비판이 통하지 아니합니다. 충고가 무용(無用)입니다. 항거는 어림도 없습니다. 예수는 지금 그 예루살렘에 들어가는 것입니다. 신문기자가 되어 보고 듣는 대로 보도하겠다고 들어가는 것이 아닙니다. 성직자

(聖職者)가 되어 권위의 말씀을 선포하겠다고 들어가는 것도 아닙니다. 사회혁명가가 되어 조직을 뒤엎겠다는 전략을 가지고 들어가는 것도 아닙니다. — 예수는 어릿광대가 되어 나귀 새끼를 타고 축제에 가는 차림으로 예루살렘에 입성하는 것입니다. 싸우러 가는 것이 아니라 잔치에 가서 웃고 웃겨주려고 가는 길입니다. 웃겨줌이 제일 좋은 처방입니다. 웃음이 카타르시스입니다. 이것이 예수의 지렛대고 예수의 전력입니다. 그것은 사회조직의 혁명이 아니고 문화(文化)와 가치(價値)와 의식(意識)의 변화를 일으키려고 하는 것이기 때문입니다.

이제까지 예수의 초상화 여섯 장을 연대순(年代順)으로 제시하면서 그 다섯 번째의 제자의 발을 씻는 예수의 모습에 '오늘의 예수상'이라고 강조합니다. 그 여섯 번째의 나귀를 타고 예루살렘에 입성하는 예수의 모습은 어느 때의 것이 되겠습니까? 이 모습은 또 한 번 나름대로 역사적 의미를 지녔었습니다. 어린 나귀를 타고 흔들거리며 만면에 웃음을 띠고 군중에 싸여서 예루살렘에 입성하는 예수, 어릿광대 예수, 슈퍼스타 그리스도, 반문화(反文化)의 종교, 이것이 또한 예수의 초상화의 한 면입니다.

예수님은 예루살렘에 입성해서 성전을 숙청했습니다. 말하자면 예루살렘에로의 길은 교회 혁신(敎會革新)의 길이었습니다. 그리고 예수는 체포되어서 십자가에 처형되었습니다. 예루살렘에로의 길은 순교의 길이었습니다. 자기를 절대적으로 옳다고 믿는 자들 앞에는 어릿광대가 되는 길밖에 없는 것 같습니다. 현대의 문명(文明), 사회, 교회, 세속의 세계에 또 한 번의 예루살렘행 예수의 입성은 재현되어야 합니다.

원효대사의 전기에 따르면 서른네 살 되던 해 의상(義相)과 함께 불교 연구를 위해 당(唐)나라로 여행을 떠납니다. 여행 도중에 그들은 무덤 근처에서 노숙을 하게 됩니다. 원효는 밤중에 심한 갈증을 느껴 잠을 깨어 물을 찾았습니다. 그는 가까스로 물 한 그릇을 찾아 그것이 마실 물인지 아닌지 확인도 하기 전에 마셔 버렸습니다. 다음 날 아침 깨어나 보니 간밤에 갈증을 가라앉히기 위해 마신 그 물은 해골바가지에 괴었던 물을 해골바가지째 마셨던 것입니다. 이 경험은 그에게 큰 깨우침을 주었다는 것입니다. 원효는 이 대각(大覺)으로 인해 중국행을 포기하고 맙니다. 원효는 고향으로 돌아와 다시는 나라 밖으로 나가지 않았습니다. 옛 무덤에서 깨달음을 얻은 이후부터 원효를 사로잡은 문제들은 진리와 비진리, 지식과 무지, 성(聖)과 속(俗)의 이분법(二分法)과 차이점에 관한 문제들이었습니다. 마음이 모든 것이고 마음속에서 차이점이 나타나지 않는다면 모든 것은 하나이고 같은 것이 아니냐는 것입니다. 지식과 무지의 차이도 없을 뿐 아니라 성(聖)과 속(俗) 역시 둘로 갈라놓을 것이 못 된다는 것입니다. 성(聖)과 속(俗)은 바로 마음속에서 하나라는 것입니다. 현상세계가 곧 실재하는 세계이며 존재하는 것이 또한 존재하지 않는 것이고, 충만한 것이 바로 허공이며 부처가 바로 중생(衆生)이요 민중이라는 것입니다. 그리고 생(生)과 사(死)는 하나요 고통과 열반은 곧 하나라는 것입니다. 현대의 '세속화(世俗化)신학'을 원효에게서 찾을 수 있습니다. 원효는 전 생애를 통해서 불교의 세속화를 부르짖었고, 승복(僧服)을 벗고 평민들의 옷을 입고, 세속과 사바세계로 들어왔습니다. 염주도 벗어버리고 민중들 틈에 끼어서 그들과 함께 먹고 마시며 살았습니다. 길바닥에서 만난 광대의 바가지를 뺏어 차고 다니며 노래와 춤으로 그들과 어울려 다니기도 하였습니다. 원효는 요석 공주(과부)와 눈이 맞아 결혼해서 아이(설총)까지 낳았습니다.

시인(詩人) 김지하는 <금관의 예수>라는 유명한 희곡에서 그리스도인들의 예수 우상화를 너무도 예리하게 묘사하고 있습니다. 이 희곡에서 머리에 금관을 쓴 시멘트 예수상은 거지와 문둥이와 창녀에게 눈물로 호소합니다. 문둥이가 금관의 예수에게 물었습니다.

"예수님, 누가 예수님을 감옥에 가두었습니까? 그들이 누구입니까?"

"너는 잘 알고 있다. 그들은 바리새인들이다. 오직 저희들만을 위하여, 저희들만의 신전에 나를 가두었다. 내가 너 같은 가난한 백성들에게로 가지 못하도록 그들은 나의 이름으로 기도를 한다. 그러나 나의 이름으로 그들은 나를 다시금 십자가에 못 박는다. 그들은 나의 제자임을 자랑한다. … 그러나 가난한 사람들의 굶주림을 외면하고 박해받는 의로운 사람들의 고통스러운 외침에 귀를 막는다…."

문둥이가 다시 묻습니다.

"예수님, 어찌하면 예수님이 해방될 수 있습니까? 다시 살아나실 수 있습니까? 저희에게 오실 수 있겠습니까?"

"내 힘만으로는 안 된다. 기도와 함께 행동해야 한다."

문둥이가 정직하게 항의합니다.

"예수님, 저는 힘이 없습니다. 제 몸 하나 의탁할 곳이 없는 가련한 놈입니다."

그러나 예수는 포기하지 않고 해방을 요청합니다.

"너만이 날 해방하여 내가 너희와 함께 이 세상에 하늘나라를 이룩하게 만들어 줄 것이다. 너의 가난, 너의 슬기와 어진 마음, 더욱이 불의에 대해 항거하려는 네 용기가 바로 그것이다."

금관의 우상이 되었던 예수는 민중들 ─ 거지와 문둥이와 창녀에게 자유케 해달라고 소리칩니다. 이것은 바로 아시아에 살고 있는 우리 그리스도인들에게 우리 자신의 우상숭배로부터 해방되라고 도전하는 메시지인 것입니다. 우리에게 금관을 씌운 교회 건물로부터 해방되라는 것이며, 예수를 높이 매달고 못 박아 움직이지도 말도 못 하게 해 놓은 황금빛 나는 십자가를 타파하고 예수로 하여금 자유(自由)롭게 일할 수 있도록 하라는 것입니다.

예수님이 예루살렘에 입성하셔서 잡히고 매 맞고 침 뱉음을 당한 이 주간에 우리가 받는 오늘의 현실적인 고통과 수모와 천대를 예수의 고난과 관련해 이해하여야겠습니다. 그러나 우리가 당하는 육체적 고난이나 정신적 핍박이 자신의 부귀와 영달, 나의 출세와 성공만을 위한 것이라면 어떻게 예수님의 고통의 뜻을 이해할 수 있겠습니까?

우리도 예수를 위하여 그의 이름을 위하여, 그의 복음을 위하여 그리스도를 사랑하는 그 영광을 드러내는 의미에서 고난과 슬픔을 받을 각오를 해야겠습니다. 이 주간 안에 한끼 금식을 해본다든가, 이 주간에는 고기를 먹지 않는다든가, 술을 마시지 않는다든가, 하룻밤 철야 기도를 해본다든가, 평소에는 생각도 못하던 새벽 기도를 이 주간만이라도 해본다든가, 무엇을 하든지 간에 이 수난주간이 다만 교회 행사로 지켜지는 데 그치지 말고, 내 신앙 생활과 내 일상생활에까지 예수님의 고난을 체험하는 경험을 가져야 하겠습니다.

특별히 예수의 예루살렘 입성의 깊은 뜻도 새기면서 겸손함 속에서 진리와 평화를 야유와 세상이 멸시하는 전도의 방법(方法), 십자가(十字架)의 어리석음을 행동화해 볼 선교적 과제도 깊이 명심해야 하겠습니다. 생명(生命)은 사망(死亡)과 싸우고, 진리는 거짓과 싸우고, 사랑은 증오와 싸우고, 소망은 절망과 싸웁니다. 믿음은 불신과 싸우고, 겸손은 자기 교만과 싸웁니다. 이것은 은혜의 승리요, 사랑의 승리요, 진리의 승리로 인도할 것입니다. 고난주간에 이 거룩한 고난을 통한 승리가 여러분과 가정 위에 함께하시고 부활의 기쁨을 충만하시기를 기원합니다.

2021년 3월 28일, 종려주일

믿음의 주, 예수를 바라보는 신앙 여정

신명기 26:5-9; 히브리서 10:32-39, 12:1-2

1

그리스도교 역사상의 대표적인 예수님의 초상화 곧 신자들의 신앙
에 비친 종교적 거울에 비치는 예수상이 전해오고 있습니다.

첫째, 비잔틴 시대의 예수상인데, 색유리창에 조각으로 배색된 예
수상입니다. 고대의 문제는 죽음 너머의 피안의 차원, 영원의 상징을
묘사한 것입니다. 둘째, 중세 서방 기독교의 예수상인데, 찬란한 황금
법복을 입고 보석으로 수놓은 면류관을 쓰고 왕권의 지팡이를 쥔 심판
주입니다. 현세와 내세를 다 주관하는 예수상입니다. 셋째, 십자가를
지고 피 흘리는 예수상인데, 근세 경건주의 신앙에 비친 예수상입니다.
또한 양떼를 이끄는 목자 예수상인데, 역시 근세 부르주아지 신앙인의
눈에 비친 예수상입니다. 넷째, 발을 씻기는 남을 섬기는 예수상입니
다. '남을 위한 사람'(man for others)이고, 더 나아가 가난하고 억눌린

자들에게 인간애로 대하는 예수상인데, '익명의 그리스도'(anonymous Christ)라고 부릅니다.

예수의 역사적 실상은 무엇인가에 대한 모범적 교본이 있습니다. 당시 미국연합장로교회가 10년간 최고의 지혜와 신학적 연구 끝에 '1967년 신앙고백'을 '화해자 예수 그리스도'라고 발표했던 것을 기억합니다. 현대교회 신앙고백의 대표적인 것인데 예수의 역사적 실상을 다음과 같이 말했습니다. "팔레스타인의 한 유대인인 예수는 그의 동족 가운데 사셨고 그들의 곤궁과 시험과 기쁨을 같이 당하셨다. 그는 하나님의 사랑을 말과 행위로 나타내셨고 모든 종류의 죄인들에게 형제가 되셨다. 그의 완전한 순종은 오히려 그의 동족들과의 충돌을 일으켰다. 그의 생애와 교훈은 그들의 도덕적 선함과 종교적 신앙과 민족적 염원을 심판했다. 많은 사람은 그를 배척하고 그의 사형을 요구했다. 그들을 위해서 자기 자신을 스스로 내어 주심으로써 그는 모든 사람이 받고 있는 심판을 자기 자신에게 지우셨다." 이 역사적 인물 예수님이 그리스도교 신앙의 핵심인 것입니다.

2

신앙인의 긴 인생 여정은 마치 목표를 향해 달리는 경주와 같습니다. 히브리서 10장 후반부와 12:1-2에서 그 교훈을 찾고자 합니다. 예수님은 우리의 믿음의 주입니다. 그리스도인의 삶은 예수를 바라보는 신앙 여정입니다. 히브리서는 한 신앙인의 긴 인생의 여정을 승리로 산 지혜와 인내를 줍니다. 산등선이나 들판에 떨어진 물이 마침내 바다에 이르듯, 여러 곡절의 사람들이 많은 시련을 당하면서도 세상을 떠나는 날까지 어떻게 그들의 신앙을 지키며 살았는가를 보여주고 있습니다. 본문은, 먼저 우리가 하나님의 은혜로 "전날에 너희가 빛을 받은 후에 고난의 큰 싸움을 견디어 낸 것을 생각하라"(히 10:32)고 합니다. "혹은 비방과 환난으로써 사람에게 구경거리가 되고"(히 10:33), 심지어 우리의 산업을 빼앗기기도 하였으나 기쁘게 당한 것은 '더 낫고 영구한 산업'이 있는 것을 알기 때문이었습니다. 그러므로 큰 상을 얻기 위해서 또 하나님의 약속을 받기 위해서 담대함을 포기하지 아니하려면 '인내'가 필요합니다. 하나님의 은혜는 확실하기에 하나님의 계획에 함께 머물며 그의 약속이 이루어지기까지 견디어야 합니다. 침울에 빠질 수 없습니다. "오직 영혼을 구원함에 이르는 믿음을 가진 자"(히 10:39)이기에 오래 참고 견디면서 신앙 생활을 승리케 해야 합니다. "인내가 없으면 하나님의 뜻을 행한 후에 약속을 얻지 못하고"(히 10:36) 실패로 끝날 수도 있기 때문이라 경고하고 있습니다.

3

또한 히브리서 본문(히 12:1-2)에는 신앙인의 여정을 한 경기자의 모습으로 묘사하고 있습니다. 본문에 중요한 단어 몇 개가 나옵니다. 하나는 "바라본다"는 말입니다. 바라본다는 것은 목표를 말합니다. 목적은 추상적이고 목표는 구체적입니다. 그 목적은 언제나 높은 곳에 있는 것입니다. 그림 한 장을 그려도, 하루에 길을 가도, 그 목적은 오직 하나님의 영광을 위하여 하는 것입니다. 개혁교회의 신앙 정신입니다. 유럽 여행을 하는 중에 많은 조각품과 그림을 보게 됩니다. 그 작품들 하나하나가 일생동안 만들고 그린 것입니다. 그 예술가들이 돈을 바라보고 했을까요? 명예를 위해서였을까요? 분명한 것은 모든 쓸 만한 명작들은 전부가 하나님의 영광을 위하여 만들어지고, 그려졌다는 사실입니다. 우리는 오늘날 그 작품 속에서 자신의 한 시대를 높은 목적을 가지고 살았던 사람들의 흔적을 봅니다.

예수를 바라보면, 첫째로 우리가 믿음의 주요 또 온전케 하시는 분, 그리스도로부터 힘을 얻습니다(empower). 그의 힘이 우리에게 옵니다. 그의 능력이 그로부터 우리에게로 옵니다. 그리스도를 바라보는 중에 그리스도로부터 생명력이 내게로 흘러온다는 말입니다. 예수를 바라보는 것은 목적을 갖는 것입니다. 그리스도가 목적이 된다는 것은 '목적이 내게 힘을 주고 용기를 주고 삶에 보람을 주는' 그런 목적이 되는 것을 뜻합니다. 그래서 예수를 바라보자는 것입니다.

스데반은 순교하는 중에도 예수를 바라봅니다. 그럴 때에 예수로부터 큰 생명력과 능력을 얻어서 자기를 죽이는 자들을 용서할 수 있었습니다. 아니, 천사의 마음을 가지고, 천사의 얼굴로, 순교할 수 있었습니다. 그리스도를 바라보는 중에 그리스도로부터 엄청난, 위대한 생명력이 내게로 오는 것을 체험했다는 것입니다.

둘째로 "구름같이 둘러싼 허다한 증인들이 있으니"(히 12:1)라고 하는데 이 말씀이 참으로 인상적이고 감동적입니다. 증인이 있다는 말은 지금 내가 경기장을 달리고 있는데 구경꾼이 있다는 말입니다. 요즘은 텔레비전으로 축구 경기를 비롯한 모든 경기를 지구촌 수억 명이 보고 있지 않습니까? 생각만 해도 감동적입니다. 구름같이 둘러싼 허다한 증인들은 정말로 신령한 이야기입니다. 영적인 조상들, 우리보다 먼저 가신 믿음의 조상들 그리고 수많은 성도들이 지켜보고 있는 것입니다. 우리의 가족들 중에 먼저 가신 분이 지금 지켜보고 있는 중에 내가 여기서 삶의 현장에서 뛰고 있는 것입니다.

셋째로 "무거운 것과 얽매이기 쉬운 죄를 벗어버리고"(히 12:1)라는 말씀입니다. 경기장에서 중요한 것은 가벼운 몸입니다. 거추장스러운 것을 입어서는 안 됩니다. 뭐든지 가벼워야 합니다. 옷도 가볍고 신발도 가볍고, 마음도 가볍고 깨끗해야 합니다. 또한 생각도 복잡하면 안 됩니다.

대리석 유명한 조각가 미켈란젤로에게 하루는 사람들이 그의 조각품을 보면서 어떻게 이렇게 좋은 작품을 만들 수 있느냐고 물었습니다. 그러자 그는 유명한 대답을 했습니다. "대리석 돌덩이를 세워놓고 여기저기서 필요 없는 부분을 다 떼어 냈더니 이런 좋은 작품이 됐습니다." 떼어내야 될 것을 다 떼어내야 나타날 것이 나타나게 되는 것입니다. 버려야 됩니다. 깨끗이 버려야 비로소 작품이 나오는 것입니다. 경기자는 가벼운 마음, 가벼운 몸으로, 가벼운 환경 속에서 그리고 목표를 향해서 달려야 하는 것입니다.

히브리서 본문이 주는 넷째 말씀입니다. "인내로써 경주하며"(히 12:1), "예수는 십자가를 참으사"(히 12:2), 저자는 예수의 십자가를 인내로 보았습니다. 모든 경기에 있어서 마지막엔 인내로 승부가 납니다. 얼마나 참느냐, 어디까지 참느냐? 그것이 문제입니다.

4

만델라(Nelson Mandela, 1918~2013)는 40대 초반에 수감되어 70대에 접어드는 10,000일을 감옥에서 생활하다가 27년 만에 석방되었습니다. 세상과 단절하여 폐인이 되기에 충분한 여건이었으나 그리스도인이던 그는 끝내 절망하지 않고 백인 정권의 인종차별정책(Apartheid)의 죄악은 정의의 하나님과 세계 양심 세력에 의해 무너질 것을 희망하며 확신했습니다. 그의 95세 서거에 즈음하여 「타임지」(Dec 19, 2013)는 "항거자(Protester), 죄수(Prisoner), 평화를 만드는 자(Peacemaker)"라는 특집으로 그의 파란만장한 "자유를 향한 긴 여정"(Long Walk to Freedom)의 생애를 세계인들에게 가슴 뭉클하게 이야기합니다.

만델라, 그의 삶은 "자유를 향한 긴 여정"이었습니다. 젊은 시절 그는 안정된 길 대신 백인 정권의 인종차별정책 철폐 투쟁에 뛰어들었습니다. 27년간 무기징역으로 복역하며, 자기 정진을 통해 내적인 힘과 외적인 권위를 키워 민중들의 폭넓은 사랑을 받는 지도자로 성장했습니다. 1994년 흑인에게 투표권이 부여된 첫 선거에서 첫 흑인 대통령이 되었고, 백인 사회에 보복이 아니라 진실에 기초한 대화합을 실현했습니다. '진실화해위원회'를 만들어 가해자들이 자신의 죄를 고백하게 하고 피해자들은 가해자를 용서했습니다. 이 과정은 전 세계 사람들에게 큰 감동과 영감을 주었습니다.

만델라는 세계 모든 사람에게 더 큰 어떤 숭고한 의미, 즉 좌절과 패배의 참된 의미를 이야기해 주고 있습니다. 나아가 그는 모든 이들에게 자신이 일생을 통해 몸소 깨달은 인간 존엄성과 자유라는 숭고한 가치를 일깨워주고 있습니다. 그는 또한 보복과 이웃에 대한 화해와 관용의 정신을 말하고 있습니다. 오랜 시련의 인내가 한 개인이나 세계에 가져다주는 보화를 만델라는 실증하여 보여주었기에, 우리는 그가 터득한 인고의 결실로서 고난의 세계를 평화롭게 하는 예지를 그에게서 배워야 합니다.

5

시사주간지 「Time」(Dec 23, 2013)은 '인민의 교황'이라는 표현과 함께 '올해의 인물'로 프란치스코 교황을 선정했습니다. 교황의 권고문이 세계인들에게 큰 울림을 주고 있습니다. 그는 불평등을 심화시키는 현재의 자본주의는 사람을 죽이는 폭정이라고 비판했습니다. 자본주의는 성장의 열매를 소수가 독차지하고, 많은 민중들이 힘겨워하는 현실을 교회는 외면해서는 안 된다고 외치고 있습니다. 교황의 거침없는 행보에 미국 극우파에서는 '마르크스주의자와 똑같은 주장'이라고 비난하기도 했습니다.

프란치스코 교황의 행보는 포용력이 넓습니다. 이를테면 가톨릭 교회에선 이혼한 신자들에게 영성체를 허용치 않습니다. 교황은 "성찬은 완벽한 이들에게 내리는 상이 아니라, 약한 자들에게 주는 강력한 치료제이자 자양분"이라고 지적합니다. 낙태와 관련해선 "성폭행을 당해 임신을 했거나, 가난 때문에 낙태를 선택할 수밖에 없는 여성들이 겪었을 극심한 고통에 어찌 마음이 움직이지 않을 수 있겠느냐"라고 되묻습니다. 동성애와 관련해선, "그들이 선한 뜻으로 신을 따른다면,

내가 어떻게 그들을 정죄할 수 있느냐"고 반문합니다. 이러한 모든 교황의 행보에도 여론조사 결과로는 미국 가톨릭신자의 92%가 그에게 호감을 표시했습니다.

교황은 전 세계 분쟁과 사회 문제에 대해 직접 언급을 통해, 특히 분쟁지역인 시리아, 남 수단, 중앙아프리카공화국, 나이지리아, 이라크 등을 언급하며 이에 대한 인류의 관심과 각성을 촉구했습니다. 교황의 세계 곳곳의 분쟁지역과 사회 문제에 대한 관심은 우리 한국 사회에서도 진지하게 돌아보아야 할 부분이라고 생각됩니다.

대림절에는 정의와 화해, 정직과 평등의 가치를 실현하겠다는 의지와 용기의 결단을 보고 싶습니다. 하나님은 정의가 강물처럼 흐르게 하라고 하셨고, 교황도 교회는 최선을 다해 정직한 사회실현을 위해 정치와 사회에 참여함으로써 통치자들로 제대로 다스리게 해야 한다고 했습니다. 진정한 민주주의 회복과 평등한 사회실현을 위해 아픈 성난 외침을 겸허히 경청하고 함께 더불어 사는 화해한 아름다운 나라를 보고 싶습니다. 그리고 이웃의 가난한 자들과 병든 자들을 찾아 위로하며 함께하는 모습이, 13세기 앗시시의 성 프란치스코의 영감과 예수 닮아 살았던 그 성인의 모습을 21세기인 오늘에 어두운 지구촌에서 실현해 보여주는 듯한 감회입니다. 한국 그리스도인들에게 13세기 성 프란치스코의 청빈과 순명, 사랑과 겸허의 평화 실현을 위한 성육신적 경건의 삶이 되살아나기를 바랍니다. 한국교회는 진정으로 성 프란치스코의 신앙과 그에 관한 신학을 다시 정립했으면 좋겠습니다.

6

주후 70년부터 이스라엘은 '국토', '주권', '민족'을 깡그리 잃어버리고 세계에 영원한 목적지 없이 순례자의 길을 떠났다가 20세기에 '이스라엘 국가의 재건'을 하게 된 것은 놀라운 사건입니다. 제2차 세계대전 후 이스라엘국가를 세웠으니, 2천 년 썩은 고목에 꽃이 핀 것 같은 기적이 아닐 수 없습니다. 무엇이 저들에게 그 명맥을 이어오게 했을까요? 우리는 그 답안을 신앙이라고 하겠지만, 어떤 신앙일까요?

구약은 곧 이스라엘 민족사와 그들의 신앙이 하나로 엮어진 것입니다. 그런데 구약에서 계속적으로 반복되는 주제가 있는데, 그것은 바로 민족사적인 신앙고백입니다. 그 고백의 가장 오래된 것이 신명기 26:5-9입니다. 요약하자면 내 조상은 방랑하는 아람 사람으로서 이집트에 내려가 소수로 거류하다가 큰 민족이 되었고, 이집트인의 학대와 억압 속에서 하나님께 부르짖었더니 하나님께서 이집트 땅에서 구해 내시고 젖과 꿀이 흐르는 땅으로 인도해 내셨다는 고백입니다.

이것은 이스라엘 민족의 원로들이 그들 자손에게 대대로 일러주어 암송하게 할 만큼 된 민족사적 고백으로서 아마 초기 단계에는 개별적으로, 사적으로 하다가 마침내는 민족적 축제, 특히 감사절에서 낭독, 교독 등으로 전승하게 하였습니다. 이런 과정을 거쳐 그들이 선 뿌리, 그들을 이끈 역사적이요, 원초적 의지를 재확인했습니다.

한 인간으로서 또는 신앙인 그리스도인으로서 그 긴 여정을 끝까지 아름답게 사는 덕목이 인내요, 그 인내는 희망이 받들어 주고, 그 희망은 신앙이 밑받침해 준다는 교훈이나 성서의 가르침을 들으면서 분단 70년을 넘긴 민족적 비극에 대해 또다시 묻게 됩니다. 우리는 전쟁 당사국인 독일인이나 일본인이 아니라 그 피해와 억압의 장본인들입니다. 해방을 받았으면서 어찌하여 70년이 넘는 오늘에 까지 남북 분단으로 살아야 합니까?

우리 한국 사회는 역사 왜곡과 사실 오류로 비판을 받고 있는 한국사 교과서 문제 논란으로 들끓고 있습니다. 우리는 한국 현대사에도 올바른 이해를 하면서 인식의 전환이 필요하다고 생각됩니다. 해방부터 현재까지 겪고 있는 민족분단을 회상하면, 당시 승전국 미국이 한반도에 분단선을 그은 것은 미국 외교 역사의 관점에서도 냉전을 가져오게 한, 참으로 비정한 역사였음을 회상하게 됩니다. 그런데 또 생각되는 것이 있습니다. 한국은 1945년 종전 후 25년 만에(1965년) 일본과 화해했고 수교를 시작했습니다. 6.25전쟁을 막후 조정했던 소련과는 1953년 휴전 후 38년 만에(1991년) 화해하며 수교했습니다. 6.25전쟁 때 서로 맞서 싸웠던 중국과도 화해하고 긴밀한 교역국이 되었습니다. 한중 관계는 새로운 국면을 맞게 되는 시점입니다.

그런데 참으로 아이러니합니다. 동족인 북한과는 아직도 주된 적이며, 괴로(傀虜)로 보고 증오하며 으르렁거리고 지내온 역사입니다. 역사 변화의 전환기를 맞은 대림절에는 부디 남과 북이 상생의 원리에 따라 화해와 진정한 교류를 했으면 좋겠습니다. 그런 점에서 너 나 할 것 없이 우리 한국의 그리스도인들 모두, 보수적 복음주의 교회들을 포함하여, 그동안에 화해의 역할을 못 한 것에 대하여 깊은 참회를 해야 합니다. 화해자 예수 그리스도를 바라보며, 복음의 참뜻을 되새겨 봐야 합니다.

8

함석헌 옹은 세계의 오물을 뒤집어쓴 창녀 같은 한반도요 세상의 온갖 죄악을 다 집결시킨 고난의 여왕 같은 존재라며, 이는 세계를 구원할 능력을 키우려 하시는 신의 섭리라 보기도 했습니다. 그러나 가혹하여 신음 소리를 내지 않을 수 없습니다. 더욱이 오늘의 한반도의 고난과 아픔을 인류를 구원하려는 예수의 대속의 십자가로 믿고 싶어 하나 그만한 의식과 자질이 있는지는 아직도 미지수입니다. 그러나 인류 구원의 역사가 이와 무관하다면 이보다 더 비참할 수 없습니다. 때문에 이스라엘이 극심한 민족의 고난 속에서 이사야 53장의 수난의 종, 메시아의 태동을 꿈꾸었듯이 우리 한민족도 냉전체제에 마지막 남은 한반도의 분단의 쓰라림도 세계를 구원하는 대속의 수난으로 믿고 해석하며 인류의 새 희망을 여기에서 태동할 수 있게 해야 할 사명이 있다 할 수 있습니다.

한국교회가 그 교세가 세계적이요 그 규모나 활동이 세계 제일을 자랑하지만, 회고하면 지금까지 잘못 믿어온 것에 대하여 참회하며, 새롭게 태어날 절호의 기회를 하나님이 오늘의 분단 한반도에서 주시고 있다는 자의식(自意識)을 가져야 한다고 생각합니다. 특히 정치인들은 이 쓰라린 분단 상황을 자기들의 정쟁의 수단으로 이용해 온 것을 깊이 참회해야 합니다. 그리고 우리 신앙인들은 이 쓰라린 분단 한반도의 고난 속에서 인류 구원의 대속의 진리를 반드시 찾을 수 있어야 합니다. 신앙인의 예지와 과제가 여기에 있고, 세계는 이런 수난과 시련 속에서 구원의 새 빛을 고대하고 있습니다. 우리 한 민족, 한국교회가 세계에 새 희망을 줄 적격의 백성이라고 믿어서는 아니 되는 이유라도 있을까요?

대림절을 지나 다가오는 2022년, 3.1운동 103주년을 기념하며 새 역사의 장정과 남북 간의 평화와 통일을 준비하면서 성서의 많은 믿음의 선진들과 깊고 넓은 코이노니아를 해야 합니다. 만델라, 프란치스코 교황 등이 고난의 역경 속의 역사에서 닦았듯이 민족적 시련과 고난의 분단 속에서 그 의미를 판독하고, 먼저는 한 민족의 구원과 희망을 찾고, 고난의 온 누리에까지 구원과 화해의 활력과 새 희망이 되어야 하겠습니다.

특별히 금후 한국교회의 선교 과제는 평화통일이고, 우리 민족의 지상과제 역시 평화통일임을 확고히 해야 합니다. 한반도 분단의 문제와 시련은 남북만이 아니라 국제적인 이해관계에까지 얽혀 있기에 더욱 한민족의 예지와 결단, 희생과 용기를 요구합니다. 비유하면, 남북의 한민족은 머리는 둘이지만 몸은 하나인 쌍둥이 같은 존재임을 잊어서는 안 됩니다. 하나가 병 들거나 죽으면 또 하나도 병들고, 하나가 살면 둘이 다 사는 운명의 존재이기에 인내로 피차 함께 아파하고 돕고, 염려하고 돌보면서 둘이 다 같이 살아야 합니다.

우리의 대선 국면을 맞아 '증오의 정치' 넘는 후보가 이긴다는 역사의 교훈을 되새기고 싶습니다. 2007년 「뉴욕 타임스」의 빌켈러 편집인이 물었습니다. "당신은 27년간이나 투옥하고 수많은 흑인을 박해한 백인 정권을 어떻게 증오하지 않을 수가 있습니까?" 만델라의 대답은 이러했습니다. "증오는 마음을 흐리게 합니다. 증오는 전략을 실행하는 데 방해가 됩니다. 지도자는 누군가를 미워할 여유가 없습니다." 2022년 봄의 한국 대통령선거 결과를 예측해보라면, '증오의 정치'를 넘어서는 쪽이 승리할 것이라고 만델라는 대답하지 않을까 싶습니다.

오늘의 한국교회는 신·구교를 막론하고 지배하고 군림하려는 체질로부터 이웃을 섬기는 체질로 거듭나야 합니다. 그리고 3.1운동의 숭고한 정신적 맥을 계승할 수 있어야 합니다. 백성을 섬기는 교회, 민족의 십자가를 짊어지는 교회, 우리 이웃을 사랑하고 섬기는 교회, 그러한 교회라야 새 하늘과 새 땅을 한반도에 일구어갈 수 있습니다. 대림절 절기를 맞는 나루교회 공동체도 예수의 성육신앙에 걸맞게 새로워지는 은혜로 가득하기를 희망합니다.

2021년 11월 28일, 대림절 제1주

주(主)는 감사의 근원

신명기 26:1-11; 고린도후서 12:7-10

1

코로나 19의 세계적 대유행이 시작된 지 2년이 지나갑니다. 지난 역사에도 감염병 재난은 있었지만, 코로나 19의 빠른 전파 속도와 무증상 감염 확산, 그에 따른 사회적 거리두기와 이로 인한 장기적인 경기침체로 인류 전체를 위협하고 양극화를 심화시켰다는 점에서 유례를 찾아보기 어렵습니다.

교회에 끼친 영향 역시 마찬가지였습니다. 공동체성을 근본으로 하는 교회 예배는 물론 교육, 선교, 봉사를 비롯한 모든 활동이 오랜 기간 불가능하거나 '온라인'으로 대체되는 변화를 겪어야 했습니다. 모이지 못하니 성도의 교제가 약화되고, 헌금이 줄고 선교와 봉사, 예산 삭감과 교인 감소와 교역자의 고민도 적지 않은 현실입니다.

그러나 코로나 19 기간에 부정적인 영향만 남긴 것은 아닙니다. 『비대면 시대의 새로운 교회를 상상하다』라는 책이 출간되는 등 여러

연구기관과 신학자들이 코로나 19 시대의 새로운 교회를 상상하는 작업도 활발히 진행되었습니다. 감염병의 세계적 대유행은 위기임이 분명하지만, 교회와 신앙의 본질을 회복하라는 경고이자 기회이기도 합니다. 이것은 약탈적 자본주의의 결과이자 기후 위기와 관련되어 있는 문명사적 전환을 위한 담론 형성을 추동하고, 개인과 공동체의 차원에서 또 지역적 차원에서 삶의 근본적 변화를 추구하는 실천을 모색하고 실현케 만든다는 의미에서 기회인 것입니다. 이는 분명 누가, 어떤 교회가 '알곡'인지 '쭉정이'인지도 분명해질 것이니(마 3:12), 역설적으로 "지금이야말로 은혜의 때요, 지금이야말로 구원의 날"(고후 6:2)이 아니겠습니까!?

코로나 시대에 그럼에도 '주(主)는 감사의 근원'이라는 제목으로 하나님의 말씀을 생각하고자 합니다.

2

신명기 26장 1-11절은 다음의 내용을 배경으로 이야기가 전개됩니다.

히브리(이스라엘) 사람들이 이집트에 가서 살다가 후에 이집트의 정권이 교체되자 이집트 사람들로부터 탄압과 억압을 받았습니다. 이스라엘 백성은 하나님께 구원해달라고 호소했습니다. 하나님은 모세를 불러서 이집트로부터 동족을 탈출시켜 가나안 땅으로 인도하도록 하셨습니다. 가나안 땅에 정착한 이스라엘 백성은 목축업과 농사를 배워 농사를 짓고 살게 되었습니다.

구약 본문에는 농사를 지은 첫 추수를 하나님께 바치는 예배를 드리는 내용이 나옵니다. 각종 햇곡식을 광주리에 담아 예배를 집례하는 제사장에게 전달하였습니다. 제사장은 이를 받아 하나님의 제단 앞에 놓았습니다. 그리고 모두 아래와 같이 하나님께 아뢰는 신앙고백을 하라는 하나님의 지시를 받았습니다. 이 신앙고백이 5-9절에 있는데 이를 "옛 신앙고백"이라고 부릅니다.

"제 선조는 떠돌며 사는 아람인이었습니다"(5절).
여기의 아람인은 야곱 씨족을 가리키는데, 아브라함, 이삭, 야곱 등의 족장들을 말합니다.
"그는 얼마 안 되는 사람을 거느리고 이집트로 내려가서 거기에 몸 붙여 살았습니다. 그러나 그는 거기에서 불어나 크고 강대한 민족이 되었습니다. 그래서 이집트인들은 우리를 억누르고 괴롭혔습니다. 우리를 사정없이 부렸습니다"(6절).
"우리가 우리 선조들의 하나님 야훼께 부르짖었더니, 야훼께서는 우리의 아우성을 들으시고 우리가 억눌려 고생하며 착취당하는 것을 굽어 살피셨습니다"(7절).
"그리고 야훼께서는 억센 손으로 치시며 팔을 뻗으시어 온갖 표적과 기적을 행하심으로써 모두 두려워 떨게 하시고는 우리를 이집트에서 구출해 내셨습니다"(8절).
"그리하여 우리를 이곳으로 데려오시어 젖과 꿀이 흐르는 이 땅을 우리에게 주셨습니다"(9절).

이런 신앙고백을 공동으로 했는데 이것은 하나의 서술적인 신앙고백이라고 할 수 있습니다. 이 신앙고백을 한 다음에 햇곡식을 제단 앞에 두고서 하나님 앞에 엎드려 예배드렸습니다. 하나님께서는 예배를 드린 사람들에게 온갖 햇곡식을 먹고 즐길 때 레위인과 떠돌이도 함께 먹고 즐기도록 하라고 말씀하셨습니다(10-11절).

이스라엘 사람들의 역사는 고난의 역사의 연속이었습니다. 옮기고 이사하는 떠돌아다니고 헤매고 다닌 방랑자의 삶을 이어왔습니다. 사막과 광야를 헤매고 유리 방황해 온 역사를 체험한 민족입니다. 그뿐이겠습니까? 약 4천 년에 걸쳐서 12개의 강대국 민족의 침략을 받아 고생한 방랑의 떠돌이 생활을 해왔었습니다. 이집트, 앗시리아, 바벨론, 페르시아, 그리스, 로마, 비잔틴 제국, 아랍권, 십자군, 또다시 아랍인, 터키, 영국 등의 민족들에 의하여 점령, 포로, 강제 이주, 피난 이주, 학살, 약탈 등을 당해왔다고 보면 떠돌이들의 흩어지고, 피난 가고, 정착했다가 또 잡혀가고, 헤어지고, 죽고 하는 수난의 악순환의 역사를 걸어온 이스라엘 민족의 고난을 짐작하고도 남음이 있습니다. 오늘의 유대인들도 제2차 세계대전 때 독일 나치에 의한 600만 명의 학살이라는 이 엄청난 수난을 잊지 못하고 있습니다.

구약성서에 나타난 이스라엘 민족사를 보면 그런 유리방황, 유랑생활을 해오면서도 이른바 야훼 하나님을 섬기는 하나님 신앙을 계속 이어온 신앙의 역사를 배울 수 있습니다. 평화롭고 안정된 때에만 감사의 예배를 드린 것이 아니라, 항상 위험과 불안과 혼미 속에서 외로운 싸움으로 신앙의 지조를 지켜온 예언자들의 신앙 전승을 발견할 수 있습니다. 그리고 하나님이 자기 민족을 구원해주신다는 확신을 유지하고 전승하면서 떠돌이들의 감사 예배를 드리는 전통을 이어나갔습니다. 그러기에 감사하라는 것은 고생과 수난의 삶 속에서 진행되고 이어져간 것입니다.

3

1988년 9월 5일 자 「타임」지에 "남한"이란 특집이 나왔는데 어떻게 한국에서 88년 올림픽이 열릴 수 있었는가 하는 내용이었습니다. 한국 사람들은 모든 불행한 조건들을 다 가지고 있는 민족인데 수천 년에 걸쳐서 외국으로부터 976번이나 침략을 받은 나라라고 지적되어 있습니다. 6.25 한국전쟁 후 지난 35년간 판문점에서 440회 이상 정전 회담을 했지만 계속 대결 속에서 아무 결과가 없이 대치해 있다는 것입니다. 남북 분단으로 인한 긴장이 여전히 감돌고 학생데모와 데모를 막기 위한 전투경찰의 대결이 계속되고 있으니 "조용한 아침의 나라"라는 칭호가 잘못된 것이 아닌가 하고 풀이하고 있습니다. 그러나 경제성장의 기적 때문에 올림픽이 가능했다고 평하고 있습니다.

한국의 4천 년 역사에서 우리 민족이 976회나 침략을 당했다고 보면 떠돌이들의 피난, 납치, 포로, 가족 이산, 학살 등으로 유리 방황하는 수난의 역사의 연속이었다고 보아도 과언이 아닐 것입니다. 일제의 침략과 강제 징집·동원을 비롯하여 8·15 이후의 남북분단과 6.25 한국전쟁으로 인한 행방불명과 피난, 가족 이산 등을 따져볼 때 오늘 우리 모두도 살아남은 떠돌이들의 후예들이라고 볼 수 있습니다.

오늘 우리는 2021년도 추수감사절을 맞이하여 하나님 앞에 예물을 드리고, 하나님께 구원과 남북통일과 민족 화해의 길을 간구하며 감사 예배를 드립니다. 이스라엘 민족이 하나님께 구원을 요청하여 출애굽의 해방과 구원을 얻은 것에 대한 감사의 신앙고백을 한 것처럼, 오늘 우리 한국인의 수난사 속에서도 그리스도의 복음을 받고 신앙으로 인한 민족의 해방과 구원의 역사를 체험할 수 있게 된 우리의 처지에서도 감사 신앙고백을 하며 민족 화해의 길을 찾아야 합니다. 특별히 하나님께서 우리를 자녀 삼으셔서 새 사람으로 거듭나게 만들어 주시고 예수 그리스도와 만나게 해주셔서 구원의 역사를 이루시고 일꾼 삼아주시고, 사용해주시는 일에 대하여 감격하며 감사하지 않을 수 없습니다.

우리가 항상 기억하고 있는 성구로 "범사에 감사하라"(살전 5:18)는 말씀이 있습니다. 우리의 일상에서 생기는 모든 일에 대해 하나님께 감사하라는 뜻입니다. 그렇다면 우리가 어떤 피해나 사고를 당한 경우에도 감사할 수 있는 믿음의 차원에 이르라는 뜻입니다. 그러므로 우리가 세상에서 범사에 감사할 수 있으려면 일상의 차원을 뛰어넘는 영적 차원(靈的 次元)의 감사에까지 도달하지 않으면 안 됩니다.

하나님의 축복에는 우선순위가 있습니다. 그것은 먼저 영적인 축복입니다. 예수 그리스도께서 나의 생명을 파멸하는 존재가 아니라 구원받는 존재로, 허무한 삶이 아니라 의미 있는 삶으로 바꾸어 주시기 위하여, 아침 이슬처럼 끝내 사라져 버리는 일시적 존재가 아니라 진리와 정의와 사랑과 평화이신 하나님과 하나님이 이루신 나라에서 영원토록 함께 살아가는 불멸의 존재로 만드시는 축복이 우선순위에 있습니다. 그런 신앙의 기반 위에서, 믿음의 확고한 터전 위에서 몸이 건강하여 하나님과 이웃을 위해 더 많은 일을 하고, 사업에 형통하여 하나님의 청지기로서 이웃을 돌보며 더불어 살 수 있게 하기 위한 축복이 뒤따릅니다.

우리가 유념할 것은 우선순위를 혼동할 때 심각한 문제를 갖게 된다는 것입니다. 왜 하나님께서 축복해 주시는지 그 이유를 모르게 되어버리기 때문입니다. 영적인 기반 위에 서 있지 않은 자들의 육체적 건강은 그 강건한 힘을 선(善)한 일에 사용하기보다 오히려 약한 자들 위에 군림하는 수단으로써의 폭력이나 불순한 욕망을 채우는 힘으로 사용하기 쉽습니다. 또 물질적 풍요는 오히려 사치와 허영과 퇴폐를 일삼고 하나님을 제 맘껏 거역하고 모독하는 데 사용하기 쉽습니다. 인류 역사를 돌아보면, 그런 일이 수도 없이 많았습니다. 이런 사실을 깨달을 때 우리가 비로소 육신의 약함과 상(傷)함과 병(病)들을 오히려 감사할 줄 알라는 신앙의 차원을 이해할 수 있게 됩니다.

4

추수감사절의 기원은 영국의 청교도들이 신앙의 자유를 찾아 메이플라워호를 타고 미지의 땅 아메리카에 정착해 인디언들의 도움도 받고 하여 첫 농사를 지어 하나님께 예물로 바치며 감사 예배를 드린 데서 비롯되었습니다. 청교도들이 땅 설고, 물 설고, 낯선 곳에서 고생고생하여 간신히 농사를 지어 놓으면 어떤 때는 인디언들의 습격을 받아 추수할 곡식에 불을 지르고 부녀자들은 창으로 찔러 죽였다는 얘기를 어렸을 때 실감 나게 들었습니다, 그래서 인디언들을 '나쁜 사람들'로 여기게 되었고, '그리스도교의 박해자, 하나님의 원수'로 여기게 되었습니다. 그래서 백인들이 인디언들을 총을 쏘아 말에서 떨어뜨리는 장면을 보며, 신이 나서 박수를 쳐대곤 한 것이 우리였습니다.

그러나 역사의 진실은 다르다는 것을 알게 되었습니다. 또한 우리는 조상 대대로 살아오던 땅을 빼앗기게 된 인디언들의 처지에 마음을 쓰게 되었습니다. 백인들의 추수감사제가 인디언들에게도 역시 축제가 되는 때, 추수감사절의 의미는 더욱 아름다워지고 영원한 것이 될 수 있습니다. 한쪽의 축제와 감사가 다른 쪽에 비통과 저주를 안겨주게 되어서는 안 됩니다. 다른 사람에게 공해를 끼치며 생산을 늘려, 그 소득을 하나님께 감사하는 차원은 진정한 감사라고 말할 수 없습니다. 강대국들의 농민들이 잉여 농산물을 약소국가에 "너 이거 안 사가면 혼날 줄 알아"하며 우격다짐으로 팔아넘겨 약소국가 농민들의 생활 기반을 빼앗고, 헤어날 수 없는 궁지에 몰아넣으면서 낸 수익을 축복으로 알고 감사하는 행위는 이미 그리스도교적인 의미가 없습니다. 오히려 사탄적인 행위가 될 수 있습니다.

그러므로 우리는 감사의 차원을 좀 더 근원적인 데에 두어야 합니다. 아씨시의 성 프란치스코의 "태양의 노래"를 음미해 보겠습니다.

> 나의 주님, 당신은 우리의 형제인 바람과 공기 흐리거나 맑은 모든 날씨를 통해 찬양을 받으소서. 당신은 이것들을 통해서 당신의 피조물을 번성케 하십니다.
> 나의 주님, 당신은 우리의 형제인 물을 통해 찬양을 받으소서. 물은 아주 유익하고 겸허하며 지극히 순결합니다.

나의 주님, 당신은 우리의 형제인 불을 통해 찬양을 받으소서. 당신은 불을 통해 밤을 밝히시며 불은 아름답고 기쁘며 힘 있고 강합니다.

나의 주님, 당신은 우리의 자매요 어머니인 땅을 통해 찬양을 받으소서. 땅은 우리를 먹여주며 부양해주며 온갖 열매를 맺고 다채로운 꽃들과 풀들을 냅니다.

나의 주님, 당신은 당신에 대한 사랑으로 용서하고 다른 사람들의 약함과 불행을 짊어지는 이들을 통해 찬양을 받으소서. 평화 속에 기다리는 이들은 복이 있습니다. 지존하신 분인 당신이 언젠가 그들에게 면류관을 씌워줄 것입니다.

나의 주님, 당신은 우리의 형제의 신체적 죽음을 통해 찬양받으소서. 어떤 인간도 살아서는 그 죽음을 벗어날 수 없습니다.

교우 여러분! 성 프란치스코에게 무엇인가를 배웠다면, 그가 오늘날 오염과 공해로 가득 찬 이 세계에 대해 어떻게 말할 것인가를 먼저 생각하고 배우고 실천할 수 있어야 하겠습니다. '프란치스코의 영성'을 이해한다면 그의 참된 정신을 침해하는 일이 없어야 하겠습니다. 감사의 깊은 뜻을 위해서 먼저 우리 주변의 모든 일을 감사할 수 있는 조건이 되도록 만들어가야 합니다. 자연에 감사할 수 있도록 힘써 공해를 막아야 하고, 억울한 일을 당하여 세상과 하나님을 원망하는 사람이 없도록 정치, 사회, 경제, 교육 등의 여러 분야에서 불의와 부정과 부패와 오염을 막아야 합니다. 감사할 수 있는 세계, 범사에 감사할 수 있는 조건으로 가득 찬 세계를 하늘에서 이루었듯이 땅에서도 만들어야 합니다.

5

신약의 본문 말씀을 이러한 입장에서 이해해보겠습니다. 사도 바울에게는 교회의 영적 지도자로서 어울리지 않는 고질병이 있었습니다. 그 병이 간질, 심한 두통, 심한 안질이라는 주장도 있습니다. 영국의 성서 주석가 바클레이는 사도 바울이 동부 지중해 해안지대에 유행하는 말라리아 열병에 만성적으로 걸렸을 것이라고 추측하기도 합니다. 그 아픔은 "벌겋게 불에 달은 쇠꼬챙이로 이마를 찌르는 것 같은 고통"에 비유되기도 하고, "치과의사가 기계를 가지고 구멍을 뚫어 두 턱 사이에 사슬을 끼워 넣은 것 같은 통증"에 비교되기도 하는 인간의 인내력의 한계를 넘는 아픔이라고 합니다.

사도 바울은 그 고통이 너무 견디기 힘들 뿐만 아니라 교회의 지도자로서 그런 악한 질병에 시달리고 있다는 사실이 덕스럽지 않다고 여겼습니다. 더구나 그의 사도직에 대해 헐뜯는 반대자들에게 "바울이 정녕 의 사랑과 인정을 받는 사도라면 저렇듯 보기 흉하고 견디기 어려운 병을 지니고 있을 수 있는가?" 하는 비난의 구실을 주었기 때문에 바울은 주님께 "이 병을 제게서 거두어 주옵소서"하고 간절히 간구하였습니다. 세 번이나 주님께 간청하였다고 바울은 고백하고 있습니다. 주님은 그 고통의 근원을 제거하시는 방법이 아니라 그 고통을 이겨낼 수 있는 힘을 바울에게 주시는 방식으로 응답하셨습니다.

바울은 그 응답을 "아하, 내가 남보다 놀랍고 굉장한 계시의 비밀을 보았기 때문에 지나치게 교만해질까 봐 내 인간적인 한계를 알고 항상 겸손하라고 이런 병을 주신 것이구나. 그리고 사람들이 내게서 듣고 본 것으로 말미암아 나를 지나치게 높이 평가하지 않기 위해 이 가시 같은 병을 거두어 주시지 않는구나. 이처럼 내게 병이 있는 것이 나를 구원하는 은혜이구나. 참으로 감사한 일이다"하고 깨달았습니다. 그것이 "너는 이미 내 은총을 충분히 받았다. 내 능력은 약한 자 안에서 완전히 드러난다"고 하신 주님의 말씀에 대한 깨달음이었습니다.

사도 바울에게 인간적인 약함이 없으면 그를 구원하시는 그리스도와의 교제나 주님의 능력은 필요가 없어집니다. 그에게는 예수 그리스도가 있으나 마나 한 존재, 필요 없는 존재가 되는 것입니다. 그래서 바울은 자신에게 그리스도의 능력이 항상 머물도록 자신의 약점, "나는 그리스도 없이는 살 수 없는 약한 존재"라고 항상 말하는 사람이 되었습니다. 그 사실을 놀라운 축복으로 받아들이고 넘치는 감사를 드렸습니다. "따라서 나는 그리스도를 위해 약해지는 것으로 만족하며, 모욕과 빈곤과 박해와 곤궁을 달게 받습니다. 그것은 내가 약해졌을 때에 오히려 나는 강하기 때문입니다"(고후 12:10)라고 고백하였습니다. 이것이 어느 때, 어떤 처지에서라도 감사를 드릴 수 있는 신앙의 차원입니다.

시편 기자는 노래하고 있습니다. "주의 성도들아 여호와를 찬송하며 그 거룩한 이름에 감사할지어다. 그 노염은 잠깐이요. 그 은총은 평생이로다. 저녁에는 울음이 기숙할지라도 아침에는 기쁨이 오리로다"(시 30:4-5)고 희망을 노래하고 있습니다.

6

코로나 19의 어려운 시대, 통과하기 너무 힘든 긴 터널을 통과하는 가운데 있습니다. 우리는 지금 참으로 어려운 시대를 살아가고 있습니다. 처음 부분에서 언급했듯이 교회는 비대면 예배를 드리며 어려움을 감내해 왔습니다. 각계 분야에 모두가 큰 어려움의 시련을 겪으며 긴 터널을 통과하고 있습니다. 가을 추수기에 농사를 지어봤자 생산비도 제대로 안 나오는 시대, 우리가 다니는 기업을 장래가 내일 어찌 될지 모르는 불안하고 불확실한 시대에 추수감사절을 맞이하고 있는 게 아닌가 얼마의 불안감 속에 있는 것 같습니다. 그럼에도 우리는 신앙의 선진들께서 걸으셨던 길을 교훈 삼아 다시 일어서고 다시 희망하며 새로운 거보를 용기 있게 시작해야 합니다. 에서 형(兄)의 노여움을 피해 광야로 도망쳐 외로움과 두려움에 몸을 떨던 야곱이 "참말 야훼께서 여기 계셨는데도 내가 모르고 있었구나" 하고 놀랐듯이, 우리는 우리의 영혼과 생명과 일을 지켜주시는 하나님이 우리와 함께 계심을 압니다. 어느 때 어느 곳에서든지 우리를 위해 우리와 함께 계시는 주님을 깨달을 때 우리는 비로소 "주님은 감사의 근원이십니다"라는 참 고백을 할 수 있을 것입니다.

여러분, 이 어려운 시대를 살아가면서 우리는 하나님께 감사와 겸손과 희망을 잃지 않는 믿음의 비결을 갖는 일입니다. 우리는 사도 바울의 신앙을 본받아 그 어떠한 경우에도 감사와 찬양으로 맺어진 우리와 주님과의 사랑의 관계를 확고히 해가야 하겠습니다. 우리는 주님과 함께 하늘과 이 땅의 평화를 위해 일하는 그리스도인으로 부름

받았습니다. 용기를 내고 일어서서 감사로 화답합시다. 주님은 감사
의 근원이십니다.

2021년 11월 21일, 추수감사주일

오직 하나님의 은혜

누가복음 4:18-19; 에베소서 2:1-10

1. 은혜 — 회복된 개념

중세기 동안 은혜는 하나님께서 구원을 촉진할 목적으로 인간의 영혼 속에 주입한 어떤 실체로서 초자연성을 갖는 것으로 이해되곤 하였습니다. 하나님과 인간의 본성 사이에는 철저하게 건널 수 없는 간격이 존재하고 있습니다. 이 간격 때문에 인간이 하나님과 어떤 의미 있는 관계를 맺는다는 것은 불가능합니다. 하나님께서 우리를 받아 주시기 전에 이 간격을 이어주는 뭔가가 필요합니다.

따라서 은혜는 하나님이 우리 속에 창조하신 그 무엇으로, 순수한 인간 본성과 신(神)의 본성 사이에 가교 역할을 하는 것—일종의 중간(中間) 종(種)—으로 이해되었습니다. 은혜라는 개념은 일종의 교두보 또는 앞과 뒤를 연결하는 중간지대(middle ground)로 여겨졌으며, 그것을 통해 하나님과 인간 사이의 깊은 틈이 이어질 수 있게 되었습니다. 종교개혁 이전에는 그런 은혜 개념들이 혹독한 비판을 받는 주제였습니다. 16세기의 막이 열릴 무렵에는 그러한 개념들은 대부분 나쁜 평판을 얻었습니다.

그러면 종교개혁자들은 '은혜'에 대하여 어떻게 가르치고 있는가를 개혁자 자신들의 경험을 통해 찾아보기로 합니다. 오늘의 메시지는 '오직 하나님의 은혜'입니다.

2. 종교개혁자들의 은혜 경험 이야기

신약성서의 그리스어 본문이 말하는 의미에 민감했던 종교개혁자들은 '은혜'의 근본 의미는 우리를 향하신 하나님의 자비롭고 특별한 사랑이라고 주장하였습니다. 그것은 우리를 향하신 하나님의 인격이 보여주신 태도였습니다. 이런 점에서 은혜라고 하는 강력한 인격성이 개혁자들을 통해 재발견되었습니다.

은혜는 우리가 자비로우심이라는 말로 인식하는 신성한 임재와 행동의 틀을 나타냅니다. 우리가 죄인임에도 불구하고 하나님은 기꺼이 우리를 만나려 하십니다. 우리가 듣지 못함에도 불구하고 하나님은 기꺼이 그의 목소리를 듣게 하십니다. 우리가 그로부터 멀리 떠났음에도 불구하고 하나님은 흔쾌히 우리에게 다가오셔서 우리를 당신이 계신 본향으로 인도하십니다. 그리스도는 부요하신 분임에도 불구하고 우리 때문에 가난한 분이 되셨습니다. 종교개혁자들이 하나님의 은혜가 가진 깊이를 측량하여 전달하려고 노력하였던 것은 그들의 삶에서 직접 경험한 것이기 때문입니다. 종교개혁자들 루터, 츠빙글리 그리고 칼빈의 삶 속에 나타난 사건들을 지적할 수 있습니다.

1) 루터의 내적인 투쟁 이야기

젊은 시절의 루터는 자신이 죄인임을 강렬하게 깨닫고 있었습니다. 그는 1483년에 태어나 1505년에 대학도시인 에르푸르트(Erfurt)에 있는 어거스틴 수도원으로 들어갔습니다. 꼼꼼하게 자신의 죄를 고백하였음에도 그는 자신의 내면 깊숙한 곳에 불안이 도사리고 있음을 느꼈습니다. 그의 양심은 이런 죄들로 인해 격렬한 고통을 체험했으며, 그것을 자신의 힘으로 극복할 수 없음을 절감하였습니다. 그가 보기에 그는 죄로 가득한 상황이라는 올무에 걸려든 것 같았으며, 거기로부터 도무지 빠져나올 길이 없어 보였습니다. 마치 환각 약물에 중독된 자처럼 그는 갈고리에 꿰인 사람이었습니다. 그가 죄로부터 벗어나 자유를 누릴 수 있는 방도가 없었습니다.

그렇다면 어떻게 공의의 하나님이 그런 죄를 못 본채 넘어가실 수 있겠는가? 루터는 특히 바울이 즐겨 사용하였던 '하나님의 의'(right-eousness)라는 문구로 인해 특별한 어려움을 겪게 되었습니다. 사실 로마서 1:16-17을 보면, 바울은 복음을 하나님의 의의 계시와 사실상 같은 것으로 봅니다. 루터는 이것을 이해할 수 없었습니다. 어떻게 하나님의 의의 계시가 죄인들에게 좋은 소식이 될 수 있다는 말인가? 루터가 보기에 복음은 의인들에게나 좋은 소식이었지 자신과 같은 죄인들에겐 상관없는 일일 뿐이었습니다. 공의의 하나님이라면, 그분은 루터를 포함한 죄인들에게 벌을 내리시고 죄인임을 선고하실 것입니다. 그가 죽기 전인 1545년에 쓴 어떤 글에서 루터는 청년 시절 내내 자신을 괴롭혔던 영혼의 고통을 이렇게 되새기고 있습니다.

"나는 '하나님의 의'라는 문구를 증오했다. … 하나님은 공의로우시며 나아가 그 의를 통해 죄인들에게 벌을 내리신다. 한 사람의 수도사로서 흠잡을 게 없는 양심을 소유한 자임을 깨닫고 있었다. … 나는 자신에게 비참한 죄인들은 원죄(原罪)로 말미암아 영원히 정죄당할 수밖에 없는 처지인데, 게다가 구약의 율법으로 우리 어깨 위에 모든 종류의 짐들을 더 많이 올려놓으시고, 그것도 모자라 하나님이 복음을 통하여 상황을 더 안 좋게 만드시다니, 이럴 수는 없는 거야!라고 말하면서 하나님께 분노하고 있었다."

그런 뒤 상황이 바뀌게 됩니다. 1515년쯤에 루터는 자신의 죄를 포함하여 모든 죄를 용서하실 수 있는 분임을 깨닫게 되었습니다. 그는 완전히 새로운 시각으로 성경을 읽기 시작하였습니다. 이제 더 이상 '하나님의 공의(公義)'와 같은 말이 그에게 극렬한 공포심을 안겨주지 않았습니다. 오히려 그런 말들은 이제 하나님의 은혜라는 테마와 잘 어울리게 되었습니다. 하나님의 의는 죄인들에게 벌을 내리시는 공의가 아니라, 도리어 죄인들이 하나님 안에서 위안을 얻으며 평강을 찾을 수 있도록 '인간의 공로로 얻는 것이 아니라' 철저하게 하나님께서 죄인들에게 선물로 주신 것이었습니다. 그때 루터는 자신이 마치 낙원에 들어간 것과 같은 심정이었다고 회상하였습니다.

그때 이후로 성경의 모든 면이 루터에게 전혀 다른 모습으로 다가왔습니다. 그리고 이전에 루터가 '하나님의 의'라는 말을 증오하였던 바로 그곳에서 이제는 그 말씀을 사랑하게 되었고, 그 말씀을 가장 달콤한 말씀으로 찬양하게 되었으며, 그 결과 바울 속에 있던 이 말씀이 루터에게는 낙원으로 들어가는 바로 그 입구가 되었습니다.

　이제 루터에게 은혜는 생명과 직접적인 관계가 있는 개념이 되었습니다. 무엇보다도 은혜는 하나님께서 죄인들을 변함없이 사랑하신다는 놀라운 사실입니다. 하나님 앞에 서 있는 우리의 자리는 하나님께서 주신 것이지 우리 힘으로 얻은 것이 아닙니다. '죄인들은 사랑받고 있기에 놀라운 매력이 있는 것이지 그들이 매력이 있어서 사랑받는 것은 아닙니다.' 하나님의 놀라운 은혜는 우리가 사랑 받을 만하기 전부터 사랑을 받고 있었다는 사실에서 잘 드러납니다. 하나님의 은혜로 말미암아 그 죄의 권세를 부수시고 정죄를 말끔히 없애버리시고, 나아가 평온과 양심과 마음의 평강을 허락하셨다는 놀라운 통찰을 선포하는 것입니다. 우리를 향하신 하나님의 자비로우신 마음은 우리에게 보이신 자비로운 행위들 속에서 분명히 드러나 있습니다. 은혜는 우리의 영적인 삶에 끼친 영향으로부터 끊을 수 없습니다. 바울은 은혜를 자신의 삶 속에서 실제로 이루어진 일, 이를테면 그의 회심(回心)을 빈번하게 증언하고 있음을 봅니다. 그래서 개혁자들은 '오직 은혜만'이라고 가르쳤던 것입니다.

　2) 스위스 취리히의 개혁자 츠빙글리(Huldrych Zwingli)도 인상적인 증언을 하고 있습니다. 츠빙글리는 1484년에 태어났고, 취리히 대예배당에서 백성들의 제사장(Leutpriest)이라는 새 직무를 시작함으로 자신의 35세 생일(1월 1일)을 자축했습니다. 그는 앞으로 지역에 상당한 영향을 미치게 될 개혁 프로그램을 설교하고, 취리히 시(市) 안에서 정규 목회자의 임무를 맡았습니다. 그런데 그해 늦여름에 츠빙글리는

임박해오는 죽음에 다가가게 됩니다.

그해 여름에 전염병이 취리히를 강타하자 츠빙글리는 죽어가는 사람들을 방문하며 위로하는 일에 온전히 매달렸습니다. 아마도 이 시기에 취리히 전체 인구의 3분의 1가량이 숨을 거두었을 것입니다. 8월께는 츠빙글리 자신도 큰 병을 얻었고, 소생의 가망이 없어 보였습니다. 이 시기에 그는 한 편의 시(詩)를 썼는데, 그 속에서 그는 하나님께 자신을 온전히 내어 맡긴 심정을 드러내었습니다. 죽느냐 사느냐는 오로지 하나님께 달린 문제였고, 철저히 인간의 통제를 넘어선 것이었습니다.

그러다가 츠빙글리는 회복되었습니다. '은혜'라는 말은 이제 하나님의 섭리와 전능하심을 드러내는 곡조와 함께 울려 퍼졌습니다. 은혜는 인간실존의 행로(行路)를 하나님께서 기꺼이 인도하시며 인간이 통제할 수 없는 상황에 기꺼이 개입하시는 분이라는 것입니다. 은혜가 그 무엇보다도 우선 하나님의 호의를 발견하는 것이라면, 두 번째로 그 은혜는 인간의 삶 속에서 그 호의가 실제의 결과로 나타나는 것을 가리켰습니다. 츠빙글리는 취리히의 전염병으로부터 자신의 생명이 보존되었음을 경험하였습니다. 이제 은혜는 츠빙글리에게 하나님께서 역동성과 창조성이 넘치는 모습으로 자비를 베푸시는 인생들 속에 개입하심을 의미하게 되었습니다. 츠빙글리는 취리히의 전염병으로부터 자신의 생명이 보존되었음을 경험하였습니다. 이제 은혜는 츠빙글리에게 하나님께서 역동성과 창조성이 넘치는 모습으로 자비를 베푸시는 인생들 속에 개입하심을 의미하게 되었습니다.

3) 1509년에 태어난 칼빈(John Calvin)은 일찍이 로마가톨릭교회의 사제가 되려는 야망을 품었던 듯합니다. 그의 아버지는 놔용(Noyon) 성당의 유력한 행정책임자였고, 칼빈은 그 지역교회의 유력한 후원자 가문과 친밀한 관계였습니다. 그러나 1529년이 되자 이런 가망성은 물거품이 되고 맙니다. 칼빈의 아버지는 몇 가지 회계장부의 불일치사례가 드러나면서 성당에서 신임을 잃게 됩니다. 그 무렵 칼빈은 법학을 공부하기로 결심합니다.

칼빈은 법률가로 성공할 수 있는 기질을 갖추었지만, 당시 프랑스 전역을 휩쓸었던 새로운 복음주의 사상에 관심을 기울였고 공감합니다. 1533년 말과 1534년 초쯤에 칼빈은 훗날 스스로 '급작스러운 회심'이라 표현했던 하나의 체험을 합니다. 그는 당시를 회상하면서 자신이 마치 자신만의 방식에 얽매인 채 친숙하고 위안이 되는 옛 종교에 견고하게 참호를 파고 그의 몸을 숨기고 있는 것처럼 보였다고 했습니다. 그런 다음 뭔가가 일어났습니다. 이 모든 것이 정확히 언제 일어났는지 입증할만한 자료도 남겨놓지 않았습니다. 그러나 그 기본 틀은 분명합니다. 하나님께서 그의 삶에 개입하셔서 그에게 옛 종교와 습속(習俗)과 관계를 끊게 하셨고, 나아가 복음을 섬기는 길로 나가도록 그를 해방시키셨습니다.

칼빈은 자신이 하나님을 섬기도록 부르심을 받았다는 것을 자각(自覺)하고 있었습니다. 은혜는 그런 방식으로 죄와 무지(無知)에 찌든 상황 속에 하나님이 개입하시는 것을 가리키게 되었습니다. 은혜는 사람을 완전히 새롭게 바꾸고 죄의 수렁에서 구출해내며, 하나님에 맞섰던 자들을 길들여 그분께 순종케 하는 하나님의 능력을 가리키는 것입니다. 아울러 칼빈은 자신과 바울을 이런 방식으로 하나님의 은혜를 체험한 사람들 속에 포함시켰습니다.

칼빈은 16세기의 가장 중요한 출판물이 되었던 책, 『기독교강요』(1536. 3.)를 쓰는 것을 포함하여 여러 가지 문제로 분주하였습니다. 1536년 7월에 그는 스트라스부르(Starsbourg)로 가서 중요한 작업을 진척시켜 완성하기로 결심합니다. 그러나 당시에 프랑스와 영국 간의 전쟁으로 파리와 스트라스부르 사이의 통로가 막혀 남쪽 도시 제네바에서 하룻밤을 머물게 됩니다. 그는 거기서 제네바 개혁자 파렐(Guillaume Farel)를 만나 "이 도시는 당신을 필요로 하고 있습니다!"라는 요청을 받고 제네바에 머물러 그곳을 섬기라는 부르심을 받았음을 의심치 않았습니다.

칼빈은 여러 번의 마음의 동요(動搖)와 추방(追放)의 과정을 거치면서 하나님께로부터 제네바에서 사역(事役)하도록 부르심 받았다는 강력한 자각을 합니다.

칼빈은 이렇게 쓰고 있습니다. "주님은 내가 나의 소명을 스스로 화신할 수 있는 강력한 이유들을 제시해 주셨습니다." 은혜는 실제 인간의 삶—단지 일반적인 인간의 삶이 아니라 특정한 한 사람 한 사람의 삶— 속에서 나타나는 그 어떤 것으로 간주되었습니다.

이제 은혜는 하나님의 자비로우심이 민중들의 삶 속에서 창조성 넘치는 모습으로, 그들에게 새 힘을 부여하며 삶을 바꾸시는 모습으로 표현됩니다. 바울이 "나의 나 된 것은 하나님의 은혜로 된 것이니"(고전 15:10)라고 썼을 때 그는 자신을 향한 하나님의 은혜뿐만 아니라, 그 '은혜 씨앗'이 자신의 삶 속에서 현실로 나타났음을 동시에 증언하고 있는 것입니다. 은혜는 결코 추상적인 개념이 아닙니다! 은혜는 하나님께서 민중을 위하여 베푸신 모든 것입니다. 그것은 우리가 오늘도 선용할 수 있는 통찰입니다.*

종교개혁 500주년을 맞으며 개혁자들의 모토 가운데 중요한 항목인 '오직 은혜'로 말미암는 영성에 대한 역사적 고찰을 시도해 본 것입니다.

3. 오직 하나님의 은혜에 대한 이야기들

덴마크의 철학자, 종교사상가 키에르케고르(1813~1855)는 자유하는 인간실존에 대하여 세 가지로 나누어서 이야기합니다. 심미적 단계에서의 자유와 도덕적 단계에서의 자유 그리고 종교적 단계에서의 자유가 그것입니다. 점진적으로 이 세 가지 자유를 다 소유할 때에 비로소 인간은 자유 하는 실존이라는 것입니다. 예수님은 하나님의 아들이라고 자의식(自意識)했고, 또 다른 사람들로부터도 그렇게 불리었습니다. 예수님은 하나님의 아들로서의 몸을 씨앗 삼아 율법의 테두리를 벗어난 용서의 자유로운 사람을 인간들에게 심어주고, 성령의 능력을 인간성 안에 보내서 인간이 그 은혜, 즉 자유로운 사랑 안에서 새롭게 자유를 누리고 살게 되는 참다운 인간상을 창조하려 하였습니다. 이것이 예수님의 하나님 나라, 구원 운동입니다.

인간 삶의 행. 불행 역시 세상을 어떻게 보며, 어떻게 생각하느냐

---

* 알리스터 매그라스, 『종교개혁시대의 영성』 (좋은 씨앗, 2005), 243-255.

하는 가치관, 세계관에 좌우한다고 할 수 있습니다. 세계관 역시 크게 세 가지로 나누어 볼 수 있습니다. 하나는 요행과 운명을 믿는, 운명 중심적인 세계관이 있습니다. 그도 그럴 것이 특별히 농경시대와 봉건 시대와 피압박 민족 시대는 더욱 그러했기 때문입니다.

둘째는 신학적으로 '율법주의'라는 세계관이 있습니다. 율법주의 는 모든 것이 보상이요 보수요 노력의 대가로 얻어진다고 생각합니다. 아주 합리적이요 지성적이요 당연한 생각입니다. 그런데 여기에는 기쁨과 행복보다는 자기가 무엇을 좀 이루었다고, 무엇이 되었다고 교만하고 다른 사람들을 멸시합니다. 또 절망합니다. 셋째는 은혜를 알고, 모든 것을 은혜로 생각하는 은혜 중심적 세계관이 있습니다. 사람들이 애써 수고를 하면서 그 자체가 은혜라고 생각합니다. 선재적 (先在的) 은혜를 믿습니다. 은혜가 먼저요, 은혜 안에 내가 있다는 것입 니다. 공중의 나는 새가 높고 힘차게 하늘을 날아갑니다. 그러나 날기 위해서는 먼저 공기가 있었다는 것을 잊지 말 것입니다. 그런고로 은혜 가 먼저입니다.

모든 것보다 은혜가 먼저 있고, 은혜 안에 내 수고도 있습니다. 내 땀 흘림도 거기에 있고, 내 모든 노력도 거기에서 비롯됩니다. 또한 은혜 안에서 결실을 맺는 것입니다. 이것이 은혜 중심의 세계관입니다. 그런데 은혜는 믿음이라는 그릇에 담겨 있습니다. 믿음이 있고야 은혜 를 은혜로 받아들이게 됩니다. 바울은 "나의 나 된 것은 하나님의 은혜 로 된 것이니…"(고전 15:10)라고 고백했습니다. 그는 많은 수고와 희생 그리고 땀을 흘렸고, 평생 교회를 세우고 봉사했습니다. 그리고 그는 "나의 나 됨은 하나님의 은혜다"라고….

4. 하나님의 선물로서 은혜라는 이야기

본문은 가장 큰 은혜, 근본적인 은혜에 대해서 설명하고 있습니다. 옛날을 회상해 보니 우리가 모두 본질상 진노의 자녀였습니다. "전에는 우리도 다 그 가운데서 우리 육체의 욕심을 따라 지내며 육체와 마음이 원하는 것을 하여 다른 이들과 같이 본질상 진노의 자녀였더니"(엡2:3)라고 말씀합니다. 때로 우리는 길을 가다가 만취되어 쓰러져 있는 사람을 만난 적이 있나요? 그를 비난하겠어요? 혹은 그를 저주하겠어요? 생각해 보세요. 그와 내가 무슨 차이가 있습니까? 나타니엘 호오손의 『주홍글씨』라는 소설을 아십니까? 간음한 사람이라는 표시로 'A'(Adultery)라는 주홍글씨를 가슴에 단 이 여자를 재판하는 사람이 있습니다. 그런데 그녀를 그렇게 만든 사람이 바로 그 재판장이었습니다. 누가 누구를 재판할 것입니까? 본질상 다 진노의 자녀입니다. 우리는 다 같이 본질상 진노의 자녀였습니다. 다른 것이 있다면 은혜가 있을 뿐입니다. 오직 은혜로 내가 있을 뿐이요, 사람마다 본질적으로 다른 것은 아무것도 없습니다.

본문 에베소서 2:8 "너희가 그 은혜를 인하여 믿음으로 말미암아 구원을 얻었나니 이것이 너희에게서 난 것이 아니요 하나님의 선물이라." 모든 것은 하나님의 선물이라고 하는 아주 귀한 말씀입니다. 예수 그리스도 말미암아 이루어지는 그 큰 구원의 사건, 구원의 역사 — 그것이 은혜입니다. 내가 예수를 믿어서 그 사건이 나에게 관계되고, 내게서 현실화하고, 내게 생명이 되는 것, 또한 그것을 믿음으로 받아들이게 되는 것도 은혜입니다. 아무리 많이 듣고, 아무리 많은 시간을 배웠어도 믿어지지 않는 데는 도리가 없습니다. 그러나 믿어지는 그 순간부터 은혜의 현실성이 이루어집니다.

'은사'(恩赦)라고 하는 것은 은혜의 가시적 효과를 말하는 것입니다. 우리는 우리가 사는 모든 세계의 사건 하나 하나에서 많은 은사를 경험합니다. 은사는 가시적(可視的) 은혜(恩惠)입니다. 구체적(具體的) 은혜입니다. 그런고로 믿음 또한 은혜입니다. 믿어지는 것, 깨달아지는 것, 감격하는 것, 이 자체가 은혜라는 말입니다.

'선물'(膳物)이란 원래 거저 주는 것입니다. 그러나 선물이라는 것은 그 속에 깊은 사랑이 담겨 있는 것입니다. 선물을 물질로만 받으면 뇌물입니다. 문제는 그 선물에 담겨 있는 사랑입니다. 그 사랑을 받아들이게 될 때, 사랑을 깨닫고 수용하게 될 때에야 비로소 선물이 선물되는 것입니다. 냉수 한 그릇이라도 좋습니다. 그 속에 마음을 담는 자세가 그리고 그 마음을 받는 자세가 있으면 되는 것입니다. 그것이 바로 '선물성'(膳物性)이라는 것입니다. 주는 자도 감사하고 기쁜 마음으로 주고, 받는 자도 감격한 마음으로 받을 때에만 선물이 선물될 수 있습니다. 선물의 의미를 모르면 그것은 뇌물이 되고 맙니다. 그래서 선물을 받을 때에는 겸손하게 받아야 하는 것입니다. 그 사랑의 뜻을 모르고, 그 사랑을 수용하지 못한다면 아무 의미도 없습니다. 사랑은 본래 어떤 보수나 보상이나 대가가 아닙니다. 갚을 수 없는 은혜입니다. 세상의 빚은 갚을 수 있으나 은혜는 갚을 수가 없는 것입니다. 모든 것은 하나님의 선물입니다. 은혜입니다. 믿음도 은혜입니다. 오직 하나님께 영광을 돌릴 뿐입니다.

5. 은혜의 새 윤리를 희망하며

그리스도교는 인간구원을 제1차적인 목적으로 합니다. 그런데 인간구원이란 것은 "사후(死後) 천당(天堂)"이라는 개인 영혼의 영존(永存)만을 의미함이 아닙니다. 나사렛회당에서의 예수님의 선교 선언에서 이것이 명시되었습니다.

"주의 성령이 내게 임하셨으니 이는 가난한 자에게 기쁜 소식을 전하게 하시려고 내게 기름을 부으시고 나를 보내사 포로된 자에게 해방을, 눈먼 자에게 다시 보게 함을 전파하며 눌린 자를 자유케 하고 주의 은혜의 해를 전파하게 하려 하심이라"(눅 4:18-19). 이것은 인간이 몸과 마음으로 자유하게 하려는 '인간해방'의 선언입니다. 예수님에게 있어서 인간구원이란 몸의 질병, 생활의 가난, 체제의 포로, 무지의 암흑 등등에서의 구원을 의미합니다. 예수님의 선교 생활에서 병자를 고치고, 바르게 사는 길을 가르치고, 죄를 용서하고, 타락자를 치켜올리고, 사회에서 소외 당한 세리, 창기 등을 친구로 사귄 것은 모두가 인간 존중, 인간구원의 일환(一環)이었습니다. 그의 십자가와 부활은 인간을 최종적, 운명적으로 억압 말살하는 죄책과 죽음에서 인간을 자유케 하려는 속죄와 영생에의 염원(念願)이며 그 달성(達成)이었습니다.

인간을 마치 노예 같이 다루는 현실에서 인간을 인간답게 회복시켜 "하나님의 형상"(Image of God)으로서의 본연의 긍지를 되찾고, 하나님 이외에 다른 아무것도 두려워하지 않는 존엄한 존재로 살며 일하게 하려는 것이 예수님의 하나님 나라 운동이었으며, 지금도 이러한 이해

아래서 오직 하나님의 은혜로 소명을 받아 역사의 한 가운데서 수난하는 한국교회의 "창조적 소수자"들의 소신이어야 할 것입니다.

주안에서 수고하시는 여러분! 우리의 하는 모든 일들은 다 은혜로 된 것이고 되어가는 것입니다. 그러므로 영광(榮光)은 오직 하나님께 돌려야 합니다. 그때에 비로소 은혜가 은혜 될 수 있습니다. 깊이 숙고해 보시기 바랍니다. 어디까지가 내 노력인 것입니까? 설익은 사람들은 99%가 자기 노력이고, 1%만이 하나님의 은혜라고 착각을 합니다. 그러나 아무리 생각해도 100%가 다 은혜요, 내가 수고한 그것도 전부 은혜입니다. 이것을 알게 될 때에 비로소 은혜가 은혜 될 수 있습니다. 은혜의 새로운 윤리가 전개될 수 있습니다. 이제부터 그리스도인 된 우리는 은혜로 살고, 은혜를 전하며, 은혜를 증거하고, 은혜로 이웃 사람을 만나는 그때에 진실로 '은혜의 새 윤리'의 시대가 전개될 수 있는 것입니다. 오직 은혜, 오직 선물, 이것이 바로 그리스도인의 신앙고백이고 생활이어야 합니다. 하나님의 은혜가 우리 모두에게 함께하시기를 바랍니다.

2020년 11월 22일, 창조절 열두 번째 주일

예수, 제자들을 부르다
— "나를 따르라"
마태복음 4:18-22; 누가복음 9:57-62

오직 바보만이,

사랑과 평화의 메시지 하나로 세상을 바꿔보려 시도하겠지요.

그렇다면 예수야말로 바보였다고 결론지을 수 있을 것입니다.

그리고 바보들만이 그를 추종하다가 그가 처형당한 뒤에,

그의 일을 계속할 수 있었을 거예요.

따라서 사도들 모두 바보였다고 하겠습니다.

그 바보들이 전하는 메시지를 진지하게 듣고

그것을 받아들이는 일 또한 같은 바보들만이 할 수 있는 겁니다.

그러니까 시방 우리 모두가 바보라는 그런 말이올시다.

이는 조금도 이상한 일이 아니에요.

하나님께서는 유식한 학자가 아니라

겸손한 목수를 택하시어 복음을 선포하게 하셨습니다.

또 어부와 세리를 사도들로 뽑으셨지요.

우리가 과연 그들보다 낫다고 주장할 수 있을까요?

물론, 아닙니다. 우리 가운데 교육을 많이 받은 사람도, 복음의 가르침대로 사는 것과

학력 사이에 아무 관계가 없음을 잘 알고 있습니다.

그런즉 우리 모두 바보임을 기꺼이 시인합시다.

그러면, 세상을 바꾸려는 시도에 마음 놓고 몸을 던질 수 있을 테니까요.

하지만, 사도들도 때로는 겁에 질리고 비굴하게 처신하지 않았던가요?

우리 또한 그들처럼 두렵고 떨리지 않습니까?

그리스도의 십자가야 말로 우리를 두려워 떨게 할 만한 사건이지요.

그래도 그분의 부활은 우리에게 초인적인 용기를 제공합니다.

_ 요한 크리소스토무스, 〈오직 바보만이〉

1

예수는 세례를 받고 광야에서 시험을 받은 후 사람들을 불러 제자로 삼아 공동체를 이루었습니다. "나를 따라 오라"고 예수는 당시 평범한 사람들을 불러냈습니다. 그들은 모든 것을 내려놓고 자기들의 인간관계와 생업을 버리고 예수를 따라나섰습니다. 그들은 예수의 희망이 넘치는 메시지와 그의 치유의 능력 그리고 그의 비폭력 운동에 매혹되었기 때문에 예전의 생활을 버리고 온전히 예수께만 헌신했던 것입니다.

오늘날과 같은 혼란의 시대에는 이처럼 철저한 제자직(discipleship)을 위해 우리가 자신의 가족과 생업을 버리고 떠날 만큼 우리를 불러내는 인격적인 카리스마를 찾기 어렵습니다. 그러나 이런 카리스마를 가진

예수는 자신의 비폭력 여정에 동행하고 자신이 죽은 후에도 사랑과 평화의 사명을 계속 이어갈 제자와 친구들을 그리고 예수의 하나님 나라 공동체를 원했을 것입니다.

제자(disciple)라는 말은 '배우는 사람'이라는 뜻의 라틴어에서 왔습니다. 복음서에 보면, 세례 요한과 바리새인들에게도 제자들이 있었습니다. 예수도 제자들을 두어, '열두 제자'의 친밀한 제자집단을 이루었습니다. 누가복음에는 70명의 많은 제자들이 보냄을 받은 것으로 나옵니다. 사도행전(6:1-7)에서는 예루살렘의 모든 그리스도인들을 '제자들'로 부르고 있습니다.

예수가 처음 제자들을 부른 사건은 모든 복음서에 기록되어 있습니다. 예수는 어부 형제들인 시몬과 안드레, 야고보와 요한을 각각 부르면서 "나를 따라 오너라 내가 너희를 사람 낚는 어부로 만들겠다"고 부르셨습니다. 성서학자 체드 마이어스(Ched Myers)는 이 복음서 기자들이 여기서 예레미야서(16:16)의 말씀, 곧 야훼 하나님께서 이스라엘의 우상을 섬기는 백성들, 그 믿음 없는 자들을 붙들기 위해서 어부들과 사냥꾼을 내보내겠다고 약속하신 말씀을 가리킨 것이라고 지적했습니다. 예언자 아모스(4:2)와 에스겔(29:4)도 부자들과 억압자들에 대한 심판으로서 '물고기를 낚시 바늘로 끌어내는 것'에 대해 말했습니다. 예수는 이런 전통 안에서 제국의 군사력과 특권과 불의가 다스리는 기존 질서를 변화시키기 위해 자신이 시작한 비폭력 투쟁에 가난한 사람들이 함께 참여하도록 부르신 것입니다.

그 후 마태복음(9:9)과 마가복음(2:14)은 세리였던 마태(혹 레위)를 '나를 따르라'는 한마디 명령으로 불러냈습니다. 마태는 비록 사람들이 손가락질하던 로마제국의 '앞잡이'였지만, 예수와 함께 식사를 나누었고 그의 부름을 받아들여 예수를 따르는 제자가 되었습니다.

누가복음(5:1-11)은 예수가 시몬을 제자로 부른 장면을 더욱 자세하게 묘사합니다. 예수는 게네사렛 호수가에서 시몬의 배를 이용해서 많은 군중들에게 가르쳤으며, 나중에는 시몬에게 "깊은 데로 가서 그물을 쳐 고기를 잡아라"(5:4) 하고 말했습니다. 시몬과 그의 동료들이 비록 밤새도록 허탕을 치고 말았지만, 시몬은 투덜거리면서 순종했습니다. 전에 없이 고기를 잡게 되자, 그는 갑자기 예수의 현존 앞에서 자신의 무가치함을 깨닫고 그의 발 앞에 엎드려 자신의 죄를 고백했습니다. 시몬에게 예수는 "무서워 말라 이제 후로는 네가 사람을 취하리라"(5:10)고 하셨고, 그들이 "배들을 버려두고 예수를 따르니라"(5:11)고 했습니다.

한편 요한복음은 베드로를 제자로 부른 사건을 맨 마지막에, 즉 베드로가 예수를 부인하고 예수가 처형되고 부활한 이후에 일어난 사건으로 묘사합니다. 예수는 베드로에게 "네가 젊어서는 스스로 띠 띠고 원하는 곳으로 다녔거니와 늙어서는 네 팔을 벌리리니 남이 네게 띠 띠우고 원하지 아니하는 곳으로 데려가리라"(21:18)고 말합니다. 이어서 그 본문에는 예수가 베드로에게 이 말씀을 하신 것이 "베드로가 어떠한 죽음으로 하나님께 영광을 돌릴 것을 가리키심이라"(21:19)고 되어 있습니다

요한복음은 처음 서문에 뒤이어 실제로 제자들을 부른 일로 시작하고 있습니다. 예수가 걸어가는 모습을 보고 세례 요한은 자신의 제자들에게 "보라 하나님의 어린양이라"고 말했습니다. 그의 제자들이 예수

를 따라오자 예수는 그들에게 "무엇을 구하느냐"고 물었다. 그들은 "랍비여, 어디 계시오니까" 하고 말했습니다. 예수는 "와 보라"고 대답했습니다. 그 다음날 예수는 갈릴리에서 빌립을 만나 그에게 "나를 따르라"고 했습니다(1:36, 38-39, 43).

2

우리는 예수가 온갖 부류의 사람들로 제자를 삼으면서 그들에게 죽기까지 완전히 헌신할 것을 요구한 사실을 보게 됩니다. "아무든지 나를 따라 오려거든 자기를 부인하고 날마다 제 십자가를 지고 나를 따를 것이니라"(눅 9:23).

누가복음 9:57-62에서 예수는 "나를 따르라"는 주제로 말씀하셨는데, 제자직의 긴급한 요구를 강조하기 위해서 예수와 제자가 되려는 사람들 사이의 세 차례 만남을 기록하고 있습니다.

첫 사람, 그는 예수를 자진해서 따르겠다고 합니다. 그런데 그의 말은 "선생님이 가시는 곳이면 어디든지 따라 가겠습니다!" 어디든지? 그게 원래의 따르는 자의 결심이어야 할 것입니다. 이에 대해서 예수는 수락도 거부도 하지 않고 "여우도 굴이 있고 새도 보금자리가 있으나 인자는 머리 둘 곳이 없다"고 합니다.

왜 예수는 이런 반응을 했을까? 여우와 새는 굴이 있고 보금자리가 있습니다. 즉, 제가 휴식하고 은거할 거점이 있습니다. 그런데 예수 자신은 머리 둘 곳이 없다고 합니다. 이것은 내 머무를 자리가 없다는 뜻입니다. 집이 없다는 뜻입니까? 그러나 누가복음에는 그의 어머니와 형제가 가버나움에 살고 있다고 합니다.

'여우'라는 말은 구약에서는 암몬족의 속칭입니다. 암몬은 유대인과의 정치적 원수입니다. '여우' 같다는 말은 우리 말에서도 간교하다라는 증오심을 포함합니다. 신약성서에서도 헤롯을 '저 여우'라고 한데가 있습니다.

새 또는 공중의 나는 새(마태)는 이방인을 표현할 때 잘 씁니다. 그것은 남이 지어놓은 곡식을 공짜로 먹어 버린다는 뜻도 있는 듯 합니다. 즉, 침략자입니다. 그래서 에돔이나 로마인을 그렇게 부른 기록이 있습니다. 우리말로 오랑캐, 왜놈이란 뜻이 통할 것입니다. 하여간 둘다 가장 싫어하는 경계해야 하는 미움 받는 상징입니다. 그러나 저들에게는 굴이 있고 보금자리도 있습니다. 그런데 인자는 머리 둘 곳이 없다고 합니다. 얼마나 고독한 자의 소리입니까? 이 말은 그의 생애를 보면 결코 과장이 아닙니다. 그가 어디 머리 둘 곳이 있었던가! 그 민족, 로마인 심지어 제자들에게까지 종말적 실존의 반영입니다.

요한복음은 이것을 그리스도인에게 적용했습니다. "너를 세상이 미워하는 것은 당연한 것으로 알라. 너를 미워하기 전에 나를 미워하리라 까닭은 나는 세상에 속하지 않았으니!" 즉, 우리가 가야 할 길은 이 땅에 살면서도 이 땅에 삶의 거점을 두지 않고 보이는 것으로 살면서도 거기 매이지 않고, 오고 있는 미지의 미래에 밧줄을 던지며 새 천지에 상륙하려는 모험 자처럼 그런 그리스도의 길입니다.

둘째 경우는 자기 아버지의 장례를 치르게 해 달라고 부탁한 사람을 주목할 필요가 있습니다. 그런 부탁을 한 이유는 그의 아버지가 실제로 사망했기 때문이 아닙니다. 유대인들의 관습에 따르면, 큰아들은 아버지의 장례를 치를 수 있도록 아버지가 사망할 때까지는 집에 머물러 있어야만 했던 것입니다. 그러나 예수는 부모에 대한 이런 전통적인 감상적 순종을 배격하고 '너는 가서 하나님 나라의 소식을 전하라'고 말했습니다.

셋째는 둘째 경우와 비슷합니다. 그래서 마태는 이것을 빼고 있습니다. "먼저 …하게 해 주십시오"와 같습니다. "먼저 내 가족을 작별하게 해 주십시오." 평상시라면 얼마나 당연한 일입니까? 그런데 예수의 말씀은 다릅니다. "손에 쟁기를 잡고 뒤를 돌아보는 자는 하나님 나라에 합당치 않다." 이 사람은 아직 지금까지의 관련에 미련을 가진 자입니다. 본회퍼는 "쟁기를 가지는 인간은 뒤를 돌아보지 않으며 또 꿰뚫어 볼 수 없는, 이제 갈 저쪽도 보지 않고 지금 스스로 할 수 있는 다음의 발을 내디딘다. 되돌아보는 것은 그리스도교적이 아니다. 불안, 슬픔, 죄책에도 불구하고 당신에게 새로운 출발을 명하는 그분을 우러러보는 것이 바른 자세다. 그러면 그분으로 인해서 모든 것을 알게 될 것이다"라고 했습니다.

둘째 사람은 의무를 다하겠다는 것이요, 셋째 사람은 지금까지의 애착을 아쉬워하는 사람입니다. 가졌던 것이 아까워 다시 한번 보고 만져보고 떠나려는! 즉, 정리하면 집에 가서 식구들과 작별 인사를 나누게 해 달라는 사람에게 하신 말씀은 예수 자신의 사명이 생사의 기로에 서 있는 긴급한 사명임을 강조한 말씀입니다. 옛 세상이 끝날 때가 가까웠습니다. 마찬가지로 하나님 나라가 매우 가까웠습니다. 그러므로 오로지 사명만을 생각하고 다른 일 때문에 그 사명을 포기하지 말라는 말씀입니다.

이제 예수는 칠십인 제자를 뽑아 앞으로 찾아갈 마을과 고장으로 미리 둘씩 짝지어 보내시며 이렇게 분부하셨습니다. "내가 너희를 보냄이 어린양을 이리 가운데로 보냄과 같도다", "어느 집에 들어가든지 먼저 말하되 이 집이 평안할지어다 하라", "거기 있는 병자들을 고치고 또 말하기를 하나님 나라가 너희에게 가까이 왔다 하라"(눅 10:1, 3-6, 9)고 했습니다.

3

복음서에 의하면 제자들은 제자의 길에서는 실제로 모든 것을 포기해야 했습니다. 생업을 포기하고 인간관계를 떠나 완전히 예수만을 따랐습니다. 절반쯤 제자로 산다든가, 파트 타임으로, 일시적으로 제자직을 수행하는 방법은 없었습니다. 모든 것을 전부 바치든가 아니면 제자가 아니든가 둘 중의 하나입니다. 예수는 제자들이 비폭력 운동에 가담하여 목숨을 걸기를 기대했습니다. 그의 제자들은 병자들을 고치며, 귀신들을 쫓아내며, 공동체를 세우고, 하나님 나라를 선포하고, 비폭력을 실천하며, 십자가를 지고, 그와 함께 깨어있고, 그와 함께 기도하며, 성만찬 음식을 나누고 그리고 무엇보다 중요한 것은 그와 함께 죽고 다시 부활함으로써 영원히 그와 동행할 것입니다.

예수는 자신의 비폭력 원칙에 따라 아무에게도 강압적으로 자신을 따르도록 요구하지 않았습니다. 사람들은 그에게서 떠나갔습니다. 마지막에는 제자들조차 모두 그에게서 도망쳤습니다. 예수의 비폭력 방식은 당시 상황에서 체포되고 처형되는 것이 거의 확실했던 것입니다다. 그럼에도 불구하고 예수는 십자가를 향해 전진했으며, 죽은 자들 가운데서 다시 살아났고, 자신의 비폭력과 해방운동을 위해 가담할 제자들을 계속해서 찾았습니다. 예수는 곤경과 박해를 약속한 셈이지만, 수백 수천 명의 새로운 형제자매들과 풍성한 삶, 자신과 영원히 교제하는 삶도 약속했습니다. 예수는 자신을 따르며 자신의 가르침을 실천하는 사람들이 '복 받을 것'임을 약속했습니다.

로마제국의 군대가 예수를 붙잡았을 때 모든 남자 제자들은 예수를 버리고 도망쳤습니다. 네 복음서에 따르면, 단지 소수의 여자 제자들만이 마지막까지 예수에게 신실하였지만, 거리를 두고 그랬던 것입니다.

예수가 부활한 후 제일 먼저 그 여자 제자들에게 나타났으며 나중에 전체 공동체에게 나타났습니다. 이 제자들은 예수의 영에 사로잡혀 예수의 이야기로 이 세상에 불을 지르기 시작했으며 다른 사람들을 그 비폭력의 제자의 길로 불러들였습니다.

처음 3세기 동안에는 그리스도의 제자가 된다는 것이 죽음을 보증하는 것이었으며, 이들 처음 그리스도인들은 그리스도를 자신의 주님으로 고백한 것 때문에 살해 당하곤 했습니다. 세례 자체가 제국의 권위에 대한 비폭력 시민불복종 행동이었습니다. 실제로 새로 세례를 받은 사람들이 곧바로 로마 군인들에 의해 처형되곤 했습니다. 그러나 제자들의 관점에서 보면, 그들의 죽음은 새로운 생명을 보증하는 것이었습니다.

4

오늘날 예수의 제자가 된다는 것은 무엇을 뜻합니까? 오늘날도 여전히 제자의 길은 위험과 개인적인 풍파를 뜻합니다. 제자의 길은 우리의 직업적인 안전, 개인적인 안락함, 가족의 보호, 문화에 대한 충성을 포기하는 것입니다. 예수의 제자가 되는 것은 가난한 사람들과 연대하며, 비폭력을 고집하며, 모든 사람을 사랑하며, 공동체 생활, 정의를 위한 공개적 행동, 묵상과 영성의 기도, 성만찬 축하 그리고 생명의 하나님을 예배할 것을 요구합니다. 그 길은 실패의 가능성을 열어놓는 길이며, 명예를 잃게 되고, 실속 없으며, 외로움과 고통, 박해와 수난의 가능성을 열어놓는 길입니다. 제자의 길은 개인적으로 사회적으로 또한 경제적으로 대안적인 생활방식을 요청할 뿐 아니라, 예수가 오늘날 정의와 평화를 위한 비폭력 투쟁에서 계속해서 십자가를 질 때 우리의 삶을 포기하고 그와 동행할 것을 요구합니다.

디트리히 본회퍼(Dietrich Bonhoeffer)가 나치 독일에 의해 처형되기 직전에 남긴 그의 기념비적인 저술 『나를 따르라』(The Cost of Discipleship)에서 말한 것처럼 오늘날 우리들의 제자직은 편안한 싸구려 제자직(cheap discipleship)이 되었습니다. 적어도 풍요한 나라들일수록 복음서가 요구하는 철저한 제자직을 거들떠보지도 않습니다. 대신에 우리는 안전게 침묵하는 교인들이 되어버린 것입니다. 예수의 정신을 이어받은 제자직의 날이 무디어진 것입니다. 제자가 된다는 것이 더 이상 불법적인 것이 아닙니다. 실제로 예수의 제자가 되는 것은 합법적이며, 사회적으로 주류에 속하는 것이며, 오늘날 지배 문화가 우리에게 기대하는 것이 되어 버렸습니다.

　그러나 복음서를 주의 깊게 읽어보면, 우리의 제자직을 진지하게 받아들이도록 도전 받게 됩니다. 제자가 된다는 것은 예수의 비전에 의해 우리의 생활이 깨어지도록 하는 것입니다. 본회퍼는 우리 시대를 위한 그리스도인의 소명을 '값비싼 제자직'(costly discipleship)이라고 주장했습니다. 만일 우리가 예수의 제자로서 지불해야 하는 비용을 느끼지 않는다면, 우리는 아직 참된 제자가 되지 못한 것이라고, 그는 처형되기 직전에 썼습니다.

　간디의 비폭력의 길, 간디의 길이란 어떤 것입니까? 그것은 '사티아그라하' 진리 파지입니다. 참을 지킴이고 비폭력 운동입니다. 간디는 옳지 않은 것에 대해 저항을 하지 말자는 것이 아니라, 반대로 그는 죽어도 저항해 싸우자는 주의입니다. 그러므로 비폭력저항주의입니다. 사람들이 그를 높여 '마하트마', 곧 위대한 혼이라 부르는 것은 이 때문입니다. 혼의 힘을 가지고 모든 폭력, 곧 물력으로 되는 옳지 않음을 싸워 이기자는 것입니다. 혼, 곧 '아트만'은 자아의 힘을 드러냄입니다. 간디는 자기의 몇 십 년 정치투쟁의 목적은 자아를 드러냄, 곧 하나님께 이름에 있다고 하였습니다. 인도 사상으로 하면 '아트만'은 곧 '브라만'입니다. 절대이고 하나님입니다. 그러므로 자아를 드러냄, 곧 하나님에까지 이름이라고 하는 것입니다. 그러므로 '간디의 길'은 밖으로는 정치인 동시에 안으로는 종교를 즉 믿음입니다.

5

마감의 결론에 이르렀습니다. 핵무기가 넘쳐나고 인종과 계층 간의 차별이 심하며 경제적인 불의가 판을 치는 세상에서 예수를 따르는 것은 우리의 폭력문화에 정면으로 맞서는 것을 뜻합니다. 문화가 폭력을 조장할 때 우리는 예수의 비폭력을 주장합니다. 문화가 전쟁을 외칠 때 우리는 예수의 평화를 외칩니다. 문화가 성차별, 계급차별, 인종차별을 지지할 때 우리는 모든 사람의 평등성, 공동체, 화해를 요구합니다. 문화가 보복과 처형을 주장할 때 우리는 예수와 더불어 용서와 연민을 위해 기도합니다. 문화가 우리에게 성공하도록 부자가 되고 경력을 쌓고 1등이 되도록 부추길 때 우리는 그 반대편으로 달려가 예수와 더불어 자발적인 가난, 힘없음, 겸손, 고난과 죽음으로 나아갑니다.

확실히 예수를 따르는 그리스도인이 예수와 같은 또는 당대의 십자가를 질 때, 우리는 비로소 예수가 지신 십자가의 의미를 온전히 이해하게 되고, 세상도 십자가를 지고 그리스도의 뒤를 따르는 우리를 보고 진정한 예수 그리스도의 제자임을 확인합니다. 그리스도교 신앙의 핵인 예수 그리스도가 십자가 사건으로 분수령을 이루고 그의 죽음이 당 세계의 사회적 불의와 인간의 죄악을 송두리째 뒤집어 놓는 상관성의 것이라면, 그를 따르는 그리스도인과 교회가 이 땅에서 어떻게 살아야 될 것인가는 자명합니다. 키에르케고르가 예수의 참모습을 상실한 교회를 배격하면서 다시 2천여 년 전의 겟세마네 동산, 골고다 언덕의 그리스도로 복귀를 주장했듯이 오늘의 교회는 다시 한번 예수의 십자가의 정신과 뜻을 우리의 역사적 현장에서 찾을 수 있어야 합니다.

복음서에 따르면 예수의 제자가 되는 것은 우리로 하여금 우리의 원수들을 사랑하고, 가난한 사람들을 위해 정의를 요구하고, 억압받는 사람들의 해방을 추구하며, 병든 삶들과 옥에 갇힌 사람들을 찾아보고, 죽음의 우상을 타파하며, 군사주의에 저항하고, 소비주의를 배격하며, 인종차별을 철폐하고, 공동체를 건설하며, 칼을 녹여 보습으로 바꾸며(사 2:4, 미 4:3), 평화의 하나님을 예배할 것을 요구합니다. 만일 우리가 정직한 그리스도인으로서 이런 사회적 실천을 감당하기 위해 애쓴다면 우리는 제자직의 날카로운 가시를 느끼게 될 것이며 복음이 생생하게 살아나게 될 것입니다. 그날이 오면 우리는 예수의 제자가 된다는 것이 무엇을 뜻하는지 알게 될 것입니다. 예수 그리스도는 우리의 평화입니다.

6

최근 임희국 저술의 『블룸하르트가 증언한 하나님 나라』가 나왔습니다. 19세기 유럽 사회는 산업화와 세속화로 도시 중심의 체제로 전환되었고, 이로 인해 교회는 위기에 빠졌습니다. 독일 사회는 노동과 사회 문제, 계급 충돌 등을 겪으면서 탈교회화의 길을 갑니다. 이런 상황에서 자유주의 신학(슈라이어마허, 리츨, 하르낙 등)은 문화에 적응하며 윤리. 사회적인 의미를 강조하게 됩니다. 이런 역사적 정황에서 블룸하르트는 하나님 나라 증인으로서 독자적인 길을 걸었습니다. 먼저 블룸하르트는 그의 아버지 요한 블룸하르트가 일으킨 신앙각성

운동을 다룹니다. "예수 이겼네!"의 모토가 드러내는 구원의 역사는 하나님이 임재하시는 생명의 역사로서 부활하신 주님의 승리로 체현된 것이었습니다. 이는 회개와 성령 운동, 죄 용서의 선포를 통해 평화와 기쁨과 안식을 가져다 준 하나님 나라의 역사였습니다. 하나님의 은혜로 인해 사도행전이 증언하는 초대교회 오순절이 회복되는 종말론적 역사가 펼쳐졌고, 거기서 하나님의 타자성(바르트)이 두드러지게 드러났습니다. 아버지의 영향을 따라 블룸하르트는 성령의 역사를 하나님 나라의 현실과 임재로 계승하려 하였습니다.

성령의 역사는 하나님이 주제가 되어 일어난 것이며, 성령의 은혜와 은사, 약속으로 치유가 일어난 것을 발전시키며, 아들 블룸하르트는 새로운 탄생을 경험했습니다. 그는 현장의 목회 사역을 통해 살아 역사하는 예수 성령의 승리를 맛보았습니다. 이후 그는 부친을 넘어서는 새 길을 열게 됩니다. 그것은 사회와 창조된 세계까지 모두 치유의 영역으로 받아들인 것입니다. 세상과 사회 속에서도 성령은 역사하며, 그리스도의 고난의 길은 교회를 "적은 무리", 곧 하나님 나라의 공동체로 변화시키는 종말론적 현실이 됩니다. 단지 제도적 종교, 국가체제로서의 교회가 아니라 세상의 소금과 빛이 되어 자기부정과 희생을 통해 세상의 어둠의 세력을 대적하여 투쟁하고 승리하는 예수의 길인 것입니다. 당시 교회는 체제, 제도에 불과하며 국가교회로서 자기중심주의로 화석화 되어 있었습니다. 사회 현실도 마찬가지였습니다. 인간 중심의 욕망, 곧 소유욕, 권력욕, 명예욕 등으로 만연하였습니다. 이것을 이기려면 그는 부활하신 그리스도를 체험해야 한다고 외쳤습니다. 초대교회의 예수 그리스도, 성령의 생수가 임하여 육신에 매인 인간, 교회를 살리는 부활 생명을 경험해야 한다는 것입니다.

블룸하르트의 신학은 기도와 치유 영성에서 시작합니다. 그는 여기서 살아계신 현재적 주님 곧 예수 그리스도에 의한 하나님 나라의 임재와 증언에 초점을 맞춥니다. 그리스도는 새로운 창조의 역사를 현재에 실현하는 실재요 사건입니다.

나아가 그의 신학은 생태적 생명적 그리스도에서 정점에 이릅니다. 구원의 문제는 오늘날 생명의 위기, 생태계의 파괴를 가져온 과학 기술이라는 죽음의 문명과 대면하지 않고는 해결할 수 없다고 그는 보았습니다. 인간의 죄로 인한 하나님의 형상의 파괴는 이 자연계, 피조세계 전체에 영향을 미칩니다. 이에 대해 하나님은 그분의 형상을 입은 인간이 청지기로서 이 세계를 회복시키며 바르게 다스리기를 원하십니다.

신종 코로나 바이러스가 기승을 부리는 세계의 현실에서 그의 산 생명을 재창조하는 치유의 영성은 요한복음적, 초대교회적 성령입니다. 우리가 빠진 늪이 어디인가에 대한 깊은 반성과 회개가 필요하며 온 세상을 구원하는 진리의 빛, 부활 생명을 누리는 성령공동체로 거듭나고 변화되기를 바랍니다.

2020년 11월 8일, 창조절 열 번째 주일

예수를 따르는 자들 — 제자직

마태복음 16:24, 누가복음 9:57-62

1. 시작하는 말

아리스토텔레스는 사람이 부모에게 지는 빚보다는 스승에게 지는 빚이 더 크다고 했습니다. 부모는 우리에게 생명을 주지만 스승은 선한 삶을 가르치고 생의 지표나 동력을 주기 때문입니다. 그렇기에 훌륭한 삶과 신앙의 선배들은 대부분 그들이 좋아하고 존경하는 스승이 있었던 것을 봅니다. 흔히 선생이니 멘토라는 말로 부르기도 합니다. 선생은 교사를 뜻하는 말이나 한문으로는 인생의 선배, 일생의 길 안내자의 뜻을 가집니다. 서구 사회의 티처(teacher)도 인생의 교훈과 지식을 보여주고 도와주며 가르쳐주는 스승을 의미합니다.

종교와 신앙의 세계에서 사람은 환경 여건을 따라 한 종교를 가집니다. 종교인이 된다는 것은 사람의 생과 방향, 그 인격과 관심, 활동에 이르기까지 상당한 영향을 줍니다. 우리는 고등 종교, 건전한 교단, 개신교단에 속하여 그리스도인이 되고, 그리스도를 구주로 고백하고 그를 스승으로 모시고, 그의 제자로 살겠다고 합니다. 예수 그리스도가 우리의 구주일 뿐만 아니라 그의 생과 가르침이 우리생의 "길과 진리와 생명"이 되기에 그의 제자의 일꾼으로 살겠다는 결의와 고백을 합니다. 이제 그리스도의 신실한 제자는 최소한 어떤 자질을 가진 자들인가에 대하여 생각해 보고자 합니다. "예수를 따르는 자들: 제자직"이라는 제목입니다.

2. 예수는 그리스도라는 신앙고백

예수의 제자가 되어 그를 따르려면 무엇보다도 예수 그리스도에 대한 바른 이해가 필요합니다. 예수는 제자들을 가르치고 하나님 나라 복음을 위해 유대 땅을 몇 해 함께 다니던 어느 날 가이사랴 빌립보 지방에 이르러 제자들에게 "사람들이 나를 누구라 하느냐"고 물었습니다. 세례 요한, 엘리야, 예레미야나 선지자들 중 하나라고 했습니다. 그러나 예수는 제자들에게 직접 "너희는 나를 누구라 하느냐"고 물으며 대답을 기다렸습니다. 마침 수제자 베드로가 "주는 그리스도시요, 살아계신 하나님의 아들입니다"라고 대답했을 때, 비로서 예수는 그를 기특히 여기며, 이런 고백을 한 베드로에게 '복'이 있다며 "이는 혈육이 아니라 하늘에 계신 내 아버지"가 알게 했다고, 이어 예수는 "이 반석 위에 내 교회를 세우리니 음부의 권세가 이기지 못하리라"고 했습니다. 예수에 대한 이런 바른 고백을 한 그에게 '천국 열쇠'를 준다며 그가 "땅에서 무엇이든지 매면 하늘에서도 매일 것이요… 땅에서 무엇이든지 풀면 하늘에서도 풀리리라"(마 16:13-19)고 했습니다.

    이런 신앙고백과 예수의 당부는 베드로에게만이 아니라 누구든지 예수가 주요 그리스도시며 살아계신 하나님의 아들임을 고백하는 자들에게는 베드로에게 약속한 축복과 천국 열쇠, 풀고 매는 특권까지 주십니다. 때문에 예수 그리스도에 대한 신앙고백은 예수 따라 사는 제자직의 기본 요건이요 출발점입니다. 본래 예수는 하나님과 함께 계셨으나 인간을 구원하기 위해 이 땅에 오셔서 하나님을 계시하며 하나님의 구원을 우리에게 알렸습니다. 이제 그의 제자 된 우리는 예수가 뜻하고 성취하려던 모든 것을 바로 깨닫고 담당하는 것이 훌륭한 제자가 되는 것입니다. 하나님은 우리가 예수처럼 되기를 원합니다. 그러므로 이 세상을 살면서 어려운 일이나 심각한 문제들이 생길 때 혹 어떤 시험에 빠지고 인간관계가 파괴될 위기에 직면할 때 또한 어떤 참지 못할 일이 생길 때, 예수라면 어떻게 하였을까를 깊이 생각하며, 그의 생각, 판단, 해결의 길을 택할 때 우리는 놀라운 변화와 전혀 새로운 국면을 맞게 됩니다.

    1967년 5월 미국연합장로교 총회가 채택하여 통과한 「1967년 신앙고백서」는 "화해자 예수 그리스도"가 주제입니다. 개혁교회에 중대한 역사적인 신앙고백이기에 간단히 소개해 보겠습니다. 그 머리말에서 "예수 그리스도는 사람과 함께하신 하나님이시며 아버지의 영원한 아들이라"고 고백하여 그의 신성을 말한 다음에 '예수 그리스도'를 고백합니다. 예수 그리스도에 대한 고백은 네 문단으로 구성된바 곧 그의 삶, 죽음, 부활 그리고 그의 약속된 내림입니다. "나사렛 예수 안에서 참 인간성은 결정적인 한 번으로 실현되었습니다"(In Jesus of Nazareth True Humanity was realized once for all). 이 처음 문장은 현대적이며 의미심장한 표현입니다. 나사렛 예수의 삶에서 참 인간성은 유일회적(once for all)으로 이루어졌다는 고백입니다. 그에게서 참 인간성은 유일회적으로 실현되었기 때문에 그의 삶은 그를 따르는 모든 사람의 본이 되고 또 그를 배반하는 모든 사람의 삶을 심판한다고 고백합니다. 1967년 신앙고백의 특징은 성서적 복음을 '화해'라고 보았습니다. 하나님께서 그리스도 안에서 세상을 자기와 화해시키는 일에 응답하고 참여하는 것이 교회의 소명이라는 확신입니다.

3. 자기 부인과 십자가 지고 예수 따르는 길

이제부터 예수께서 그의 제자가 되려는 자들에게 직접 가르친 그 말씀에 대하여 생각해 보겠습니다. 예수는 아주 간명하게 그의 제자가 되는 도리를 선포했습니다. "누구든지 나를 따라오려거든 자기를 부인하고 자기 십자가를 지고 나를 따를 것이니라"(마 16:24). 이 말씀은 예수께서 아주 간명하게 자신을 따르려는 제자 도를 가르치신 것입니다. 칼빈은 세계에 여러 종교가 있으나 이토록 많은 인류가 예수를 추종하고 기독교 신자가 되는 까닭은 무엇보다 먼저 예수의 가르침이 간단하고 그를 따라야 하는 법도가 너무나 선명하기 때문이라고 했습니다. 그의 유명한 『기독교강요』에서 예수를 따르는 그리스도인들이 지키며 따를 대강령을 예수의 말씀을 기초로 크게 둘로 나누어 강론했습니다. 즉, 자기 부인과 십자가를 지고 예수를 따르는 것입니다.

칼빈은 하나님께 헌신함으로써 자기를 부정함에 대하여 서술하고 있습니다. 『기독교강요』 3권 7장에서 인간은 우리 자신이 우리 자신의 것이 아니라 다 주 하나님의 것임을 전제하며, 구원의 문제도 우리 스스로 노력할 때엔 실패할 수밖에 없으나 다만 주의 인도를 따라 주께 영광을 돌리려 함으로써 의미 있는 것이 됩니다. 자기부인은 하나님만이 아니라 이웃들과의 관계에 있어서도 올바른 자세를 가지게 합니다. 자기를 비우고 낮춰 하나님의 영광을 드러낼 뿐 아니라 이웃에게 겸손하고 자신을 낮추기에 그 관계는 늘 견고하고 오래 지속됩니다. 이웃의 유익을 구하기에 그 관계는 좋아집니다.

칼빈은 그리스도의 십자가와 우리의 십자가에 대하여 가르칩니다. 우리는 그리스도의 제자로서 각각 십자가를 져야 합니다. 그것은 모든 제자가 각각 자기의 십자가를 지는 경지입니다(마 16:24). 그리스도께서 자신과 함께할 자로 인정하시고 선택하신 사람은 곤란과 노고와 불안이 많은 생애, 각양각색의 재앙이 가득한 생애를 보낼 각오를 해야 합니다. 이런 방법으로 자기의 자녀들을 훈련시키며 일정한 시련을 받게 하시는 것이 하늘 아버지의 뜻입니다. 그는 이 계획을 받아들이신 그리스도로부터 모든 자녀에 이르기까지 적용하십니다. 아버지께서는 그리스도를 다른 아들들보다 더 사랑하셨고 그를 심히 기뻐하셨지만(마 3:17, 17:5), 사실은 그를 관대하게 혹은 안일하게 다루시지 않으셨음을 우리는 압니다. 그리스도께서는 지상의 생애에서 끊임없는 십자가의 시험을 받으셨을 뿐만 아니라, 그의 삶 전체가 일종의 끊임없는 십자가에 불과하였습니다. 히브리서 기자는 그가 아들이시면서도 받으신 고난으로 순종함을 배웠으니(히 5:8) 합당하다는 그 이유를 설명합니다.*

4. 그리스도의 제자가 된다는 것

본회퍼는 그리스도의 제자가 된다는 것은 그리스도의 부름을 듣고 생각하고 고려하고 해석하는 것이 아니라, 당장에 그리스도를 따라가는 것이다(눅 9:57-62)라고 합니다. 그리스도의 제자가 되는 첫 발자국은 그의 이전의, 옛 존재와 상황으로부터 떠나는 것입니다. 레위가 세관의 자리를 떠났고, 베드로가 그의 그물을 버리고 그리스도를 따랐듯이, 그리스도를 따르는 것은 옛 상태 그대로 있으면서 종교적 경험을 즐기는 것이 아닙니다. 그것은 예수와 같이 가는 것입니다. 부름은 곧 은혜입니다.

그리스도의 제자가 되는 것은 '삶의 자리'로부터 완전한 '결별'을 요구합니다. 그리스도의 부름은 우리를 철저한 개인으로 만들고, 우리를 그리스도와 얼굴과 얼굴을 마주 대하게 합니다. 그리스도와 우리 사이에는 아무것도 끼어 들 수가 없습니다. "누구든지 내게 오는 사람은 자기 아버지나 어머니나 아내나 자식이나 형제나 자매를 버려야 한다"(눅 14:26)는 주님의 명령입니다.

아브라함이 아버지 집을 떠나야 했던 것은 약속의 땅을 얻기 위하여 외국인과 나그네가 되었습니다. 이것이 그의 첫 번의 부름이었고, 그 후에 아브라함은 그의 아들 이삭을 제물로 드리라는 부름을 받았습니다. 고독하고 적적한 인간, 아브라함 본인 밖에 아무도 이 하나님의 부름을 듣지 못합니다. 모리아 산에 동행했던 아브라함의 종들도 듣지

---

* 『기독교강요』 3권 8장.

못했습니다. 부름이 올 때에 그는 그것을 기피하거나 '정신화'하지 않고, 하나님의 말씀을 그대로 복종합니다. 아브라함은 그의 아들을 다시 찾습니다. 그러나 이제부터 그는 이전과는 다르게 새로운 방식으로 그의 아들을 가질 것입니다. 중보자, 그리스도를 통해서 가집니다. 아버지와 이삭 사이에 그리스도가 끼어 들었습니다. 아브라함은 그가 올라갔던 대로 이삭과 같이 산에서 내려왔습니다. 그러나 전체상황은 변하였습니다. 아브라함은 모든 것을 버리고 그리스도를 따라갔습니다. 그는 돌아와서 이전과 다름없이 세상에서 살도록 허락되었습니다. 외적으로 보면 변한 것이 없습니다. 그러나 옛것은 지나갔습니다. 모든 것이 새롭습니다. 모든 것은 그리스도를 통해서 해야 했습니다. 키에르케고르는 그의 저서에서 '아브라함의 이삭 드리기' 이야기를 자세히 전해주고 있습니다. 참으로 그리스도인이 되는 것이 무엇이냐에 대해서, 본회퍼는 키에르케고르의 심정과 같은 철저한 '결별', '단념', '중생', '새로움'을 요구한 것입니다.

5. 예수를 따르는 삶

본회퍼는 산상설교에서 제자 직의 특징을 '비범성'과 '숨은 것'에서 종합합니다. 비범성은 마태복음 5장을, 숨은 것은 6장을 포함합니다. 비범성의 본질은 산상설교의 팔복에 서술된 삶에서 볼 수 있습니다. 그리스도를 따라가는 자는 '가난한 자'입니다. '결핍', '가난'은 제자들의 운명입니다. 그리스도를 따라가는 자는 모든 것, 자신의 자아마저 잃은 자의 이름입니다. 그는 '슬퍼하는 자', 본회퍼는 '슬픔을 지고 가는 자'로 번역합니다. 그것은 세상과 조화되고 세상의 표준에 순응하는 것을 거부함을 의미합니다. 그것은 세상을 위해서 세상의 죄를 위해서 그 운명을 위해서 슬퍼합니다.

그들은 '평화를 만드는 사람들'입니다. 본회퍼는 그리스도의 제자직에서 모든 폭력과 소란을 부정합니다. 그들은 자기주장을 거부하고 침묵으로 미움과 비행을 받아야 합니다. 평화를 만드는 것은 십자가를 지는 것입니다. 그들은 '의를 위해서 핍박을 받는 자들'입니다. '의'란 본회퍼가 의미하는 것은 하나님의 '의'가 아니고, 정당한 이유로 고난을 받는 것, 그들 자신의 옳은 판단과 행동 때문에 고난을 받는 것에 관합니다. 그리스도를 따라가는 것 때문에 소유와 재산과 권리와 의와 존엄과 폭력을 부정하는 그들이 세상으로부터 구별된 것은 '의'를 위해서 핍박을 받는 것에 의해서이기 때문입니다.

이 산상설교 팔복이 말하는 공동체의 장소는 이 땅 어디에 있습니까? 본회퍼는 가장 가난한 자, 가장 온유한 자, 모든 사람 때문에 가장 피곤한 자가 있는 곳, 골고다의 십자가를 가리킵니다. 제자들은 이 십자가와 하나가 된 것 속에 있는 사람들입니다.*

예수를 따라가는 삶에서 '숨은 것'은 세상으로부터의 분리입니다. 그리스도인의 복종은 비범하고 가시적이나, 동시에 복종은 숨은 성격을 띠고 있습니다. 신앙의 비밀훈련은 제자 됨의 특징입니다. 기도는 그리스도인의 삶의 숨은 성격의 최고의 경우입니다(마 6:5-8). 경건한 삶은 숨은 삶입니다. 본회퍼는 자기 억제의 엄격한 훈련을 강조합니다.

---

* 본회퍼, 『제자직』(*The Cost of Discipleship*)(1948), 100-110.

금식하는 경건한 습관이 강조됩니다. 금식은 주님을 섬기는 데 있어서 방종하고 태만하고 싶어 하는 의지를 훈련시키는데 도움을 줍니다. 그것은 육을 겸손하게 하고 억누르는데 도움을 줍니다.*

만일 세상이 형제 하나를 업신 여긴다면 그리스도인은 그를 사랑하고 섬길 것이고, 세상이 그에게 폭력을 가한다면 그는 그를 원조하고 위로할 것입니다. 세상이 그를 모욕하고 업신 여긴다면 그리스도인은 그의 형제의 부끄러움을 덮어주기 위해서 그 자신의 영광을 희생시킬 것입니다. 세상이 핍박하는 곳에서 그는 낮아지고 압박당하는 자를 높일 것입니다. 세상이 정의를 거부하는 곳에서 그리스도인은 자비를 추구할 것이고, 세상이 거짓말에서 피할 곳을 찾는다면 그는 벙어리를 위해서 그의 입을 열고 진리를 증거할 것입니다. 유대인이나 헬라인이나, 강한 자나 약한 자나, 고상한 자나 낮은 자나 형제들을 위해서 그는 세상과의 모든 교제를 부정할 것입니다.**

그리스도인의 타계성은 이 세상의 한복판에서, 기독교 공동체 안에서 날마다의 삶에서 나타나야 하며, 그러므로 그리스도인의 과제는 그의 세속적 소명으로서 그의 삶을 철저하게 사는 것입니다. 이것이 본회퍼에게 있어서 그리스도의 몸, 교회에 참여하는 삶, 즉 제자의 길입니다. 그것은 세상에 대해서 죽는 길입니다.

---

* 같은 책, 140-150.
** 같은 책, 232-233.

6. 이 사람을 보라

반 나치와 히틀러 암살 음모에 연루되어 결국 종전 직전 사형되고 만 순교 신학자 본회퍼는 신과 인간, 신과 세계, 인간과 인간 사이의 화해자인 예수를 주목하게 하며 '이 사람을 보라'고 합니다. 인류를 향한 하나님의 이러한 사랑만이 하나님의 진정한 뜻을 알게 되고 기독교의 중심사상도 깨닫게 된다고 믿기 때문입니다. 자기를 부인하고 십자가를 지고 고난의 길을 기쁘게 자초하던 이 예수의 화해를 통해서 땅 위의 평화는 가능하고 다만 예수를 통한 하나님의 깊은 비밀을 터득할 수 있습니다. 그러므로 이 세계의 갖가지 죄악으로 인한 불화, 미움, 전쟁 등은 이상이나 프로그램, 양심이나 의무, 도덕이 아니라 오직 예수 그리스도를 통한 하나님의 완전한 사랑으로만 극복될 수 있습니다. 세계를 향한 하나님의 이런 사랑은 현실을 떠나 고상한 영혼으로 도피가 아니라, 세계의 극한의 어려움까지 경험하고 괴로움을 나눔으로써 바로 이해합니다. 세계의 죄를 용서하는 하나님의 은혜도 아무런 아픔이나 고통이 없이 그저 되는 것이 아니라 그리스도가 고난을 당하면서 주어졌고, 이렇게 하여 화해가 이루어졌습니다. 때문에 본회퍼는 "이 사람을 보라"고 간청합니다. 십자가의 이 예수 속에서 하나님의 비밀은 드러나고, 하나님은 이런 예수의 십자가 고난을 통해서 세계와 인간이 자유 하게 되었다고 선언합니다.

그러나 다른 한 편 "이 사람을 보라"는 그가 하나님의 아들이요 당당하게 십자가에서 부활 승리로 이끄신 하나님의 전지전능에도 불구하고, 많은 약점과 무능과 실패들을 지니고 있기 때문이기도 합니다.

그는 이방 로마 총독에게 사형 언도를 받고 그의 군대에게 조롱과 매를 맞으며 가장 무능하고 초라하게 형장까지 끌려온 자입니다. 이런 초췌한 사람을 보라는 것입니다. 한때는 갈릴리 민중들과 함께 기사와 이적도 베풀고 저들에게 메시아 희망도 부풀게 한 예수입니다. 유대인으로서 피억압의 자기 민족의 구원을 약속하고 기대하게 한 예수였습니다. 그러나 십자가에 달린 예수의 머리 죄 패에는 '유대인의 왕'이라 쓰였으나 실상은 천군 천사가 아니라 군대 1개 소대도 동원할 수도 없는 패배자입니다. 이런 예수, '이 사람을 보라'는 의미는 승자도, 강자도, 성취자도, 지휘자도 아니라 가장 무능하고 실패한 자, 못나고 약한 자를 보라는 것입니다. 그러나 예수는 세례 요한이 지적하듯 "세상 죄를 지고 가는 하나님의 어린양"이요, 이사야가 고백하듯 기다리던 메시아 '고난의 종'입니다(이사야 53장).

우리가 주목할 것이 있습니다. 예수의 신실한 제자는 무엇보다도 그의 구주요 스승인 이 예수의 수난을 바로 터득할 때에만 그 어떠한 처지에서도 그의 참된 제자가 될 수 있다는 것입니다. 그러므로 그를 바로 따르는 제자는 자기를 버리고 먼저 자기 십자가를 지고 예수를 따르되 그가 당한 수모와 고난의 의미를 바로 이해해야 합니다.

옛날부터 교회는 예수의 제자와 일꾼으로 자책할 것도, 배신될 수도 없는 생을 위해서 쉬운 비법을 가르쳐 왔습니다. 라틴어 '코람데오.'(Coram Deo), 즉 "하나님 앞에 서 있다"는 의식과 생각을 가지고 산다면 언제나 그 누구에게나 배반, 배신의 언동을 할 수 없습니다. 늘 충직하고 충성스러우며 정도의 길을 걸으면서, 떳떳하게 살 수 있다는 것입니다. 일찍이 성 어거스틴은 "선한 양심은 그리스도의 궁전이요, 성경의 전이고, 기쁨의 낙원이며, 성도의 영속적인 안식이다"라고 가르쳤습니다. 코람데오의 하나님 앞에 선 인간은 '선하고 맑은 양심의 사람으로' 살게 되고, 하나님과 세상, 인간과 역사 앞에 떳떳합니다. 공의와 정의, 공정과 정직이 있을 뿐이요, 떳떳하지 못한 음모나 배신, 부정과 불의는 있을 수 없습니다.

7. 마틴 루터 킹 목사의 최후 면모

우리 시대의 신실한 그리스도의 제자요 일꾼이며 하나님의 사람이던 루터 킹 목사의 최후 면모를 한 구체적인 사례로 살피며 이 글을 끝내겠습니다. 그는 예수를 믿음의 주로 고백하고 그의 신실한 제자로 살기 원하되 끈질긴 미국의 인종차별과 맞서 싸웠습니다. 그의 예수의 종된 표현 양상은 조금 특이합니다. 이는 역사의 정황에 따라 예수의 신실한 제자 된 모습이 다를 수 있음을 보여 줍니다. 그러나 예수의 제자 된 그 근본적인 십자가를 지고 그의 뒤를 따르는 법도에선 다를 것이 없습니다. 오히려 예수의 제자 도는 시대와 장소를 따라 달리 표현되는 것은 너무나 당연하다 할 수 있습니다.

루터 킹의 최후가 된 1968년 4월 초, 루터 킹 일행은 멤피스 테네시 주 청소노동자들의 쟁의를 후원하기 위해 조지아 애틀란타에서 심한 검색을 받으며 멤피스에 도착했습니다. 그는 4월 3일 큰 흑인교회에서 최후의 설교 강연을 많은 회중에게 전했습니다. 그리고 다음날인 4월 4일 39세 되는 1968년 로레인 호텔에서 암살당했습니다.

루터 킹 역시 "생의 가장 큰 고통은 끝낼 수 없는 일을 끝내려고 노력하는 것이라"고 생각했습니다. 간디가 독립을 위해 노력했지만, 힌두교와 이슬람교의 갈등으로 나라는 인도와 파키스탄으로 갈리고 조국의 분열을 보며 끝내 암살당하고 말았습니다. 사도 바울은 스페인 방문을 원했으나 로마의 감옥에서 숨을 거두었습니다. 흑인의 조상들도 자유를 꿈꾸지만 이루지 못하고 죽어갔고, 벽은 너무나 단단하여 자유의 꿈을 위한 노력은 무의미하게 보였습니다. 그러나 그 꿈이 있고 확신했기에 자유의 노래를 부르며 그 꿈을 버리지 않았습니다. 그 꿈의 실현을 못 보았지만, 그 꿈을 현실로 만들려는 열망과 노력이 얼마나 훌륭하고 그 자체가 유익하다는 것을 보여 준 것입니다.

루터 킹의 최후 강연 "나는 약속의 땅을 본다"는 메시지에서 만약 하나님이 자신을 인류 역사 전체를 파노라마식으로 볼 수 있게 하며, "루터 킹, 어느 시대에 살고 싶으냐"고 한다면, 가나안 약속의 땅, 그리스의 올림포스산과 아테네신전의 석학들, 로마의 전성시대의 제왕들, 르네상스, 종교개혁 현장, 링컨 등을 다 만나보고 싶으나, 정말 보고 머물고 싶은 곳은 청소부들의 투쟁장인 테네시주 멤피스의 '오늘 여기'라고 했습니다. 그 이유는 애써오던 문제를 더는 방치할 수 없고, 혼란한 세계 속에 빛과 자유, 평등과 정의를 가져오는 결단의 시기 때문이라 했습니다. 이 중요한 역사적 시기에 루터 킹은 흑인과 약자들은 뭉쳐야 하고(United) 불행한 자들의 권익을 위해 끝까지 투쟁해야 한다고 역설했습니다. 그리고 그의 강연 결론 부분에선 묵시적인 말을 선언했습니다.

앞으로 무슨 일이 일어날지 모르며 자기는 약속의 땅을 죽음으로 보지 못할지 모르나 두려워하지 않습니다. 하나님이 그 약속을 지켜주실 것을 믿기에 오늘 밤 자신은 행복하다며 "나의 눈은 이미 영광스런 주님의 역사를 보았기 때문이다"라고 끝맺습니다.

루터 킹 목사는 자신의 죽음이 닥쳐올 순간을 의식하며, "그날이 오면… 내가 진정 듣고 싶은 말이 있다"며 그의 소원과 인생의 목표를 토로합니다. 루터 킹 2세는 "누군가를 사랑하고, 전쟁 문제에 올바른 태도를 가지며, 굶주린 자를 배 불리며, 인류를 사랑하고 봉사하려고 노력하고 노력했다"는 말을 듣고 싶다고 말합니다. 자신을 군악대장 이라고 부른다면 정의를 알리는 군악대장, 평화 평등을 위해 군악대장 으로 불리기 원하며, 자신의 삶이 헛되지 않고 귀한 생이 될 수 있다면 이런 것들이 아니겠느냐 했습니다. 다음은 루터 킹 목사의 최후 소원이 기도 한 고백입니다.

"내가 지나가는 길에 누군가를 도울 수 있고, 노래나 말로 누군가의 용 기를 북돋을 수 있고, 누군가 옳지 않은 길을 가고 있음을 말해 줄 수 있 다면, 나의 삶은 헛되지 않을 것이다. 내가 그리스도인의 의무를 다 할 수 있다면, 이 세상의 영혼을 구원할 수 있다면, 하나님의 가르침을 전 할 수 있다면, 나의 삶은 헛되지 않은 것이 될 것이다."

미국이 역사적으로 남북전쟁과 1960년대의 소용돌이 시대를 통해 보여준 인종차별의 문제는 아직도 심각한 것이어서 어떻게 사는 것이 참된 예수의 제자로 사는 것인가를 너무나 선명하게 가르치며, 루터 킹 자신이 친히 예수의 제자로 충실하게 살다가 세상을 떠난 것입니다. 예수의 진실된 제자들은 시대와 장소, 정황에 따라 그 사는 모습은 다를 수 있습니다. 그러나 예수를 주로 고백하며 "길과 진리와 생명"인 예수의 생을 지표로 삼고 자기를 부인하며 십자가를 지고 신실하게 주를 따르는 원칙에는 하등 다를 것이 없습니다.

한반도는 1953년 7월 27일 정전협정이 체결된 이후 지금까지 평화협정이 체결되지 않고 있습니다. 평화협정이 없는 상태에서 북한은 미국의 '대북적 대시정책'에 맞서 북핵 문제로 등장하였습니다. 6자회담의 2005년 '9.19공동성명'의 핵심 내용은 "북한이 모든 핵 프로그램을 포기하고, 평화협정으로 한반도평화체제를 수립하는 것이었습니다." 지난 10년간 북한이 핵 없이도 안전하다는 믿음을 심었어야 했고, 이를 위해서 신뢰는 상대와의 만남, 대화 그리고 안정을 바탕으로 진행했어야 합니다. 남북관계는 반드시 복원해야 합니다. 청년실업 등 암울한 국내경제의 회생 돌파구도 북한에 있다는 사실을 직시하고, 금강산 관광 재개와 완전한 남북관계의 복원이 요구됩니다. 북한 핵 문제가 국제 문제나 우리가 의제를 선점하고 주도적 노력으로 해결해 나갈 방책을 준비할 필요가 있습니다. 북한은 적이면서도 함께 살아야 할 동포입니다. 모든 인간사 관계는 상대방의 입장에서 생각해야 해결의 실마리를 찾을 수 있다는 역지사지의 자세를 잊지 말고, 민족이 하나 되기를 기도해야 합니다.*

미국의 35개 비정부기구(NGO)가 최근 트럼프 대통령과 의회 지도자들에게 서한을 보내, '대북 인도적 지원'을 제한하는 조처를 해제해달라고 촉구했다고 합니다. '인도적 지원'은 어린이와 임산부등 사회적 약자들이 최소한의 생존권마저 위협받는 상황에 내몰리지 않도록

---

* 「한겨레」 2016. 2. 2.

하는 구호 활동입니다.* 북미대화에도 탄력이 붙어 한반도 평화에 새 전환이 전개되기를 기대하며 기도해야 합니다. 2020년 새해에 남북, 북미 관계의 새 변화가 열리기를 기원합니다. 성도 여러분, 예수 따라 사는 신앙에 대하여 깊이 묵상하며 강건하게 보내시기를 바랍니다.

2020년 2월 9일

---

* 「한겨레」 2018. 11. 16.

그리스도의 부활과 신앙

누가복음 24:13-49; 요한복음 11:25-26

1. 만물이 부활하는 봄

만물이 소생하는 봄의 계절에 왜 그리스도의 부활은 중요한가요? 그리고 부활 신앙의 의미는 무엇인가요? 기독교는 예수님의 부활로, 부활을 믿으면서부터 시작되었습니다. 그리고 참 삶은 죽음도 감히 가두지 못한다는 것을 보여준 역사적 사건입니다. 오늘날 우리에게 의미가 있는 이유는 그 당시의 유일회적인 것이 아니라, 오늘날에도 이 부활 사건은 계속 역사 속에서 진행되고 있다는 사실인 것입니다.

우리는 매년 만물이 소생하는 봄의 계절을 맞습니다. 일제의 식민지 시대의 어떤 시인은 "빼앗긴 들에도 봄은 오는가?"라고 읊었지만, 일제의 암흑 시대에도 봄은 어김없이 왔던 것처럼 오늘도 만물의 소생의 봄의 계절은 찾아옵니다.

겨울은 생명을 가두어 버리는 역할을 합니다. 겨울은 추위대로 대지를 돌처럼 동결시켜서 싹들도 영원히 질식시켜 근절시켜 버리듯 완전히 내리누르고 가두어 버립니다. 만일 이 겨울이 오래 계속된다면 갇힌 생명들은 땅속에 묻힌 채 그대로 죽고 말 것입니다.

그러나 만물 소생의 봄의 계절은 어김없이 찾아옵니다. 봄은 땅에 갇힌 생명들을 불러일으킵니다. 땅에 갇혔던 생명의 싹들이 굳은 흙덩이를 떠밀고 굳게 밀폐시킨 무덤을 막은 큰 돌을 떠밀고 나오는 어떤 역사적 사건처럼 만물을 소생시킵니다. 참 신기할 정도입니다. 봄을 맞은 새싹의 순 끝은 한없이 부드럽게 싹 뜨고 꽃을 피웁니다. 땅에 갇힌 생명의 씨앗들은 봄을 만나기 위해 안간힘을 다 쓴 결과도 있겠지만 어떤 신비한 위력을 느끼지 않을 수 없는 것입니다.*

2. 부활의 의미

우리는 그리스도의 부활로 만물이 소생하는 봄의 계절을 증명하려는 것이 아닙니다. 우리는 죽음도 생명을 가두지 못한다는 인류 역사의 결정적 사건을 증거하려는 것입니다. 부활은 봄과 함께 어김없이 찾아옵니다. 부활의 메시지는 세계에 널리 퍼져서 무덤 속에 갇힌 수많은 혼들을 불러일으켜 돌처럼 굳어진 저들의 숙명적인 삶, 구조적인 박해의 돌문을 열고 일어나게 합니다. 부활의 메시지가 봄의 태양이라면 그 소식을 들은 혼들은 봄의 새싹들입니다. 그런데 부활은 봄의 계절이 가져다주는 것이 아니라 2천여 년 전에 일어난 그리스도의 부활 사건이 가져다 준 것입니다.

---

* 안병무, "오늘의 부활현장,"『생명을 살리는 신앙』, 19-28.

그리스도의 부활이란 무엇이며, 그것은 어떤 의미를 가지는 것입니까? 실의에 빠졌던 제자들이 절망에서 소생함으로써 예수의 부활의 축제를 벌였습니다. 실의와 절망에 빠져 사선을 헤매는 자가 다시 소생함으로써 새로운 삶의 용기를 얻는다는 사실은 현존한 그리스도의 부활의 기쁜 소식입니다. 그는 죽었다가 다시 살아났던 것입니다.

부활은 옛 몸의 회복이 아니요, 옛 생명의 회생도 아닙니다. 옛사람의 죽음에서부터 새 생명이 시작됩니다. 완전한 죽음, 그 죽음에서부터 부활하는 또 다른 창조적 생명을 의미합니다. 그러나 부활은 말로 설명할 수 없습니다. 다만 예수의 부활 사건, 예수의 부활하신 모습, 그 사건과 내용으로만 설명할 수 있는 것입니다. 부활의 개념은 예수께서 부활하신 그 순간부터 시작됩니다. 이것은 말로 표현할 수 없는 놀라운 하나의 사건이며, 동시에 우주적인 사건입니다. 부활에는 세 가지 차원이 있습니다.

1) 예수의 역사적인 부활입니다. 과거의 사건입니다. 십자가에서 죽고 장례 되었다가 사흘 만에 부활하신 그 사건을 말합니다. 2) 현재적 성도의 부활 체험입니다. 예수의 부활 생명에 접하여 부활한 예수를 만날 때, 그 사람에게 또 다른 부활의 능력이 나타납니다. 예수의 부활 생명을 그의 인격, 그의 영혼의 지성소에서 만나게 될 때, 전혀 생각지 못한 생명의 변화가 일어납니다. 사람이 달라지고 변화합니다. 옛사람의 완전 죽음과 함께 그리스도적인 새 생명이 나타납니다. 부활한 예수를 만날 때에는 반드시 인격의 변화가 오고 그의 인생이 변화합니다. 세계관에 변화가 오고 가치관에 변화가 오고 그의 인생이 변화합니다. 그래서 우리는 이것을 현재적, 실존적 부활이라고 합니다. 3) 미래

적이고 완성된 부활입니다. 주님이 재림하시는 날에는 이미 죽은 자, 산 자가 다 같이 부활하여 주님과 함께하는 영광된 잔치에 참여하게 됩니다. 이 종말론적인 부활, 이것은 예언적인 것이며 부활의 완성입니다. 주께서 부활하신 그 몸, 그 신령한 몸으로 우리 모두가 부활하게 된 것입니다. 이 사실은 성경이 증거 하는 바요, 2천여 년 동안 우리 그리스도인 신앙인들이 믿어온 유산입니다. 예수 그리스도의 사건 속에 있는 부활, 이것이 현존하며 또한 종말에 있다는 것입니다.

찰스 알렌(Charles. L. Allen)은 『하나님의 정신병학』(God's Psychiatry)이라는 저서에서 세 가지의 시력을 들고 있습니다. 1) 신체적 시력인데, 우리가 눈을 떴기에 아름다운 경치도 감상하고 여러 가지 생각도 가능한 것입니다. 2) 정신적 시력입니다. 이성이 밝아야 하고, 비판하고 추리하고 통합하는 사고능력입니다. 합리적으로 사물을 판단하고 이해할 수 있는 총명이 있어야 합니다. 이러한 이해력으로 진리를 알게 됩니다. 3) 제3의 시력이 필요한데, 바로 영적 시력입니다. 하나님을 볼 수 있는 영의 눈이 있어야 합니다. 마음이 청결한자 만이 하나님을 볼 수 있습니다. 마음의 눈으로, 영의 시각으로 하나님을 볼 수 있습니다.

3. 부활의 역사적 증언들

누가복음 24장에 "연다"는 말이 세 번 나옵니다. 희랍어로 '디아노이고'라 하는 이 단어를 다르게 번역 사용하였습니다. 31절에는 "눈이 밝아져" — 눈을 열었다는 뜻이요, 32절에는 "성경을 풀어" — 이것도 성경을 열었다는 뜻입니다. 또 45절에는 '디아노이고'를 직역하여 "마음을 열어"라고 표현합니다. 이 세 가지 표현을 종합해보면, 하나님이 여십니다. 주도권(initiative)이 우리에게 있지 않고 하나님께서 주도하십니다. 우리 눈을 열어주시고, 성경을 열어주시고, 우리 마음을 열어 주십니다. 성경을 열어주시고 읽는 사람의 마음을 열어 주실 때에 성경 안에서 우리는 주님을 만날 수가 있는 것입니다. 엠마오로 가는 그들의 마음은 두려움과 의심, 세속적인 욕망, 편견, 더디 믿는 마음으로 가득 차 있었습니다. 이제 주님이 밝은 마음을 주시고 성경을 열어 주심으로 비로소 그들은 진리를 이해하게 됩니다.

이와 같은 경험의 재통합, 만남의 관계 encounter, confrontation 의 문제를 성경은 "뜨거워지다"라고 표현합니다. 이것은 의식 이전의 일입니다. 생각보다 먼저 가는 것입니다. 중생의 체험도, 생명의 역사 도 그러합니다. "뜨겁다" 하면 빼놓을 수 없는 유명한 이야기가 있습니다. 요한 웨슬리(John Wesley)의 뜨거움의 신앙 체험을 좀 소개하겠습니다. 사실 그는 신대륙 인디안들을 위한 선교에서 실패를 하고 우울하고 답답한 나날을 보내고 있던 때였습니다. 그는 1738년 5월 14일 새벽 5시 성경 공부 시간에 베드로후서 1:4 "우리는 그 영광과 능력을 힘입어 귀중하고 가장 훌륭한 약속을 받았습니다. 여러분은 그 덕분으로 정욕 에서 나오는 이 세상의 부패에서 멀리 떠나 하느님의 본성을 나누어 받게 되었습니다"(공동번역), 이 말씀을 읽고 이상한 느낌을 가지고 있다가 그날 밤에 런던 올더스게이트 거리에 있는 모임에 참석했다가 역사적인 회심을 경험하였습니다. 마르틴 루터의 『로마서』 주석 서문 을 읽는 것을 듣는 중에 가슴이 뜨거워지는 경험을 했습니다. 웨슬리는 "그때 내 일생에 처음으로 경험한 뜨거움이었습니다. 내가 그리스도 안에 있다는 사실을 깨닫고 내 마음속의 모든 정욕과 죄악이 물러가면서 주님만을 모시는 기쁨으로 충만했습니다." 웨슬리는 이 기쁨을 참을 수 없어서 밖으로 뛰어나가 증거 하였고, 그가 나가서 간증할 때에 사람들의 마음이 뜨거워지는 역사가 일어났다고 합니다. 이러한 성령운동이 크게 번져 지금의 영국 성공회로부터 감리교가 이루게 되었고, 나아가 부패와 타락으로 멸망 직전의 위기에 처한 영국을 도덕적 영적 혁명으로 건져내는 큰 역사를 이룩한 것입니다.

사도행전의 오순절 다락방의 120문도의 성령강림의 뜨겁고 용기 있는 새 출발의 경험은 처음 교회를 탄생시킨 것이고, 그들은 모두 십자가에서 죽은 예수의 부활의 역사적 증인이라고 증언했습니다. 우리의 신앙, 처음 교회는 바로 이 부활의 증거 위에 세워졌습니다. 우리는 생명을 죽음이 가둘 수 없다는 사실을 보여준 그리스도의 부활 사건이 오늘에도 현존한다는 사실을 증거 해야 합니다. 원래 증인이란 헬라어로 '마루투스'인데 영어로는 '마터'(martyr)라고 합니다. 순교자란 것입니다. 증인은 순교적 자세로 증거 하게 됩니다. 순교할 각오가 되어 있어야 합니다. 순교자만이 진실한 의미에서 부활의 증인이 됩니다. 그들은 목격자이고, 진실해야 하고, 정확해야 하고, 용기가 있어야 하고, 사랑이 있어야 합니다. 성령의 능력을 덧입어야 합니다. 우리는 부활절의 절기에 다시 성경 안에서 성령의 인도하심에 전적으로 순종해야 합니다. 부활의 그리스도를 만나야 합니다. 그 귀한 경험의 순간, 모든 정욕은 물러가고, 감정이 순화되어 모든 지혜가 바로 서게 됩니다. 그리스도를 바로 보게 되고, 나 자신을 바로 보게 됩니다. 내가 해야 할 사명의 길도 깨닫게 됩니다. 절망의 원인은 정치나 경제, 외적인 세계에 있기보다 나 자신이 하나님과 만나는 그 뜨거운 체험이 없기 때문에 낙심하게 되는 것입니다.

예수 부활은 우리로 옛사람은 죽고 새사람 되는 증거를 주셨습니다. 예수 부활은 절망 속에 허덕이는 우리에게 새 희망을 주셨습니다. 예수 부활은 슬픔과 눈물과 한숨에서 기쁨과 즐거운 힘을 주셨습니다. 예수 부활은 불안과 공포의 무덤에서 일어나 새 생명과 산 용기와 새 꿈을 주셨습니다.

4. 죽임의 현장에서 새 역사를 이룩하는 부활

알버트 슈바이처는 예수의 죽음과 부활을 그의 『예수전』에서 이렇게 그린 적이 있습니다.

예수라는 한 청년이 단신으로 굴러오는 역사의 바퀴를 가로막았습니다. 그러나 이 역사의 바퀴는 그대로 굴러서 이 청년을 그대로 압살하고 말았습니다. 그러나 이상한 일이 생겼습니다. 그것은 압살된 그 시체는 그 바퀴에 그대로 붙어서 돌아갔는데 그것이 점점 커져서 마침내 굴러가던 바퀴를 정지시켰을 뿐만 아니라 반대 방향으로 굴러가게 했습니다. 이것은 분명히 한 역사적 사실을 말합니다. 예루살렘에서 일어난 이 조그마한 사건을 발단으로 마침내 로마가 굴복하고 역사의 방향을 다른 데로 돌린 것은 기적과 같은 일입니다. 그러나 이것도 어떻게 이런 일이 있을 수 있었는지를 설명한 것은 아니며, 예수의 죽음의 뜻이 포함되어 있지 않습니다.

그러나 우리가 알아야 할 중요한 것은 예수의 죽음은 불법 자들의 손에 죽었다는 사실입니다. 우리 그리스도인들은 단순히 우리의 죄를 대신했다는 데만 강조점을 두었는데 물론 그것도 옳은 말입니다. 그러나 가장 중요한 또 하나의 사실이 있습니다. 그것은 예수가 불법 자들의 손에 죽음으로써 바로 불법자들의 손에 의해 죽은 그 죽음을 대신하고 그 죽음과 싸워서 이겼다는 사실입니다.

예수의 부활은 불법자들의 손에 말 못한 채, 억울함, 배신, 수치, 모욕, 절망, 그 가난함, 그 울음, 그 고통을 안은 채 깔려 죽은 저들을 살려 일으킨 첫 열매라는 사실입니다. 예수의 부활은 죽음의 권세를 깨뜨렸습니다. 이것은 죽이는 것을 최후의 무기로 협박한 권력자들에게서 인간을 공포에서 해방했다는 뜻입니다. 예수의 죽음이 불법자들의 손에 죽은 것처럼 그의 부활도 바로 불의한 자들에게 깔려 죽은 자들을 해방하는 사건이고 새 역사라는 사실입니다.

그렇다면 오늘 부활 사건의 현장은 어디에서 찾을 수 있을까요? 매우 중요한 역사적 사실인데, 바로 어떤 물리적인, 폭력적인 힘을 최고 지상으로 알고 죽음으로 협박하면서 불법으로 구조적인 악법으로 순수한 민중을 억누르는 삶의 상황, 삶의 현장에서 찾아야 할 것 아닌가 합니다.

우리는 4.19혁명을 그 예로 들 수 있습니다. 독재체제를 위해 추악한 수단 방법을 다 동원하여 부정선거를 한 것에 대해 무흠한 학생들을 중심으로 하여 일어났던 것을, 우리 민족의 저항사에서 역사적 유산으로 남겨준 것을 잊어서는 아니 됩니다.

또 하나의 사건은 역사를 좀 더 거슬러 올라가서 1919년 3월 1일

민족대표 33인의 이름으로 독립선언서를 발표하면서 시작된 이후 이에 호응한 각계각층의 참여로 거의 1년간 지속된 거족적인 항일 민족 독립운동을 기억하지 않을 수 없습니다. 3.1운동은 일제가 한국을 강점하여 총칼의 무단통치를 강행한 지 9년 만에 일어난 민족적 거사로서, 한국의 민족, 민중운동사에서 뿐만 아니라 한국 교회사에서도 하나의 중요한 분수령으로 평가되고 있습니다.

그것은 불법자들과 불의한 자들의 손에 죽은 듯 민중들이 죽음과 대결하면서 그 위협 아래에서도 '우리는 살아 있다'는 것을 증거 한 사건이기 때문에 매우 중요한 것입니다.*

그러한 의미에서 이 4.19혁명, 3.1운동 사건은 불법자들의 손에 죽었다가 다시 살아난 그리스도의 부활 사건의 구현이라고 볼 수 있는 것입니다. 오늘도 우리는 세계의 도처에서 불법과 불의의 현장에서 억울한 혼들이 아벨의 피가 땅에 묻히듯이 그대로 깔려버리는 것을 보게 됩니다. 그러나 동시에 죽은 듯했다가도 땅의 들풀들이 밟혀도 또 솟아 살아나듯이 불의에 대항하여 일어나는 진리와 정의가 반드시 승리하는 민중의 소리를 듣습니다. 여기에서 우리는 부활한 그리스도가 저들 속에 살아서 역사화 한다는 것을 알게 됩니다. 실제로 또한 역사의 예수는 눌린 자와 가난한 자들을 위하여 하나님 나라 운동을 하셨습니다. 부활 사건은 죽음까지도 그 뜻을 단절하지 못한다는 하나님의 위대한 능력을 드러낸 역사적 사건임을 믿게 됩니다. 이리하여 오늘의 세계, 지구촌에서 그리스도인들은 눌린 자의 편에 서서 그들의

---

* 이만열, "3.1운동과 한국기독교," 『한국기독교와 민족의식』 (지식산업사, 2014), 335-355.

억울함, 소외, 부자유, 압박으로부터 해방되게 하기 위하여 힘쓰고 노력하는 삶과 그리스도의 부활의 증인된 삶에서 오늘의 부활의 그리스도를 만나는 것이어야 합니다.

5. 톨스토이와 도스토에프스기의 부활 이야기

1) 톨스토이의 『부활』의 주인공 네후류도프는 상류계급의 청년으로서 지식인입니다. 그는 그 시대의 상류층에 속한 사람으로 별다르지 않은 일상생활을 보냈습니다. 그는 하류층에 속하는 카츄사라는 소녀를 범했습니다. 카츄사는 그 뒤로 집에서 쫓겨나고 마침내 창녀가 되고 범죄자가 되어서 감옥에 갇힙니다. 네후류도프는 그 여인을 범하고 물건 값을 치르듯이 그녀에게 돈을 주고 할 일을 다 한 듯이 생각했습니다. 그는 그 외에 계속 많은 여인과의 관계를 당연한 일처럼 감행하고 있었습니다.

톨스토이의 『참회록』에 의하면 그 외에도 그는 수많은 범죄를 저질렀다고 고백하고 있습니다. 그는 어느 계기가 되어서 그 자신의 삶이 무엇인가에 의해 속박되어 있다고 하는 사실을 고백하기에 이릅니다.

『부활』의 주인공 네후류도프는 어느 날 "나를 속박하고 나에게 아무 가치도 없는 허위를 없애야겠다"고 합니다. 그는 단호히 소리를 내어 중얼거렸습니다. "그는 카츄사에게 나는 악당이다. 그녀에게 죄를 졌으니, 그녀의 죄를 덜어주기 위해 할 수 있는 일이라면 무엇이든지 하겠다고 말하자. 그렇다. 그녀를 만나서 사과하자. 그렇다. 어린애가 하듯이 빌자. 필요하다면 결혼도 하자."

그는 걸음을 멈추고 어렸을 때 하던 것처럼 두 손을 가슴에 포개고 눈을 위로 치뜨고 이렇게 말했다. "주여, 저를 도와주소서. 저를 가르쳐 주소서. 나의 마음속에 들어오셔서 모든 더러움을 깨끗이 씻어주소서." 이렇게 비는 동안에 그의 소원은 성취되었습니다. 그의 마음속에 살고 있던 '신'은 그의 의식 속에서 눈을 떴습니다. 그는 자신이 '신'이라고 생각했습니다. 그래서 자유와 용기와 삶의 기쁨만이 아니라, 선의 위력을 느꼈습니다. 그는 이제 사람이 할 수 있는 선한 일은 모두 할 수 있다고 자신감에 취합니다.

이것이 톨스토이가 말하는 부활입니다. 톨스토이는 그의 『인생론』에서 인간에게는 동물적인 면과 이성적인 면이 있는데, 그 동물적인 내가 지배할 때는 결국 죽게 되고, 이성적인 내가 동물적인 나를 극복하고 마음을 정화하고 이성적으로, 윤리적으로 올바르게 사는 것이 바로 갱생, 즉 부활이라고 진술합니다.*

2) 도스토에프스키의 부활은 그의 저서 『죄와 벌』의 주인공 라스꼴리니코프와 쏘냐를 통해 보여 줍니다. 그는 8년 징역으로 시베리아 정배를 가야만 했습니다. 그에게 자수를 권한 쏘냐도 그리로 가서 그림자처럼 그를 돌보았습니다. 라스꼴리니코프는 심히 앓고 난 다음 그의 고민을 이렇게 말합니다. '현재는 대상도 없고 목적도 없는 불안, 미래에서는 아무것도 주어지지 않는 끊임없는 희생, 이것이 이 세상에서의 나를 기다리고 있는 모든 것이다. 또 새 생활을 출발할 수 있다고 하더

---

* 톨스토이, 『참회록』; 석영중, 『러시아정교 역사·신학·예술』(고려대학교 출판부, 2007).

라도 대체 그게 무슨 의미가 있으랴! 무엇 때문에 살아야 하나! 무엇을 목표로 삼아야 한다는 말인가?'

지금은 이미 감옥 속에 있으면서도 내적인 자유인이 된 그는 자기 과거의 행위를 다시 한번 속속들이 음미하고 숙고해 보았으나 '나의 양심은 태연하다. 물론 형법상의 범죄는 저질렀다. 그러면 법률조항에 비추어 보아서 내 목을 자르면 청산될게 아닌가!' 오히려 그는 자기가 저지른 죄는 바로 자수했다는 그 점 하나뿐이라고 생각합니다.

그러던 그는 부활절 기간에 꿈을 꾸었습니다. 아시아에서 시작되어 유럽을 휩쓰는 전염병이 퍼져 나갔습니다. 그것은 인간의 육체를 파고드는 일종의 새 미생물이었습니다. 그런데 그 미생물은 이성과 의지의 소유자입니다. 그 병에 걸리기만 하면 모두 절대자로 자부하게 되고 결국 서로 물고 뜯어서 죽입니다. 여기서 라스꼴리니코프는 인간의 교만이 결국 어디로 갈 것인지, 이성이라는 인간의 운명이 어디로 갈 것인지, 자기를 포함한 인간 절대주의의 운명이 어떻게 될 것인지를 내다보았습니다. 양심의 소리, 윤리적인 갱생, 초인적인 명상, 그런 것에서 그는 새 희망을 보지 못했습니다.

그러던 어느 날, 그는 부활의 경험을 합니다. 그는 맑게 갠 어느 날 어느 새벽, 통나무에 걸터앉아 있었습니다. 광막한 넓은 강을 바라보았습니다. 높은 강가로부터 주위의 경치가 펼쳐져 있었습니다. 먼 저쪽 강으로부터 노래 소리가 아련히 들려왔습니다. 거기에는 활짝 햇빛이 퍼붓는 끝없는 초원 위에 유목민의 천막이 아득히 보이는 점을 이루며 까맣게 보였습니다. 거기에는 자유가 있었습니다. 그리고 이곳 사람들과는 판이한 전혀 다른 인간이 생활하고 있었습니다. 여기에서 도스토에프스키는 이 세상이 아닌 저쪽 한 새 세계를 봅니다. 그는 이 세계를 표현해서 "거기서는 시간조차 걸음을 멈추고 흡사 아브라함과 그의 가축무리의 시대가 아직 사라지지 않을 성 싶었다"고 말합니다.

그때 쏘냐가 와서 말없이 곁에 앉았습니다. 그리고 손을 내밀었습니다. 그는 그녀의 손을 처음 굳게 잡고 떨어지지 않았습니다. 어떤 말 할 수 없는 감격! 그들은 무슨 말을 하고 싶었으나 할 수 없었습니다. 두 사람의 눈에는 눈물이 맺혔습니다. 그들은 둘이 다 창백하고 수척했습니다. 그러나 이 병든 창백한 얼굴에는 새 삶을 향하는, 다가오는 미래의 다시 남, 완전한 부활의 서광이 빛나고 있었습니다. 사랑이 그들을 부활시킨 것입니다! 두 사람의 마음은 서로 삶의 끊임없는 샘을 간직하고 있었습니다. 그들은 '기다리자 참자'고 다짐했습니다. 그들에게는 아직 7년의 세월이 남아 있습니다. 그때까지 얼마나 어려운 고통과 한없는 행복이 있을지는 모르겠습니다. 그러나 그는 부활했습니다.*

6. 톨스토이와 도스토에프스키의 부활 이해

여기서 두 사람의 부활은 전혀 다르게 경험한 것으로 보입니다. 톨스토이에게 부활이란 내 윤리적 죄를 청산하고 희생적인 삶에 들어가는 이성적 윤리 생활을 하는 '본래의 나'로서의 회귀라고 보았습니다. 도스토에프스키는 좀 다르게 부활 이해를 하였습니다. 부활이라

---

* 안병무, "부활 신앙," 『생명을 살리는 신앙』, 53-60; 성영중, 『러시아정교 역사·신학·예술』(고려대학교출판부, 2007).

는 새로운 삶은 절대로 내게서 내 가능성의 실현으로 오는 것이 아니라 저 피안의 마을, 시간이 정지된 참 자유 하는, 이쪽의 생과는 전혀 다른 저쪽에서 오는 것이었습니다! 그 부활은 막혔던 너와의 담, 내 얼음장 같은 마음이 녹고 사이에 막힌 담이 툭 트여서 너와 내가 일치를 경험하는, 죽은 관계가 열림으로써 오는 새 삶! 그것은 지평선에서 이루어진 것이 아니라, 너와 내가 타협함으로써가 아니라 너와 내가 지평선 너머 저쪽 한 점에서 다시 만날 때 비로소 이루어진 것입니다. 그 저쪽에 다시 만나는 그 지점, 그것이 사랑입니다.

그 상태를 그는 설명해서 "7년이 7일로, 기다림이 곧 기쁨으로" 되는 현실이라고 합니다. 그는 일찍이 쏘냐가 주었으나 눈여겨 보지도 않던 '성서'를 처음으로 손에 들었습니다. 그때 그의 머리에 '이젠 이미 그녀의 확신은 동시에 나의 확신이 아니냐? 적어도 그녀의 강점, 그녀의 의욕이 곧 내 확신이 아니냐?'는 생각이 들게 되었습니다.

여기에 그는 사랑, 사랑 안에서의 부활을 경험합니다. 그것은 너와 나, 주관과 객관, 주는 자와 받는 자가 하나로 통일되는 그런 것이었습니다. 진실로 바울이 말한 "그때에는 서로 거울을 통해 보는 것같이 희미했으나, 또는 부분적으로 밖에 몰랐으나, 그러나 그때는 얼굴과 얼굴을 마주보는 것 같다"(고전 13:12)고 한 바로 그 현실입니다.

7. 나가는 말

부활이 장차 어떻게 될 것인가는 신비에 싸여 있고, 앞으로 많은 논의 점을 갖는다는 것을 부인할 수 없습니다. 우리는 지금까지 사랑

안에서 이루어지는 부활을 보았습니다. 요한복음 11장에는 나사로의 부활을 앞두고 한 대화가 나옵니다.

예수: "당신의 오라비가 다시 살아날 것이요."
마르다: "마지막 날 부활 때 그가 다시 살아 날것을 압니다."
예수: "예수께서 이르시되 나는 부활이요 생명이니 나를 믿는 자는 영원히 죽지 아니하리니 이것을 네가 믿느냐?"

이 "나"를 "사랑"으로 바꾸어 생각해 봅시다. 마지막 날 부활하는 것 말고, 지금 사랑하면 죽어도 살고 살아서 영원히 죽지 않을 것입니다. 육체가 안 죽는다는 말이 아닙니다. 사랑에는 죽음이 없다는 말입니다. 정말 부활은 사랑하며 더불어 영원히 살아야 합니다. 부활은 희망입니다. 바울은 "너희가 그리스도와 함께 다시 살리심을 받았으면 위의 것을 찾으라 거기는 그리스도께서 하나님 우편에 앉아 계시느니라"(골 3:1). 바울은 또 "그런즉 누구든지 그리스도 안에 있으면 새로운 피조물이라 이전 것은 지나갔으니 보라 새 것이 되었도다"(고후 5:17). 성도 여러분! 부활의 신앙으로 살며, 부활의 은총이 가득하기를 기원합니다.

2022년 4월 17일, 부활주일, 장애인주일, 4.19혁명기념주일

2부

평화와 해방의 길

호세아의 예언과 복음

호세아 2:14-23, 6:1-6

1. 호세아의 역사적 배경

호세아가 북 왕국 이스라엘을 향해 예언을 시작한 것은 여로보암 2세의 통치(대략 주전 783~743년)가 끝나기 5년 전쯤이었습니다. 호세아는 호세아의 결혼과 그가 낳은 자녀들의 이름으로 하나님이 그 백성을 다루시는 방법을 상징합니다(1-3장). 이 비극적 결혼을 통해 하나님은 이스라엘을 사랑하신다는 것과 백성들의 우상숭배를 싫어하신다는 것을 계시합니다. 11장에서는 하나님이 그 자녀인 이스라엘이 잘 자라도록 정성껏 키웠으나 그 자식들이 커서 불순종하는 것을 바라보는 사랑 많은 부모로 묘사됩니다. 그래도 호세아에는 하나님의 사랑이 마지막에 가서는 이스라엘의 반역을 압도하리라는 희망이 있습니다(11:8-11).

호세아는 북 왕국의 역사(왕하 15-17장)의 실타래를 풀어보는 것으로 이해할 수 있습니다. 주전 746년 여로보암 2세가 죽자 파국이 왔습니다. 디글랏빌레셀 3세가 앗시리아의 왕권을 잡았습니다. 그는 50년 동안이나 무기력 상태에 빠져있던 앗시리아를 일깨워서 마침내 이집트의 정복까지 달성한 원정 계획을 시행에 옮겼습니다. 앗시리아는 주전 13세기부터 일련의 정력적인 통치자들 아래서 고대 세계의 생명선인 비옥한 초승달 지대를 지배하려는 꿈을 실행하기 시작하였습니다.

디글랏빌레셀 3세는 지체없이 정복의 길로 나섰습니다. 바벨론을 정복하여 자신의 제국에 합병시킨 후 그는 지중해 연안으로 진군하여 시리아와 팔레스타인 전역을 공포에 몰아넣었습니다. 공포를 불러일으킨 이유 중의 하나는 그가 민족주의를 분쇄하고 피정복자를 완전히 장악하기 위하여 빈틈없는 계산 하에 새로운 군사 정책을 도입하였기 때문입니다. 이것은 피정복민들을 고향 땅에서 뿌리를 뽑아 앗시리아 제국의 먼 지역으로 이주시키고 그들의 땅에는 외국인들을 이민시켜 앗시리아의 속주로 삼는 정책이었습니다. 이스라엘도 다른 군소 국가들과 마찬가지로 비참한 체험을 통해 '포수'(捕囚)라는 단어의 의미를 배우게 될 운명에 놓이게 되었습니다. 이스라엘의 정치적 불안은 신명기 사가의 특유한 미사여구들과 아울러 열왕기하에 간략하게 서술되어 있는 혼란된 국내 사건들에 반영되어 있습니다. 이러한 호세아의 역사적 배경 아래에서 오늘의 메시지는 '호세아의 예언과 복음'이라는 주제로 함께 나누어 볼까 합니다.

2. 호세아의 결혼과 그 상징적 의미

호세아는 북 왕국 이스라엘이 낳은 최대의 예언자였습니다. 그는 사랑하는 조국 이스라엘의 죄를 비판하기 위하여 예언자로 부름받았습니다. 그의 관심과 흥미는 이스라엘의 운명이었습니다. 호세아라는 이름이 의미하듯이 '구원'이라는 여호수아의 본명과 동명이며, 이스라엘의 구원이 그의 최대 관심사였습니다.

호세아는 하나님의 명령에 따라 고멜이라는 여인과 결혼하였습니다. 결혼 전의 고멜의 품행에 대해서는 몇 가지의 논의가 있습니다. 본래 고멜이라는 여인은 성전에서 봉사하는 성매음녀(聖賣淫女, Holy Prostitute)로 해석하는가 하면(T. H. Robinson), 그 여자는 결혼 전에는 순결한 처녀였다고 주장합니다(Kittel), 호세아는 그의 결혼 생활을 여호와 하나님과 이스라엘과의 관계로 생각합니다. 이스라엘 민족이 애굽을 떠나 나올 때는 바알(Baal)을 섬길 줄 모르는 순수하고 이상적 신앙 상태에 있었기 때문에 이스라엘의 상징인 고멜은 순결했다고 주장합니다.

그러나 호세아 1:2에 의하면 "…너는 가서 음란한 아내를 취하여 음란한 자식들을 낳으라, 이 나라가 여호와를 떠나 크게 음란함이니라"고 했습니다. 호세아는 고멜과의 결혼 생활에서 3남매의 자녀를 얻었습니다. 호세아는 3남매의 아이들에게 그가 가르친 어떤 진리의 상징적 이름을 주었습니다. 즉, 장남의 이름은 이스르엘인데 예후의 집의 멸망을 상징하였고(1:4-5), 장녀의 이름은 로루하마인데 긍휼히 여김을 받지 못하는 자로 이는 여호와께서 이스라엘에게 긍휼을 베푸시지 않으실 것임을 상징하였습니다(1:6-7). 차남의 이름은 로암미인데 내 백성이 아니라는 뜻으로, 이스라엘이 하나님의 백성이 아님을 상징합니다(1:8-9).

이와 같이 3남매의 자녀까지 가진 고멜은 남편의 품을 떠나 정부의 품속으로 뛰어들어 부끄러운 행동에 자기 몸을 맡겼습니다. 3장 2절에 고멜은 결국 매음굴로 팔려갔던 것입니다. 그러나 호세아는 계속적으로 그의 아내 고멜을 사랑하였고, 또한 사랑하는 도수(度數)가 컸기 때문에 고멜을 사서 가정으로 돌아오게 하였습니다.

당시의 상황을 재현해보자면, 호세아의 부인 고멜은 2남 1녀를 낳았는데 그럼에도 남편의 품을 떠나 정부의 품속으로 뛰어들어 부끄러운 행동에 자기 몸을 맡겼습니다. 호세아는 대부분이 우아한 시(詩)로 되어있는데, 그는 아내의 상태를 이렇게 말하고 있습니다.

> 바알 축제일만 되면 내 생각은 하지도 않고 바알에게 향을 태워 올리며 귀고리, 목걸이로 몸을 단장하고 정부들을 따라나서는 것들을 나 어찌 벌하지 않으랴 야훼의 말씀이다(호 2:13, 공동번역).

호세아가 사준 귀고리, 목걸이를 두르고 향수를 뿌리며 단장하고 있으면 아내의 애인들이 와서 그녀를 데리고 나갔습니다. 호세아는 착한 언어로 "내 생각은 해주지 않고 정부들을 따라 나간다"라고 말하고 있지만 속으로는 분노가 일어났을 것임에 틀림 없습니다. 아내는 "바알 신전에 가서 향을 피우고 올게요"하고 나가는데 바알 신전은 당시 공공연히 알려진 행음이 문란한 장소였습니다.

그러다가 결국 고멜은 남편을 버리고 정부를 따라 가출해 버리는데 방탕자의 공식대로 불행한 막다른 길에 다다랐습니다. 그 상황이 공동번역성경 2:7에 이렇게 기록되어 있습니다.

> 정부들을 찾아다녀 보아야 만나지도 못하고 허탕만 치리라. 그제야 제정신이 들어 '남편에게 돌아가야겠다. 그때의 내 신세가 지금보다 나았지' 하리라.

정부들에게도 버림받은 고멜의 말로는 노예시장에 상품처럼 진열됩니다. 이때 호세아는 하나님의 음성을 듣습니다.

> 너는 정부와 놀아난 네 아내를 찾아가 다시 사랑해 주어라. 이스라엘 백성이 다른 신에게 마음이 팔려 건포도 과자 따위나 좋아하는데도 이 야훼가 여전히 사랑하는 것처럼 사랑해 주어라. 나는 은 열다섯 세겔과 보리 한 호멜 반을 가지고 가서 그 여인을 산 뒤에(호 3:1-2, 공동번역).

당시 노예의 몸값은 은 30세겔이었는데 그 반액으로 매매된 것을 보면 고멜은 아름다움과 젊음이 다 사라지고 비참하게 전락한 상태였다는 사실을 알 수 있습니다.

어떤 날 호세아는 여호와의 음성을 듣는데, 하나님의 복음은 오늘의 본문 말씀이 그 초점을 이룹니다. 호세아 2:14-16에 "그러므로 내가 저를 개유하여 거친 들로 데리고 가서 말로 위로하고 거기서 비로소 저의 포도원을 저에게 주고 아골 골짜기로 소망의 문을 삼아주리니 저가 거기서 응대하기를 어렸을 때와 애굽 땅에서 올라오던 날과 같이 하리라. 여호와께서 이르시되 그 날에 네가 나를 내 남편이라 일컫고 다시는 바알이라 일컫지 아니하리라."

호세아는 그가 경험하는 비극이 하나님과 이스라엘 사이에 어떠한 의미를 가지고 있는 것 같이 느끼기 시작하였습니다. 호세아의 개인적 고민의 비극적 경험은 그를 이끌어 여호와 하나님이 이스라엘을 향해 가지시는 감정을 이해하게 되었습니다. 드디어 호세아는 여호와의 구속적인 사랑의 격렬하심과 불변하심을 깨닫게 되었습니다. 그러므로 호세아는 그의 결혼의 상징을 통해서 여호와와 이스라엘의 관계를 해석하기 시작하였습니다. 여호와는 이스라엘의 남편이고, 이스라엘은 여호와의 아내입니다. 고멜이 그의 남편 호세아를 버리고 음녀가 된 것 같이 이스라엘은 남편 되시는 여호와를 버리고 바알(Baal)을 따라갔습니다.

3. 깨어진 언약

호세아만큼 과거의 모세 시대를 깊이 이해한 예언자는 없었습니다. 그는 출애굽에 관한 기억, 광야에서의 유랑, 호렙산에서의 언약, 가나안 정복을 언제나 염두에 두고 자기 시대의 사건들과 상황들을 해석하였습니다. 사실 그는 스스로를 모세의 계승자, 언약의 위대한 해석자이자 중보자라고 생각하였습니다(James Muilenburg). 호세아는 북 왕국 출신이었기 때문에 이른바 엘로힘 문서 기자 서사시 속에 제시되어 있는 북부(에브라임) 전승 안에서 성장하였습니다.

호세아의 사고 속에는 전체 서사시 전승 가운데 한 가지가 뚜렷하게 부각되어 있었는데, 그것은 출애굽이라는 해방 체험 속에 드러나 있는 이스라엘에 대한 야훼의 은혜로운 선택이었습니다. 하나님에 대한 이스라엘의 지식은 '뿌리 체험'을 토대로 하고 있었습니다. "네가 애굽 땅에서 나옴으로부터 나는 네 하나님 야훼니라"(호 12:9, 13:4-5). 여호와가 포도나무에 달려 있는 포도송이 같은 이스라엘을 '발견한' 것은 광야에서였습니다(9:10). 그리고 출애굽은 부모나 자녀에 비유되는 하나님과 이스라엘 백성 사이의 특별한 관계를 보여주는 표적이었습니다. "이스라엘이 어렸을 때에 내가 사랑하여 내 아들을 애굽에서 불러내었거늘"(11:1).

이스라엘을 하나님의 "아들"로 비유한 것은 고대 서사시 전승에서도 찾아볼 수 있습니다(출 4:22). 그러나 언약을 남편과 아내의 관계에 비유하여 해석한 첫 이스라엘 예언자는 호세아였습니다. 물론 거룩한 결혼이라는 개념은 고대에 잘 알려져 있었습니다. 다산 종교들의 신화적 드라마들은 남신과 여신의 사랑과 결혼을 묘사하고 있었고, 가나안의 신전들에서는 거룩한 결혼은 제의적인 매춘을 통해 실연(實演)되었습니다. 자연 종교들에 의해 성(性)이 숭상되던 시대에 호세아가 거룩한 결혼이라는 상징을 사용한 것은 이스라엘 신앙에 대한 대담한 해석이었습니다. 그러나 호세아가 비유를 사용한 방식은 완전히 새로운 것이었습니다. 그는 자연의 주기에 따라 신들의 결혼을 설명한 것이 아니라 광야에서 맺어진 하나님과 백성 사이의 '역사적인' 결혼에 관하여 말했습니다. 그리고 그 결혼의 의미는 남신과 여신의 결혼에 관한 성찰이 아니라 자기 자신과 고멜의 관계에 관한 깊은 이해를 통해 호세아에게 이해되었던 것입니다.

고멜이 매춘부 노릇을 했던 것과 마찬가지로 이스라엘도 언약을 파기하였습니다. 호세아에 의하면 이 언약의 파기야말로 진정한 역사의 비극이었고 당시 이스라엘의 모든 문제는 그 비극의 징후들에 불과하였습니다. 야훼께서 선택하여 결혼한 '아내'는 창녀가 되었습니다. '매춘의 정신'은 백성들에게 번졌고, 자기들의 하나님과 멀어지게 되었습니다(호 4:12). 이스라엘 사회에 대한 호세아의 비판은 사회의 부도덕, 정신적인 혼란, 종교적인 형식주의에 대한 단순한 단죄보다 훨씬 깊은 것이었습니다. 그는 인간의 동기들, 마음의 헌신, 백성들이 의지하는 가치들에 관심을 가졌습니다. 그런 까닭에 그는 고대 지파 동맹 시대의 지도자들의 비판을 재현하여 왕정제도를 거부한 증거들이었습니다(8:4, 9:15, 10:3, 9). 이스라엘이 언약을 저버린 결과들은 정변(政變)의 빈발(7:3, 7)과 이집트와 앗시리아의 비위를 맞추어야 하는 초조한 외교정책(7:11), 군대와 요새들을 어리석게 의뢰하는 것(8:14) 등으로 나타났습니다. 완악하고 끈질기게 이스라엘은 "열국"같이 되려고 고집하다가 결국은 열국들에게 "삼키웠고"(8:8), "이방인"에게 세력을 빼앗기고 말았습니다(7:8-9).

이와 같은 매춘의 정신은 백성들을 거짓된 우상숭배의 종교로 이끌었습니다. 다른 대예언자들과 마찬가지로 호세아도 종교가 꼭 좋은 것만은 아니라는 것을 알고 있었습니다. 왜냐하면 종교는 하나님을 배반하고 죄를 짓는 길이 될 수도 있었기 때문이었습니다. 호세아 시대에 가나안의 다산(多産) 제의에 오염된 민간종교는 자연의 좋은 것들을 얻고 하나님을 사람들의 이익을 얻는 수단으로 제공하였습니다. 사람들은 성전을 가득 메우기는 하였으나, 이것은 자기들을 이집트에서 이끌어 낸 하나님에 대한 그들의 전적인 의존을 감사함을 인정하기 위해서가 아니라 '종교로부터 무언가—조화, 안정, 번영, 복지—를 얻기' 위해서였습니다. 제사장들과 예언자들은 종교적인 관심이 고조되는 것을 틈타 이스라엘의 매춘에 실제로 기여하였습니다. 제사장들은 야훼의 백성들의 "죄악을 먹고 살고" 있었습니다(호 4:7-10).

그러므로 이스라엘의 충절은 변덕스러운 아내의 충절이었습니다. 거기에는 참된 언약의 사랑에 내포되어 있어야 했던 견실함과 신뢰성이 결여되어 있었습니다. 호세아 자신의 말을 빌자면 이스라엘에는 '헤세드'(Hesed), 언약의 충실성이 결여되어 있었습니다. 처음부터 이스라엘의 역사는 야훼의 사랑을 배신한 야비하고 수치스러운 이야기였습니다. 온 세월에 걸쳐 이스라엘 백성은 자기 자신의 마음의 생각과 욕망을 추구하다가 이제는 죄악 된 역사의 혼돈에 걸려 빠져나올 수 없게 되었습니다. 이스라엘은 습관적인 사고방식과 판에 박힌 행동유형에 묶여 있었습니다. 호세아는 "저희의 행위가 저희로 자기 하나님에게 돌아가지 못하게 하나니"(5:4)라고 말하였습니다. 이스라엘 백성은 그릇된 충성의 노예가 되어 있었기 때문에 그들에게 호소해도 소용이 없었습니다. "에브라임이 우상과 연합하였으니"(4:17). 이스라엘의 공동체적인 삶의 모든 측면—정치, 경제, 종교—은 그릇된 충성의 이데올로기, 방향이 잘못된 의지, 악한 행동 유형으로 물들어 있었습니다. 우리는 이러한 이스라엘의 상황을 완전히 습관적인 사고와 삶의 방식의 노예가 되어 스스로를 바꿔보려는 생각과 의욕이 전혀 없는 사람의 곤혹스러운 처지에 비할 수 있을 것입니다. 그리고 한 사람의 삶에서 위기가 새로운 시작을 가능하게 하듯이 호세아는 이민족에게 곧 임할 파멸은 이스라엘이 자신의 건강을 회복할 수 있는 기회로써 하나님에 의해 제공된 것이라고 믿었습니다.

4. 언약의 갱신

옛날에 광야에서 이스라엘에게 삶이 부여되었듯이 이스라엘의 삶이 갱신될 곳도 광야—문화의 모든 유혹으로부터 먼 곳—일 것입니다. 아골 골짜기는 아마도 사해가 내려다보이는 고원지대인 유다광야에 있었을 것입니다. 아골 골짜기의 동쪽 가장자리에는 쿰란시내가 협곡을 통해 흐르다가 갑자기 요단계곡으로 떨어지는 에세네파의 본거지가 있던 지역이었습니다. 오늘날에도 쿰란의 절벽 위에 있는 이 계곡을 방문하는 사람들은 이 불모지의 원초적인 단순함과 거대한 도시들이 인간 문화의 오만한 상징처럼 서 있는 고원지대의 풍요함이 큰 대조를 이루고 있는 모습을 인상 깊게 볼 수 있습니다. 광야에서의 삶은 불안정하기 때문에 이곳에서 신앙의 사람은 삶이 하나님의 자비에 달려 있다는 사실을 상기하게 됩니다.*

의미심장하게도 호세아는 광야를 새로운 시작의 장소로 보았습니다. 그는 야훼께서 개인적으로 이스라엘 백성을 광야로 불러갈 것이라고 예언하였습니다. 이스라엘에게서 모든 거짓된 안정을 벗겨버리고 모든 문화적인 허례허식들을 정화시킨 뒤 야훼는 이스라엘에게 "부드럽게 속삭이리라" 또는 히브리어로는 "마음에다 대고 말할 것이다"라

---

* Walter Brueggemann, *The Land*; 앤더슨, 『구약성서이해』, 380.

고 예언하였습니다. 거기서 이스라엘은 자신의 포도원을 돌려받을 것이고, 문화의 모든 축복이 하나님의 은혜의 선물임을 알게 될 것입니다. 거기서 백성들은 하나님의 사랑 안에서 의미 있고 안정된 미래로 이끄는 소망의 문으로 들어가게 될 것입니다.

요약하자면, 광야는 언약 갱신의 무대가 될 것이고, 깨어진 언약의 오랜 역사는 종지부를 찍게 될 것입니다. 광야에서 이스라엘은 출애굽 때에 신뢰와 감사로써 응답하였듯이 야훼의 사랑의 제안에 '대답할' 것입니다. 거기서 야훼는 이스라엘을 아내의 지위로 회복시켜 정의와 공의와 연약의 충정(Hesed)과 자비 가운데 이스라엘과 결혼하게 될 것입니다. 이스라엘의 끊임없는 부정(不貞)은 좀 더 강하고 깊은 사랑에 압도될 것이고, 이스라엘은 새 언약의 관계 속에서 야훼를 '알게' 될 것이다(호 2:19-20).

5. 광야의 속삭임

호세아의 복음이란 '광야의 속삭임'입니다. 호세아는 죄 많고 부끄럽게 되고 인생의 밑바닥에 떨어진 아내를 조용한 광야로 데리고 나가기로 결심합니다. 사랑하는 사람의 진실한 말은 언제나 조용한 환경에서 이루어집니다. 사색과 독서와 명상과 시도를 통해 하나님이 말씀하십니다. 모세와 엘리야와 예수님과 바울이 모두 광야에서 하나님의 음성을 체험한 것도 같은 맥락의 이야기라고 할 수 있습니다.

호세아는 광야에 나가 아내와 단둘이 마주 앉아 사랑을 속삭이리라고 결심합니다. 부정한 아내에게 "I love you"라고 말하겠다는 결심입니다. 이 사랑의 고백은 조용한 광야에서 단둘이 진실과 성의를 기울인 진짜 사랑의 속삭임입니다. 그 사랑은 용서를 전제하고 있으며 아내의 죄상을 다 알고 이해하고 실수를 수용한 뒤의 사랑입니다. 이러한 사랑이 바로 하나님의 사랑이라고 호세아는 예언하고 있습니다. 이것이 곧 기쁜 소식, 복음인 것입니다. 고멜의 해방은 오직 남편 호세아의 용서만으로 가능합니다. 인간의 구원도 오직 하나님의 용서만으로, 예수 그리스도 안에서 이루어진 십자가의 구속만으로 가능한 것입니다.

호세아가 주는 메시지는, 하나님이 인간을 광야로 부르십니다. "나와 일대일로 마주 앉아 진실하게 얘기해 보자"라는 초청입니다. 예배와 기도와 명상은 곧 하나님과 대화하는 광야인 것입니다. 고멜과 같이 너무나 많은 우상을 정부(情夫, Paramour)로서, 바알로서(Baal이란 히브리어로 '주인'이란 뜻) 섬기던, 즉 우상숭배 하던 우리입니다. 우상숭배에 대한 금세기의 현상은 군사 독재자, 배금주의 사상, 세속화 유행성 등을 들 수 있지 않을까 싶습니다. 이러한 우리를 하나님께서 광야로 초청하실 때 감사함으로 호응해야 합니다. 그러기에 우리가 교회에 간다는 것은 눈물겹도록 감사한 일입니다. 예배를 드리며 하나님께 감사와 용서와 이해의 복음이라는 사랑의 속삭임을 듣는 것이기 때문입니다. 우리 그리스도인들에게 예배는 신앙 생활의 기본적이고 중심적인 것입니다. 예배를 통해 우리가 믿는 하나님께 경외를 표하며 예배를 통해서 우리는 하나님과 교제(Koinonia)에 들어갑니다. 예배의 목적은 사람들로 하여금 그 생활을 하나님의 형상(Imago Dei)을 회복시키는 데로 이끄는 것입니다. 그러므로 "호세아는 하나님과의 윤리적인 합일의 예언자"(Hosea, the prophet of ethical union with God)라고 불리고 있습니다.

호세아는 하나님의 구속의 사랑을 외치며, 미래의 회복에 대한 희망과 이스라엘의 영광에 대한 아름다운 표현을 호세아서 마지막 장에서 합니다(14:4-7). 호세아가 오늘날 우리에게 주는 새로운 교훈은 하나님은 사랑과 자비의 하나님이라는 것입니다. 실로 호세아의 죄의 성질에 대한 심오한 해석과 구속하시고 신생케 하시는 힘으로써 하나님의 사랑에 대한 생각은 종교사상에 큰 영향을 주었습니다. 사회적 정치적 재난은 죄의 결과라는 것이 모든 히브리 예언자들의 공통적인 생각인 것입니다. 그러나 호세아는 이스라엘 민족이 당하는 모든 고난은 야훼 하나님의 사랑의 표현이라고 해석했습니다. 이 고난을 통해서 하나님의 품을 떠난 백성들이 다시 돌아온다는 것입니다. 즉, 고난은 하나님 사랑의 채찍이라고 해석하였습니다. 깊이 생각하면, 하나님의 진노 자체도 하나님 사랑인 것이니 곧 의로운 사랑의 발로인 것입니다. 하나님은 사랑입니다. 그 넓고 크시며 높으시며 깊으신 사랑을 아는 것이 그 속에 있는 나와 세상을 아는 길입니다.

마지막 부분에 이르렀습니다. 호세아의 복음은 하나님의 구속적 사랑입니다. 이 사랑은 구체적이요 행동적인 것입니다. 이 때문에 그리스도께서 친히 인간의 몸을 입고 우리 가운데 오셨습니다. 그리스도의 십자가는 이 사랑의 구체적 표현입니다(K. Barth). 이 사랑은 의롭고 현실적인 사랑이며 적극적인 사랑이기 때문입니다. 이러한 사랑이 계시된 십자가는 하나님의 능력이요, 하나님의 지혜입니다(고전 1:18 참조).

6. 호세아를 닮은 한국인 성자

도암(道岩)의 성자(聖者) 이세종(李世宗)—호세아를 닮은 성자—은 가정의 비극, 즉 두 번 외간 남자와 생활한 아내를 찾아 집에 데려와 함께 살았습니다. 이세종은 자아를 버리고 가정과 재물을 버리고 세상을 버렸으며, 오직 주님의 은총에 힘입어 이웃사랑하기를 힘썼습니다. 그는 하나님의 말씀을 파고 또 파서 말씀으로부터 오는 생명의 생수를 퍼내어 기쁨으로 찬양하고 하나님께 영광을 돌리며 항상 아버지의 뜻을 좇아 사신 그리스도의 거룩한 삶을 본받아 살고자 하였습니다.

이세종은 결혼 생활 15년이 지나도록 자식이 없었고, 또한 학식이 없던 그는 한때 재산 모으기에 여념이 없어 마치 삭개오처럼 영적인 갈증으로 뽕나무에 올라갈 수밖에 없었습니다. 그러한 방황 중에 그는 성경을 읽으면서 거듭나는 경험을 한 이후에 이 세상에서의 자신의 모습은 없는 것과 다름없다는 뜻으로 이공(李空)이라고 하였습니다. 이공은 기도 중에 "도인(道人)은 화려해서는 안 된다"는 영음(靈音)을 세 번이나 들었다고 합니다. 이때로부터 이세종은 세상을 버리고, 재산을 털어 가난한 사람들에게 나눠주고, 살생을 금하고, 아내를 누님이라 부르면서 부부가 남매처럼 지냈으며, 성경만을 읽었습니다. 그는 하나님의 말씀을 파고 파서 생명의 생수를 퍼내어 기쁨으로 찬양하고 하나님께 영광을 돌리며 그리스도의 거룩한 삶을 살고자 했습니다.

이세종의 직제자는 이현필인데 그도 스승 이세종을 통해 예수 그리스도의 모습을 본받는 삶을 그대로 보고 따르고자 하였습니다. 이들은 순결(純潔) 사상을 지키며 가르쳤습니다. 이런 이현필을 두고 엄두섭 목사는 『맨발의 성자』에서 '한국의 성 프랜시스'라고 했습니다.

호세아의 말씀으로 끝맺습니다.

나는 인애를 원하고 제사를 원치 아니하며, 번제보다 하나님을 아는 것을 원하노라(호 6:6).

오라 우리가 여호와께로 돌아가자 여호와께서 우리를 찢으셨으나 도로 낫게 하실 것이요, 우리를 치셨으나 싸매어 주실 것임이라. 여호와께서 이틀 후에 우리를 살리시며 제 삼일에 우리를 일으키시리니 우리가 그 앞에서 살리라(호 6:1-2).

2022년 7월 17일, 성령강림후 여섯째 주일

하나님이 구하시는 것

— 아모스의 의(義)는 우주적 의(義)

아모스 5:21-24; 미가 6:6-8

1

예언자들의 말은 하나님의 말씀입니다. 예언자들이 외친 말에는 개인적인 감정이나 열정이 포함되어 있지만, 더 중요한 것은 하나님의 마음을 담고 나타냅니다. 그들이 어떤 방식으로 부름을 받았든지 어떤 특별한 경험을 했든지 그들의 말 속에는 하나님의 마음과 그의 뜻이 담겨 있습니다. 하나님의 생각과 의지와 판단과 성품이 담겨 있기에 예언자들의 말은 하나님이 품고 있는 마음을 밑바닥까지 꿰뚫어 볼 수 있는 말씀입니다.

주전 8세기에 많은 예언자가 나타나 하나님의 말씀을 전했습니다. 아모스는 주로 하나님의 정의를 전했고, 호세아는 하나님의 인간을 위한 희생적인 사랑을 전했으며, 이사야는 참 경건의 실재에 대한 거룩을 전했습니다. 미가는 의와 긍휼을 행하여 겸손히 하나님과 동행하라는 메시지를 전하며 우리로 하나님께 나아가는 길을 가르쳐 줍니다. 미가는 먼저 하나님의 이스라엘을 얼마나 사랑하셨는가를 말씀합니다. 애굽 땅에서 인도해 내고 기적으로 보호하고 하나님의 은혜 가운데 살게 한 과거의 역사를 상기시킵니다. 이 확실한 역사적인 사실 속에서 계속해 하나님이 요구하시는 것이 무엇인지에 대해 말씀하십니다.

하나님의 정의, 사랑, 겸손이 없는 천천의 수양이나 만만의 강수 같은 기름을 기뻐하지 않습니다. 내 허물을 위하여 내 맏아들을, 내 영혼의 죄로 인하여 내 몸의 열매를 드려도 하나님은 기뻐하지 않으십니다. 사람들이 흔히 드리는 제사의 성격은 자기 소원의 성취를 위하여 뇌물로 드리는 제사가 많기 때문입니다.

또한 거창한 종교의식을 통한 제사일수록 자기의 죄를 정당화하는 수가 많습니다. 때로는 우리의 제사가 자기 교만의 표시로 드려질 때도 있습니다. 나는 이렇게 선한 일을 많이 하고 예식을 행하는 거룩한 사람임을 자랑으로 내세워 마치 목에 거는 훈장처럼 여기며 드리는 제사입니다. 바리새주의가 이런 허위와 위선이었고 예수님의 질타의 대상이었습니다. 하나님이 구하시는 것은 "오직 정의를 행하며 인자를 사랑하며 겸손하게 네 하나님과 함께 행하는 것"(미 6:8)이라고 했습니다. 하나님이 구하시는 것을 생각해 보겠습니다.

2

첫째, 오직 정의를 행하라고 하셨습니다. 공의를 정의라고 번역하였습니다(개혁개정판). 영어 번역도 "to act justly, to do justice"라고,

정의를 행하라고 했습니다. 이 정의는 성서에서 가장 중요한 개념 가운데 하나이고, 하나님의 속성을 말할 때 사랑과 의라고 하는 단어로 표현합니다. 예수님의 산상설교 중에 "의에 주리고 목마른 자"(5:6), "의를 위하여 핍박받는 자"(마 5:10), "그의 의를 구하라"(마 6:33) 등의 말씀이 있는데, 이는 하나님의 의를 구하는 것이 우리의 삶에 주어진 사명임을 일깨우는 말씀이 아닐까 합니다.

의에 주리고 목마르다는 것은 하나님의 의가 무엇인가를 깨닫기 위해 노력하고 이를 시행하는 것을 의미합니다. 하나님은 의의 하나님이고 공정과 인의(仁義)를 원하시는 분입니다. 아모스는 "오직 정의를 물같이, 공의를 마르지 않는 강같이 흐르게 하라"(암 5:24)고 했고, 미가는 "오직 정의를 행하며"(미 6:8)라고 했습니다. 이것이 신앙에 개인 구원에만 만족하는 것이 아니라 사회구원에도 관심을 가지고 이를 위해 노력해야 함을 의미하는 것입니다. 개인의 영적인 훈련이 꼭 필요한 것이고, 자신의 구원에 감격하는 것이 마땅하지만 여기에 머무는 것은 미성숙하고 이기적이고 기복적인 신앙의 수준입니다.

교부 터툴리안은 "No cross, no crown"이라는 유명한 말을 우리에게 전해주고 있습니다. '십자가 없이 면류관이 없다'는 말입니다. 이것을 알고 시행하는 것, 이것이 하나님의 의인 것입니다. 십자가를 지며 주를 따르는 희생이 동반되는 값비싼 삶을 지불해야 합니다. 작게는 내가 가진 것을, 그것이 권력이든 재물이든 명예이든 나누어 주는 것을 의미하며, 크게는 없는 자, 약한 자, 억눌린 자의 편에서 그들과 함께 고통과 슬픔을 나누는 것을 의미합니다. 정의란 나로 인해 남의 피해를 입지 않는다는 의미도 있습니다. 지나치게 배부르며 지나치게 호화롭

고 지나치게 풍족하며 지나치게 힘을 소유하게 될 때, 어디선가는 배고
파서 쓰러지고 가난에 찌들어 울며 억눌림에 신음하는 우리의 이웃이
있음을 기억해야 할 것입니다. 이것은 '분배의 정의'라고 하는 것입니
다. 나아가 참된 의는 부조리한 사회현실과 부패한 정치 현실에 대하여
는 과감하게 '아니오'라고 외칠 수 있는 용기와 신념을 가지는 것을
의미합니다. 오늘의 삶의 정황을 직시하고 염려하며 억눌린 자, 부당
한 대우를 받으며 억울해하는 자들에 대하여 함께 염려하고 몸과 마음
을 함께 나누는 것을 의미합니다. 기꺼이 내 것을 희생하여 나보다
어려운 자들에게 나누어 주는 것을 의미합니다. 참된 의는 나의 십자가
를 지고 주님이 가셨던 봉사와 희생, 나아가 고난과 형극의 길을 따라가
는 것을 의미하는 것입니다.

이 정의는 견고하게 하는 힘이 있습니다. 우리에게 불안과 공포가
있다면 그것은 정의를 떠났기 때문입니다. 인간이 화목하고 하나 될
수 있는 것도 이 정의를 중심해서만 있을 수 있습니다. 불의를 중심해서
서로 악수를 하고 맹세하는 것은 결코 며칠 가지 못하여 허물어지고
맙니다. 배후에서는 협잡하고 불의를 행하면서 우리 하나 되자고 아무
리 외쳐보아도 진정한 의미에서 하나 될 수 없는 것입니다. 정당하고
대의명분이 서고 그것을 위해서는 모든 노력을 아낌없이 바칠만한
의로운 일을 행할 때만이 한마음 한뜻이 되고 하나 될 수 있는 것입니다.
하나님은 이 정의를 우리에게 주시려고 우리로 이 정의를 행하기를
원하십니다.

3

둘째, "인자를 사랑하며"라고 했는데, 인자란 헤세트(chesed)라는 히브리말로서 이 말을 영어로 옮기면 steadfast love, 곧 흔들리지 않는 사랑, 불변의 사랑 즉 높은 차원의 사랑을 의미합니다. 사랑은 대상에 따라서 그 내용이 다릅니다. 나보다 윗사람을 사랑하는 것을 존경이라고 하며, 나와 동등한 입장에서 서로 사랑하는 것을 일반적으로 사랑이라고 하며, 나보다 아랫사람을 측은히 여기는 것을 긍휼히 여김이라고 하는데 이것도 하나님의 사랑입니다.

헤세트란 높은 차원의 사랑, 즉 어버이의 마음으로 자녀를 사랑하는 것을 말합니다. 이것은 창조적이요, 절대적이요, 불변하는 것입니다. 팽팽하게 맞서 있는 긴장 관계의 사랑이 아니며, 내가 사랑한 만큼 사랑을 받고 있는지 저울질하는 사랑이 아닙니다. 이 사랑은 완전히 베푸는 사랑으로서 조건이 없습니다. 마음을 활짝 열어 놓고 원수까지라도 사랑하는 그런 사랑입니다. 이 사랑을 베풀어야 나도 또한 하나님께로부터 그 긍휼을 얻게 되는 것입니다. 하나님은 이 긍휼을 주시기 위해 우리가 사랑하기를 원하는 것입니다. 그리스도교는 사랑을 제일이라 가르칩니다. 그러나 그 제일의 사랑도 그 첫째는 "오래 참는 것"이요, 사랑은 "모든 것을 참으며 모든 것을 믿으며 모든 것을 바라며 모든 것을 견디느니라"(고전 13:7)라고 했습니다. 바울의 이런 '인내와 희망' 없이는 우리가 한 생을 살거나 한 나라의 운명이나 신앙 생활을 하는 그 무엇도 이룰 수 없다는 요지의 교훈입니다. 따라서 우리도 끝까지 견디는 인내의 사랑과 신앙인이 되어, 세상을 이기며 승리하는 신앙인이 되어야 합니다.

　우리의 분단이 1945년부터이니 금년 2022년이니 77년이 되는 해입니다. 메시아를 기다리던 이스라엘인들은 그보다 몇 배의 시련에도 기다리며 하나님의 도움을 바랐습니다. 한반도 남북이 분단으로 인한 문제와 시련이 남북만이 아니라 국제적인 이해관계에까지 얽혀 그 해결의 실마리가 참으로 어렵고 견디기 힘들기에, 그럴수록 한민족의 예지와 결단, 희생과 용기가 요구됩니다. 더 끈질긴 인내의 사랑으로 한반도의 통일과 평화가 이룩되기를 희망합니다. 남북의 한민족은 머리는 둘이되 몸은 하나인 쌍둥이 같은 존재임을 잊어서는 안 됩니다. 하나가 병나거나 죽으면 또 하나는 병들고, 하나가 살면 둘이 다 사는 운명의 존재이기에 인내로 피차 아파하며 돕고 염려하고 돌보면서 둘이 다 같이 살아야 하는 공동체입니다.

4

　셋째, 하나님은 우리에게 겸손을 원하십니다. 성서 전체를 통하여 이 겸손은 최고의 복입니다. 많은 소유보다도, 지혜보다도, 능력을 행하는 것보다도, 때로는 정의를 행하는 것보다도 이 겸손은 더욱 높은 위치에 있습니다. 2천 년 전 예수님은 하늘에서 땅에 내려오셨습니다. 그가 땅에 내려올 때 땅은 크게 진동했습니다. 그는 본래 하나님과 동등한 본질이었으나 종의 신분을 취하고 땅에 오셨습니다. 케노시스 (Kenosis), 그리스도의 수육과 수난과 자기 비하 신성 포기(빌 2:6-8)는 그리스도의 겸손을 지상의 공생애로 본을 보여주셨습니다. 모든 인간은 자기중심적이요(egocentrism) 이기적입니다(selfishness). 자기를 높이고 과시하고 적은 권세나 부귀에도 휘두르고 행세하려 합니다. 그렇게 하는 것이 인간이요 세상살이 모습입니다. 예수님은 그렇지 않았고 하나님 같은 신적 존재인 양 과시하지도 않았습니다. 누구에게나 겸허하고 세상에선 가진 것도 어떤 지위도 없었습니다. 있다면 누구에게나 형제자매와 같이 대하고, 그들을 사랑하고 아끼며 함께 염려할 뿐이었습니다. 세상에 온 것도 대접을 받기 위해서가 아니라 다만 사람을 섬기고 저들을 돌보기 위해서였습니다. 겸허의 놀라운 진리는 자신의 지위나 권력의 범주에서 자신을 생각하는 게 아니라 하나님께 유용하고 섬기는 능력에 따라 평가됩니다. 세상의 거대한 탁류를 거슬러 정직하고 성실하게 살며 순수한 신앙과 열정을 갖고 봉사하며 평화를 위해 일하는 것입니다. 그 방법은 서로 봉사하고 사랑하는 방향이며 시대와 역사의 고뇌, 짐을 짊어짐으로써 사는 길입니다. 겸허한 삶의 방향입니다.

이제 우리는 내 인간적인 욕망과 소원을 멈추고 하나님이 내게 원하시는 바가 무엇이며 하나님이 내게 무엇을 주시고자 하는지 또한 나로 하여금 어떠한 사람이 되기를 원하는지를 물어야 하겠습니다. 좀 더 솔직하고 깨끗한 마음으로 생각해 보아야겠습니다. 주는 자와 받는 자 사이에 통로와 채널이 맞아야 합니다. 하나님은 우리에게 의와 인자와 겸손을 주려고 하는데, 우리는 순간적인 것, 물질적인 것, 세상적인 것을 달라고 졸라댑니다. 우리는 주시는 하나님의 통로와 채널에 맞춰야 합니다. 나는 부자가 되기를 원하지만, 하나님은 내게 의롭게 되기를 원하십니다. 우리는 강한 사람이 되기를 원하지만, 하나님은 우리로 사랑을 베풀고 평화를 위해 일하는 사람이 되기를 원합니다. 우리는 지혜와 능력을 바라고 있지만, 하나님은 우리로 겸손해지기를 지금도 원하십니다. 우리는 때때로 불평과 원망이며 허영과 과시로써 자신을 나타내지만, 하나님은 무조건 언제 어디서 무엇을 하든지 아니 죽음의 자리에서까지도 인내와 사랑의 사람이 될 것을 원하십니다.

정의와 사랑을 실천해가는 순수한 봉사 정신으로 살며 근검절약의 생활신앙으로, 평화적이고 책임 있는 삶을 겸손히 진실히 살아야겠습니다. 하나님의 뜻이 정의, 사랑, 겸손으로 가득 찬 땅으로 이룩되기를 기원합니다.

5

화제를 바꾸어서 최근의 세계 교회의 이야기로 바꾸어 생각해 보겠습니다. 러시아가 우크라이나와 전쟁을 벌이는 동안, 많은 이들은 정교회가 전쟁을 지지한다는 인상을 받고 있습니다. 이는 전 세계에 있는 15개의 정교회 독립교회 중 하나인 러시아정교회의 총대주교가 지금까지 전쟁과 전쟁범죄를 규탄하지 않고 오히려 간접적으로 축복했다는 비통한 사실에서 비롯된 일입니다.

정교회의 가르침과 전통은 침략적인 전쟁을 결코 용납하지 않습니다. 자유민주주의, 종교와 자유, 존엄과 가치, 하나님의 형상으로서의 인간에 대한 존중과 사랑은 정교회의 기본 원칙 가운데 하나입니다. 정교회는 권위주의, 제국주의와 전체주의, 폭력, 전쟁과는 아무런 관련이 없습니다. 전쟁은 복음의 말씀에 반대되는 것이기 때문입니다.

우크라이나 전쟁이 계속 이어짐에 따라, 모스크바 총대주교의 태도에 대한 정치 및 교회분야의 항의가 전 세계적으로 증가하고 있습니다. 모스크바 총대교구청이 독일에서 개최될 제11차 WCC총회(2022년 8월 31일~9월 8일) 이전까지 우크라이나 전쟁을 규탄하지 않으면, 총대주교단의 총회 참석을 받아들이지 말자는 의견이 분분하다는 것입니다. 이번 총회 주제가 "그리스도의 사랑이 세상을 화해와 일치로 이끄신다"인데, 그들이 어떻게 화해와 일치에로의 길에 나아갈 것인지 세계교회의 이목이 쏠리고 있습니다.

6

아모스가 주장하는 '하나님의 의(義)'는 우주적 의(義)라는 것을 주목해야 합니다. 아모스의 하나님은 '의(義)의 하나님'입니다. 아모스가 그 당시에 사회적 경제적 불의(不義)와 부정(不正)을 직접 목격했을 때에 야훼의 한 의의(意義)가 명백하게 되었습니다. 아모스에게 있어서 하나님과 불의는 양립(兩立)할 수 없었습니다. 아모스가 강조하는 점은 야훼의 요구하시는 의는 우주적(Universal Justice)이라는 것입니다. 아모스는 도덕률(道德律)이 모든 사건을 지배하고 있다고 믿었습니다. 그는 어떤 민족이든지, 이스라엘을 포함해서 어떤 일이 일어난다면 그것은 그들이 이 도덕률에 대해서 취한 태도에 대한 결과라는 것입니다. 야훼의 법(公法)은 냉혹(冷酷)한 것이며 어떤 개인이나 민족일지라도 그의 심판을 피할 길이 없습니다. 아모스 이전에는 야훼는 히브리 민족의 하나님으로 알려져 있었습니다. 모든 민족은 각각 그 민족 자신의 신(神)을 가지고 있었습니다. 야훼의 통치권은 이스라엘에만 국한되어 있었으며 자기 통치권 밖에 있는 민족에 대해서는 아무 힘이 없었습니다. 그러나 아모스는 이 사상(思想)에 반기를 들고 종교사에 있어서 새로운 시대를 시작하는 예언자가 되었습니다. 고대의 다른 종교와 같이 아모스 이전의 이스라엘 종교는 민족적 종교였습니다. 그러나 아모스가 하나님의 통치권을 전 세계 모든 민족 위에까지 확장한 최초의 사람이었습니다.* 아모스에 의하면 야훼는 어디까지나 윤리적 존재이시며 이스라엘과 열방의 도덕적 지배자였습니다. 아모스의 유일신관(唯一神觀, Monotheism)은 이 도덕적 원리의 기초 위에 서 있는 것입니다. 아모스에게 하나님은 의로우시므로 유일신으로 인식되었습니다. 이것이 예언자들의 윤리적 유일신관(倫理的 唯一神觀, Ethical Monotheism)이며 아모스는 그 첫째 대표자입니다. 히브리 종교에 있어서 유일신관의 확립에는 아모스의 노력이 크다 하겠습니다.

그런데 한국개신교회는 이념적 문제와 신학적 문제로 이른바 '보수'와 '진보', 복음주의(Evengelical)와 에큐메니컬(Ecumenical)로 분열되어 있습니다. 이는 지난 2013년 세계교회협의회(WCC) 제10차 부산총회를 둘러싸고 한국교회 내에서 벌어진 심각한 찬반 논쟁을 통해 한국교회의 뿌리 깊은 분열상이 전 세계 교회 앞에서 적나라하게 노출된 데서 잘 증명됩니다.

그렇다면 통일 지상주의를 주장하는 진보 진영과 '선교 지상주의'를 주장하는 보수, 양 진영이 하나로 연합할 수 있을까? 여기서 주목할

---

* R. H. Pfeiffer, 『구약성서 입문』, 580.

점은 에큐메니칼의 반대말은 '복음주의'가 아니고, '분파주의' 혹은 '당파주의'라고 주장하는 것에 주목해야 합니다. 참된 의미의 '에큐메니컬'은 철저한 '에반젤리컬'이고, 반대로 참된 의미의 '에반젤리컬'은 '에큐메니칼' 가치들을 추구한다고 봅니다. 따라서 "한국교회가 '에큐메니컬 대 복음주의'의 잘못된 이분법적 도식을 극복할 수 있다면, 그리하여 정의와 평화와 생명이 에큐메니컬 가치(價値)일 뿐 아니라 복음적 이상(理想)임을 깨달을 수 있다면, 보수적 교회들과 진보적 교회들이 정의로운 평화라는 공동의 목적지를 향한 여정에서 함께 연대할 수 있을 것이다'"*라고 할 수 있습니다. 한국교회가 통일 운동과 민족공동체의 사회 경제 체제에 어떻게 참여하며 기여할 수 있을까를 위해 맑은 양심과 정성으로 기도해야 합니다.

> 오직 정의를 물같이, 공의를 마르지 않는 강같이 흐르게 할지어다(아모스 5:24).

2022년 7월 10일, 성령강림 후 다섯째 주일

---

* 「기독교 사상」 (2018. 7.).

이스라엘 열조의 고난과 신앙 이해

시편 22:1-21, 28

1. 시작의 말: 시편 22편의 실존적 물음

시인은 자기 열조의 위대한 신앙의 역사를 말하며, 이스라엘 하나님의 우주적인 통치를 시인하고 있습니다. "나라는 여호와의 것이요 여호와는 모든 나라의 주재자입니다"(시 22:28). 본문에 담겨 있는 고통과 절망의 언어는 예수님의 고통을 표현하기에 적합합니다. 그런데 이 본문은 시인 자신의 실존적 문제로 그의 삶이 당면한 현재의 수난으로 사느냐 죽느냐 하는 삶의 위기를 느끼고 있습니다. 그의 실존의 문제 속에 과거의 신앙 용사였던 열조들의 경험을 자기 자신 속에서도 살려보고 싶어 합니다.

히브리서 11장 기자가 역시 과거 신앙 위인들을 열거하였는데 그것은 다른 신도들을 권면하고 교훈하기 위하여 과거 신앙 위인들을 열거했습니다. 그런데 본문의 시인이 '우리 열조들을' 말함은 현재 견딜 수 없는 궁지에 빠지고 있는 자기 자신 전체를 하나님 앞에 쏟아놓는 심경에서, 마치 화산 폭발의 세력이 땅속에 그대로 있지 못하고 위로 튀어나오듯이 시인 자신의 삶의 괴로운 현실이, 그의 생의 근거가, 존재의 밑바닥이 하나님 앞에 송두리째 폭발해 나오는 심경에서 이 말을 했다고 보는 것입니다.

그 괴로운 현실은 이 시인이 그의 시 첫머리에 폭발시키고 있습니다. "내 하나님이여 내 하나님이여 어찌 나를 멀리하여 돕지 아니 하시오며 내 신음소리를 듣지 아니하시나이까"(시 22:1). 이 구절은 예수님이 십자가의 고통 속에서 하나님께 부르짖는 말입니다. 예수님이 이 시를 그의 고난의 때에 외우셨기 때문에 이 시는 메시아적 시가 된 것입니다. 우리는 오늘의 코로나 신종의 위기로 온 나라들과 함께 아픔을 견디며 새로운 변화의 시대를 희망하면서 "이스라엘 열조의 고난과 신앙 이해"라는 제목으로 말씀을 나누고자 합니다.

2. 종교적 사관 이해

함석헌 선생의 『뜻으로 본 한국역사』는 한국사의 의미를 저자의 신앙적 관점에서 보려고 시도한 대표적인 저작입니다. 저자의 '종교적 사관'에는 신앙이 민족의식을 비판하며 올바른 방향 제시의 길을 열어 주며, 또한 민족의식이 신앙을 반성시켜주며, 신앙의 참 의미와 가치를 찾게 합니다.

함석헌 선생의 종교적인 역사관은 다음 다섯 가지 점에서 역사를 이해합니다. 1) 성서는 역사의 근본을 하나님께 구한다. 2) 역사의 주인공인 인간은 하나님의 피조물이다. 3) 역사는 종말이 있다. 4) 인간 역사는 하나님의 지배 아래 있다. 5) 인간은 도덕적인 책임 존재이다.*

이러한 종교적 역사관에서 한국 역사는 '수난의 역사로 보고, 저자는 이 사실을 몹시 수치스럽고 고통스럽게 생각하기도 했지만, 이 고난이야말로 한국인이 쓰는 가시면류관이라고 깨닫고, 한국인이 할 일은 아직도 남았기에 원기를 낼 수 있다고 합니다. 이 고난에는 하늘의 뜻이 있고 사람들이 배울 교훈이 있다고 합니다. 그의 말을 인용하면, "고난은 죄를 씻는다. 고난은 인생을 깊게 만든다. 고난은 인생을 위대하게 만든다. 고난은 인생을 하나님께 인도한다. 한국의 역사가 고난의 역사인 것은 역사를 낳는 것이 아가페이기 때문이다."**

함석헌 선생의 역사관은 예수님의 골고다 언덕 십자가를 지고 가는 시로 표시했습니다. 한국 역사가 비록 수난의 역사일지라도 그 수난을 위에서 주신 하나님의 영광스런 선물로 받을 때, 한국의 민족의식은 세계사상에 한 기적을 낳을 수 있다고 확신하고 있습니다. 이점에서 바로 이스라엘 역사가들이 가진 역사 이해와 상통하는 것입니다. 한국사의 새로운 이해의 길은, 이스라엘민족이 당한 그 수난의 역사에서 부단히 역사의 주인이시고 인도자이신 하나님과 대화하고 신앙을 고백했던 그 역사를 한국인의 역사로 받는 데 있다 하겠습니다. 그리고 이스라엘 열조들이 민족사의 범위와 한계를 벗어나서 인류의 구원사임을 배우는 것입니다. 그들은 바벨론 땅에 사로잡혀간 수난의 역사 순간에 그들의 역사가 "이방인의 빛이 되고"(사 42:6), 과거 인류 역사상

---

* 함석헌, 『뜻으로 본 한국역사』 (한길사, 2012), 49-64.
** 함석헌, 같은 책, 51.

볼 수 없었던 새 일을 창조하며(사 42:9), 만민의 고통을 대신하고, 만민의 슬픔을 대신하는 "고난의 종"으로 영광을 누릴 것을 예언하고 있습니다(사 53장).

3. 시편 22편의 '삶의 정황' 이해

이 시편의 삶의 정황(Sitz im Leben)은 죽음의 경지에 이른 한 수난자의 부르짖음입니다. 이 시편에는 하나님과 시인 사이에 맺어진 강하고 친밀한 관계성이 울부짖는 단장의 기도의 말 속에 나타납니다.

1) 시인은 "내 하나님이여"(my God)를 연달아 부릅니다. 우리는 이 시인의 부르짖음에서 두 가지 의미를 찾을 수 있습니다. 즉 하나는 강한 의뢰심이요, 둘은 이 부르짖음을 하나님은 분명 들어 주시리라는 확신입니다. 이 말은 비록 탄식과 고난의 말이지만, 그것은 실상 하나님과 자기 자신이 가장 친밀한 관계임을 나타냄입니다. 시인 자기 생명이 위험 순간에 직면해 있어도 하나님은 자기를 알고 지키고 돌보고 건져 줄 것을 믿는 마음입니다. 인간 전체 삶의 방향이며 살아서 인간 삶과 역사를 간섭하는 하나님 앞에 단독자로서 실존의 토로입니다. 그것은 하나님 신앙에 대한 의심과 항거의 형태로 표현된 강한 신앙심입니다.

이 시인의 말은 하나님을 대항하는 비난을 표시함이 아니고 그에게 숨어계시는 하나님께 가슴에 사무치는 수수께끼 같은 하나님의 하시는 일에 대하여 놀람으로 깨닫는 심경을 말하고 있습니다. 수난자의 독백(monologue)이 아니고 수난자와 하나님과의 진정한 대화(dialogue)입니다. 비록 하나님이 그의 호소를 듣지 않고 침묵하는 것 같지만 그럼에도 하나님과 생명적인 대화를 하고 있습니다. 아무튼 시인의 이러한 강한 의지 신앙이 이 시 전체에 밝히 나타납니다.

2) 우리가 중점을 두고 시편 22:4-5에 '열조'에 대하여 생각해 봐야 합니다. 이 시인은 열조의 의지 신앙의 전통을 받아 온 것이 이스라엘의 신앙이라고 믿고 있습니다. 여기 '의지심'이 특히 강조되었다는 것은 4, 5절에 '의뢰하다'라는 동사가 세 번 사용되어 있습니다. 이 시인은 그의 신앙의 기조를 의뢰심에 두고 있습니다.

또한 시인은 이 4, 5절에서 1, 2절과 6절, 7절에 강하게 나타나는 제1인칭 주어 'I'를 완전히 잊어버리고 있습니다. '내 하나님이여'. '어찌 나를'. '내 신음하는 소리' 그리고 6절에 '나는 벌레요', 7절에, '나를 보는 자' 등 '내', '나를', '나의' 등 제1인칭을 연달아 말함으로써 시인 자신의 사정을 강조하고 있습니다. 그러나 이 4, 5절에서는 '우리 열조', '저희가', '저희를' 등으로 제3인칭 복수가 계속해서 나오고 있습니다. 시인 자신은 위대한 신앙 유산과 전통이 면면하게 흐르고 있는 이스라엘의 민족공동체 속에 자기 자신을 조화시키고 있습니다. 시인 자신이 신앙공동체의 한 사람으로 이미 과거에 보여준 열조들의 구원 사 속에 현재 자신이 지극히 작은 한 부분을 감당하고 있음을 느낀 것 같습니다. 그것은 '우리 열조들'이 구원을 받았다면, '나' 역시 구원을 받을 수 있다는 것입니다. 구원사의 전승 속에는 나의 신앙이 우리의 신앙이 되고, 또 반대로 우리의 신앙이 나의 신앙이 되어지는 것이 특징입니다. 이 시인은 과거의 구원사의 인물들이나 현재의 자신이 모두 구원하는 하나님께 대해 절대적 신뢰심을 가지고 있었음을 보여줍니다.*

4. 이스라엘 열조의 의지 신앙과 구원사 이해

열조들의 신뢰의 믿음―의지 신앙―에다 중점을 두고 생각할 때, '출애굽사건'이 가장 대표적이라 할 수 있을 것입니다. 이스라엘 백성들이 홍해를 앞에 놓고, 추격병들의 창검을 보고 있었을 때, 그 순간은 곧 절망의 순간이었습니다. 그 때에 모세가 공포에 떨고 있는 이스라엘 백성에게 권고한 말은 오직 하나님만 믿고 의지하라고 솔직하게 권하고 있습니다. "모세가 백성에게 이르되 너희는 두려워하지 말고 가만히 서서 여호와께서 오늘 너희를 위하여 행하시는 구원을 보라 너희가 오늘 본 애굽 사람을 영원히 다시 보지 아니하리라 여호와께서 너희를 위하여 싸우시리니 너희는 가만히 있을지니라"(J문서, 출14:13-14).

여기 '의지 신앙'이란 것이 어떤 것임을 보여줍니다. 두려워 말아야 하고, 하나님이 하시는 구원을 보아야 하고, 인간은 가만히 서 있는 것이고, 인간의 절망적인 상태는 오직 하나님의 구원하는 힘에 의해서만 극복할 수 있다는 것입니다.

시인이 여기서 '우리 열조'를 말한 것은 역사와 신앙과의 관계를 보는 그의 사관입니다. 동시에 그의 역사관은 하나님을 의지하는 신뢰의 신앙에서 보려고 함을 보여줍니다. 과거의 역사를 그는 현재 자기 삶 속에 '현재화'시키고 있습니다. 열조의 신앙을 현재 자기의 신앙으로 하여, 현재의 위기를 극복합니다. '오늘 여기'(hear and today)란 실존의 문제를 과거 열조가 가졌던 신앙- 의지 신앙으로 해결하고자 합니

---

* 김정준, "열조의 신앙에 대한 신학적 이해," 『구약신학의 이해』 (한신대 출판부, 1973), 437-449.

다. 열조의 신앙은 과거의 지나가버린 일이 아니고 시인의 오늘, 이 순간의 문제를 해결 짓는 원동력으로 삼은 것입니다.

　의지 신앙과 국가적, 개인적, 위기가 결부된 가장 적절한 예는, 주전 701년 산헤립이 유다를 공격하기 위하여 예루살렘을 큰 군대로 포위했을 때입니다. 이 국란을 당한 히스기야 왕은 히브리 신앙역사 중 가장 훌륭한 의지 신앙을 보여주고 있습니다. 그가 당면한 국가적 위기와 의지 신앙은 구약 기사 중에서도 가장 대표적인 기사입니다. 이 사실은 열왕기하 18장에 나타나 있습니다. "히스기야가 이스라엘 하나님 여호와를 의지하였는데 그의 전후 유다 여러 왕 중에 그러한 자가 없었으니"(왕하 18:5). 히스기야 왕이 산헤립의 대군의 포위를 당한 절망적인 상태에서, 유명한 웅변가 랍사게의 항복원고를 받아들이지 아니했을 때, 랍사게는 히스기야의 강점인 그의 의지 신앙을 비난 공격하고 있습니다. 랍사게가 유다 군대의 통솔력이 약하다거나, 그들의 무기가 위력이 없다거나, 그들의 수도 사정과 양곡의 상태가 어렵다는 것으로 조롱하지 아니하고, 오직 히스기야가 가진 '의지 신앙'을 비판 공격하고 있습니다.

　랍사게가 조롱하는 말을 들어보면 이 사실이 나타납니다. "히스기야가 너희에게 여호와를 의뢰하라 함을 듣지 말라 그가 이르기를 여호와께서 반드시 우리를 건지실지라 이 성읍이 앗수르 왕의 손에 함락되지 아니하게 하시리라(왕하 18:30). 여기 나타난 랍사게의 공격초점은, 오직 히스기야 왕이 여호와를 의지하고 있다는 신앙에 대한 것입니다. 랍사게는 유창한 히브리어로, 예루살렘 성밖에 진을 치고 거기에서 왕과 모든 장군과 조사들이 다 듣도록 큰 소리로 여호와를 의지하는 것이 얼마나 헛된 일인가 함을 방송하고 있었습니다.

그러나 이 위기와 절망의 날에 히스기야가 가진 신앙은 의지 신앙임을 보여주었습니다.

어떤 정치적 군사적 위기에서라도 나라와 겨레의 생명을 보호하고 구원하는 일은 여호와를 믿고 의지한다는 결의였습니다. 이 의지 신앙은 역사 이념·역사관의 기본 형태라 할 수 있습니다.

구약학자 김정준 박사는 이스라엘 열조들의 의지 신앙을 대략 다음 몇 가지 사실로 요약해 줍니다. 1) 이 의지 신앙에서 우리는 시인이 하나님께서 역사를 지배하고 계신 것을 믿은 증거를 보며, 2) 이스라엘로 하여금 하나님을 신뢰하게 하는 5경 자료의 요지로 하고 있으며(창 7:1 이하; 12:1 이하; 15:1-6 등), 3) 야훼를 의지하느냐, 다른 무엇을 의지하느냐에 따라 그들의 신앙의 순수성을 측량했으며, 4) 모든 사정에서 특히 절망적인 상태에서 오직 하나님만을 의지함에서 구원받는다는 것을 알게 했고, 5) 이 의지 신앙이 개인이나 그들 공동 사회의 경건의 최고 절정으로 생각했습니다.* 이렇게 이스라엘 신앙에 있어서 의지 신앙이 가장 아름답고 힘찬 것이라 보면, 본 시편 22:4-5을 의지 신앙의 절정이라 하겠습니다.

5. 하나님 백성의 사상 이해

이스라엘은 철두철미 하나님의 백성의 사상에 젖어 있었습니다.

---

* 김정준, 『구약신학의 이해』 (한신대 출판부, 1973), 449.

그 나라가 흥하고 망해도 이 사상을 잊어버리지 않았습니다. 바벨론 포로와 같은 가장 큰 민족적 수난 속에서도 오히려 더 이 '하나님의 백성' 된 것을 자랑했고, 그들의 삶 전체를 그것이 아무리 포로민의 고난과 수치의 삶이었어도, 그 기본적인 민족의식을 밝히는 '하나님의 백성' 사상을 자랑했습니다.

"바벨론의 여러 강변 거기에 앉아서 시온을 기억하며 울었도다"(시 137:1). 수난의 백성 중 한 시인은 "우리가 이방 땅에서 어찌 여호와의 노래를 부를까 예루살렘아 내가 너를 잊을진대 내 오른손이 그의 재주를 잊을지로다. 내가 예루살렘을 기억하지 아니하거나 내가 가장 즐거워하는 것보다 더 즐거워하지 아니할진대 내 혀가 내 입천장에 붙을지로다"(시 137:4-6)라고 강경히 항거하고 있습니다. 이것은 강한 민족주의 사상을 노래한 시입니다. 그들은 '하나님의 백성'이라는 자부심과 긍지를 밑받침하고 있는 민족주의 사상입니다. 사실 이스라엘에게는 하나님의 선택된 백성이라는 자각에 뿌리박고 있는 종교적 민족주의였습니다.

그들은 역사의 초기에서부터, 즉 시내 산 계약에서부터 이 자각을 했습니다. "나는 너희 하나님 너희는 내 백성"(출 6:7), 이것이 이스라엘 계약 사상의 특징입니다. 이 같은 하나님의 선택과 약속의 결과는 백성들이 하나님의 소유가 되며 하나님 야훼 이외에는 다른 신을 섬겨서는 안 된다는 것입니다. 그들은 야훼만 따르며 그의 계명을 지켜야 하는 것입니다. 이같이 자기들을 하나님께 완전히 내어 맡기는 것은 법이며, 또 하나님은 은혜로 그들을 대하십니다.*

특히 '하나님의 백성'인 이스라엘이 누릴 최상의 축복은 율법대로 하나님을 사랑하고 그의 보호해 주심을 즐거워하는 일인데 이것이 구약 경건의 가장 아름다운 꽃입니다. 이러한 하나님의 백성의 사상이 구약성서를 일관하고 있어 그들의 민족의식과 역사의식을 개발해 갔습니다. 이 사상이 가장 강한 근거는 그들의 하나님 야훼가 이 세상에 둘도 없는 신이라는 사상에 있습니다.

6. 한국인도 하나님의 백성

그리스도인이 된 우리 한국인도 '하나님의 백성'이라는 자의식을 갖는 것은 온 인류의 역사와 세계의 주인 되는 하나님 신앙으로부터 온 것입니다. 우리 한국 민족도 '하나님의 백성'이라는 자부심을 갖고 우리 역사를 새로 읽고 배우며 책임 있는 삶을 영유하는 것입니다. 우리가 하나님 백성이 되었으니, 이스라엘 백성처럼, 역사의 주관자이며 인도자요 구원자인 하나님 신앙의 눈으로 한국의 과거의 역사를 정직히 보고 책임감을 가지며 비판할 수 있어야 합니다. 하나님이 이 세계에 실현하고자 하는 '정의, 평화, 사랑, 진리'의 원리에서 어긋난 역사는 하나님의 심판을 받아야 합니다. 사실 우리나라 역사상에 나타난 모든 비극과 수난에 대한 해석을 결코 숙명론으로 처리할 것이 아니라, 만유의 주 하나님의 법도에서 어긋난 정치와 생활 때문이었다고 이스라엘 백성처럼 고백할 수 있어야 합니다. 한국 역사가 하나님의 공의의 원칙으로 보아서 부합한가, 그렇지 못했는가 하는 종교적 비판

* 장일선, "시내 산 계약," 『구약신학의 주제』 (대한기독교서회, 1990), 158-161.

을 가할 수 있어야 합니다.

먼 옛날, 아브라함은 소돔과 고모라에서 의로운 사람 10명을 찾을 수 있다면 그 성읍을 구해 달라고 하나님께 간청한 적이 있습니다(창 18:22-32). 그러나 단 한 명도 발견할 수 없었고 그 성읍들은 멸망 당했습니다(신 29:23). 오랜 역사가 흘러 마지막 왕조 때에 하나님은 예루살렘에 신실한 사람 한 명만 찾아도 예루살렘을 용서하겠다고 하십니다(렘 5:1). 모두가 사자, 이리, 표범(렘 5:6), 즉 적군에 의해 멸망 당할 것임을 예레미야는 예루살렘의 죄를 심판하고 있습니다.

우리 한국 역사에서도 이러한 성서적인 사상을 깊이 생각하고 거울과 역사의 교훈으로 삼아야 하겠습니다. 우리의 역사 역시 하나님 앞에 죄악의 역사라고 고백하지 않을 수 없기 때문입니다.

7. 한국 그리스도인의 나아갈 방향

8.15해방을 우리는 기뻐하며 환호하였습니다만, 국토와 민족의 분단이 시작되는 역사였으니 또 넘어야 하는 민족의 과제를 떠안게 되었습니다. 물론 그 분단은 우리의 뜻이 아니고 강대국에게 책임이 있습니다만, 분단 70년을 넘겼으며 돌이켜보면 우리는 너무나 역사 반성과 민족 앞에 부끄러움을 참회할 수밖에 없습니다.

오늘 우리 한국 그리스도인들은 21세기 지구촌 시대에 적합한 민족통일론을 새롭게 정립해야 합니다. 사실 그동안에 7.4공동선언, 남북기본합의서에서도 평화통일을 위한 남북 상호의 입장을 명확히 천명하였습니다. 한국기독교협의회는 '민족의 통일과 평화에 대한 한국

기독교 선언'이라는 중대한 선언을 하였습니다. 그럼에도 오늘의 남북 관계는 얼어붙은 상황으로 안타까움을 자아내게 합니다.

바이든 정부의 등장으로 북미 대화를 끌어내려면 양쪽 모두 대화의 의지를 갖고 성의를 보이는 게 중요합니다. 남북관계 개선에서도 한국 정부의 적극적인 움직임이 필수적입니다. 오늘의 세계는 러시아의 우크라이나 침공 전쟁으로 앞을 예측하기 어려운 시대를 초래하고 있는 듯합니다. 그럼에도 역사의 흐름은 매우 교훈적인 면을 시사해주고 있습니다.

중요한 화두로서 떠올라오는 일입니다만, 우리는 눈을 돌려 주변 이웃나라들을 살펴볼 필요가 있습니다. 한 예로 이념이 달라도 중국과 대만은 이미 실질적 통일을 누리고 있음을 봅니다. 현재 250만 대만인이 중국에서 사업도 하고, 가정도 이루어 살고 있다는 점입니다. 물론 북한이 중국처럼 개방하여 남북이 그렇게 살 수만 있다면 얼마나 좋겠습니까! 사실 글로벌 시대는 영토의 통일보다는 사람의 통일이라는 사실입니다. 사람이 만나고 나면, 서로 교류하면 국경이 무슨 의미가 있겠습니까!

사실 국경이 무너지는 시대가 왔습니다. 그 예로 유럽연합(EU)이 그러합니다. 물론 그들에게 국경은 엄연히 존재합니다. 그러나 실질적으로 유럽에서 국경은 그어놓은 하나의 선일 뿐입니다. 문제는 유럽연합에 살아가는 사람들의 다양한 관점에서의 평화로운 삶입니다. 한반도 남북의 경계선도 이렇게 될 날이 멀지 않다 하겠습니다. 유럽연합에 비해서 남북관계는 전근대적 분단을 강제하고 있다는 현 상황이 다른 점입니다. 그럼에도 미래지향적으로 남북관계를 본다면, 대만과 중국의 관계처럼 되지 말라는 법은 없습니다. 또는 동독 주민이 그러했던 것처럼 북한 주민이 주도적으로 한국과의 평화 통일을 선택하게 할 수도 있지 않겠습니까!

　분단은 의미상으로 분명히 고난에 해당됩니다. 남북관계 개선의 평화적인 삶의 방향은 부활에 해당되는 역사적 사건이고 또한 하나님의 뜻하시고 섭리하시는 이 민족에게 주신 사명입니다. 6.25민족화해주일을 보내면서 또 아쉬운 한해를 보내면서 그럼에도 성도 여러분께 주안에서 강건하시고 하나님의 평화와 은혜가 함께하시기를 바랍니다.

2022년 6월 26일, 성령강림 후 셋째 주일

내 백성을 위로하라

이사야 40:1-11, 53:1-6

1. 시작하는 말: 역사적 배경

제2이사야 책의 배경은 주전 6세기 중반 경 페르샤제국 고레스 왕의 등장과 급격한 역사적 변동이 일어난 때였습니다. 고레스 왕은 다른 고대의 정복자들과 달리 그는 매우 자비롭고 인간미가 있는 인물이었습니다. 그는 앗시리아와 바빌론의 피정복민들을 이주시켜서 외국에 정착시킨 정책을 폐지하였으며, 포로들을 고향으로 돌려보내기도 하였습니다. 그는 인류 역사상 가장 의식 있는 지도자 중의 한 사람으로 불릴 만했습니다.

이사야 40장부터 55장까지를 '위로의 신학'이라 하여 제2이사야로 구분하여 부릅니다. 제2이사야는 처음부터 끝까지 위로와 격려의 말로 일관되어 있습니다. 제2의 출애굽 운동을 기대하면서 고향에로의 복귀라는 역사적 임무를 일깨워줍니다. 사죄와 해방에서 그는 새로운 출애굽을 상상합니다. 여호와의 영도 하에 환국하는 그의 백성과 광야를 통한 여호와의 대로를 준비하며 노래합니다.

제2이사야는 바빌론 포로 말기(540 B.C.)에 예언 활동을 시작한 것으로 포로민들을 위한 목회자로서 처음부터 동족을 위로하고 격려하여 조상들이 출애굽 하였듯이 바빌론 탈출의 새 역사를 열어야 한다고 강조하였습니다. 이스라엘은 애굽의 굴레에서 해방시켰다는 이스라엘의 고대 신앙고백처럼 여호와께서 '능력의 손과 펴신 팔'을 다시 한번 드러내실 것입니다. 제2이사야, 무명의 예언자는 모세를 통한 이스라엘 구원의 출애굽 전승과 시온산(다윗)의 선택이라는 다윗 왕조의 전승인, 이스라엘의 주된 두 신학적인 전승을 하나로 융합시키고 하나님 나라의 복음을 선포했습니다.

2. 위로하라 내 백성을 위로하라

"너희의 하나님이 이르시되 너희는 위로하라 내 백성을 위로하라 너희는 예루살렘의 마음에 닿도록 말하며 그것에게 외치라 그 노역의 때가 끝났고 그 죄악이 사함을 받았느니라 그의 모든 죄로 말미암아 여호와의 손에서 벌을 배나 받았느니라"(사 40:1-2).

위의 말씀이야말로 기다리다가 지쳐있는 이스라엘 공동체에 이 얼마나 기쁜 소식입니까? 1945년 8월 15일 일본이 연합군에게 항복했다는 소식을 들었을 때의 기쁨에 상응합니다. 그러나 이와 같은 기쁜 소식을 전하는 시인은 결코 백성들의 죄를 경시하지 않습니다. 조상 때부터 지은 그들의 죄를 낱낱이 고발합니다(사 42:18-25; 43:22-28). 그러나 그의 강조점은 거기에 있지 않습니다. 여호와의 손에서 죗값을 곱절이나 받았고, 이제는 그 복역 기간이 끝나서 풀려나게 됐다는 것입니다. 그뿐만이 아닙니다. 이제 앞으로 될 일을 위해서 두려워하지 말라고 격려합니다. 이제부터 여호와가 그들의 하나님이 되어주신다는 것입니다. 그러면서 그 하나님이야말로 영원하신 하나님, 땅끝까지 창조하신 분, 힘이 솟구쳐 피로를 모르시고 슬기가 무궁하신 분, 그를 믿고 의지하는 자에게는 뛰어도 달음박질하여도 고단하지 않은 힘을 주시는 분이라고 말합니다(사 40:28-31). 그가 이제 이스라엘과 영원한 계약을 맺을 것이랍니다(사 53:3 이하). 얼마나 신나는 소식입니까.

그러나 여호와가 이스라엘 백성과 맺는 새 계약은 단지 이스라엘만을 위한 것이 아닙니다. 이 새 계약은 이스라엘로 하여금 만방을 여호와께로 이끌어 오는 그의 종이 되게 하는 계약입니다.

이 말씀을 오늘 우리의 현실에서 어떻게 받아들여야 합니까? 지난 세월 우리는 일제의 억압 통치하에서 36년간을 보냈습니다. 또 8.15해방이란 것도 우리의 의도와 아무 상관 없이 남북분단은 현실화되었고 그 비극을 아직도 겪고 있습니다. 둘로 나누인 채 골육상쟁의 6.25전쟁을 겪어야 했습니다. 내년이면 73년이 되는 지구상 유일한 분단국으로 동족 서로의 가슴에 총칼을 겨누고 대량 살상 최신무기를 만들며 사들이고 세계 최대의 미국 전술 핵폭탄기지 한가운데 있습니다. 주권 국가 국민으로서 자존심 상하게도 한-미 방위조약 관련해서 '전작권' 환수 시기를 지난 정부가 쉽게 연기해 버리는 이유는 무엇입니까? 이러한 상황에서 8.15해방을 제1의 출애굽으로 상정하고, 분단의 벽을 깨뜨리고 평화통일을 제2의 출애굽으로 희망해 볼 수 있을 것입니다. 이러한 현실 속에서 남과 북의 백성들은 무명의 예언자 제2이사야의 선포를 어떻게 받아들여야 합니까? 하나님, 우리 민족을 긍휼히 보시고 주님의 크신 위로와 한반도의 복역의 때가 찼으니 평화와 통일을 이루어 주옵소서.

3. 고난의 종, 여호와의 종은 누구인가?

제2이사야는 포로민들이 해야 할 바가 무엇인가를 말해줍니다. 고난을 체험하여 고난의 의미를 넓고 깊게 알고 있는 포로민들 이야말로 하나님의 참 증인이 될 수 있다는 것입니다. 여기 증인이란 뜻은 세계만방에 하나님이 창조주시며 구원과 사랑과 평화와 영광과 심판을 할 수 있는 유일하고 전능한 분임을 증거하는 증인이란 것입니다. 시련을 당해 본 사람이 시련의 의미를 알고, 고난을 당해 본 사람만이 고난의 깊은 뜻을 알 수 있습니다. 고난을 겪어 본 사람, 고난을 통하여 희망의 삶을 얻은 사람만이 고난 당하는 사람들에게 위로와 희망을 전해줄 수 있습니다. 왜냐하면 그의 증언은 삶의 경험을 통해서 얻은 진실이기 때문입니다.

그런데 하나님의 백성은 왜 그렇게 고난을 받아야 했습니까? 그 지긋지긋한 고난의 현실은 무엇을 의미하는 것입니까? 이것은 역대 예언자들의 숙제였습니다. "죄의 벌이다", "더 좋은 것을 위한 훈련이다", "하나의 신비다" 하는 여러 가지 해석들이 있었습니다. 그러나 대속(代贖)을 위한 고난이란 단정은 제2이사야에서 비로소 밝혀진 진리입니다. '고난의 종의 노래'는 구약의 복음서이며 그 절망에서 빛나는 구원의 봉화(烽火)였습니다.

이 '고난의 종의 노래'는 네 개의 독립된 노래로 나타나 있습니다. ① '그는 만방에서 공의를 나타낼 것이라'(42:1-4), ② '여호와께서 나를 태중에서 부르셨다'(49:1-6), ③ '그가 아침마다 나를 깨우치신다' (50:4-9), ④ '그는 슬퍼하며, 애통해하는 사람이었다. 고난의 사람 (52:13-53:12).

마지막 시(詩)는 그리스도인들에게 가장 잘 알려진 구절입니다. 왜냐하면 그 구절은 예수 그리스도의 고난을 묘사하는 것으로 적절하기 때문입니다. 기독교적인 관점에서 볼 때 이것은 바로 예언의 가장 깊은 의미이며 예언의 성취라고 할 수 있습니다.

이 고난의 종은 하나님의 영을 받은 사람으로서 고요히 소리 없이 천하에 공의를 베풀 사람이었습니다. 페르샤의 고레스왕도 '하나님의 종'이라 하였으나, 그는 군사적으로 정복하는 회리바람 같이 요란한 존재였습니다. 그러나 이 고요한 정복은 스스로의 고난을 통하여 달성한다는 것입니다.

그는 멸시를 받아 사람들에게 버림받았으며 간고를 많이 겪었으며 질고를 아는 자라 마치 사람들이 그에게서 얼굴을 가리는 것같이 멸시를 당하였고 우리도 그를 귀히 여기지 아니하였도다(53:3).

그러나 그의 고난은 스스로의 죄과 때문이 아니었습니다.

그가 찔림은 우리의 허물 때문이요 그가 상함은 우리의 죄악 때문이라 그가 징계를 받으므로 우리는 평화를 누리고 그가 채찍에 맞으므로 우리는 나음을 받았도다(53:5).

그는 마침내 입을 열지 않고 잠잠히 죽음에 나아갔습니다. 세인은 그를 멸절 속에 던졌고 그 무덤이 악인과 함께 되었으나 그 몸이 속죄 제물로 하나님께 가납된 때 그는 영원한 존귀에 오를 것이라 하였습니다(53:7-12).

이 '여호와의 종'이 이스라엘로서의 종, 이스라엘 민족을 인격화한 것이냐 또는 어떤 특정한 개인의 출현을 예언한 것이냐 하는 것은 끊임 없는 논쟁거리로 되어 있습니다. 이스라엘이 여호와의 종이라고 선포 되는 경우, 종의 역할은 여호와의 선택된 백성으로 그 임무가 주어져 있습니다. "나의 종 이스라엘아, 나의 택한 야곱아, 나의 벗 아브라함의 자손아"(41:8-10). 이 구절들은 이스라엘의 사명은 곧 종의 사명이라는 느낌을 줍니다.

또한 '나'라는 1인칭 화자는 개인으로 나타납니다. 그리고 이런 느 낌은 고통을 겪는 사람이라는 이사야 53장의 구체적이고 개인적인 묘사에서 더욱 강해집니다. 이 '고난의 종의 노래'가 그리스도라는 한 개인에게 응하여졌다고 보는 것입니다. 그러할 때에 그리스도는 이스 라엘 전 역사(全 歷史), 아니 전 우주의 경륜이 지향하고 걸어온 유일한 초점입니다.*

이스라엘 조상들 가운데 아브라함과 사라, 그 외의 경우를 살펴보아도

---

* 김재준, 『성서해설』 장공전집 6 (한신대학출판부, 1992), 108.

그들은 분명히 개인으로 서술되지만 그들에 관한 많은 본문들은 그들의 생애가 전공동체를 대표하는 것으로 기술하고 있습니다. 개인과 공동체는 구분되지 않은 채 심리적인 통일성을 가지고 혼합되어 있는 것입니다.*

4. 여호와의 길을 예비하라

"사막에서 우리 하나님의 대로를 평탄케 하라"고 하십니다. 우리에게 오시는 그 이를 맞이하기 위하여 우리도 그 '새길'을 마주 뚫어야 한다고 제2이사야는 말합니다. 그 길은 세상의 군사력에 의한 정복의 길, 불의한 폭력의 채찍으로 노예를 괴롭혀 뚫는 길이 아니라, 평화의 임금이 오시는 길, 평화를 소망하는 이들이 즐거이 노래 부르며 기쁨에 벅차서 신명을 내어 새로 만든 길입니다. 그래서 불의의 길이 아니라 정의의 길이며, 전쟁과 살육의 길이 아니라 평화와 구원의 길이며, 거짓의 길이 아니라 진리의 길이고 해방과 자유의 길입니다. 그러기에 우리는 사막에 정의의 길을 내고, 벌판에 평화와 통일의 길을 훤히 닦아야 하며, 부패한 쓰레기의 골짜기를 깨끗하고 좋은 새 흙으로 메꾸어야 합니다. 그래야 하나님께서 우리 앞에 그 영광된 모습을 드러내실 때 우리는 비로소 그 영화를 볼 수 있게 되리라고 무명의 예언자는 여호와의 말씀을 받아 외칩니다.

이것은 포로생활로 절망하고 있는 이스라엘 백성에게 하나님께서

---

* 버나드 W. 앤더슨/강성열·노항규, 『구약성서 이해』 (크리스챤다이제스트, 2004), 585.

구원자로 오실 때 신분이 높은 사람이나 신분이 낮은 사람이나 모두 그 앞에 무릎 꿇게 하라는 의미를 담고 있습니다. 인간 안에 도사리고 있는 울퉁불퉁한 것, 구부러진 것, 죄악이나 정욕, 악한 사상이나 이데올로기, 우상숭배나 음란한 것, 세상적인 모든 것들을 제거하라는 것입니다.

5. 나는 누구인가?

그런데 우리가 여호와의 영광을 뵙기 전에 먼저 그 분을 만나야 하는 우리 자신의 정체가 무엇인가를 분명히 깨달아야 합니다. '나는 누구인가' 하는 자기 정체성(identity)의 확실한 규명 없이는 나를 일깨우시고 새롭게 하여 함께 일할 목적으로 내게 오시는 하나님과의 만남은 의미가 없기 때문입니다. 그러므로 우리는 내가 무엇이며, 어떤 존재이기에 여호와 하나님이 내게 절대적으로 필요하신 분인가? 나의 하나님이 되셔야 하는가에 대하여 먼저 깨달아야 합니다. 이것이 진정한 만남의 기초입니다.

그러나 우리의 정체성은 인간 자신의 생각이나 규명에 의해 그 실체를 명확하게 드러낸 적이 없습니다. 인류 역사가 이 땅에서 시작된 이래 많은 사람이 '인간이 무엇이냐'라는 명제를 가지고 몸부림치며 해답을 얻으려고 애써 왔지만 드러난 그만큼 오히려 불확실하고 모호한 존재인 채로 남아 있습니다. 누가 '이것이다'라고 말하면, 다른 쪽에서 '아니다 저것이다'라고 말합니다. 그러나 인간은 무엇인가에 대한 해답을, 여호와께서 말하는 자의 소리여 "외치라!"고 명령하십니다.

이르되 "내가 무엇이라 외치리이까"(40:6)하고 묻습니다. 그러자 인간을 창조하신 하나님의 명확한 대답이 나왔습니다. 그것은 놀라운 대답이었습니다.

> 모든 육체는 풀이요 그의 모든 아름다움은 들의 꽃과 같으니 풀은 마르고 꽃
> 이 시듦은 여호와의 기운이 그 위에 붊이라 이 백성은 실로 풀이로다
> (40:6-7).

하나님, 우리 인간이 한낱 풀포기 같은 존재란 말씀입니까. 우리가 그처럼 과시하고 싶은 우리의 영광과 영화가 들에 핀 꽃과 같단 말씀입니까. 우리는 경악할 수밖에 없습니다. 인간은 제한적인 존재이고, 인간은 죄의 존재이고, 죽을 수밖에 없는 존재이고, 인간은 스스로 구원할 수 없는 존재입니다. 이것이 종교의 한계입니다. 종교창시자들은 모두 인간을 구원하러 왔다지만 사실 그들마저도 구원받아야 할 대상입니다. 죄인이 어떻게 죄인을 구원할 수 있으며, 유한한 존재가 어떻게 무한한 존재가 될 수 있겠습니까. 인간이 어떻게 신이 될 수 있습니까. 인간의 아름다움은 구원을 기다리는 것입니다.

6. 역사하시는 하나님의 말씀

> 풀은 마르고 꽃은 시드나 우리 하나님의 말씀은 영원히 서리라 하라(40:8).

이것이 인간론의 클라이맥스입니다. 인간은 연약한 존재이지만

하나님의 말씀은 영원합니다. 말씀이 무엇입니까? 하나님 말씀은 곧 하나님 자신입니다. 하나님 말씀이 영원하다는 것은 '하나님의 능력이 영원하다', '하나님의 존재가 영원하다'는 뜻입니다. 태초에 말씀이 하나님과 함께 계셨는데 이 말씀이 곧 하나님입니다(요 1:1). 말씀이 육신 되어 우리 가운데 거하시매 그 영광이 아버지의 독생자의 영광이요 은혜와 진리가 충만하였습니다(요 1:14). 하나님이 성육하신 예수 그리스도이신데 그는 영원합니다. 히브리서는 하나님의 말씀이 능력 그 자체라고 말합니다. "하나님의 말씀은 살아있고 활력이 있어 좌우에 날 선 어떤 검보다도 예리하여 혼과 영과 및 관절과 골수를 찔러 쪼개기까지 하며 또 마음의 생각과 뜻을 판단하나니"(히 4:12). 하나님의 말씀은 인간의 영과 혼과 육을 통째로 다스립니다. 이러한 하나님의 말씀이 우리 삶 가운데 충만해야 할 것입니다. 인간의 유한성을 깨달으십시오. 인간의 연약함을 깨달으십시오. 개혁할 수 있다는, 역사를 바꿀 수 있다는 오만한 생각을 버리십시오. 하나님의 말씀이 역사를 만들어 갑니다. 하나님의 말씀이 인간을 개혁할 수 있습니다. 하나님의 말씀만이 영원히 섭니다. 이런 고백과 선포가 우리 안에서 이루어질 때 인생이 새로워집니다.

인류의 역사는 두 가지로 나눌 수 있습니다. 바로 인간의 역사인 '일반역사'와 하나님의 역사인 '구원의 역사'가 그것입니다. 인간은 역사를 만들기 위해 미움과 시기 질투, 명예와 욕망 그리고 전쟁과 폭력, 테러, 서로 증오합니다. 이럴 수밖에 없는 것은 인간이 역사를 만들어 가려고 하기 때문입니다. 그러나 하나님의 구원 역사는 정의와 진리, 사랑과 화해, 자유와 평화의 역사를 이루어 가는 곧 하나님 나라

운동입니다.

우리 민족의 화해와 통일은 하나님의 손과 그의 역사에 있음을 믿고, 이 땅의 그리스도인들은 선교의 과제를 최우선으로 자각하고 선포해야 합니다. 남북화해는 주변 강대국에 의존할 성질의 것이 아닙니다. 남북 당사 간의 신뢰와 인간애, 상생의 원칙과 민족 자주성을 회복하여 교류하며 도우며 한반도 평화를 실현해 가야 합니다. 우리는 주권국가의 자주민이고 충분히 그렇게 할 수 있을 만큼 성숙하였습니다. 냉전체제를 풀고 평화 체제로 전환하고 핵전쟁의 위협을 제거하고 온 인류와 세계의 생존과 평화를 물려주는 세계사적 인류사적 사명도 동시에 가져야 합니다. 역사를 주관하시는 하나님의 주권과 통치를 믿고, 더 이상의 전쟁 연습을 중지하고, 그 칼을 쳐서 보습을 만들고 창을 쳐서 낫을 만드는 하나님 평화(샬롬)를 우리 한반도에서 시작하는 것입니다. 하나님은 우리 민족과 함께하시고 평화통일 과업을 이룩하도록 도우실 것입니다.

'역지사지'(易地思之)라는 말이 있습니다. 상대편의 처지에서 생각하고 느끼고 행동한다는 것인데 인격적 성숙의 경지에 이를 때 가능합니다. 언더스탠드(understand)라는 영어 단어가 의미하듯이, 상대편 자리에 내려가 아래에 설 때 이해가 가능합니다. 역지사지는 상대방에 관한 정보 지식만으로는 안 됩니다. 열린 감성과 소통의 의지, 타자 존재성과 차이의 존중, 생명의 연대성 자각 그리고 인간의 본능적 이기심에 대한 연민의 마음까지 총동원될 때 발현되는 능력이라 하겠습니다.

오래전에 감명 깊게 읽은 책이 한 권 있습니다. A. J. 크로닌의 『천국의 열쇠』라는 책인데, 사람들에게 널리 잘 알려져 있고, 성직에 봉사하

는 이들도 이 책을 많이 읽었습니다. 크로닌은 스코틀랜드 출신 의사로
『성채』, 『인생의 도상에서』 등 베스트셀러 작가입니다. 『천국의 열쇠』
라는 책의 주인공 프란시스 치셤 신부와 그의 친구 안셀모 밀리 주교의
대조적인 면이 상세히 부각되어 있는 책입니다. 프란시스 신부의 삶은
인내, 용기, 청빈으로 일관된 삶이었으며, 그는 하나님과 이웃에 대한
뜨거운 사랑을 가득 안고 일했습니다. 그러나 교회 조직은 그것을 인정
하지 않고 그의 행적을 이단시하고 배척합니다. 그러나 진정한 인간으
로서의 길은 성실한 마음으로 양심의 명령대로 살려고 노력한 사람의
것이며 그러한 사람을 하나님은 결코 버리지 않는다는 것을 작가는
강력하게 시사하고 있습니다.

프란시스 신부와 대조적으로 안셀모는 출세지상주의자로 능란한
처세술을 통해 교회의 지도자가 됩니다. 그러나 그와 같은 현실주의자
에게 천국의 문은 결코 열리지 않는다는 것을 작가는 암시합니다. 대조
적인 두 모습의 지도자상 내지 그리스도인 인간상을 보면서 우리 자신
의 삶 속에서, 우리의 주위에서 진정 프란시스를 만나고 싶어지는 충동
을 갖게 됩니다.

7. 목자 같은 하나님

제2이사야 본문에서 새롭게 발견되는 말씀이 또 있습니다.

그는 목자같이 양떼를 먹이시며 어린양을 그 팔로 모아 품에 안으시며 젖먹
이는 암컷들을 온순히 인도하시리로다"(40:11).

하나님은 목자와 같이 양 떼를 먹이십니다. 양 떼를 푸른 초장으로 인도하시는 분입니다. 하나님은 어린양을 팔로 모아 품에 안으십니다. 어린양 병든 양을 꼭 안아 인도하십니다. 하나님은 젖먹이는 암컷을 인도하십니다. 하나님은 공평하지만, 어떤 때는 약자에게 은혜를 더 베푸십니다. 병든 자에게 사랑과 관심을 더 베푸십니다. 하나님은 우리에게 인간의 연약성을 고백하라고 말씀합니다. 연약한 것은 부끄러운 것이 아닙니다.

환자들의 위로와 소망에 대하여 생각해 봅니다. 신자들이 병들었을 때 네 가지 반응이 나타납니다. 첫째, 회개하게 됩니다. 최근에 지은 죄, 과거에 지은 죄를 생각하고 회개한다. 심지어는 자신이 기억하지 못한 죄까지도 용서해 달라고 기도하게 된다. 둘째, 병의 의미를 생각합니다. 이번 이 병의 교훈은 무엇인가? 하나님이 내게 무엇을 원하시는가? 왜 나에게 이러한 좌절과 병을 주시는가? 셋째, 죽음에 대해 생각해 봅니다. 이러다가 죽을 수도 있겠구나. 죽음이란 먼데 떨어져 있는 것이 아니라 언제나 가까운 데 있구나. 삶과 죽음은 종이 한 장 차이구나. 넷째, 하나님께 영광 돌릴 길을 생각합니다. 이왕 아플 바에야 이 병으로 인하여 하나님께 영광 돌릴 길은 없을까? 신자와 불신자의 어디가 다른가?

그러기에 병을 잘 앓으면 인간이 크게 성숙하고 잘 못 앓으면 영·육 간에 큰 손해를 보게 됩니다. 잠언에 "형통한 날에는 기뻐하고 곤고한 날에는 생각하라"(7:14). 그러므로 지금은 인생을 생각할 때입니다. 병석에 누워있을 때는 육체적으로는 비생산적 시기지만 영적으로는 창조적인 기간입니다. 병석은 인생의 좋은 학교, 사색에 좋은 도장입니다.

히스기야 왕은 병으로 죽게 되었을 때 필사적으로 하나님께 기도하여 15년 동안 생명을 연장 받았습니다(왕하 20:1-11). 그 후 그의 깨달음을 다음과 같이 말했습니다. "내가 종신토록 조심하여 행하리이다"(사 38:15). 죽을 고비를 한번 지나고 나서는 건강하다고 몸을 마음대로 쓰지 않게 되었습니다. 권력이 있다고 함부로 남용하지 않게 되었습니다. 돈이 있다고 마음대로 쓰지 않게 되었습니다. 생명, 건강, 재산, 직위, 명예, 그것은 우리가 창조한 것이 아닌 주어진 것, 잠시 맡겨진 것입니다.

8. 맺는말: 고난을 통한 승리

제2이사야의 시(詩) 전체에 흐르는 주제는 이스라엘의 찬양입니다. 이런 찬양은 40-55장에 이르는 제2이사야의 글의 핵심을 이루고 있습니다. 하나님은 이스라엘의 "내 길은 여호와께 숨겨졌으며 내 송사는 내 하나님에게서 벗어난다"(사 40:27)는 호소를 무시하지 않으십니다. 오히려 하나님의 백성들을 억압에서 벗어나 왕의 대로(大路)를 따라서 새로운 삶이 주는 영광스러운 자유를 향하여갈 수 있도록 초청됩니다. 제2이사야의 중심 주제는 포로민의 구원에 관한 역사적 사건을 계기로 민족주의를 넘어서게 됩니다. 무명의 예언자는 이스라엘을 증거로 삼아 여호와의 나라가 땅끝까지 이르게 될 것이라는 기쁜 소식을 선포합니다. 하나님이 주신 사명을 감당하는 그 종의 고귀함은 곧 이스라엘의 고귀함이 됩니다.

제2이사야는 이스라엘이 고난을 통하여 많이 성숙되었음을 단언합니다. 이스라엘은 여호와께서 자기들을 '고난의 길'(via dolorosa)을 걷도록 선택하였다는 사실과 그 고난 끝에는 보상과 영광이 있을 것을 믿었습니다. 여호와께서 하나님 나라를 세우는 것은 이 종의 고난을 통한 것입니다. 만방들은 이스라엘과 함께 전령이 외치는 "너희 하나님께서 통치하신다", 즉 "여호와는 왕이시다"라는 기쁜 소식을 듣게 될 것입니다(52:7).

신약과 교회사에서 그리스도인들은 예수의 사명을 제2이사야의 고난 받는 종의 시(詩)에 비추어 이해했습니다. 그리고 또한 종의 소명이 예수에게서 실현되었다고 믿었습니다. 그는 진정한 이스라엘인이었습니다. 그에게서 이스라엘이 한 사람으로 축소된 것입니다. 그의 대속적인 희생으로 말미암아 새로운 이스라엘인들이 그의 주변에 모이게 되었습니다. 그리고 하나님 나라의 문이 모든 나라들에 활짝 열렸습니다. 이스라엘의 역사는 그에게 초점이 맞춰진 것이며, 그 안에서 성취된 것입니다.

앞으로 전개되는 이 세계는 민중의 세계로 역사의 무대가 바뀝니다. 미래 역사는 민중의 무대로 되면서 그리스도교는 창조적 소수자가 된 사명감으로 열심히 주어진 본분에 신실하게 살아야 합니다. 이 창조적 소수가 진정 창조적이 되기 위해서는 무엇보다도 '예수 이미지(image)'를 파악하고 민중에게 보여주며 민중과 그리스도가 일체감으로 하나 되어 인간 구원 운동에 매진하는 것입니다.

하나님을 정점으로 개인과 사회를 저변의 두 점으로 한, 삼각형적 생명체로서의 생활 신앙인 것입니다. 하향적인 권위주의가 아닌 정의와 진리, 신실(faithfulness)함으로 교류하는 아가페적 사랑의 선교이어야 합니다. 오늘 우리는 '민주주의의 위기, 중산층과 서민경제의 위기, 남북관계의 위기'라는 3대 위기를 겪고 있습니다. 우리는 예수와 함께 생명과 평화위해 일하고 이 백성을 위로하라는 사명을 받았습니다. 내 백성을 위로하라. 2022년 성령강림절에 즈음하여 하나님의 위로의 은총이 온 누리에 함께 하소서.

2022년 6월 19일, 성령강림 후 둘째 6.25민족화해주일

다시는 전쟁 연습 하지 않기

이사야 2:1-4; 마태복음 11:28-30; 디모데전서 3:14-16

1

교회라는 용어가 신약성경에 두 개의 헬라어로 사용되고 있습니다. ① 에클레시아라는 말은 '부름 받은 자', '불러내어진 자'란 뜻으로 신약성경에 111회나 나옵니다. ② 쿠리아콘이라는 말로 '주께 속한 자', '주의 것'이란 뜻으로 로마서 14:8 외에 몇 곳 나오고 있습니다. 교회를 한마디로 정의한다면 '하나님의 부름을 받아, 주님께 속한 성도들의 모임'이라 할 수 있습니다. 즉, 교회는 예배드리는 건물이나, 조직, 제도를 말하는 것이 아니고, "성도들의 모임" 자체가 교회입니다. 즉, 이 자리에 모이신 여러분이 교회입니다. 이러한 교회에 대해서 디모데전서 본문에서는 ① 하나님의 집이며, ② 살아계신 하나님의 교회이며, ③ 진리의 기둥과 터라고 했습니다. 여기서 교회의 본질과 사명이 무엇인가를 찾도록 하겠습니다.

"이 집은 살아계신 하나님의 교회요 진리의 기둥과 터이니라"(딤전

3:15). 기둥은 지붕을 받치고 벽을 지탱해 줍니다. 터는 기둥을 받쳐서 바로 서게 합니다. 기둥과 터가 든든할 때 집이 든든히 세워집니다. 교회는 이 세상에서 진리의 기둥과 터가 되어야 합니다. 교회라는 진리의 기둥과 터 위에 나라가 세워지고, 사회가 움직이고, 인류가 살아가야 합니다. 따라서 교회는 한 시대의 양심이 되어야 하고, 하나님의 진리를 선포하면서 세상을 움직여 가야 합니다.

유럽의 교회들을 가보면 수백 년 된 웅장한 건물에 수천 명이 들어갈 수 있는 교회당에 주일예배에 참석하는 교인 수는 몇 십 명에 불과함을 보게 됩니다. 그렇다고 유럽 교회들을 가리켜 죽은 교회, 쇠퇴하는 교회, 무기력한 교회라고 말할 수 있겠습니까? 그러나 우리가 부끄럽게 여겨지는 것은 유럽교회는 수천 년 역사를 이어오면서 기독교 진리에 의한 윤리와 도덕적 가치관을 정립시켰습니다. 기독교의 진리의 터전과 기둥 위에 유럽의 도덕과 문화가 형성되었음을 한눈에 볼 수 있습니다.

2

오늘의 세계는 그리스도가 탄생한 세계 상황과 비슷한 점이 많습니다. 그 당시는 로마가 세계를 정치적으로, 경제적으로, 사회적으로, 문화적으로 지배하던 Pax-Romana 시대였습니다. 20세기의 마지막 90년대에는 미·소 양극화의 냉전 시대가 끝나고 걸프전에서 미국의 다국적 연합군의 승리로 말미암아 새로운 세계 질서가 수립하게 되었습니다. 이제는 전 세계가 Pax-Americana 시대가 되었습니다. 팍스 로마나의 시대는 지중해를 중심으로 한 세계였습니다. 그러나 오늘의 팍스 아메리카나의 시대는 태평양과 대서양뿐만 아니라 지중해와 인도양을 포함한 전 세계입니다.

그리스도가 주는 평화(Pax-Shalom)는 팍스 로마나의 평화나 팍스 아메리카나의 평화가 아닙니다. 이것들의 평화는 정치적, 경제적, 군사적, 사회적, 문화적 평화, 즉 Peace입니다. 그러나 그리스도의 평화는 Shalom입니다. 샬롬의 평화는 먼저 창조주인 하나님과 피조물인 인간과의 평화입니다. 창조주 하나님을 떠나서는 진정한 평화가 있을 수가 없습니다. 사람은 하나님의 평화를 누리며, 인종과 인종의 평화를 누리게 됩니다. 그리고 사회의 모든 계급과 계급의 평화, 성의 구별이 없는 평화와 신분의 차별이 없는 평화를 누리게 됩니다. 그리스도가 주시는 평화는 하나님이 주시는 평화입니다.

우리는 평화를 전쟁의 반대 개념으로 여깁니다. 인류의 역사에서 전쟁이 일어나지 않았던 시기를 계산하면 5% 정도밖에 되지 않습니다. 전쟁은 인류의 삶을 항구적으로 위협해 왔습니다. 그렇기에 인류는 전쟁 없는 평화를 갈구하며 삶의 목표로 여겨왔습니다.

성서는 평화가 정의의 열매라고 말씀하고, 정의는 바른 관계라고 봅니다. 하나님과 인간, 인간과 인간, 인간과 자연이 맺고 있는 관계가 바를 때 정의가 이루어집니다. 그러나 이 관계들을 깨뜨리는 것은 곧, 죄입니다. 죄가 지배하는 곳에는 하나님과 인간의 관계가 단절되고, 인간과 인간의 관계에서 폭력이 이어지고, 인간과 자연의 관계도 파괴됩니다(호 4:1-3). 평화는 이처럼 깨진 관계들을 극복하고 바른 관계들 속에서 누리는 삶의 충만함을 일컫는 것입니다.

3

구약 본문의 말씀은 기원전 8백 년 경 이사야가 선포한 평화에 대한 이상입니다. 그 중 첫 번째 말씀은 여호와의 전의 산이 모든 산꼭대기에 굳게 선다는 내용입니다. 하나님의 세상의 나라와 통치자들에게 나타나시어 그의 공의와 평화로 심판하시는데 그곳이 바로 '시온 산'이라고 말씀합니다.

이는 신약성서의 마태복음 5:14에 있는 "너희는 세상의 빛이라 산 위에 있는 등대가 숨기지 못할 것이요"라는 말씀과 일맥상통하는 것으로써 하나님은 그의 교회를 통해 복음의 소식, 기쁨의 소식, 평화의 소식을 선포하신다는 말씀입니다.

이사야는 이 평화의 소식을 좀 더 구체적으로 선포했습니다. "좋은 소식을 가져오며 평화를 공포하며 복된 소식을 가져오며 구원을 공포하며 시온을 향하여 이르기를 네 하나님이 선포하신다 하는 자의 산을 넘는 발이 어찌 그리 아름다운고"(사 52:7).

이 말씀을 받은 자들은 실제로 바빌론의 포로가 되어서 바빌론의 여러 강변에서 시온을 향하여 울었던 사람들이었습니다. 그들을 사로잡은 자들이 희롱하며 노래를 청해 수금을 버드나무에 걸고 시온의 노래를 부르며 슬퍼하던 사람들이었습니다. 그런데 이제는 부역의 때가 끝나고 해방되며 느부갓네살의 통치가 아니라 하나님이 통치하며 그 백성에게 평화가 올 것이라는 약속이었습니다. 이것은 환상적인 평화가 아니라 바빌론으로부터의 구체적인 해방을 말하고, 압제자의 억압에서 해방됨으로 얻어지는 자유, 기쁨, 권리가 다시 회복되는 그런 평화입니다.

　뿐만 아니라 평화를 이룩하시는 분은 하나님이시오, 그분이 역사에 오셔서 그 백성을 해방시키시고 평화를 이룩한다는 것을 말씀하십시다. 이사야는 예수께서 오실 것에 대해 다음과 같이 말합니다.

　어지러이 싸우는 군인의 갑옷과 피 묻은 복장이 불에 섶같이 살라지리니 이는 한 아기가 우리에게 났고 한 아들을 우리에게 주신 바 되었는데 그 어깨에는 정사를 메었고 그 이름은 기묘자라, 모사라, 전능하신 하나님이라, 영존하시는 아버지라, 평강의 왕이라 할 것임이니라(이사야 9:5-6).

　이 말씀은 이스라엘 백성이 앗수르에게 눌림을 받아 고통을 당하고 있던 시대에 선포되었습니다. 하나님은 이 고통 아래서의 해방을 약속해주셨고, 이 해방을 주도할 인물을 평화의 왕이라고 불렀습니다. 그리고 평화의 왕이 지배하는 때가 도래할 것을 약속함과 동시에 그때에는 억압과 착취, 폭력이 사라지고 나라와 나라 사이에 전쟁이 종식될 것임을 말씀해 줍니다.

　복음서에 나타난 예수님의 설교 주제는 하나님의 나라입니다. 하나님의 나라는 하나님이 직접 통치하는 나라이니 그 나라에서는 하나님의 정의에 따라 모든 관계가 바르게 이루어질 것입니다. 또한, 하나님의 나라는 정의와 진리, 사랑과 평화가 유통하는 나라이며 예수님의 주권이 다스리는 나라입니다. 예수님은 로마제국의 변방을 이루는 팔레스타인에서 바로 이 하나님의 나라가 임박했다고 선포하고 회개할 것을 촉구하였습니다. 그것은 세상의 주권에 복종하는 삶에서 180

도 전환하여 하나님의 주권 아래로 들어가라는 요청입니다. 이렇게 지배의 대전환에 호응할 것을 요청하신 예수님은 하나님 나라의 현실을 안식에 비유하며 하신 말씀은 뜻이 깊습니다.

> 수고하고 무거운 짐 진 자들아, 다 내게로 오라. 내가 너희를 쉬게 하리라. 나는 마음이 온유하고 겸손하니 나의 멍에를 메고 내게 배우라. 그러면 너희 마음이 쉼을 얻으리니(마 11:28-29).

예수님이 살던 당시 팔레스타인 사회가 노동하는 사람들의 세금과 지대, 강제 노역에 바탕을 두던 사회였으므로 예수님의 말씀은 혁명적인 것입니다. 위의 본문에서 수고는 강제 노역을 뜻하고, 무거운 짐은 로마 황제에게 바치는 세금과 인두세, 성전세 등의 각종 세금과 지주에게 바치는 지대 등을 의미하였습니다. 예수님은 "수고하고 무거운 짐 진 자들"에게 두 가지 약속을 하였습니다. 하나는 수고와 무거운 짐으로부터 벗어나서 누리는 안식이고, 또 다른 하나는 압제로부터의 해방입니다. 강제 노역을 더 이상 하지 않고 세금과 지대로부터 벗어난 삶을 살아가게 하겠다는 것입니다. 그리고 세상 권력자들의 강압과 폭력적 지배로부터 해방된 삶을 이룩하겠다는 것입니다. 실로 그것은 지배 질서에 대한 전면적인 거부요, "수고하고 무거운 짐을 진 사람들"의 총체적인 해방의 선언이었습니다. 예수님이 말씀한 안식은 평화를 정의의 열매로 보는 성서의 비전을 구현하고 있는 것입니다.

4

하나님 나라 통치와 정반대로 하나님의 지배를 받지 않는 사람들의 생활 상태, 그들의 욕망이 무엇인지 야고보서 4장은 잘 말씀해 주고 있습니다. 첫째, 향락적인 생활 방식이 우리 인간의 마음에 도사리고 있어서 싸움의 원인이 된다고 합니다. 여러분들은 기억하실 것입니다. 월남이 패망할 때 월남의 대통령이 너무나 많은 금 은 보화를 휴대해서 스위스 비행기가 대통령을 도와주기를 거절한 사례와 필리핀의 마르코스가 해외로 빼돌린 재산이 얼마만 한 것인지, 또 그의 부인이 소유했던 신발과 장식품이 얼마나 엄청나게 많았는지 잘 알고 있을 것입니다. 자기 백성은 굶어 죽는데 그 엄청난 사치와 치부, 이것이 나라를 망하게 하는 원인과 다른 사람과의 싸움의 원인이 된다는 이야기입니다.

오늘 세계 경제와 한국 경제 역시 또 위기, 위태로워진다고 경각심을 갖고 초비상입니다. 그 원인은 여러 가지 복합적인 면이 있겠지만, 오늘 야고보서에 나오는 말씀대로 욕심과 사치 풍조, 퇴폐 풍조의 죄에 있습니다. 지나친 욕심으로 향락과 사치 풍조는 경제를 위태롭게 할 뿐만 아니라 가난한 사람들과 부유한 사람들의 생활 격차를 만들어 그것에 대한 욕구 불만, 불평으로 인해 사람을 죽이고 강탈하는 범죄가 증가하며 도덕성조차 피폐케 만듭니다.

'코람 데오.'(Coram Deo), 이 말은 '하나님 앞에서'라는 라틴어입니다.

오래전 이스라엘에서 있었던 일입니다. 한 남자가 예루살렘의 성전으로 찾아와 대제사장을 만나 지성소에 들어가게 해달라고 간청했습니다. 지성소는 성전에서도 가장 거룩한 곳으로 오직 대제사장만이 들어갈 수 있는 곳입니다. 대제사장은 그의 요청이 가당치 않은 일이라고 설명했지만, 그는 "지성소에서 하나님을 만나야겠다"고 간절히 애원했습니다. 그의 간절한 의지를 본 대제사장은 할 수 없이 이런 제안을 했습니다. "알겠네. 자네의 뜻이 정 그렇다면 지성소에 들어갈 수 있게 해 주겠네. 그러나 지성소에 들어가기 전에 자네의 신앙과 진실성을 증명해 보여야 하네. 이제부터 20년 동안 성전의 모든 허드렛일을 도맡아 주게. 그 일을 기쁨으로 감당하고 내 지시에 절대 순종해야만 하네." 그 남자는 그날부터 열심히 일했습니다. 대제사장은 그가 포기하기를 기다렸지만, 그는 기쁨과 신실함으로 허드렛일을 감당했습니다. 한 해가 지나고, 5년이 가고 10년이 지났습니다. 그렇게 20년이 지나갔습니다. 그는 대제사장에게 말했습니다. "제가 대제사장님의 말씀대로 20년 동안 성심을 다해 성전의 일을 해왔습니다. 이젠 대제사장님이 약속을 지킬 차례입니다." 대제사장은 "우리는 자네의 신앙과 신실성을 보았네. 이제 마지막으로 3일간 금식 기도를 하게. 그러면 '거룩한 곳'으로 갈 수 있을 것이네"라고 말했습니다. 그가 3일 금식 기도를 마치고 대제사장 앞에 서자, 대제사장은 멋진 옷을 준비했다가 입혀주었습니다. "이제 저쪽 문으로 나가면 지성소로 들어갈 수 있을 것이네. 거기서 하나님을 만나길 비네." 드디어 문이 열리자 그는 문을 통해 나갔습니다. 혼잡한 예루살렘의 거리가 눈에 들어왔습니다. 홍정하는 상인들의 목소리가 들렸습니다. 음식을 먹는 사람들, 공부하러 가는 아이들, 세금을 징수하는 사람들, 달구지가 지나가고 하루의 삶에 바쁜 사람들의 움직임이 그의 눈앞을 스치고 지나갔습니다. 장터의 소란함 속에서 아이 우는 소리, 개 짖는 소리, 온갖 소리가 거리를 울리고 있었습니다. "도대체 어디가 지성소란 말인가? 지성소는 성전 안에서도 가장 거룩하게 구분된 곳이 아닌가? 그런데 여기는 소란스러운 장터가 아닌가?" 곤혹스러워하는 그의 마음에 갑자기 깨달음이 찾아왔습니다. 하나님은 사람들과 떨어져 어느 한 곳에 계신 분이 아니라는 생각이 들었습니다. 하나님은 사람들 가운데 계시며, 그들의 삶의 매 순간 함께 계시며, 그들의 삶 속에서 거룩한 향기를 맡기를 원하신다는 것을 깨달았습니다. 또 사람들이 하나님을 모시는 곳이라면 어디든 함께 계신다는 것을 알았습니다. 하나님이 계신 곳을 '지성소'(지극히 거룩한 장소)라고 했습니다. 그런데 하나님은 어느 장소에서든 우리를 만나 주십니다. 그래서 하나님과 우리가 만나는 장소는 어디든 '지성소'가 됩니다. 그러므로 우리는 우리의 생활 가운데 하나님과 만나는 모든 지성소에서 거룩한 삶을 살아야 합니다.

이를 신학 용어로는 '코람 데오'(Coram Deo)라고 합니다. 이 말은 '하나님 앞에서'라는 라틴어입니다. 우리가 어디서 무엇을 하든지 항상 '하나님 앞에서' 일을 처리하듯 하는 것입니다. 이 일을 할 때도 '하나님 앞에서' 하는 것이고, 저 일을 할 때도 '하나님 앞에서' 하는 것입니다. 우리 삶의 모든 부분이 하나님과 함께하는 지성소가 되는 것입니다. 하나님 앞에서, 이웃과 더불어 사는 것, 곧 평화입니다.

5

야고보서 4:4에 "…누구든지 세상과 벗이 되고자 하는 자는 스스로 하나님과 원수가 되게 하는 것이니라"고 했습니다. 하나님이 우리 삶의 중심이 되게 하고 그 평화의 하나님이 교회의 중심이 되게 하고, 이 세상의 중심이 되게 하라는 것입니다. 내가 가정의 중심이, 내가 교회의 중심이, 내가 이웃의 중심이 되려고 하는 교만이 전쟁의 원인이 되기 때문에 하나님의 중심이 되도록 하는 노력이 평화 운동의 중심이 되어야 합니다. 하나님이 중심이 되면, 이사야 선지의 말씀대로 "…칼을 쳐서 보습을 만들고 그 창을 쳐서 낫을 만들 것이며 이 나라와 저 나라가 다시는 칼을 들고 서로 치지 아니하며 다시는 전쟁을 연습지 아니하리라"(사 2:4)는 말씀이 이룩될 것입니다.

어떤 평화를 원하십니까? 하나님이 우리 중심에 계시도록 하고 향락주의적인 우리의 욕심은 주님의 마음으로 바꾸어야 합니다. 남을 신뢰하고 내가 먼저 참고 견디며 인내심을 갖고 기다리는 믿음의 사람이 평화를 이룩하는 사람입니다. 케네디 대통령이 아메리칸 대학 졸업식에서 한 연설은 평화의 원리를 말해주고 있습니다,

"우리는 어떤 종류의 평화를 찾고 있는가? 아메리카의 무기로써 세계에 덮어씌워진 팍스 아메리카나(Pax-Americana)는 아니다. 무덤의 평화나 노예의 안전보장도 아니다. 나는 순수한 의미에서의 평화를 말한다. 즉, 땅 위의 생활을 살만한 가치가 있게 하는 평화, 모든 인간과 민족들이 성장하고 희망을 가지며 그들의 자손들을 위해 더 좋은 생활을 건설할 수 있는 평화, 아메리카 사람들만 위한 평화가 아니라 이 세상 모든 남녀를 위한 평화 그리고 우리가 사는 이 시대만을 위한 평화가 아니고 모든 시대를 위한 평화에 대해서 나는 말한다."

평화를 위해 일하는 자가 하나님의 자녀입니다.

6

하이데거는 다스 만(Das Mann), 평균적 인간의 특징 세 가지를 말했습니다. 첫째, 말하기를 좋아하고, 둘째, 호기심이 많으며, 셋째, 애매한 존재라는 것입니다. 진리 없이, 인생관 없이, 확실한 목적 없이 하루하루를 살아가는 사람을 하이데거는 평균적 인간이라고 표현했습니다. 이런 사람들은 애매한 것이 특색이어서 사는 목적이나 행복에 대한 해석이나 이웃과 가족을 보는 관점마저도 확실한 사상이 없고 애매하게 내버려 둔 채 살아가고 있다는 뜻입니다.

이에 대하여 예언자 이사야는 이렇게 충고하고 있습니다.

> 너희는 여호와를 만날 만한 때에 찾으라. 가까이 계실 때에 그를 부르라…
> 여호와의 말씀에 내 생각은 너희 생각과 다르며 내 길은 너희 길과 달라서
> 하늘이 땅보다 높음같이 내 길은 너희 길보다 높으며 내 생각은 너희 생각보
> 다 높으니라(사 55:6-9).

인생을 보람 있게 살기 위해서는 하나님을 찾으라는 권면입니다. 그 이유는 하나님의 생각이 인간의 계획보다 훨씬 높기 때문입니다. 하나님의 말씀 속에서 나의 생애에 대한 의미를 찾을 때 우리는 욕심과 감정 등 인간적인 낮은 차원을 벗어나 높은 차원에서 바른 인생관을 수립할 수 있다는 충고입니다.

나의 인생에 대한 성경의 회답은 기본적으로 세 가지입니다.

첫째, 내가 사는 것이 아니라 하나님에 의하여 살고 있다는 사실입니다. 나의 생명이 탄생한 것이나 존속하는 것은 나의 의지나 부모의 의지와 관계없이 신비적으로 하나님이 주신 것이라는 진리입니다. 둘째, 나의 인생이 하나님으로부터 출발했기 때문에 그 속에는 사명이 부여되어 있다는 진리입니다. 하나님이 나에게 맡기신 사명, 그것을 기독교에서는 보람이라고 해설하고 있습니다. 셋째, 하나님이 나의 한평생에 주신 사명을 인식하고 그것을 성취하려 할 때 그것을 복된 삶이라고 하는 것입니다.

사도 바울은 "누구든지 그리스도 안에 있으면 새로운 피조물이라 이전 것은 지나갔으니 보라 새것이 되었도다"(고후 5:17)라고 크리스천을 정의한 것은 바로 참다운 보람, 새로운 인생관으로 전향하는 진리를 예수 그리스도 안에서 발견한 사람을 두고 말한 것입니다.

조나단 에드워즈는 미국 역사 속에서 가장 큰 발자국을 남긴 인물 중의 한 사람입니다. 그는 프린스턴 대학의 총장을 지냈고, 미국의 영적 대각성 운동에 있어서 가장 많은 영향을 끼쳤던 인물입니다. 그는 성장하여 깊은 기도 생활을 하며 영혼을 사랑하는 여인인 사라 피어폰트를 만나 결혼하여 가정을 이루었습니다. 그들은 가정 예배를 드리며 자녀를 믿음으로 잘 양육하였습니다.

한 역사학자가 그의 가계를 연구하여 발표하였는데 매우 흥미롭습니다. 당시 그가 확인한 에드워즈의 후손은 약 880명이었습니다. 그 후손의 직업을 조사해보니 다음과 같았습니다. 대학 총장이 12명, 교수가 65명, 의사가 60명, 성직자가 100명, 군 장교가 75명, 저술가가

80명, 변호사가 100명, 판사가 30명, 공무원이 80명, 하원의원이 3명, 상원의원이 2명, 부통령이 1명, 평범한 삶을 살았지만 아름다운 신앙생활을 한 후손들이 265명이었다고 합니다.

그 역사학자는 당시 에드워즈의 어릴 때 친구였던 맥스 주크라는 사람의 가계도 연구하였습니다. 그는 주일학교를 다니다가 교회와 신앙을 버리고 지내다가 신앙이 없는 여인과 결혼하여 자식을 두었습니다. 그 후손을 살펴보니 약 1,292명이었습니다. 유아 사망이 309명, 직업적 거지가 310명, 질병에 의한 불구자가 440명, 매춘하는 자가 50명, 도둑이 60명, 살인자가 70명, 그저 그렇게 살아간 후손이 53명이었다고 합니다.

스티븐 코비는 "성공하는 사람은 성공하는 습관을 가지고 있고, 실패하는 사람은 실패하는 습관을 가지고 있다"고 했습니다. 시편 기자는 "주께서 내 내장을 지으시며 나의 모태에서 나를 조직하셨나이다. 내가 주께 감사함은 나를 지으심이 신묘막측 하심이라"(시 139:13-14)고 고백했습니다. 새 사람으로 보람의 삶을 살도록 충성하는 일군이 되시길 바랍니다.

7

교회는 전 우주적 사랑의 공동체입니다. 그리고 하나님의 생명 샘이 솟는 샘터입니다. 세상 나라의 흥망은 하염없어도 하나님의 교회는 영존합니다.

지금은 러시아가 자유화되고 민주화의 물결에서 몸부림을 치고 있지만, 지난 한 세기 동안 가장 철저하게 교회 박멸 정책을 수행한 나라로 통계 기록이 나타나 있습니다. 소련 교회의 현상을 본다면 1917년에서 1953년까지에 직접 살해된 사람이 64만 명이고, 이밖에 6,600만 명이 투옥되거나 강제 노동소에 갔고, 57만 6천 명이 지하 교인, 즉 '카타콤교회'라는 것입니다. 1956년까지 생존자는 거의 석방되었는데 그 중 종교 관계 수감자는 약 1천 명이니 진실하게 신앙 고백하던 신자는 거의 전멸된 셈입니다. 그러나 소련의 종교법에 의해 등록하여 지상에서 예배하는 교회도 있기는 하나, 맛 잃은 소금 구실밖에 못 된다고 하겠습니다. 어쨌든 끈질긴 생명이라 일단 개방되는 날에 얼마나 많은 교인이 땅속에서 땅 위로 치솟아 나올지는 하나님만이 아실 것입니다. 러시아는 본래 정교회가 역사적으로 이어온 역사적 전통을 가진 나라였음을 기억하여야 합니다.

끝으로 교회는 인간 구원을 위한 기관이며 하나님의 거룩한 사랑의 심장에서 그 생명의 보급을 받는 것입니다. 인간 구원이란 것은 영혼의 구원만을 말하는 것이 아닙니다. 인간은 혼과 육체와 영성과 도덕성을 한 몸에 지닌 존재입니다. 인간 구원은 전적인 인간의 구원을 의미합니다. 전 사회적, 전 우주적인 전적 구원을 요구합니다. 그러므로 우리는 세상 역사를 우리 주 하나님과 그 아들 그리스도의 역사로 변질시킬 의무를 갖고 있습니다. 그것이 교회의 대 사회적 사명이고 복음 전파의 목표입니다.

우리 교회가 앞으로 그리스도 사랑으로 인간 되찾기, 인간 존엄, 모든 인간화 운동에 열심을 다한다면 인간의 전적 구원에 지대한 역할을 담당하게 될 것입니다. 이 땅의 민주주의 실현에 특별히 여러분의 삶의 영역에서 역할을 다하시고 남북한 평화와 민주통일에도 생명의 샘터로써 한 역할을 해야 할 것을 희망합니다.

이제 교우 여러분, 여러분 한 분 한 분이 있어서 민족이 살고, 나라가 바로 서고, 이 땅에 하나님 나라를 성취했다는 말을 들을 수 있어야 하겠습니다. 교회는 하나님의 집이고, 살아계신 하나님의 교회이고, 진리의 기둥과 터입니다. 이 점을 항상 명심하며 삶의 현장에서 교회인 으로서의 사명에 충성하시기를 바랍니다.

2022년 1월 23일, 주현절 셋째 주일

출애굽 해방 이야기와
우리 민족의 화해

신명기 26:5-9; 에베소서 2:14-18

1. 시작의 말: 억압에서의 해방이고 구원입니다

8월은 광복의 달입니다. 해방 77주년에 즈음하여 출애굽과 광야 40년에 얽힌 이야기와 우리 민족의 화해에 대한 말씀을 드리겠습니다.

이스라엘 백성은 그들이 섬긴 하나님이 "우리 음성을 들으시고 우리의 고통과 신고와 압제를 보시고" 그리고 영원히 잊지 못할 은혜의 증거로 "여호와께서 강한 손과 편 팔과 큰 위엄과 이적과 기사로 영원히 잊지 못할 은혜의 증거로 인도하여 내셨다"(신 26:5-9, 6:21-25 참조)고 구약의 본문, 그들의 신앙고백에서 확언하고 있습니다. 이스라엘은 그들의 역사의 기원을 억압과 압제로부터의 경이로운 해방에 두고 있습니다. 비참한 경지에 빠져 무기력하고 절망에 찬 노예들에게 하나님이 역사하지 않았다면 그들은 역사적인 소명의식을 가진 계약

공동체로서의 하나의 백성으로 형성되지 못했을 것입니다. 출애굽의 해방 이야기는 하나님이 들으시고, 보시고, 마침내 구원하시는 단계로 이루어진 것입니다. 그러므로 구약 본문을 다시 요약해 말하면 출애굽은 이스라엘 백성의 억압에서의 해방입니다.

출애굽기에 나타나는 주도적이고 강권적인 하나님의 구원은, 400년의 노예 생활에서 만들어진 노예 근성으로 오합지졸이 되어버린 히브리 노예들을 형제자매의 우애와 사랑이 넘치는 자유 시민 공동체로 만들고자 하시는 하나님의 교육적·훈련적 목적에서 이뤄졌습니다.

출애굽 이야기의 줄거리를 살펴보면, 두 가지 대립된 세력 사이의 투쟁이었음을 알 수 있습니다. 그 하나는 모세와 그의 형 아론에 의해 나타난 '히브리인의 하나님'이고, 다른 하나는 교활한 마술사들을 거느리고 이집트의 세력과 영광을 지닌 완고한 '바로'입니다. 여기서 주목할 것은 모세의 하나님은 이집트의 신들과 대결하지 않고, 건방지게도 역사를 주도할 수 있다고 생각하는 바로와 대결했다는 점입니다. 이 당시는 라암세스 2세가 아마르나 시대에 상실한 아시아제국(팔레스타인과 시리아)을 통치하기 위해 수도를 텔타 지역으로 옮긴 때였습니다. 하피루를 국가의 노예로 고용하여 동원시킨 비둠과 라암셋에서의 건축 사업도 라암세스 2세의 거대한 정치적 야망 중의 하나였습니다. 그러나 애굽제국은 쇠잔해 갔습니다. 출애굽 구원사가 일어난 시기는 보편적 역사로 볼 때도 하나님의 때가 찬 시점이었습니다.

출애굽 이야기는 "이 세상의 모든 것이 여호와께 속한 것이기 때문에"(출9:29) 모세를 통해 말하고 행하는 하나님이 모든 것을 통치한다는 가정하에 기록되었습니다. 출애굽 이야기는 극적인 드라마적 긴장

감을 불러일으킵니다. 이야기의 처음 시작은 바로가 히브리인들을 꺾기 위해 그들에게 중노동을 시키고 더 나가서 히브리인들의 새로 태어나는 남자아이를 모두 죽이라는 명령을 내려 대학살을 감행하는 것으로 시작됩니다. 그러나 이러한 상황에서도 모세―이스라엘의 미래의 지도자―는 나일강에서 이집트의 공주에게 구출되어 궁중에서 바로 앞에서 키워지고 교육을 받게 됩니다. 세월이 지나가면서 모세는 이집트식으로 양육되었지만, 하나님의 명을 받아 "조상들의 하나님"의 이름으로 바로에게 도전을 하게 됩니다.

모세가 바로에게 찾아갈 때마다 이집트에 대한 재앙도 심해지게 됩니다. 결국, 바로의 완고함이 꺾여 히브리인들은 풀려납니다. 거대한 재앙으로 인해 바로는 히브리인들이 떠나는 것을 허락하는데, 곧 마음이 바뀌어 군사를 풀어 히브리인들을 추격하게 합니다. 이스라엘인들이 이집트 군대와 그들 앞에 있는 홍해바다 사이에 갇혀 진퇴유곡에 처했을 때 홍해바다가 갈라져 이스라엘인들이 건너고 뒤쫓아 오던 이집트군대는 바닷물에 삼켜지는 것으로 이 출애굽의 대단원은 막을 내립니다. 극적인 요소로 가득 차 있는 이 출애굽 이야기는 수 세기 동안 상상력과 구원의 영감을 많이 불러일으켰습니다. 여호와 하나님만이 창조주이며 해방과 구원의 주님이십니다.

2. 우리가 맞는 해방 절을 되새겨 봅니다

우리가 맞는 해방 절 주일에, 1945년 8월 15일 당시를 되새겨 보게 됩니다. 미국이 태평양전쟁에서 일본에 승리한 날, 바로 이날을, 우리 민족은 되새기며 한국교회는 모두 일본제국주의에서 해방된 것을 기념하는 주일예배를 드리고 있습니다. 여기 80대 이상의 어른들은 당시의 기쁨과 감격, 새 나라에 대한 어떤 꿈, 믿음과 희망을 꿈꾸었습니다. 아니 이 광복절의 해방이 꿈인가 현실인가를 생각하며 감격해 하며 만세를 부르며 거리로 나가기도 했습니다.

그런데, 일제시대 특히 태평양전쟁 시대에 우리 민족은 지독하게도 가난했으며 가진 것이라고는 몽땅 일본 군국주의자들에게 빼앗기고 말았습니다. 젊은이들은 군인으로, 징용으로 소집돼 갔고, 처녀들은 취직시켜 준다는 감언이설에 속아 강제로 일본군의 위안부로 끌려갔습니다. 억압과 학대 속에서 근근이 마지못해 살다가 맞이한 해방이었습니다.

그러나 회상하면, 무엇보다도 아프고 통탄할 사건은 우리 한반도와 민족은 1945년 해방이 되면서 남과 북으로 두 동강이 난 채, 왜 동족들끼리 싸워야 하는지 영문도 모르고 형제자매를 원수로 동족상잔의 6.25전쟁까지 치러야 했습니다. 제2차 세계대전 이후에 분단된 나라들 가운데 아직 통일되지 못한 마지막 분단 국가로 남아 있습니다. 부정선거 때문에 4.19학생 의거로 민주 한국으로 출범했지만, 군인들의 쿠테타와 군사 독재로 보내야 했습니다. 그래도 민주화를 위해서 투쟁하며 몸을 바친 분들과 민중들의 힘으로 민주화는 실현되었고, 한때 남북 지도자 당사자들끼리 만남으로 남북 관계 개선의 새로운 시대를 맞는 것인가 희망이 보이는 듯했습니다. 상생의 원리에서 공존하며, 공영의 교류를 바라고 있습니다. 최근의 동북아의 악화일로의 과정을 지켜보면서 해방 77년을 맞으며 우리의 사정을, 옛날 이스라엘 백성의 출애굽 해방의 역사와 견주어 생각하게 됩니다.

3. 이스라엘의 광야 40년의 역사는 우리 민족의 거울입니다

사실상 억압에서 해방이 되어서 광야 40년 동안 얼마나 헤매고 방황하며 배고파하며 고생을 많이 하며 연단을 받았을까 구약성서의 역사를 통해 생각해 봅니다. 광야에서의 인도는 모세를 통하여 그들이 하나님을 섬김으로써 그들의 자유를 찾도록 보내졌습니다. 이 광야 여정은 많은 고난과 불안정으로 가득 차 있었기에, 광야에서의 자유란 이집트에서 노예 생활보다 나을 바가 없다고 여기며 "이집트의 고기 가마"(출 16:3)를 그리워한 적도 있었습니다. 모세의 가슴을 제일 아프게 한 것이 바로 이 사건과 금송아지 사건입니다. 분명히 이스라엘은 광야에서 은혜를 입었으나, 그들은 불평하고, 반목하였으며, 모세에게 반항하기도 했으며, 무엇보다도 신앙이 결핍되어 있었습니다. 홍해바다를 기적적으로 건넌 사건을 비롯하여 여러 이적이 일어났음에도 그들은 "야훼께서 우리 가운데 계신가 안 계신가?"(출 17:7)라고 불평했던 것입니다.

모세가 시내산에 올라가서 하나님과 대화를 나눈 것은 바로 노예된 민족의 내면적 해방을 고민한 것이라고 생각합니다. 모세는 하나님과 대화 끝에 하나님의 계명을 받습니다. 새로운 나라를 만들어 나가야하는 이스라엘 민족의 헌법의 기초, 정신적 기초가 되는 십계명을 받아 가지고 산을 내려옵니다. 새로운 삶의 스타일, 새로운 법률제도, 새로운 생활 습관, 새로운 정치 구조, 새로운 문화를 하나님의 계명으로 받아서 내려옵니다.

그런데 시내산 아래에서는 사람들이 자기들이 이집트에서 감추어 가지고 나온 금붙이들을 모아 녹여서 웅장한 금송아지를 만들고 거기에 절하고 예배하는 사건입니다. 그 금송아지는 이집트사람들의 우상이고 최고의 가치였습니다.

뿐만 아니라 금송아지는 제국주의의 우상이며 최고의 가치입니다. 금송아지는 서구 사회가 아시아와 아프리카, 남미와 여러 나라의 금광을 찾아서 타민족을 추방하고 땅을 차지하고 식민지를 만들어 온 제국주의의 심벌입니다.

미국을 대표하는 양심적이고 실천적인 역사가, 하워드 진(Howard Zinn)은 그의 『미국 민중사』(*People's History of the United States*)라는 저서로 역사학계에 새로운 지평을 열었습니다. 그는 전쟁 반대와 민권, 여권, 인종 간의 평등, 제3세계에 대한 관심을 주된 테마로 역사를 기술했습니다. 사실 대부분의 역사책은 정치 경제의 핵심을 차지하고 있는 소수의 사람에 관한 것입니다. 그러나 그는 '우리', 즉 '민중'이 어떻게 지내왔는가의 관점에서 역사를 기록하려고 노력합니다.

물론 미국 건국의 아버지들이 자유와 독립을 위해 미국을 세우고, 잭슨 시대에 이르러 미국식 민주주의가 확립되고, 링컨이 노예를 해방시켜 자유를 확대했습니다. 카네기와 록펠러 등이 진취적인 기업 정신으로 미국을 풍요와 기회의 땅으로 만들고, 윌슨이 자유와 민주주의를 전 세계에 전파했습니다. 그러나 하워드 진은 "미대륙의 역사는 곧 정복과 차별의 역사가 시작된 것이다"라고 일괄합니다. 신대륙을 발견한 콜럼버스는 영웅인가? 인디언 원주민들이 내민 환영의 악수를 거부하고 황금을 찾기 위하여 무력을 과시했던 역사라고 회상합니다. 그 이후로 계속된 인디언, 흑인, 여성, 노동자, 이민자, 반전운동가 등은 짓밟히고 빼앗긴 수많은 사람들의 아픔의 소리에 귀를 기울입니다. '아래로부터의 역사', '민중의 역사' 가운데서도 독보적인 위치를 차지하고 있는 까닭은 무엇보다도 이제까지 감춰졌던 약자와 소수자들의 목소리를 고스란히 살려내고, 한편의 장대한 서사시로 구성했다는 점입니다. 매우 교훈적인 역사관을 주고 있습니다.

우리나라 안의 상황은 모든 분야에 걸쳐서, 권피아, 관피아라는 새로운 용어가 통용되고 상식화되어가고 있습니다. 심지어 종교계까지도 이젠 돈이면 무엇이든 다 해결된다는 의식구조와 삶을 지배한다는 상황에 사로잡혀 있습니다. 지난 세월호 참사의 발생은 정치와 경제뿐 아니라 종교도 핵심적으로 관여되어 있음이 드러났습니다. '종교'와 '경제'의 합병이라는 점에서, 청해진 해운의 실 소유주로 알려진 기독교복음 침례회, 소위 '구원파'가 우리 사회에 불러온 재앙은 분명 바로 잡아야 합니다. 우리는 여기서 한국 기성 기독교 교회의 뿌리 깊은 근본주의와 배타주의, 아직도 '대 교회주의'와 '돈'의 밀착에 대한 현실을 직시하며 깊은 반성과 참회를 해야 합니다.

먼저 우리 교회는 무엇보다도 "진실된 그리스도인"이 되는 것입니다. 그리고 신뢰를 회복하는 일입니다. 솔직히 오늘의 우리의 교회들을 성찰하자면, 바리새적 위선적인 율법주의와 사두개적 교권주의에다 헤롯당의 정치지원에 주하고 맘몬 왕 노릇을 하는 자본주의 성장원리에 기초한 교회 자기 몸 불리기에 여념이 없습니다. 진정한 책임감을 갖고 이웃을 돕고, 사회와 역사 참여의 문제는 포기해 버린 채 예언자적

증인된 삶은 사그라지고 있음을 깊은 자리에서 성찰하며 회개해야
합니다.

4. 민족 분단의 아픔을 극복하고 민족 화해를 이룩해야 합니다

우리에겐 민족분단의 역사와 해방의 역사가 함께 동시에 주어졌습
니다. 우리는 분단을 극복하는 과정을 해방의 과정으로 받아야 합니다.
분단을 극복하기 전에는 우리가 참으로 해방되었다고 할 수 없기 때문
입니다. 아직 우리는 분단의 노예입니다. 분단 논리와 분단 이데올로
기의 노예의 현실 속에서 살고 있습니다. 역사적으로, 실제로 이북은
우리의 동족인데, 우리는 그들을 우리의 적이고 정복의 대상이고 멸공
의 대상이며, 흡수통일의 대상으로 여기는 노예근성에서 벗어나야
합니다. 우리 동족이라고 여기기엔 창피한 족속이라고 생각하게 된
이 노예근성에서 우리 모두는 자유 하여야 합니다.

먼저 우리의 남과 북은 민족자존, 자주성을 서로 존중하고, 민족
동질성을 반드시 회복하여야 합니다. 그리고 상생의 원리에 근거하여,
남북 지도자 당사자들끼리 만나고, 남북 동족들끼리 만나야 합니다.
공존과 공생, 공영하는 평화통일을 이룩해야 합니다. 시일이 걸리더
라도 남과 북이 더 쉬운 교류부터 이루고 확장하며 신뢰를 구축하고
우리 남북 민족들의 교육을 실시한다면 평화통일은 반드시 올 것이라
고 확신합니다.

우리 한민족의 평화통일에의 의지와 집념이 분명하고 굳은 결의로
통일에의 노력을 계속해 나갈 때 미국, 일본, 중국, 러시아 등의 주변

나라들도 이 평화통일을 저지하거나 꺾지 못하고 오히려 지원 협조할 것입니다. 2013년 부산에서 제10차 세계교회협의회(WCC) 총회에서도 '한반도 평화와 통일에 관한 성명서'를 채택하고 적극 지원한다는 선언을 했습니다.

제2차 세계대전 종전 이후 77년이 되는데, 그동안 우리는 너무나 우유부단하고 민족자주 정신이 모자란 국민으로 강대국들에게 보인 것은 아닌지, 우리는 민족적으로 참회를 해야 합니다. 그리고 남북 정권 자들뿐만 아니라 남북 국민들 스스로가 의식을 높이고 남북이 하나의 민족으로서의 자질에 하등의 손색이 없음을 세계열강에 분명히 보여주어야 합니다. 동시에 어느 때보다 더 국제적 이해로 얽히고, 자국의 이익, 위주의 국제사회 속에서 이에 대한 정확한 지식과 전문적인 대처 활동이 요청된다 하겠습니다.

5. 마감의 말: 민족 화해를 위한 우리의 기도를 드립시다

해방과 민족분단 77주년, 그동안 한국교회는 분단 이데올로기를 조성하며, 남북 화해나 통일에의 실질적인 역할을 다하지 못하였습니다. 그들의 복음이란 것도 축복일변도에 역사와 현실을 외면하였고, 영적이라면서 가장 물질적이요 물량 증대에만 관심을 기울여 오히려 더 타락한 종교가 되었음을 숨길 수 없습니다. 한국교회는 이런 과오를 바로 인식하고 하나님과 민족 앞에 철저한 참회와 변화를 받아야 합니다. 우리의 교회들은 이제부터라도 가장 민족의 비극적인 요인이 민족분단, 국토분단에 있음을 자각하고 이 문제해결에 총력을 기울여야 합니다. 한국교회 선교 정책도 새롭게 평화통일을 위한, 민족 화해를 위한 프로그램으로 재편성되어야 합니다. 이는 하나님이 우리 민족을 향하신 참된 뜻이라고 믿으시기 바랍니다.

프란치스코 교황의 방한에서 "평화는 정의의 결과"이며 정의는 우리가 과거의 불의를 잊지는 않되 용서와 관용과 협력을 통해 불의를 극복하고, 상호존중과 이해와 화해 가운데 서로에게 유익한 목표를 이루어가겠다는 의지를 요구합니다. 평화란 상호비방과 무익한 비판이나 무력 시위가 아닙니다. 남북한 형제자매가 누가 이기고 지는 것이 아닌 한 가족이라고 했습니다.

신약성서 에베소서 2장에는 기독교의 핵심인 예수 그리스도를 새롭게 가르칩니다. "그리스도는 우리의 평화"요 그는 "자신의 몸을 바쳐서 유대인과 이방인이 서로 원수가 되어 갈리게 했던 담을 헐어버리시고 하나로" 만드신 분(엡 2:14-16)이라고 선언합니다. 세계교회협의회(WCC)의 성명서 속에도 "그는 우리의 평화로 이 세상에 오시고(엡 2:13-19), 고난 받으시고 십자가에서 죽으신 뒤, 묻히셨다가 인류를 하나님과 화해시키고 분열과 갈등을 극복해 모든 사람들을 해방시키고 그들을 하나 되게 하시기 위해 다시 살아나셨으며(행 10:36-40), 메시아로 새 하늘과 새 땅을 가져다주신(계 21-22장) 예수 그리스도에 대한 한국 그리스도인들의 신앙고백에 공감 한다"고 합니다. 무엇보다도 1953년 7월 27일의 휴전협정을 평화협정을 향해 가는 과정은 한반도를 위해서와 그리고 동북아시아 그리고 세계평화에도 아주 중요합니다. 이 일에도 적극 헌신하며 기도하겠다고 다짐합니다. 바로 이런 그리스도의 화해와 일치 정신이 한국교회와 그리스도인들의 정신과 노력, 기도이고 사명이어야 합니다.

우리 교회들은 분명히 분단의 십자가적인 상황에서 고난의 종의 사명적 책임 수행이 있다는 역사 인식을 새롭게 해야 합니다. 우리 그리스도인 신앙의 핵심인 예수님의 자기희생과 화해정신을 본받아, 분단 한반도의 통일과 하나 되는 운동에 모든 힘을 기울여 평화통일의 참 해방을 가져오는 과제를 최우선시해야 합니다.

그러므로 금후 한국교회는 남북 분단에서 한반도를 '하나의 새 민족으로 만들어 평화를 이룩하는 교회'가 되어야 합니다. 한반도 평화통일을 위하여 한국교회가 정신적, 물리적인 공헌이 뚜렷할 때에 비로소 하나님선교의 새 시대가 크게 열리게 될 것입니다. 이것은 바로 예수님의 하나님 나라 운동이고 이 시대에 하나님이 한민족인 우리에게 주시는 하늘의 뜻이고 사명입니다. 성도 여러분에게 이 귀한 하나님의 은혜가 가득하기를 바랍니다.

끝으로 분단된 이 땅에 사는 그리스도인들이 들여야 할 기도는 어떻게 해야 할까요? 현대신학 형성에 큰 영향을 준 키에르케고르는 기도란 인간의 최후 최고의 종교 행위라고 설파했습니다. 그는 '그리스도인이 되는 것'과 '개인적 실존을 실현하는 것'을 목표로 구도자적인 삶을 살았습니다. 그의 기도문 가운데, "주님의 위대하심, 나의 하찮음"이 있는데, 이렇게 기도합니다. "하늘에 계신 하나님, 제가 진정으로 자신의 하찮음을 느끼게 해 주십시오 그러나 그것 때문에 절망하는 것이 아니라 주님의 크신 선하심을 더욱 느끼게 해 주십시오."

한국기독교교회협의회가 지난 1995년 '희년'을 맞아 평화통일 남북공동주일 기도문을 만들어 평화와 화해, 통일을 염원하며 광복절

직전 주일을 '공동 기도 주일'로 지키기로 약속한 지 25년째입니다. 참으로 어려운 시기에 남북교회가 "평화통일주일"로 지키자는 약속이었습니다. 오늘 우리 교회는 "길과 진리, 생명 되시는 주님께" 주여, 우리 민족을 불쌍히 여겨 주소서! 분단으로 모든 길이 막힌 현실을 아파하며 평화통일의 길을 열어주소서! 기도합니다.

성서와 교회 역사의 오랜 역사에도 많은 훌륭한 인물이나 신앙의 선배들은 그들의 생애에서 참으로 어렵거나 기쁠 때, 심지어 사망의 문턱을 방황할 때에도 하나님께 무릎을 꿇고 기도 했습니다. 많은 기도문이 있지만, 특별히 한반도의 평화통일을 위해서, 수없이 듣고 외우고 노래하면서도 성. 프란치스코의 "평화의 기도"는 오늘도 변함없이 우리 마음 깊은 곳에 새롭게 와 닿습니다.

"주여 나를 평화의 도구로 써 주소서. 미움이 있는 곳에 사랑을, 상처가 있는 곳에 용서를, 분열이 있는 곳에 일치를, 유혹이 있는 곳에 믿음을 심게 하소서. 오류가 있는 곳에 진리를, 절망이 있는 곳에 희망을, 어둠이 있는 곳에 광명을, 슬픔이 있는 곳에 기쁨을 심게 하소서. 위로 받기보다는 위로하며, 이해 받기보다는 이해하며, 사랑 받기보다는 사랑하며, 자기를 온전히 줌으로써 영생을 얻기 때문이니, 주여, 나를 평화의 도구로 써 주소서." 성도 여러분에게 하나님의 화해의 일꾼으로서 책임감, 사명감의 은총이 충만하시길 바랍니다.

최근 한일관계의 악화로 야기되는 상황을 지켜보면서 양국 간의 뜻있는 국민들의 아픔을 갖게 합니다. 일본이 정치적인 대립과 경제적 보복을 일삼으려는 모습에서 반 평화적인 정치사로 회귀하려는가 묻게 합니다. 우리는 동북아를 사는 지혜를 찾아야 합니다. 주님은 그

흑암의 역사 속에서 원수를 사랑하라고 하셨습니다. 그리스도교회는 이런 역사관에서 평화를 추구하는 무리여야 합니다.

한반도에 '새로운 시작'의 역사가 펼쳐지고 있습니다. 판문점 남·북·미 정상회담과 역사적인 회동으로 평화의 본격적인 카이로스의 하나님의 때가 왔으며, 평화 시대의 여정에 우리 한민족과 세계의 주목을 받게 하고 있습니다. 역사의 주관자 하나님의 도우심으로 평화통일을 반드시 이룩하기를 간절히 간구합니다. 출애굽 같은 한반도의 평화통일의 여정에 합류하며 진심한 기원을 올려야 합니다.

2019년 8월 18일, 성령강림 후 열째 주일

예수의 평화와 로마의 평화에 대한 역사적 고찰

예레미야 7:1-7; 마태복음 5:9

1. 예수의 평화

평화는 그리스도교에 있어서 가장 중요한 자리를 차지합니다. 평화만큼 절실한 것은 없고, 평화 없이는 자멸하고 맙니다. 평화란 수직적으로 하나님과의 바른 관계를 맺는 것이고, 수평적으로 사람들끼리 자연을 포함하여 바른 관계를 맺는 자리에 임하는 것입니다. 그리스도의 탄생 설화에도 "하늘에는 영광 땅에는 평화"라는 천사의 노래로 시작됩니다(눅 1:79, 2:14). "화평하게 하는 자는 복되다"(마 5:9), "원수를 사랑하라"(마 5:44)는 말씀처럼 적극적입니다.

제자들 중에 누가 크냐? 하고 서로 질투할 때 예수께서는 손수 대야에 물을 떠다 놓고 종처럼 꿇어앉아 제자들의 발을 씻었습니다. 화평을 만드는 적극적인 자세입니다. 열두 사도와 70인의 제자를 선교여행에 보낼 때에는 어느 집에 들어가든지 그 집에 들어가면서 "평안을 빌라"

(마 10:12)고 분부했습니다. 예수 자신이 여러 가지 병을 고치신 때에도 "평안히 가라 네 병에서 놓여 건강하라"(눅 7:50, 8:48 등) 했으며, 부활하신 예수가 제자들에게 나타났을 때에도 "너희에게 평강이 있을지어다"(눅 24:36) 했습니다. 이런 것은 당시 유대 사람들이 보통 사용하는 '인사'로만 하는 말이 아닙니다. 그것은 예수의 품격 속에 간직한 평화를 실제로 나누어주는 선언입니다. "평화를 너희에게 남기 노니 곧 나의 평안을 너희에게 주노라. 내가 너희에게 주는 평안은 세상이 너희에게 주는 것 같지 아니하니라"(요 14:27). 평화는 예수 자신의 품격 속에 마치 고요히 잠긴 산중(山中)의 심연(深淵)처럼 언제나 고여 있는 평화며 그것이 넘쳐서 밖으로 흐르는 것이었습니다. 그런 항존(恒存)하는, 품격화(品格化)한 평화가 있었기에 질병과 고독과 번민에 시달리는 인간들의 마음 물결이 그의 앞에서 고요함과 화평을 느낄 수 있었던 것입니다. 그러므로 "모든 수고하고 무거운 짐 진 자는 다 내게로 오라. 내가 너희를 편히 쉬게 하라"(마 11:28)하는 초청을 할 수 있었던 것입니다. 이것은 세상에서 말하는 평화 이해관계의 조절이나 환경의 적응 등과 같은 일시적이고 조건부인 평화와는 다른 것이었습니다. 오늘의 메시지는 "예수의 평화와 로마의 평화(pax-Romana)에 대한 역사적 고찰"입니다.

2. 평화의 복음

사도들의 전승에서도 평화가 주류를 이루고 있습니다. 그리스도의 복음은 "평화의 복음"(엡 6:15)이라고 했고, 베드로도 "화평의 복음"

(행 10:36)을 전한다고 했습니다. 바울이 전하는 기쁜 소식이란 한마디로 요약한다면 죄인 되었던 인간이 그리스도의 속죄 사랑으로 하나님과 화목하고 인간끼리 서로 적대, 소외, 배타 등의 막혔던 담을 허물고, 먼데 사람과 가까운데 사람, 유대인과 이방인, 남자와 여자, 종과 상전, 부자와 빈자, 문명인과 야만인, 할 것 없이 모두가 그리스도 안에서 한 형제가 되고 하나님 안에서 한 자녀가 된다는 것을 의미합니다. 그래서 "평화의 복음"이라고 한 것입니다. '십자가'라는 상징(symbol)은 새로 내리 그은 것은 하나님과 인간, 가로 건너 그은 것은 인간과 인간의 관계인데 그 그어진 선은 서로 통하는 통로(通路)라고 볼 수 있습니다. 그 교차점에 그리스도가 자기 몸을 못 박아 화목의 제물이 된 것입니다. 그러니까 그리스도교는 '평화'의 종교라고 할 수 있습니다.

신약성서에서 평화(平和)라는 말은 헬라어로 '아이레네' 인데 그것을 우리말 번역에는 문맥에 따라 평화, 평안, 평강, 화목, 화평 등등 각양각색으로 번역했습니다. 신약성서의 '아이레네'는 구약성서의 '샬롬'을 옮긴 것입니다. 히브리인들의 '샬롬'이란 말은 일상생활에서 인사말로 쓸 만큼 친숙한 용어입니다. 거기에는 여러 가지 뜻이 포함되어 있습니다. 우선 사회적인 복지(福祉) 완전(完全) 축복(祝福)된 상황 등등을 의미하는 것으로서 메시아와 메시아 왕국에 관련된 용어입니다. 메시아는 평화의 나라를 이룩합니다. "그 정사와 평화가 무궁한"나라(사 9:7)라고 했습니다. "백성에게 평화를 주며"(시 72:3) "저희 날에 의인이 흥왕하여 평화가 풍성하리라"(시 72:7) 하셨고, 메시아 자신이 "평화의 왕"(사 9:6)이라는 이름으로 불리 운다고 했습니다. 그것은 개인적이기보다 사회적 왕국적인 의미에서의 평화를 말하고 있습니다.

신약성서에서 이 '샬롬'적인 개념을 전승했지만 다분히 개인적, 인격적인 면이 강조되었습니다. 각 개인의 몸의 건강, 마음의 안식과 생활의 평정감(平靜感) 등등으로 생각한 데가 많습니다(눅 2:29, 19:42; 마 10:12-13). 그러나 예수에게 있어서 특기할 점은 그의 '평화'가 덮어놓고 안온(安溫)한 무사주의가 아니었습니다. "내가 세상에 화평을 주려고 온 줄로 생각지 말라. 화평이 아니고 검을 주려고 왔다. 내가 온 것은 사람이 그 아버지와, 딸이 어머니와, 며느리가 시어머니와 불화하게 하려 함이니 사람의 원수가 자기 집안 식구리라"(마 10:34-36), "내가 땅에 불을 던지러 왔다"(눅 12:49)고 했고, "화평이 아니라 분쟁을 일으키러 왔다"(눅 12:51)고 했습니다. 얼마나 강하고 거친 말입니까? 이런 말씀 앞에서 우리 그리스도인과 교회는 정신을 차려야 합니다. 오늘날 우리가 믿음으로 은혜 받은 '평화'란 것은 아주 개인적이고 주관적인 것입니다. 그리스도와의 연합을 경험하는 성령의 은사, 마음에 기쁨과 화평이 충만하다는 신비경험을 그리스도인 평화라고 하며, 그것만을 추구하고 흠모하고 따르려는 것이 우리 한국교회의 대체적인 '평화'에의 방향이 아닐까 합니다. 평화의 사회성에 대해서는 거의 무감각 무관심 상태에 있는 것 같습니다. 우리는 신. 구약을 한 성서로 보아야 합니다.

우리는 예수님의 "예"할 것은 "예"하고, "아니다" 할 것은 "아니다" 했다는 역사적 증언을 주의 깊게 보아야 합니다. 예수님은 참과 진리를 말씀하며 어둠의 세력 죽음의 마수(魔手)가 쉴 새 없이 뒤따르고 있는 줄 알면서도 의(義)의 걸음을 멈추지 않았습니다. 그 결과는 십자가로 나타났습니다. 그러나 그다음은 부활이었습니다. 그의 평화는 죽기까지 싸우는 투쟁에서 얻어진 평화였습니다. 아니 불의와 죄악에 직면하여 무사주의로 어물어물하지 않고 거기에 직접 공정(公正)과 하나님의 의(義)를 선포하는 그 자체가 그의 평화였습니다. 그렇게 하지 않고는 평화를 운위(云爲)할 수 없었습니다. 예수님은 진정 평화를 위해 오셔서 일하신 평화의 주님입니다.

3. 예레미야의 공의와 평화

예레미야는 성전 문에 서서 이렇게 말했습니다. "여호와께 예배하러 이 문으로 들어가는 유대인아! 너희 길과 행위를 바르게 하라. 그리하면 내가 너희를 이곳에 거하게 하리라. 너희가 만일 길과 행위를 참으로 바르게 하여 이웃들 사이에 공의를 행하며 이방인과 고아와 과부를 압제하지 아니하여 무죄한 자의 피를 이곳에서 흘리지 아니하며 다른 신들을 좇아 스스로 해하지 아니하면 내가 너희를 이곳에서 거하게 하리니 곧 너희 조상에게 영원 무궁히 준 이 땅이니라"(렘 7:2-7).

평화 없는 실상에서 "평화, 평화"하고 자장가를 불러 백성들을 재웁니다. 제사장들은 성전에서 사람들이 제물(祭物)만 가져오면 "잘했다 네게 평안이 있으라" 하고 축복합니다. 그 손에서 살인한 피가 마르기도 전에 그 손을 들어 평화를 선언합니다. 그래서 백성들의 죄악만 조장한다고 했습니다. 그러므로 예레미야는 그 백성 선지자와 제사장과 임금에게 싸움을 선포하고 그 악을 규탄하고 심판을 선고했습니다. "잘산다, 잘산다" 하고 번영을 자랑하는 그 나라 집권자들을 향하여 "나라가 망한다. 백성이 포로로 잡혀간다. 도시가 폐허(廢墟)로 남는다.

하나님의 저주가 임한다" 하고 20년이나 외쳤으니 그 나라 집권층이나 지도층에서 그를 얼마나 미워했겠습니까? 그를 당장 죽여 버리지 않은 것이 이상할 정도였습니다. 하기는 몇 번 죽이려고 했지만 제대로 실현되지는 못했던 것입니다.

오늘의 한국교회는 길게 자던 잠자리를 털고 깨어나야 합니다. 안정된 중산층으로 구성된, 이른바 큰 교회에서 사회적 어려운 문제들 노동자 문제나 실업자 문제 부정부패 일소 문제 정치권력의 악용 문제 적대적으로 흐르는 남북통일의 문제 등을 구체적으로 취급된다면 깜짝 놀라 논의하기를 피합니다. 그리고 그 대신 개인적 주관적인 평화 경험이라는 영적 도취를 권장합니다. 그러나 그런 식으로는 진정한 평화를 이룩할 수 없습니다.

항해 중에 배가 한 쪽으로 너무 기울어지면 그것은 그만큼 반대편으로 기울어지도록 잡아당겨 배의 균형을 바로잡아야 합니다. 그래야 파선을 피할 수 있습니다. 우리의 사회도 어느 한쪽으로 기울어졌으면 거기 대한 반대 세력도 그만큼 강조되어야 할 것입니다. 부정이 있는 곳에 공의를, 미움이 있는 곳에 사랑을, 죽음이 있는 곳에 생명을, 거짓이 있는 곳에 진실을, 압박이 있는 곳에 자유를, 낙심이 있는 곳에 희망을, 난잡한 곳에 질서를 등등 극(極)은 극(極)으로 대결하지 않는 한 평정이 오기 어렵습니다. 그러나 그것이 참 평화를 가져오는 길입니다. 그래서 예수님은 "내가 평화를 가져올 줄 아느냐? 도리어 검을 가져온다"고 말씀한 것이라 하겠습니다.

민주주의는 주권이 국민에게 있음을 그 기초로 삼습니다. 국민의 선거에 의하여 '선량'이 뽑히고 국민의 뜻을 따라 권력을 대행할 사람이 선출됩니다. 그러나 일단 권력이 부여된 다음에는 실제에 있어서 주권이 그에게 있는 것 같이 됩니다. '국민의 정부'에서 '정부의 국민으로' 변해 버립니다. 그것은 어느 나라에서나 있는 일이며 그것이 심하면 독재정치가 영영 굳어집니다. 그러므로 국민이 진정 자유와 민주를 자기 것으로 유지하려면 항상 깨어서 나라가 바르게 가고 있는가를 살필 수 있어야 합니다. 진정한 민주주의는 인간을 위한, 특히 개인 인격의 존엄을 앞세우는 정신이며 사상이며 제도니만큼 그런 것이 살아 있어야 합니다.

나아가서 민주주의를 위해서 그리스도인의 투쟁은 비폭력적이어야 합니다. 예수님은 비폭력으로 세상을 이기셨기에 그리스도인들도 그래야 한다는 당위성이 있습니다.

4. 평화주의에 대한 교회사적 고찰

초기 그리스도교가 로마제국 전역에 들어갔을 때, 그것은 로마제국의 통치 영역에 정면으로 충돌되었습니다. 로마제국은 현재의 로마시가 있는 곳에서 일어나 도시국가가 되고 점차 이태리반도를 통일하였습니다. 당시 서부 지중해의 해상권을 장악하고 있던 카르타고와 대결하여 포에니 전쟁에서 이기고 동부 지중해 지역의 헬레니즘 세계를 전부 정복하여 지중해 세계의 대제국이 되었습니다. 어떻게 무슨 힘으로 로마는 이렇게 하였는가를 물을 수 있습니다. 로마는 시종일관 (始終一貫) 무력(武力)과 폭력(暴力)에 의하여 로마가 된 것입니다. 그 거대한 군사력(軍事力)에 의하여 대 로마가 건설되고 유지되었던 것입니다. 로마의 정신은 폭력주의(暴力主義), 군국주의(軍國主義)였습니다. 소위 로마의 평화(pax-Romana)라는 것도 군사력에 의하여 잠잠하게 조용하게 한 잠정적 평화일 뿐이었습니다.

그런데 제국 안에서도 가장 보잘것없는 시리아의 소국(小國) 유대 나라에서 일어난 그리스도교가 폭력에 절대 반대하는 평화주의, 반전주의를 선교할 때 로마의 미움을 받게 되었다는 것은 너무나 당연한 일이었습니다. 초기 그리스도교 역사에 의하면 그리스도인들은 로마의 군인이 된 예가 없었다는 것을 증명하고 있습니다. 그리스도인들은 로마의 박해와 비 그리스도인들로부터의 학대도 인내로써 참고 견디었을 뿐이고, 어떤 정치적 조직을 만들어서 무력으로 대항하려고 하지도 않았습니다.

콘스탄틴누스 대제가 밀라노 칙령(勅令)으로 그리스도교를 공인(公認)한 313년까지 약 300년간 로마제국 안에서 가장 치열하게 그러나 별로 눈에 띄지 않게 싸워진 싸움은 소위 로마의 평화주의 군국(폭력)주의와 예수의 평화와의 싸움이었습니다. 그 승패는 너무나 정확한 것이었습니다. 로마는 거대한 무기와 군사력을 소유한 세계역사상 최대의 힘의 권력화(勸力化)였는 데 반해 그리스도교도는 아무 힘없는 소수일 뿐더러 그 적은 힘마저 행사하려고 하지 않고, "검을 쓰는 자는 검으로 망한다"는 주문(呪文)만 외우면서 로마 병정의 창끝에서 죽어갔습니다. 이렇게 누구의 눈에나 명백한 승부의 판결이 4세기 초에 이르러 완전히 역전되고 말았으니 이 어찌 된 영문일까요!

예수의 평화는 그 무서운 로마의 폭력(군국)주의를 굴복시켰습니다. 로마제국은 망하였어도 그 속에서 로마의 폭력의 생활 원리를 반대하고 사랑의 원리를 들고 나섰던 그리스도교는 망하지 않는 그 후의 세계사의 주력(主力)이 되었습니다.

그러나 역사의 교훈은 냉엄합니다. 그리스도교가 현실적으로 승리한 순간 그것은 승리에 취하여 그 승리의 깊은 원인을 잊게 되었다는 것입니다. 그리스도교는 이제 권력의 박해를 받는 자가 아니라 국가의 종교가 되어 권력의 동맹자(同盟者)가 되고 권력을 배경으로 그리스도교를 선교하고 이교도를 통치하는 수단이 되었습니다. 314년 아르루 종교회의는 그리스도교도의 군대 복무를 선언하였습니다. 그리스도교 신앙의 자유를 윤허(允許)한 콘스탄티누스 대제를 위해 싸우는 것은 곧 그리스도교를 옹호하는 길이라고 생각했던 것입니다. 그러나 이것은 명백히 예수의 가르침과 생활에서 벗어난 길이었습니다. 이렇게 하여 그리스도교는 그 후 역사적으로 그리스도교를 수호하기 위해서라든가, 그리스도교 문화를 전파하기 위해서라든가, 비 그리스도 교인을 개화시키고 개종시키기 위해서라든가, 기타 여러 가지 이유를 붙여서 많은 전쟁을 감행하는 데 주저하지 않게 되었습니다.

11세기 말엽부터 2백 년간 성지 예루살렘을 이교(異敎)인 회교도(回敎徒)의 수중(手中)에서부터 빼앗기 위하여 십자군 전쟁이라는 대규모의 무모한 전쟁을 "의로운 전쟁이니 성전(聖戰)"이라느니 하는 이름으로 감행하였습니다. 그리스도교 자체가 평화주의에서 이탈하게 됨으로써 철저한 평화주의를 신봉하는 자는 오히려 소수파 이단으로 박해를 받게 되었습니다. 중세에도 그러한 순수평화주의가 있었는데 남부 불란서에서 일어났던 발트파(Waldenses)가 그것입니다.

종교개혁이 중세 가톨릭의 비성서적 교의를 반대하고 성서로 돌아가는 운동으로서 일어났지만 어떠한 전쟁도 폭력도 반대하는 예수의 평화에는 귀를 기울이지 않았습니다. 이점에 있어서는 가톨릭의 성전(聖戰) 사상의 계통을 그대로 전해 받고 있었습니다. 종교개혁 시대에 평화를 표방하고 나선 재세례파(Anabaptists)는 가톨릭과 신교(新敎)의 양편으로부터 아주 가혹한 박해를 받고 거의 전멸하였으나 그 일부가 영국으로 건너가서 침례교를 만들었습니다. 청교도 혁명 때 올리버 크롬웰의 군대 안에는 그들이 많이 끼어 있었습니다. 재세례파에 유사한 철저한 평화주의 교파로 메노나이트가 생기고 또 17세기 영국에서는 퀘이커교가 일어났습니다. 퀘이커교도는 대체로 19세기 이래 절대적 평화주의가 그 종파의 주요한 특성이 되었습니다.

20세기에 평화운동은 일부 극단적 소수파에 머물지 않고 도덕적 철학적 양심에 근거한 세속적 범위까지 넓혀졌습니다. 1947년의 노벨 평화상이 퀘이커파의 아메리칸프렌드(American Friends) 봉사단에게 수여되었다는 사실은 특히 주목할 만한 것입니다. 20세기에는 인류 역사상 그 어느 시대보다도 폭력이 판을 치는 시기였습니다. 양차의 세계대전을 비롯하여 한국전쟁과 월남전쟁은 인적 물적 정신적 도덕적 파괴에 있어서 사상(史上) 최대의 것임을 누가 부정하겠습니까! 21세기 역시 세계는 지금 테러와의 전쟁과 세계 곳곳에서 무서운 폭탄과 총탄의 테러 사건이 일어나고 있어서 공포와 두려움에 떨고 있습니다.

예수의 "평화"가 대 로마제국의 무력에 대항하여 이길 수 있다고 하는 것은 불가능한 가정에 불과하였습니다. 폭력이 폭력을 이길 수 없고 오직 평화만이 이길 수 있다는 것이 진리입니다. 어떤 의미에서 예수의 시대나 현대는 매우 유사한 환경 속에서 평화를 만들어야 하는 과제 앞에 서 있습니다. 거기에는 평화, 비폭력, 반전의 길, 이외에는 인류와 문명의 구원을 찾을 길이 없습니다.

5. 평화를 위한 참회 ― 통일의 신학

1988년 2월에 한국기독교교회협의회(NCCK)가 "민족의 통일과 평화에 대한 한국기독교회의 선언"을 한 바 있습니다. 평화적 방법에 의한 민족통일의 원칙을 천명한 것으로 한반도의 통일 자료로 정치계를 비롯한 모든 영역에 걸쳐 크게 영향력을 발휘했던 뜻깊은 역사적 사건이었습니다. 평화의 정신은 그 객관적 기준이 예수의 평화운동에 있고, 그 실천적 기준은 평화 운동의 투쟁의 역사에 있습니다. 평화의 참 의미와 깊은 이해와 그 종교적 신념화가 있어야 평화적 방법에 의한 민족통일의 길이 열릴 것입니다. 남북 상호 간은 분단과 증오에 대한 죄책 고백부터 시작하고, 남북 간의 긴장 완화와 평화증진을 위하여 민족자주성의 실현을 위하여 평화통일을 위한 한국교회의 과제를 선교 제1순위로 하여 교회와 민족이 함께 힘과 지혜를 모으고 정진해야 합니다. 해방분단의 76주년을 맞는 8.15를 상기하며 생각해 본 말씀입니다. 6월 역시 6.25전쟁이라는 민족의 상혼을 잊을 수 없는 것입니다.

한반도 남북에 살고 있는 수백만 한국인들은 전쟁과 분단의 상혼 속에서 살고 있습니다. 분단으로 인한 전쟁의 흉터와 상혼은 한국인의 한 맺힌 가슴속에 새겨져 집단무의식이 되어버렸습니다. 우리 그리스도인들은 하나님과 우리 자신들 그리고 남북관계가 파괴되었음을 인식하며 부름 받은 교회는 먼저 죄책 고백의 공동체여야 합니다. 우리 한국 교회와 그리스도인들은 구조악인 한반도 분단을 막지 못한 책임과 이 분단을 직접적으로 또는 간접적으로, 의식적으로 또는 무의식적으로 정당화해 왔고, 분단 현실 속에 안주한 죄책을 민족 앞에 고백하는 운동에 앞장서야 합니다. 통일신학을 위하여, 군사주의는 분단신학이 창조해낸 신학적 우상입니다. 분단신학은 가장 근본주의적인 군사주의를 정당화합니다. 분단되어 있는 나라의 군사주의는 강대국 군사주의의 하부구조에 불과합니다. 일국적이면서 동시에 국제적인 오늘날의 군사주의는 분열된 세계 속에서 평화의 이름으로 기본적인 인권을 유린하고, 민족 경제발전을 착취하고, 민족 독립의 보전을 파괴하며, 평화 정의로 분열을 극복하려 하는 근본적인 인간의 열망을 위태롭게 합니다.

6. 9.11 20주년, '테러와의 전쟁' 이후 국제질서에 대비를

세계는 2001년 9월 11일 이전과 이후로 나뉜다는 말이 나올 만큼 9.11은 한반도와 국제사회에 큰 영향을 미쳤습니다. '테러와의 전쟁'에 나선 미국은 2002년 1월 북한. 이란. 이라크를 '악의 축'으로 지목했던 바 있습니다. 그 이후 미국이 이라크와 아프간에서 20년간 벌인 테러와의 전쟁은 실패했습니다. 탈레반은 아프간에서 재집권했고 알카에다와 이슬람국가(IS)는 건재합니다. 미국은 막대한 국채를 발행해 전쟁을 벌이는 바람에 빚더미에 올랐고, 국내 불평등이 깊어졌습니다. 미국은 아프간 철군을 통해 중국, 러시아 견제와 국내 경제 재건에 집중하겠다는 뜻을 분명히 드러냈습니다.

미-중 경쟁뿐만 아니라 코로나19 위기, 기후변화 대응 등이 얽혀 국제질서가 급변하고 있습니다. 정부 당국은 바이든 정부의 전략변화가 한반도에 미칠 영향을 철저하게 분석해 구체적인 대응방안을 마련해야 합니다. 정치권도 대선 국면에서 국내 현안에만 매몰되지 말고, 국가안보전략 공론화에 힘을 써야 할 것입니다.

"오늘날 우리가 곳곳에서 목격하는 재난은 미래에 지구온난화가 초래할 재난에 비하면 최상의 시나리오나 다름 없다"는 지적도 나옵니다. 인류 종말의 시나리오가 언급될 정도로 기후 위기가 현실이 되면서 이에 대한 대책도 다양하게 쏟아지고 있습니다. 그런데 거대한 '예외 지대'가 존재하는데 바로 군사 분야입니다. 군사 분야는 두 가지 측면에서 기후 위기를 재촉하고 있습니다. 하나는 군사 활동 자체가 엄청난 온실가스를 뿜어내고 있다는 것이고, 또 하나는 기후 위기 대처에 필요한 자원을 군비경쟁으로 탕진하고 있다는 것입니다. 그럼에도 불구하고 군사 영역은 '다른 행성'에 있는 것처럼 기후 위기 대처의 예외 지대처럼 존재하고 있습니다. 깊이 주시하고 대응해야 할 분야가 아닙니까?

오늘날의 한국교회는 무사안일의 평화주의에서 해방 받아야 하며 예수님의 평화의 진면목에서 만나고 새롭게 출발하여야 합니다. 예수님의 현존으로서 십자가의 실재는 성서적 신앙에 따르면 고난입니다. 화해의 십자가는 고통스럽고 힘든 과정(process)입니다. 우리는 오늘날의 적대적인 세계 안에서 평화와 안정을 유지하는 데에 핵의 힘과 강대국들의 군사적 폭력을 의지함으로써 하나님께 대적하는 죄를 고백해야 합니다. 우리는 하나님이 아니라 핵우산을 신뢰하고 있는 죄를 고백해야 합니다. 깊은 참회의 마음과 두려움에 사로잡혀 떨면서 우리는 화해의 십자가를 쳐다보아야 합니다. 이제 아토스 성산(聖山)의 한 은둔 수도승의 '예수기도'를 드리므로 본 메시지를 마칠까 합니다.

"주 예수 그리스도 하나님의 아들이시여 죄인인 나를 불쌍히 여기소서."

2021년 10월 3일, 창조절 다섯째 주일

정의와 평화의 복음

이사야 11:1-9; 누가복음 1:46-55

1. 시작의 말

2021년의 마지막 달 12월, 교회력으로는 대림절이 시작되고, 아기 예수의 탄생을 경축하는 성탄절이 다가오고 있습니다. 그러나 지난해 초부터 지구촌 구석구석까지 퍼져나간 코로나19 바이러스로 인해 감염자 수는 약 2억 5,000만 명에 이르고 사망자도 500만 명이 넘었습니다. 이에 더해 국제 정세의 변화와 기후 위기로 인한 자연재해 등은 우리를 더욱 불안하게 만들었습니다. 아기 예수가 태어나신 첫 번째 성탄절은 너무도 암울하고 절망적인 상황이었습니다. 바로 그 상황에서 로마제국의 식민지 가운데서도 변방이었던 유다의 작은 마을 베들레헴에서 아기 예수가 태어났습니다. 새로운 역사가 시작되고 연대를 전후로 구분하는 역사 창조의 근원이 되었습니다.

오늘은 "정의와 평화의 복음"이라는 주제로 말씀을 상고해보겠습니다.

2. 샬롬

샬롬(Shalom)은 유다-그리스도교의 전통에서 평화와 정의 그리고 자연과의 조화의 회복이 갖는 총체성을 나타내는 낱말입니다. 이 낱말은 큰일에서든 작은 일에서든, 하나님과 우리의 만남에서든, 이웃 사람들 간의 만남에서든 바람직한 관계의 총체성을 나타냅니다. 평화의 개념을 논할 때 샬롬 전승에 의해 유도되는 그리스도인의 사고는 결코 중립적일 수 없습니다.

유럽의 사상에는 상호대립적인 두 가지 평화 개념이 흐르고 있습니다. 하나는 팍스 로마나(Pax Romana)의 전통이고, 다른 하나는 성서의 샬롬 전통입니다. 지배 질서로서의 팍스 로마나는 삶의 방식으로서의 샬롬과 뚜렷하게 구별됩니다. 양자의 상이성은 유럽사를 관통하고 있는 동시에 유럽과 아메리카의 제국주의 때문에 세계적인 규모로 확대된 갈등에 입각하여 기술해 보려고 합니다.

팍스 로마나는 황제들이 통치하던 로마제국, 곧 그리스도교 초기에 그 골격이 완성되었습니다. 당시의 로마제국은 광대한 지역을 지배하는 국가로서 헤게모니를 관철하고 있었습니다. 이 제국의 중앙권력을 장악한 최고권자는 주로 두 가지 수단을 이용하여 제국의 평화를 유지하였습니다. 관료제도와 군대가 그것입니다. 지방장관들은 일정한 기능과 역할을 위임받고 있었습니다. 이 같은 지방 장관 중에서 가장 유명한 사람은 본디오 빌라도일 것입니다. 그들은 직무 수행을 하면서 로마제국의 통치원칙을 따를 수밖에 없었습니다. 그 원칙은 "평화로운 질서를 확립하고, 피정복자들을 살려주되 반역자를 멸절

시켜야 한다"는 것입니다. 이처럼 평화를 헤게모니로서 파악하는 사고에는 세 가지 기본요소들이 포함되었습니다. 평화에 대한 질서의 우위, 피정복민들 사이에 다수의 동화민(同化民)들을 만들려는 관심 그리고 필요하다면 잔인한 폭력을 사용해서라도 용기 있게 저항하는 소수를 분쇄하겠다는 결의가 그것입니다. 로마제국이 실시한 십자가형 밑바닥에는 헤게모니, 즉 지배에 의한 평화라는 개념이 깔려있습니다. 십자가 처형을 공개적으로 실시한 것은 온갖 형태의 저항과 반란을 저지하기 위한 것이었습니다.

이러한 평화관은 "평화를 원하면, 전쟁을 준비하라"는 것이 그 평화관의 지도적 원리 가운데 하나입니다. 그러한 평화관은 다음의 두 가지 개념 형태로 오늘날까지 계속 이어오고 있습니다. 첫째는 국가 안보 개념입니다. 이 개념은 공공연하게 군사력에 의한 억압을 통해 민중의 자결권과 민중의 충분한 국정 참여를 저지합니다. 둘째는 전쟁 억제 개념입니다. 이것은 전쟁을 준비함으로써 전쟁을 막으려 하며, 세계를 영향력과 지배권에 따라 몇 개 영역으로 분할시킵니다. 두 개념은 본질상 모두 팍스 로마나의 지도적 원리를 계승하고 있습니다. 다만 현재에는 대량 학살의 수단이 그 개념에 정착되어 있음이 다른 점입니다.

성서의 평화 개념인 샬롬을 선택한다면, 그것은 민중이 더불어 살 수 있는 온갖 형태의 공동체를 포괄하는 문명의 창출을 의미합니다. 히브리 성서의 샬롬은 인간과 하나님 사이의 평화와 인간과 인간 사이에서 이룩된 공동체의 온전함을 내포하고 있습니다. 그것은 인간 이외의 자연계에 대한 태도와 정치 질서에도 적용됩니다. 이스라엘 민족과 그리스도교 공동체의 구성원들은 서로 평화의 인사를 주고받습니다.

'당신에게 평화가 있기를 — 샬롬'이 그것입니다. 이렇게 인사함으로써 사람들은 그들이 하나님에게서 받은 평화를 서로에게 나누어 줍니다. 그러므로 그들 자신에게서 비롯된 것이 아닌, 하나님에게서 온 평화는 인간적인 공동체의 기본적인 표지입니다.

이 평화의 기본 원칙은 지배가 아니라 더불어 사는 효과적이고 충족된 삶입니다. 무력은 이러한 평화의 전제조건이 아닙니다. 왜냐하면 샬롬의 목표는 무력을 극복하는 데 있기 때문입니다. 그렇기에 하나님이 무력을 호전적으로 사용하는 일로부터 점점 멀어지는 것이 성서적 신앙사의 가장 감동적인 특징들 가운데 하나입니다. 이스라엘 민족의 초기 역사에서는 하나님이 역사에 대한 자신의 계획을 관철시키는 한 방법으로 전쟁을 이용하리라는 관념이 아직도 지배적이었습니다. 이스라엘이 땅을 정복하고, 약속의 땅을 방어한 것에는 하나님이 그 백성을 편드는 전쟁과 갈등이 포함되어 있습니다. 그러나 예언자들은 이스라엘 역사가 칼을 녹여 쟁기를 만들고, 창을 녹여 쇠고랑을 만드는 시대에 도달하리라는 환상을 보여줍니다(사 2:4; 미 4:3).

신약성서는 이 환상을 받아들여 평화를 화해의 은총, 곧 원수를 사랑할 수 있게 하는 은사로 이해합니다. 평화의 의미는 예수가 십자가 위에서 죽음으로써 이룩된 화해의 현실에서 밝혀집니다. 이 때문에 그리스도교 공동체의 과제는 "화해의 사역"으로 규정됩니다(고후 5:17 이하). 평화의 길은 산상설교에 나오는 원수 사랑을 실천하는 데서 드러납니다(마 4:54-48).

두 개의 상반된 평화 개념들이 충돌할 때 그리스도인들은 중립을 지킬 수가 없습니다. 그들은 팍스로마나가 아니라 샬롬을 선택해야 합니다. 지배에 의한 평화가 아니라 공동체에 입각한 평화를 지지해야 합니다. 이 점에서 우리는 성서의 샬롬관이 현재의 세계 상황에 꼭 맞아떨어진다는 것을 점점 더 분명하게 알 수 있습니다. 하나님의 평화 약속은 평화를 인류가 따라야 할 삶의 방도를 보게 하는 지평을 열어줍니다. 이것은 그리스도교가 평화를 유지하고 증진하는 데 기여할 수 있는 가장 중요한 것입니다. 교회가 평화에 기여할 수 있는 바가 무엇이냐 묻는다면, 우리는 무기에 의해 유지되는 현재의 평화와 결코 타협할 수 없다고 선언할 수밖에 없습니다. 무력에 의존하는, 곧 지배에 의한 평화는 자유와 정의가 넘치는 충족된 삶을 실현하는 데 이바지하지 못합니다. 그리스도인의 노력은 샬롬을, 무기 체제의 극복을, 자유로운 의사소통을 지향하는 우리는 그것이 길고 긴 장정임을 알고 있습니다. 무기가 판치는 세계에서 이것은 의심할 여지가 없습니다. 그러나 우리는 그 무엇에 의해서도 이 장정을 포기하지 않을 것입니다. "무기를 침묵하게 하고, 인민은 말하게 해야 한다는 것이 우리가 원하는 바이다."*

3. 평화의 나라

구약의 본문은 '하나님의 평화가 어떤 것인가?'를 구체적으로 보여주고 있습니다. 하나님의 평화는 총체적인 평화입니다. 그 첫째는 하나님과 인간 사이의 평화입니다. 하나님과 인간 사이에 가로막힌 죄와

---

* 볼프강 후버(독일 하이델베르그 평화연구소장)의 글. 출처: 「교회와 세계」(The church in the world), 통권 제72호(1988. 7.).

죽음의 장벽을 깨뜨리고 주님이 이 땅에 오셨습니다. 우리를 위해 그 죗값으로 죽으신 예수 그리스도를 통해 우리는 하나님과의 관계를 회복하고, 하나님의 거룩한 백성이 되고, 영원한 생명을 누리게 되었으며, 정의와 평화를 위해 일하는 새로운 인격으로 거듭나는 은총을 받았습니다.

둘째는 인간과 인간 사이의 평화입니다. 주님은 우리에게 "서로 사랑하라", "이웃을 네 몸처럼 사랑하라"고 가르치시며 제자들의 발을 씻어주어 남을 섬기는 사랑을 몸소 실천하셨습니다. 그리고 우리를 위해 생명을 내어주시기까지 하시며 사랑의 본을 보여주셨습니다. 그리하여 우리에게 나라와 나라가 서로 맞대고 싸우던 무기를 녹여 평화의 진실을 위한 도구로 만드는 길을 열어주셨습니다. 복음을 모든 민족에 들려주시고, 세계의 모든 인종과 민족들에게 한결같은 구원과 평화를 약속하셨습니다. 그리하여 인종차별과 이데올로기의 차이를 극복하고, 성별의 차이를 깨고, 높고 낮은 사회적 신분의 차이와 나이의 차 그리고 부자와 가난한 자들 사이의 막힌 담을 헐고, 서로 사랑하며 평화할 수 있는 길을 열어놓으셨습니다.

세 번째는 인간과 자연의 화해입니다. 우리는 자연을 정복의 대상으로만 알았지 평화 공존의 상대로 여기지 않았습니다. 그래서 마음껏 유린하고 더럽혔습니다. 공기와 하늘, 산과 들, 바다와 강물을 공해로 병들게 하고 오염시켜 거기 사는 생물들이 생명을 유지하기 어려운 환경으로 만들었습니다. 산과 들의 나무들이 메말라 시들게 하고, 꽃과 열매를 맺을 수 없게 만들었으며, 들에 사는 동물들이나 바다와 강에 사는 동물들이 생명의 위협을 받게 되었습니다. 마침내는 우리가 더러운 공기와 오염된 물을 먹게 되었고, 공해가 몸에 밴 육류와 채소와 과일과 곡식을 먹고 살 수밖에 없는 신세가 되었습니다. 하나님의 평화가 하나님이 우리의 삶의 터전으로 만들어 주신 자연과 우리 사이에도 존재해야 한다는 진리와 지혜를 깨닫지 못했던 것입니다. 그 평화가 바로 우리를 건강하게 살리기 원하시는 하나님의 뜻임을 미처 몰랐었습니다. 이제 우리는 뒤늦게 서야 그 평화에 눈을 뜨고 있습니다. 어린아이가 늑대와 사자와 표범을 몰고 다니며, 암소와 곰의 새끼들과 친구가 되어 함께 놀고, 젖먹이가 살모사의 굴에서 장난을 치고, 독사의 굴에 겁 없이 손을 넣을 수 있는 때, 자연과 동물, 인간 사이의 진정한 평화가 이루어질 수 있습니다. 인간과 자연과 식물과 동물들이 야훼의 영, 지혜와 슬기를 주는 영, 하나님의 경륜과 계획을 깨닫고, 용기 있게 하나님의 일에 함께 나설 수 있는 영을 받을 때, 이 꿈같은 평화의 이야기는 우리의 현실이 될 수 있습니다.

넷째로는 자연과 자연 사이의 평화입니다. 이 자연에는 거기 사는 모든 생명체가 포함됩니다. 새끼 양이 "늑대야 놀자"고 했다가는 금방 늑대 밥이 되어버리는 약육강식의 불평등, 비평화적인 생존방식이 깨어지고, 함께 들에서 뒹굴며 놀아도 해 받음이 없는 평화의 구조로 변화된다고 성서는 말씀합니다. 표범이 숫염소와 함께 뒹굴고, 새끼 사자와 송아지가 함께 풀을 뜯을 수 있게 되기 위해서는 표범과 사자가 약한 짐승을 고기가 아니라, 신선한 공기와 싱싱한 풀과 깨끗하고 맑은 물만으로 충분히 생존할 수 있는 생태계 변화, 내면의 변화가 먼저 일어나야 합니다. 이 일도 야훼의 영, 성령의 능력으로 가능하게 된다고 이사야는 외치고 있습니다. 이 땅에 야훼 하나님을 아는 지식이 차고 넘칠 때, 이 세상의 산은 거룩한 산이 되고, 물이 생명수가 될 때, 강가에 심어진 나무들에서 생명의 과실들이 주렁주렁 열릴 때, 모든 피조물이 하나님의 은총을 깊이 깨닫고 거룩한 심성을 지녀 '서로 해치거나 죽이는 일이 다시없게 될 때' 이 평화의 기적이 현실로 이루어 질 수 있다는 것입니다.

4. 인권 존중의 나라는 하나님 나라

"세계 전체 인류를 구성하고 있는 개개인은 태어나면서부터 존엄 성과 평등, 양도할 수 없는 권리를 갖고 있다." 이것은 1948년 12월 10일 UN이 발표한 세계인권선언의 일부입니다. 인권 존중이야말로 자유, 정의 그리고 평화의 기초가 된다는 것을 모든 세계의 사람들이 공감하고 '인권의 보편적 선언'을 한 것입니다. 그러나 우리는 지금 가난과 굶주림, 착취와 억압, 불법 체포와 고문, 살인 및 납치와 협박이 일상화된 세계에 살고 있습니다.

한편으로는 정치적 급진주의 집단들이 현존하는 불의한 체제들을 혁명적으로 바꿔놓기 위해서 무차별적 폭력에 호소하고 있으며, 다른 한편으로는 광기에 찬 자본가들이 착취적 상황을 지키기 위해서 무자 비한 폭력에 의존하고 있습니다. 이들은 국민에게 보장된 기본권들과 국제법상으로 승인된 인권을 자의적으로 침해하고 있는 것입니다. 인권의 성서적 신학적 근거는 다음의 세 가지 측면에서 다루고 있습니다.

첫째, 인권은 신권(神權)에 바탕을 두고 있다는 것입니다. 하나님은 이스라엘을 이집트에서 해방하고 그들과 계약을 맺음으로써 해방공동체를 이룩했습니다. 이 계약의 백성은 하나님에 대해서 권리와 동시에 의무를 갖고 있습니다. 또 신약성서에 보면 예수께서 대속적 죽음을 통해 인간을 죄악으로부터 해방하고 피로 계약을 맺음으로써 신앙의 공동체인 교회는 그에 대하여 권리와 의무를 갖습니다. 그러므로 인권의 침해는 곧 하나님의 권리에 대한 침해를 의미합니다. 하나님의 선택과 해방 그리고 계약과 권리가 곧 인권의 존엄성이 갖는 근거가 됩니다.

둘째, 인권의 또 하나의 신학적 근거는 인간은 하나님의 형상에 따라 창조되었다는 것입니다. 하나님은 예수 그리스도를 보내셔서 역사에서 인간을 죄와 사망으로부터 구원하시고 하나님에 의해서 주어진 본래의 형상을 회복하게 하십니다. 이 하나님의 형상에서 인간의 권리가 확증되며 그리스도의 구속사에서 완성됩니다. 하나님의 형상의 회복이 곧 인권의 존엄성을 지키는 목표가 됩니다.

셋째, 하나님은 하나님 나라를 건설함으로써 역사를 완성하십니다. 해방하고 구원하는 하나님은 그의 나라에서 역사의 완성자이며, 따라서 그의 구원행위는 역사에서 인간의 진정한 미래를 계시해 줍니다. 예수님은 마태복음 20장에서 하나님 나라의 비유를 통해 모든 일꾼에게 동일한 노임이 주어지는 것을 말씀하고 있습니다. 또한, 예수님은 그 나라에서의 분배의 원리와 섬김의 원리를 밝히고 있습니다. 여기에서 착취와 억압의 질서가 극복되고 새로운 사회가 실현될 것을 전망하고 있는데 이러한 사회가 인권의 근거가 됩니다. 즉, 하나님 나라가 곧 인권의 기초가 되는 것입니다.

5. 인권 존중의 실천 과제

이상의 인권에 대한 성서적 근거에서 우리는 다음의 몇 가지 항목을 요약할 수 있습니다.

무엇보다도 오늘날 한국 사회에서 인권 침해를 야기할 수 있는 억압적인 법률들이 철폐되어야 할 것입니다. 그 대표적인 예로써 들 수 있는 것이 억압적인 법률들이 철폐되어야 할 것입니다. 또 한 예는 이제까지 정치적 적대자에 대해서 늘 오용될 수 있는 '국가보안법'입니다. 이 법은 남북한의 대치 상황에서 국가 안보를 위해서는 불가결한 것이라고 주장하지만 통일된 민주국가를 지향하는 오늘의 현실에서는 오히려 인권 침해를 가져올 뿐임을 기억할 필요가 있습니다.

그다음으로는 사회의 전반적 민주화를 통한 정의로운 사회의 실현을 거쳐 남북통일을 달성하는 것이 바로 분산된 이산가족들의 권리일 뿐만 아니라, 분단 이데올로기에 의해서 희생당한 수많은 사람의 인권을 회복하는 길입니다. 통일의 달성 없이는 한반도에서의 진정한 개인적 자유도, 사회적 연대성도, 사회정의도 실현될 수 없기 때문입니다. 따라서 남북한의 평화적 통일이라는 민족적 과제의 실현은 곧 인권의 문제인 것입니다.

6. 존중받는 평등사상

우리는 모두가 서로 하나님의 가족을 구성하는 형제자매들입니다. 우리나라 고전(古典)에 조선 초기의 황희(黃喜) 정승에 대한 매우 흥미 있는 이야기가 있습니다.

황희 정승이 한번은 집에 찾아온 친구와 함께 술상을 받고 담소하는 중에 어린아이 셋이 방문을 열고 들어와서는 허락도 떨어지기 전에 음식을 먹어치웠습니다. 그러나 황희 정승은 빙그레 웃으며 지켜보고만 있었습니다. 친구는 "이 아이들이 대감의 손자들입니까?" 하고 물었습니다. 아이들이 나가자 황희는, "아니오, 이 아이들은 하인의 아이들이오" 하고 대답을 했습니다. 놀란 친구가 "그렇다면 버릇을 단단히 고쳐야겠군요" 하고 말하자, 황희는 웃으면서 이렇게 대꾸했다고 합니다. "아니오, 내 손자들이나 하인의 아이들이나 똑같이 귀하오 모두 하늘이 내신 사람이잖소?" 놀랍게도 황희 정승은 인간은 누구나 평등하다는 귀한 지혜와 진리를 어느 정도 깨달았던 옛사람인 것 같습니다.

오늘날 우리 사회가 불만과 갈등으로 어지러운 것은 사람들이 남을 존중할 줄 모르기 때문입니다. 힘센 자는 약한 자를, 부자는 가난한 자를, 머리 좋은 사람은 머리 나쁜 사람을, 지위가 높은 자는 낮은 자를, 남자는 여자를, 백인은 흑인 유색인종을, 강대국은 약소국을 멸시하고 차별하기 때문에 세상이 시끄러운 것입니다. 모든 사람이 똑같이 존중받는 평등사회가 이루어지기 전에는 이 땅에 평화는 오지 않을 것입니다. 차별대우가 심할수록 그 사회는 불안할 수밖에 없습니다. 그래서 세계인권선언 제6조에는 "사람은 누구를 막론하고 어디서나 법률 앞에 하나의 인간으로 인정을 받을 권리를 가진다"고 규정해 놓았습니다.

끝으로 중요한 것은 사람은 누구나 자유를 보장받아야 한다는 것입니다. 우리가 하나님의 자녀란 말은 곧 자유하신 하나님처럼 우리도 자유인이라는 뜻입니다. 그러므로 우리는 세상에서 자유롭게 살 권리가 있습니다. 물론 그 자유란 악과 교만, 탐욕과 다툼, 증오와 시기, 음란과 불의의 세력으로부터의 해방을 뜻할 뿐만 아니라 적극적으로는 하나님의 자녀로서 매사에 자유를 누리며 사는 것을 말하는 것입니다. 그것은 구애를 받지 않는 삶입니다. 그리고 우리 사회는 모든 사람이 그런 자유 즉, 생각하고 자기 의견을 말할 권리, 사상과 양심과 종교의 자유, 평화적인 집회와 결사의 자유, 일할 권리와 직업 선택권, 국정 참여권, 공공 임무 수임권, 이동, 거주의 자유 등의 제 권리와 자유를 누릴 수 있도록 뒷받침되어야 할 것입니다. 이래서 인권의 문제는 사회적인 운동과 민주화운동으로 연결됩니다.

인권을 위한 운동은 언제나 두 가지가 함께 가야 조화롭고도 힘 있는 운동이 될 것입니다. 하나는 한 사람 한 사람의 자기 변혁 운동입니다. 이웃, 특히 약자의 인권을 존중하기 위하여 끊임없는 자기부정을 하는 내향적 운동입니다. 남의 의견을 경청하기 위하여 자기주장을 삼가며, 남을 높이기 위해 자신을 낮추며, 대접을 받고자 하는 대로 남을 대접하며, 사랑으로 종노릇하는 훈련을 쉬지 말아야 합니다. 아집과 독선, 오만에 빠진 사람은 결코 인권을 이야기할 자격이 없습니다.

다음으로는 사회적인 변혁 운동입니다. 인간을 억압하고 착취하며 비인간화하는 모든 체제와 제도, 권력구조 등을 개선 또는 변혁시켜 인간다운 삶의 조건, 인권을 위한 보다 나은 환경을 만드는 일에 뜻을 모으고 힘을 합치는 운동입니다. 우리 교단이 이 일을 위하여 많은 노력을 기울여 왔습니다. 그러나 이러한 운동은 인간의 죄성이 남아있는 한 그리고 사회의 구조적인 모순이 완전히 제거되지 않는 한 항구적인 운동으로 지속되어야 할 것입니다. 인권은 신권이고 인권운동은 곧 하나님 나라 운동이기 때문입니다.

7. 인권 존중을 위한 성서 말씀의 가르침

아모스 선지는 "저주 받아라. 너희, 공평을 뒤엎어 소태같이 쓰게 만들고 정의를 땅에 떨어뜨리는 자들아!"하고 그들을 질타했습니다. 이사야 선지자는 "저주 받아라. 악법을 제정하는 자들, 양민을 괴롭히는 법령을 만드는 자들아!"하고 영세민의 정당한 권리를 보장하기보다는 권력자와 부유층의 이익을 염두에 두고 법을 만드는 자들과 권력의 눈치를 보고, 또는 돈을 받아먹고 불의한 판결을 내려 힘없는 자들을 억울하게 하는 재판관들에게 준엄한 하나님의 심판이 기다리고 있다고 경고했습니다.

누가복음 본문은 "주님은 전능하신 팔을 펼치시어 마음이 교만한 자를 흩으셨습니다. 권세 있는 자들을 그 자리에서 내치시고, 보잘것 없는 이들을 높이셨으며, 배고픈 사람들을 좋은 것으로 배불리시고, 부유한 사람은 빈손으로 돌려보냈습니다"(눅 1:51-53)라고 했습니다. "모든 문헌 중에서 가장 혁명적인 문헌"이라고 알려진 이 대목에는 서로 다른 세 가지의 정의의 혁명이 내포되어 있다고 합니다. 51절은 윤리적 혁명, 52절은 사회적 혁명, 53절은 경제적 혁명의 말씀이라는 것입니다. 이 사실로 미루어 볼 때 사회적 불의와 부정에 대한 주님의 태도는 이 세상의 어느 누구보다도 단호하고 강경하다는 것을 알 수 있습니다.

8. 성 요한 크리소스토모스

정교회의 위대한 신학자이자 고결한 성인이며 탁월한 모범이신 성 요한 크리소스토모스(349~407)에 대하여 상고하여 보겠습니다.

그는 목자이신 그리스도를 본받아 모든 사람의 영혼을 구원하기 위해 노력하였습니다, 그는 그리스도를 따른 육십 평생 중 30년 이상을 모든 사람의 구원을 위해 바쳤습니다.

그는 6년간 보제로, 12년간 사제로, 9년 7개월 동안 콘스탄티노플의 총대주교로 봉직했습니다. 3년 3개월에 이르는 유배 생활을 포함한 그의 성직 생활을 통해 그는 하나님을 위해 또 하나님의 모습을 닮아가려는 사람들을 위해 또는 신자와 비신자, 동족과 이민족, 그리스도교인과 이교도를 가리지 않고 모든 사람을 위해 언제나 전적으로 자신을 헌신하면서 교회를 섬겼습니다. "하나님은 모든 사람이 구원을 받으며 진리를 아는 데에 이르기를 원하시느니라"(딤전 2:4)는 말씀대로 모든 사람이 하나님의 나라에 들어갈 수 있다는 그의 신념은 결코 흔들린 적이 없었습니다. 그리고 이 신념은 그의 신학과 성직자적 실천을 세계적이고 보편적인 가치를 지닌 것이 되게 하였습니다.

덕(德)을 향한 투쟁은 하나님을 닮아가는 것으로, 단지 우리 자신의 구원만을 위한 것이 아니라 다른 사람들에게 구원을 증거하는 것이기도 하다고 여겼습니다. 또한, 형제를 구원하는 것은 예외 없이 모든 그리스도인의 신성한 의무이고, 그래서 이웃을 바르게 이끄는 것은 모든 사람의 책임이라고 그는 되풀이하여 강조합니다.

콘스탄티노플의 새로운 영적 지도자가 직면한 상황과 문제들은 전혀 장밋빛이 아니었습니다. 그 당시 수도 콘스탄티노플의 불행과 빈곤의 문제는 아주 심각했습니다. 특히 부자들의 사치스런 생활은 빈부의 차이를 극명하게 드러냈습니다. 일부 성직자들은 그런 사치에 물든 지 오래되었습니다. 그리고 황실이나 고위 관료들에게는 그런 사치가 하나의 관습처럼 되어 있었습니다. 귀족들은 옷과 향수, 밤새 즐기고 노는 데 엄청난 돈을 쏟아 부었습니다. 당시 제국의 황제는 의지박약한 난봉꾼 아르카디오스였습니다. 하지만 실제적 권력은 교만하고 불의하며 완악했던 황후 에브독시아—그녀에게는 필로독시아(야망)라는 이름이 더 어울렸을 것입니다—에게 있었습니다.

주교 자리에 오른 요한 크리소스토모스가 직면한 상황은 바로 이러했습니다. 하지만 요한은 타협하지 않았습니다. 굽히지도 않았습니다. 오직 하나님의 능력과 보호를 굳게 믿고 과감하게 그 상황에 맞서서 앞으로 나아갔습니다.

대주교직에 오르자마자 크리소스토모스는 실추된 교회의 명예를 회복하는 일을 먼저 해야겠다고 생각했습니다. 성직을 천사의 직무로 존귀하고 거룩하게 여겼던 요한은 교회의 타락한 모습을 보며 가슴 아파했습니다. 그는 교회의 지도자로서 깊은 책임감을 통감하고, 사랑과 슬기로, 하지만 아주 단호하게 성직을 통해 부를 축적하거나—요한은 그들을 '돈주머니를 목적으로 하는 자'라 말하곤 했습니다— 세상적으로 안일하게 살아가는 '아첨꾼과 기생충' 같은 성직자들에 대한 조치를 취해 나갔습니다.

요한은 시선을 그의 주변에서 좀 더 넓은 사회로 향했습니다. 그는 그곳에서도 타락하고 세속적인 모습을 보게 됩니다. 사람들은 "입술을 칠하고 머리에 기름을 바르고 금과 진주를 착용하고 이상한 옷과 신발을 신는 등…" 과시욕과 인간이 만들어 낸 모든 허영에 사로잡혀 있었습니다. 수많은 사람이, 특히 여자들이 그러한 것에 더 열광적이었습니다. 그런데 이렇게 병든 사회를 건강하게 회복시키고자 했던 요한의 일련의 노력은 수많은 반발을 일으킬 하나의 투쟁을 의미했습니다. 하지만 요한은 그러한 반발이 자신이 걸어가야 할 길에 방해물이된다고 전혀 생각하지 않았습니다. 요한은 설교로 충고로 또 사랑의 매로 그들을 일깨웠습니다.

"내가 이것을 말하는 것은 상처를 주려는 것이 아니라 우리 자신을 고치기 위한 것입니다. 사람들을 미워해서가 아니라 사악한 것을 멀리 몰아내기 위한 것입니다…."

요한의 적들이 이 달변의 설교가(황금의 입)를 막아버리기 위해 그를 아르메니아의 쿠쿠소와 폰토스의 피티운다로 추방했을 때도 그의 선교 열정은 식을 줄을 몰랐습니다. 성 요한 크리소스토모스는 말뿐만 아니라, 말 없는 실천을 통해 "복음으로 말미암아 내가 죄인과 같이 메이는 데까지 고난을 받았으나 하나님의 말씀은 메이지 아니하니라"(딤후 2:9)는 것을 모든 사람에게 보여주었습니다.

요한 크리소스토모스는 60년의 생애 가운데, 9년 7개월 동안 풍파의 세월을 견디며 영웅적인 삶으로 콘스탄티노플의 대주교직을 수행했습니다. 그중 3년 3개월간 유배 생활을 했습니다. 그리고 대주교직을 박탈당한 채, 외지에서 생을 마감했습니다! 영웅처럼 순교자처럼 혹독한 여정의 시련 속에서 그렇게 삶을 마감했습니다.

하지만 "칭송받을 의인은 영원히 기억된다"(잠 10:7)는 하나님의 영원무궁한 말씀처럼, 그 어떤 먹구름이 몰려와도 태양을 영원히 가릴 수는 없었습니다. 결국 구름은 흩어지고 태양은 다시 빛났습니다. 이렇듯 요한 크리소스토모스도 대주교로 살아있을 뿐만 아니라 앞으로도 계속 빛날 것입니다.

434년에 마침내 요한 대주교는 유해로 콘스탄티노플로 귀환했습니다. 이것은 "어떤 일이 있어도 진리와 덕은 언제나 승리한다!"는 것을 교회 역사를 통해서 증언해주고 있는 것입니다. 요한은 또 제4차 세계 공의회에서 공식적으로 "교회의 스승"으로 인정받았고, 콘스탄티노플 제6차 세계공의회(680)와 니케아 제7차 세계공의회(787)에서 올바른 믿음의 증거자로 재확인되었습니다.

9. 끝내며

그리스도교 신앙은 "하나님이 사람이 되셨다"는 믿음에서 출발합니다. 이 믿음은 하나님이 사람이 되신 것처럼 우리도 하나님처럼 성화될 수 있음을 말합니다. 이것이 우리의 구원이고 희망입니다. 우리는 이 구원의 은총을 믿기에 아기 예수의 탄생을 기뻐하고 경축합니다. 물론 성육신 사건은 우리의 생각이나 판단을 뛰어넘는 것입니다. 그럼에도 하나님께서 이루어 가시는 구원의 역사에는 언제나 신실한 믿음의 사람들이 있었습니다. 그 사람들은 역사의 중심에 있던 사람들이 아니라 주변부에 있던 사람들입니다. 하나님은 그런 사람들을 통해서 구원의 역사를 이루어가십니다. 우리가 사는 지구촌은 오늘날 커다란 아픔과 상처를 안고 있습니다. 이 대림 절기에 정의와 평화의 복음을 위하여 부르심을 받고 그 사명에 정진하는 성도들이 되시기를 희망합니다.

2021년 12월 12일, 대림절 셋째 주일

3부

하나님의 은총에 잇대어

사람의 참모습

창세기 3:8-12, 32:22-30; 누가복음 19:1-10

1

지금으로부터 150여 년 전 독일에 쇼펜하우어라는 유명한 철학자한 분이 있었습니다. 그의 철학은 그가 살아있을 때보다 죽은 후에더욱 빛을 발하였다고 합니다. 그가 건강하고 학생들에게 명성을 떨치고 있을 때는 오히려 그 학문은 별로 알려지지 않았습니다. 그는 은퇴할무렵에 늙고 육체가 쇠하여 병으로 고생을 많이 하였습니다. 자기와함께 지내던 친구들도, 강의실에 자주 찾아오던 학생들도 다 떨어져나가고 외로움에 빠져 있게 되었을 때, 하루는 베를린 대학 구내에있는 어떤 공원에서 산책하다가 공원 벤치에 앉아 깊은 사색에 잠겼습니다. 저녁 무렵에 공원을 지키고 있던 공원지기가 이 쇼펜하우어를찾아와서 "영감님! 당신 누구요? 지금 문 닫을 시간이 되었으니 빨리나가십시오!"라고 말했습니다. 얼마나 사색에 깊이 잠겨 있었던지 이쇼펜하우어는 그 말을 듣지 못하고 눈을 감은 채 여전히 깊은 생각에 잠겨 있었습니다. 그러자 공원지기가 또 깨우면서 "당신 어디서 온 사람이요? 당신 무엇 하는 사람이요?"라고 말했습니다. 그래도 움직일 생각을 아니하니까 "당신 어디로 가야 할 사람이요?"하고 물었다. 그 말에 비로소 정신이 든 쇼펜하우어는 머리를 흔들면서 이렇게 말하였다. "내가 그것을 알았다면 내 말년에 이토록 씨름하며 사색에 잠겨 있지는 않았을 것이오! 내가 그것을 알았더라면 왜 이토록 깊이 사색해야 할 형편에 빠져있겠소! 지금까지 '인생은 무엇인가? 인생은 어디로 와서, 어디로 가는가?'라는 이 세 가지 문제와 더불어 인생을 살아왔지만 나는 인생이 무엇인지도, 어디로부터 온 것인지도 알지 못하오. 그러나 단 한 가지 아는 것이 있다면 '인생아! 너는 어디로 가느냐? 너는 죽음을 향해 가고 있구나!'라는 것이오."

쇼펜하우어는 죽음을 향해 한 발자국 한 발자국 가고 있는 자신의 모습을 바라보게 되었을 때 비로소 깊은 사색에 잠길 수 있었던 것입니다. 그리고 그 속에서 위대한 철학이 나오게 되었던 것입니다. 그래서 우리는 인생의 막다른 골목이야말로 바로 "하나님의 은혜의 시점"이라고 생각하게 되는 것입니다. 즉, 인간의 절망은 새로운 소망을 가져올 수 있는 시발점이 됩니다.

흔히 우리 주위에서 볼 수 있는 사람의 모습을 두 가지로 생각해 볼 수 있습니다. 하나는 언제나 자기의 진실을 숨긴 채, 자기의 것 아닌 것으로 잘난 척하는 직업적이고 사무적인 사람이 있습니다. 또 하나는 좀 수줍어하면서 초조해 보이나 진실을 찾고 인간의 뜨거움을 함께 느낄 수 있는 사람이 있습니다. 여기에서 이런 질문을 하게 됩니다. 도대체 사람이 사람다워진다는 것이 무엇을 의미하는 것입니까? '하

나님의 형상'을 지닌 본래의 모습이란 무엇입니까? '사람의 참모습'
— 사람의 본래 모습이 무엇인가를 찾아 나선 순례는 성경 처음의 역사
에서부터 있었습니다. 또한 역사에서도 진지하게 이야기되어왔습니다.

2

창세기 3장 구약의 본문은 인간이 장성하여 자기를 발견하고 자기
가 중심이 되어 하나님과 단절된 때, 하나님이 찾아와서 처음으로 물은
말씀입니다. "인간아, 네가 어디 있느냐?" 우리 성경에는 "하나님이
아담에게 이르시되 네가 어디 있느냐"로 되어 있습니다. '아담'이라는
히브리어는 '사람'이란 뜻인데, 여기서는 아담이란 단어에 '하아'라는
정관사가 붙어있으니 어떤 개인의 고유명사가 아님이 분명합니다.
영어로 말하면 'the man'입니다. "인간아, 네가 어디 있느냐?"라는 것
이 더 원어에 충실한 번역입니다. 창세기의 첫 사람과 하나님과의 설화
에서 우리 자신의 인간상을 발견하는 데 의미가 있음을 발견합니다.
인간의 상황은 어떠합니까? 인간의 위치는 어디에 있느냐 하는 것입니다.

인간은 각자의 사상적 긍지와 양심의 준엄한 소리를 때로는 다
묵살하고 유폐시키고 경제적 소득과 육체적 향락을 보유하는 데 전력
을 다합니다. 그러나 그리스도를 믿음으로 하나님을 안다는 것이 기독
교 신앙의 대강령입니다. 인간이 하나님을 정점에 모시고 그분과의
관계에서 개인을 찾고 사회를 이룩한다면 그때의 인간은 어떤 위치에
있을 것입니까? 그때 인간은 하나님의 형상으로 지음 받은 하나님의
자녀라는 것을 성령의 증언으로 자각하게 됩니다. 그때는 그의 경제적

빈부나 사회적 귀천이 그를 교만하게도 비열하게도 하지 못하게 합니다. 그는 어떤 경우에서든지 하나님 앞에서는 만인이 평등하다는 것을 피부로 느끼며 삽니다. 그는 자기와 또 다른 모든 인간에게 하나님의 형상이 있다는 것을 믿기 때문에 인간에 대한 존엄감을 갖게 됩니다. "인간아, 네가 어디 있느냐?" 하는 하나님의 물음에 응답하고 돌아온 인간은 하나님의 은혜와 질서 안에서 영원한 생명의 완성을 약속받습니다. 이것이 오늘의 인간을 향한 복음입니다. 지식인에게는 어리석은 것일지 몰라도 믿는 자에게는 인간을 구원하는 하나님의 지혜요 능력입니다.

3

이스라엘의 족장 중에 아브라함, 이삭, 야곱에 대해서 우리는 잘 알고 있습니다. 먼저 믿음의 조상 아브라함은 우직할 정도로 직선적인 믿음의 사람이었습니다. 다음, 아들 이삭은 자기 이름 이삭(웃음)처럼 성품이 온유 겸손하며 정직한 사람이었습니다. 아들 야곱이 가장하여 아버지 앞에 축복을 받으러 들어갔을 때 순진한 마음으로 축복하려던 진실한 성품의 사람이었습니다. 그리고 그의 아들 야곱은 독특한 성격의 사람이었습니다. 영특하고 기지가 있고 아주 활동적인 사람이었습니다.

오늘 아침, 아브라함의 손자, 이삭의 아들 야곱에 대해서 우리는 깊은 신앙적인 교훈을 받기 바랍니다. 아버지 이삭이 지어준 야곱이라는 이름은 그 뜻이 '발뒤축을 잡은 거짓말쟁이'라는 뜻인데 참으로 좋지 않은 이름을 태어나자마자 가지게 되었습니다.

야곱이란 이름의 유래는 주전 1800년대에 이삭과 부인 리브가 사이에서 쌍둥이 아들을 낳게 되었는데, 쌍둥이 중에 먼저 난 아들이 에서이고, 에서의 발뒤꿈치를 잡고 나왔다고 해서 야곱이란 이름을 자연스럽게 가지게 되었습니다. 에서와 야곱 쌍둥이 형제는 장성하여 부모를 봉양하게 되었는데 아버지 이삭은 늙어 기력이 쇠잔하고 안질이 심해서 앞을 보지 못할 정도로 노쇠했습니다.

주전 1800년대 이스라엘의 당시 사회는 유목민 시절이라 자기들이 기르는 양고기는 늘 많이 먹고 있었으므로, 특별히 별미를 먹고 싶을 때는 산에 가서 날짐승을 잡아서 먹곤 했습니다. 하루는 형 에서가 하루 종일 산에서 짐승을 잡고 아주 시장하게 집에 돌아왔습니다. 민첩하고 꾀가 많은 쌍둥이 동생 야곱은 붉은 죽을 맛있게 쑤어 놓고 계획적으로 형을 기다렸습니다. 시장기를 이기지 못한 에서는 그만 형의 장자(長子)의 명분을 동생에게 주고 시장기를 면했습니다. 나중에 생각해 보니 동생 야곱의 소행이 괘씸했습니다. 뿐만이 아니라 야곱은 눈이 어두운 아버지 이삭을 속여서 장자의 기업인 축복을 받아냈습니다. "만민이 너를 섬기고 열국이 네게 굴복하리니 네가 형제들의 주가 되고 네 어미의 아들들이 네게 굴복하며 네게 저주하는 자는 저주를 받고 네게 축복하는 자는 복을 받기를 원하노라"(창 27:27-29). 결국 이로 인하여 가정에 불화가 생기게 되었고 에서는 야곱을 죽이려고 했습니다.

야곱은 형 에서의 노여움을 알아차리자 멀리 1800리나 되는 밧단아람 외갓집으로 도망을 갔습니다. 망명길에 야곱은 너무 외롭고 불안해서 벧엘에서 돌베개하여 잠을 자고 꿈을 꾸었고, 아침에 돌기둥을 세우고 기름을 붓고 하나님 앞에 제단을 쌓게 되었습니다. 찬송가 338장의 내용은 바로 그 내용을 담고 있으며 우리에게 큰 은혜가 되는 찬송입니다.

야곱은 외갓집 외삼촌 라반의 집에서 14년간 열심히 일해서 레아와 라헬에게 장가들고 많은 재물을 모으고, 20년 만에 많은 자녀와 노비를 이끌고 고향길에 올랐습니다. 형의 노여움을 사서 머나먼 밧단 아람으로 왔지만, 세월이 갈수록 고향이 그리웠고 자기의 잘못을 형에게 빌고 싶었습니다. 그리고 이 세상 하나밖에 없는 동복형 에서로부터 용서를 받고 고향 땅에서 길이 행복하게 살고 싶었습니다. 그래서 야곱은 20년의 타향살이를 청산하고 그리운 고향으로 돌아가는 길이었습니다. 고향 가까운 곳에 얍복강이라는 강이 흐르고 있었습니다. 그날 밤 이 강변에서 잠을 자게 되었습니다. 하늘에는 무수한 별들이 유난히 찬란하게 빛났습니다. 아내와 자녀들과 노비들은 강을 건너보내고 야곱 혼자 외롭게 별빛을 쳐다보면서 20년간의 흘러간 옛 추억들을 고요히 더듬고 있었습니다.

그런데 이상하게 야곱의 마음은 불안했고 초조했습니다. 야곱의 모습은 용자의 그것이 아니라 비굴할 정도로 불안한 모습이었습니다. 야곱은 수많은 종과 소와 양과 나귀 떼를 거느리고 금의환향을 하는데 이렇게도 불안해지고 비굴해지는 그 이유가 어디에 있습니까? 야망의 20대 청년 야곱이 이제 40대의 장년이 되어 성공적인 인생의 소유들을 모두 갖추고 돌아오지만, 그의 모든 성공과 인간적 승리에도 불구하고 그는 참된 평안과 기쁨을 갖지 못했습니다. 왜일까요? 그것은 그의 과거의 삶이 거룩한 약속의 땅에 들어가는데 아무런 마음의 고통 없이 넘어 들어갈 수 없을 만큼 인간적인 야망과 권모술수와 교활한 수단 위에 세워졌기 때문이었습니다.

4

작은 개천이라 할 수도 있는 얍복 나루가 야곱 앞길에 가로놓여 있습니다. 야곱은 홀로 만상이 잠든 고요한 이 정적 속에서 강을 건너지 못하고 신비한 그 누구의 저지를 받고 있습니다. 그 누가 이 작은 개울을 가로막고 있는 것입니까? 신앙의 눈으로만 보이는 그 신비한 힘이 가로막고 있습니다. 하나님이 범죄한 아담과 이브를 에덴에서 쫓아내시고 동산 동편에 그룹들과 두루 도는 화염검을 두어 생명나무의 길을 지키게 하신 것처럼 하나님의 사자가 야곱의 이 길을 막고 있습니다. 인간 육신의 눈으로 보면 작은 개천, 얍복 나루터 하나를 두고 강 이쪽과 약속의 땅 저쪽은 아무런 차이가 없습니다. 그러나 믿음의 눈으로 보면 그것은 하늘과 땅만큼 엄청난 차이가 있는 것입니다.

강 이편은 고대문화와 문명이 쌓아 올린 찬란한 성취에도 불구하고 약속 밖의 땅이요 밤에 속한 어둠의 땅이요 하나님의 얼굴이 감추어져 있는 곳입니다. 강 저편은 약속의 땅이요 선택받은 땅이요 생명의 빛이 비치는 하나님이 기억하시는 곳입니다.

얍복강 건너 저 거룩한 땅에 들어가기 전 야곱은 존재의 신비와 더불어 생사를 건 고투의 레슬링을 하지 않으면 안 되었습니다. 이 고투의 투쟁 속에서 삶의 변화를 거치기 전에는 지난 20년의 성실한 노력의 결과로 얻은 그 성취일지라도 아무런 의미가 없었습니다. 이제 야곱은 부모 형제를 속이고서 받은 축복이란 정당하게 다시 고쳐 받아야 할 필요를 갖게 되었습니다. 형제의 마음을 상하게 한 죄는 용서와 화해의 눈물로 씻김을 받아야 했습니다. 임기응변과 편견과 시기와 질투의 핏줄은 정화 받아야 했습니다. 합리적 타산과 회의적 간지는 성실한 믿음으로 바뀌어야만 했던 것입니다. 그 모든 것이 이루어진 후에 '하나님이여 다스리소서!' **새 이름, 이스라엘이라** 부르게 되어야만 했습니다.

긴 하룻밤의 격투에서 야곱은 존재의 신비와 부딪힘으로 용광로를 거쳐 나온 쇳물처럼 찌꺼기를 말끔히 벗었습니다. 야곱은 축복을 받고 아침의 밝은 태양을 등에 받으면서 절룩거리면서 얍복강을 건넜습니다. 야곱은 이 밤 환도뼈가 위골되었습니다. 참으로 아프고 고통스러운 밤이었습니다. 그래서 드디어 그날 새벽 "야곱아, 너의 이름을 이제부터는 야곱(뒷발꿈치를 잡았다, 거짓말쟁이)이라 부르지 말고 '이스라엘'이라 부르라"고 새 이름을 명명해 주었습니다(이스라엘, '하나님과 겨루어서 이겼다!'는 뜻).

여러분, 우리는 야곱처럼 영적인 새 이름을 받아야 하겠습니다. 하나님께서 성령으로 우리를 고쳐 주시기를 원합니다. 우리가 많은 노력의 수확으로 얻은 것이 많다 해도 그것만으로는 궁극적인 문제의 해결을 할 수가 없다는 뜻입니다. 얍복강은 구원받은 자들만이 건너는 조건의 강입니다. 이 강을 건너기 전에 이스라엘의 새 이름을 받지 않고서는 결코 건너보낼 수 없다는 하나님이 친히 망보시는 뜻인 줄로 믿는 것입니다.

불안하고 초조하고 괴로움 속에 있던 야곱이 존재의 신비와 씨름하고 새 이름을 받은 후 그곳의 이름을 '브니엘'이라 하였습니다(브니엘은 '내가 하나님과 대면하여 내 생명의 보전을 받았다'는 뜻). 오늘 우리는 이 말씀을 깊이 재음미해야 하겠습니다.

5

아놀드 토인비는 인간이 역사에서 '도전(Challenge)과 반응(response)'을 배우지 못하면 그 문명은 쇠멸한다고 하였습니다.

새해가 되면 누구나 새 희망을 겁니다. 허나 역사의식이 없는 희망은 막연한 기대요 미신에 지나지 않습니다. "새 포도주는 새 부대에 넣어라"(눅 5:38)라고 하신 예수님의 말씀은 분명 역사에 도전(Challenge)할 것을 그리고 그 역사에 반응(response)할 것을 가르치신 것입니다. 그래서 사도 바울은 "겉 사람은 후패하나 우리의 속은 날로 새롭도다"(고후 4:16)라고 하였습니다. 지금까지 살아온 과거의 '겉 사람'은 없어지고, 지금부터 새 존재로서 살기 위하여 역사에 도전하는 미래의 사람은 "날로 새롭도다"라고 고백하였습니다. 얼마나 멋진 신앙 자세입니까! 이러한 사람은 '희망의 사람'입니다. 겉 사람은 하나의 물리적 인간(Physical man)이고, 속 사람은 곧 속죄를 받은 영적인 자아(redeemed and spiritual man)입니다.

그리스도인이란 단순히 개혁되거나 개선되거나 외부적으로 변화된 사람이 아니라 '다시 태어난 사람'(Born again man)입니다. 즉 '다시 만들어진 사람'(Man is re-made)을 뜻합니다. 이런 사람은 근본적으로 존재의 뿌리에서부터 새로워진 사람입니다.

명설교가 필립스 부룩스는 이렇게 기도하라 하였습니다.

편안한 생활을 하기 위해서 기도하지 마시오. 역경에 도전하는 사람이
되기 위해서 기도하시오. 내 능력에 알맞은 일을 위해서 기도하지 말고,
당신의 일에 알맞은 능력을 위해서 기도하시오. 그리고 새해에는 잘살게
해달라고 기도하지 말고 새해에는 바르게 살게 해달라고 기도하시오.

새해에는 바로 믿고 바로 살기 위하여 '도전과 반응'으로 새 역사
창조를 위해 자기 변화를 위하여 진정 힘쓰는 우리 모두가 되기를 바랍
니다. 우리 자신부터 신앙의 일대 변화 혁명이 일어나기를 바랍니다.
주님께로부터 '그리스도인'이란 새 이름을 받으시기를 바랍니다.

철학자 윌리엄 제임스(William James)는 "후회 없는 인생을 살기
위해서는 더 오래 지속될 일을 위해 시간을 소비해야 하는데, 그 이유는
인생의 가치가 지속되는 기간에 의해서가 아니라 기여에 의해서 평가
되기 때문이다"라고 했습니다. 우리의 하루가 또 한해가 영원의 가치
에 기여함으로 영원히 빛나기를 소망합니다. 단순히 오래 사는 것이
우리의 목표는 아닙니다. 바르게 살고 의미 있게 살고 거룩하게 사는
것이어야 합니다. 영원 속에 한 부분인 이 시간을 거룩하게 구별하여
나의 한순간 한순간이 영원을 울리고 영원한 가치에 뿌리내리게 해야
하겠습니다.

6

이제 신약의 본문에 유의하며 묵상해 봅시다. 삭개오는 군중에 둘러싸인 예수를 보기 위하여 뽕나무에 올라갔습니다. 그의 작은 키로서는 예수님을 볼 수가 없었기에 좀 더 높은 곳에 올라가야 했습니다. 삭개오가 올라간 좀 더 높은 곳은 어떠한 곳일까요? 현대 신학의 여러 가지 노력은 이러한 '좀 더 높은 곳'을 찾아보자는 것으로 이해할 수 있습니다. 역사적 기독교의 전통의 정글을 헤치고 예수에게 나타난 순수한 종교 신앙을 찾아보자는 자도 있었습니다. 종교와 도덕과 문화, 문학, 감정과 양심과 진실은 인간이 설 수 있는 높은 자리입니다. 말하자면 삭개오가 올라간 뽕나무 가지라고 할 수 있습니다.

"예수께서 그곳에 이르사 우러러보시고 이르시되 삭개오야 속히 내려오너라"고 하십니다. 사람들은 예수를 보려고 할 때 다 예외 없이 자기의 서는 자리를 높이려고 하는 것입니다. 신학하는 자는 신학의 나무 위에, 교직자는 교직의 나무 위에, 부한 자는 그 부 위에, 지위가 높은 자는 그 지위에서 예수를 내려다보려고 합니다. 특수한 지위나 학식이 없더라도 자기 시대의 조류 위에서 자기 주관의 중심으로 예수를 보게 되는 것입니다. 이것이 피조물의 필연성이며 역사적 존재의 운명입니다. 그리고 다 각각 자기대로 예수를 관망하고 말없이 얼굴을 돌리는 것입니다. 그러나 예수님을 만나려는 자는 인간의 평지로 내려와야 합니다. 인간의 평지는 자기에게로 내려오는 것입니다. 부한 자나 지위가 높은 자나 학식이 깊은 자, 다 높은 사회적 지위의 사다리 꼭대기에서가 아니라, 한 사람의 적나라한 인간으로 돌아와서 예수님과 대면하자는 것입니다. 예수님은 우리가 우리 되기를 원하시고, 내가 본래의 나 되기를 원하십니다. 나를 만나시기 위해서 나를 부르시기 위해서 사람으로 오셔서 내 앞에 서 계십니다. 내가 나 되는 것, 이것이 진실입니다. 여기에는 이보다 더 깊은 이유와 근거를 물을 수는 없습니다. 인간이 학식의 깊이에 이를 때, 지위의 높이에 오를 때, 부의 풍선을 탈 때 그는 자기의 본래의 모습을 잃고 자기 아닌 것으로, 소외되고 격리됩니다. 그렇기에 우리는 자기 자신의 모습으로 인간의 평지로 내려와야 하겠습니다. 회오와 부정과 십자가의 길로, 진실에의 길로 돌아와야 하겠습니다.

다만 그것입니다. 다시 인간이 되자. 거기 돌아오고 보면 우리는 다 자기의 본심을 찾게 되고 우리 서로가 다 같은 자리에서 악수하게 되고, 우리가 다 함께 웃음을 띠게 될 것입니다. 높은 자도 없고 낮은 자도 없고 지식인도 무식자도 없는, 우리는 다 함께 하나님의 자녀인 것을 발견하게 될 것입니다. 어떤 우연을 벗어난 은총의 세계에서 참으로 만나게 될 것입니다. 주의 음성을 들읍시다. "삭개오야, 속히 내려오너라."

7

그리스도를 만난다는 것은 그 만남에서 그치는 것이 아니라, 그를 만나는 자는 그를 영접하고, 그를 영접하는 자는 과거의 청산과 새로운 출발 곧 생의 변화를 보게 되는 것입니다. 그리스도를 만나는 것은 실존적인 만남 이상의 뜻과 결과가 생깁니다. "삭개오야, 속히 내려오너라" 하는 주의 음성을 들은 그는 "급히 내려와 즐겨 영접했다"라고 했습니다.

보는 것, 만나는 것, 영접하는 것, 이 세 가지는 구별할 필요가 있는 것 같습니다. 본다는 것은 주관이 객관을 보는 태도, '내'가 '대상'을 보는 것, 말하자면 자연 과학적 지식의 태도라 하겠습니다. 시각(視覺)은 상대자를 물상화(物像化)합니다. 그렇기에 히브리 종교에서는 야훼는 보는 대상이 아니었고, 그의 말씀을 듣고 복종하는 관계였습니다.

만난다는 것은 인격과 인격과의 만남, 주격과 주격과의 소통 (communication), 거기에는 말과 이해가 필요한 관계입니다. 그런데 '만남'이 능동적인 행위라면 '영접'은 피동적인 관계입니다. 그것은 우리가 '주' 곧 내 주를 영접하고 나를 그의 뜻에 맡기기 때문입니다. '영접'이라는 것은 그렇기에 상대방에 나를 맡긴다(commit)는 모습도 있고, 내 개인적인 존재에 선행하는 전체(경우에 따라 '내가 속한 공동체')속에 내가 참여한다는 모습도 있습니다. 예를 들어 신비가가 모든 금욕적인 수련을 쌓아 올리며 입신 상태를 기다리는 것, 금식기도를 하고 철야 기도를 하면서 은혜를 받아보겠다는 태도, "내가 그리스도에게 잡힌바 된 그것을 잡으려고" 달음질치는 St. Paul의 신앙 생활, 이 모두는 능동의 상태가 아니라 피동의 상태입니다. 거기에서 비로소 인간성의 변화, 변질이 발생하게 됩니다. 만남이 자아와 인격의 발견이요 그 형성이라면, 영접은 인간성의 변화입니다.

삭개오가 올라간 뽕나무로부터 급히 내려왔다는 것은 그의 결의를 표명한 것이며, 주를 영접했다는 것은 믿음의 순종을 표명한 것입니다. 그리고 그의 과거를 청산했다는 다음의 기록은 그의 생활에 변화가 일어났다는 것을 말합니다. "소유의 절반을 가난한 자들에게 주겠으며 뉘 것을 토색할 일이 있으면 4배나 갚겠다"(8절). 이것은 구원의 세면이라고도 할 수 있을 것입니다. 종래에 우리는 구원을 신생(新生), 의인(義認), 성화(聖化)의 삼중적인 체험으로 말해왔습니다. 이것은 각각 참여, 수락, 변화라는 경험으로 말을 바꿀 수도 있을 것입니다.

나 자신은 비행기는 많이 타보았어도, 비행기에서 낙하산을 가지고 떨어져 본 일은 없습니다. 믿음이라는 것은 그러한 것과도 비길 수 있는 것이라고 생각합니다. 우리가 내 자신을 주께 맡기겠다고 결심을 한다는 것은 비행기에서 떨어지는 것과도 비길 수 있는, 생명을 걸고 하는 죽음의 도박과도 같습니다. 이것은 신생의 경험이고 참여의 결심입니다. 그러나 일단 한 발을 내딛고 비행기에서 떨어지면 그는 낙하산에 매달리게 됩니다. 그는 자기의 힘으로 공중에 떠 있는 것이 아니라, 남의 힘으로 지탱되어있는 것입니다. 지금 자기가 있는 것은 의지되어 있는 것입니다. 이것이 의인의 경험이며 수락(acceptance)의 모습입니다. 그는 지금 자기를 맡기고 있습니다. 자기를 맡길수록 자기의 존재는 더욱 평안합니다. 그가 지금 공중에 떠 있다고 하는 사실은 그 자체가 변화되어 있다는 것을 말합니다. 이것은 성화의 경험이며 변화의 실재입니다. 여기에 신앙이란 것은 결심과 맡김과 맡겨진 상태 곧 떠 있는 상태의 세계가 있는 것을 알 수 있습니다. 믿음의 주님을 만나겠다는 자신의 진실한 태도, 결단에 은총이 따릅니다. 그것이 주님을 영접하는 것입니다. 영접하는 표는 마음의 문을 여는 것입니다. 문을 여는 거기에 새로운 장래가, 새로운 삶이 시작됩니다. 여기에 사람의 참모습이 있습니다.

그러면 참으로 산다는 것은 무엇입니까? 진정한 삶이란 어떻게 되찾을 수 있을까요? '마음 없이' 사는 사람이 '마음 있게' 곧 '마음을 다하여' 사는 사람이 될 때 우리는 참 생명을 얻을 수 있게 됩니다. 이런 변화는 '마음 없는'(mindlessness) 상태로부터 '마음이 가득 찬'(mindfulness) 상태로 옮기는 것을 말합니다. 마음이 가득 찼다는 것은 마음을 다하는 것을 의미합니다. "네 마음을 다하고 목숨을 다하고 생각을 다하고 힘을 다하여 주 너희 하나님을 사랑하라"(신6:4-5)라고 한 성심성의 태도를 가리킵니다.

월남의 선사이며 평화운동가, 틱 낫 한(Thick Nhat Hanh)이 지난 1월 22일 95세로 입적하셨습니다. "이 몸은 내가 아니다. 이 몸은 나를 가둘 수 없다. 나는 시초부터 자유 그 자체였다. 생사는 오고 가는 출입문일 뿐이다. 태어나고 죽는 것은 숨바꼭질의 놀이에 불과하다. 그리하여 내 손을 잡고 웃으면서 잘 가라고 인사하자, 내일, 어쩌면 그전에 다시 만날 것이다. 삶의 수많은 길에서 항상 다시 만날 것이다." 그가 펴낸 『마음을 다하는 기적』(*The Miracle Mindfulness*, 1976)이란 책에서 저자는 우리가 매일같이 하는 사소한 일에 우리가 성의껏 하는 것은 종교적 의미와 가치가 있다고 주장했습니다. 접시를 닦는다든지, 청소한다든지 사소한 일을 할 때 딴생각 말고 성실히 하는 것이 곧 종교적 경험을 갖는 것이라고 말했습니다.

여러분, 우리가 무엇을 하든지 그 하는 일에 마음을 다하여 성실히 한다면, 우리는 우주의 경이와 기쁨을 얻을 수 있고, 실재를 파악할 수 있고 또한 정말로 살아있는 거룩한 삶을 살게 됩니다. 온 마음을 다하여 성서적 신앙으로 사는 참사람이 됩시다. 여기 "사람의 참모습"

이 있습니다.

2022년 1월 30일, 주현절 넷째 설 주일

하나님의 은혜에 감사

신명기 26:5-11; 데살로니가전서 5:18

1

매년 11월 셋째 주일에 드리는 추수감사절 축제가 시작되면 미국인 350만 명의 귀성 인파가 고향을 향하여 행진을 하고, 흩어져 있던 가족들이 한자리에 모여 칠면조 파티를 합니다. 한국도 미국의 추수감사절처럼 한국인들의 마음을 움직이고, 축제 분위기를 일으키고, 고향을 찾고 잔치를 하는 명절이 있는데, 그것은 바로 '추석'입니다. 교회 생활에 충실한 사람들도 추석과 주일이 겹치면, 교회를 떠나 고향으로 갈 정도로 추석은 온 한국인들의 마음을 움직이는 명절입니다. 축제와 감사가 살아 있고, 한국인의 마음을 움직이는 감사절 예배는 미국인의 추수감사절이 아니라, 한국인의 '추석감사절'이어야 한다는 것입니다. 1970~80년대부터 추석이 한국교회의 감사절이 되어야 한다는 주장이 제기되어 왔습니다. 그리고 나아가 우리 문화를 소중하게 여기고, 한국인의 마음을 움직이고 있는 추석 명절을 존중하는 차원에서 한국

교회의 감사절은 '추수감사절'보다 '추석감사절'이 더 바람직하다는 것입니다. 그러나 교회력에 따라 교회는 추수감사절을 지킵니다.

2

콜럼버스는 1492년 10월 12일 카리브해의 바하마 제도에 속한 섬에 도착한 이래 오랫동안 역사 속에서 영웅으로 인식되어 왔으나 실상은 그렇지 않았습니다. 우호적으로 대해 온 인디언들에게 오히려 칼을 겨누고 그들 고유의 문화를 파괴한 것은 유럽인들이었습니다. 스페인의 정복자들은 멕시코 지역의 아스텍문명과 남미의 잉카문명을 파괴하였습니다. 1620년 필그림스, 믿음의 조상들이 플리머스에 도착하여 감사절을 지낸 후 350년째인 1970년 추수감사절에 인디언들이 몰려와 이날을 '통곡의 날'(Day of Mourning)로 선포하며 항의하는 사건이 벌어졌습니다. 이후 감사절 때마다 인디언들의 항의 시위는 해가 갈수록 그 수도 늘어가고 열기도 높아가고 있습니다. 따라서 미국 감사절의 유적지를 찾는 많은 순례자나 관광객들은 실망하고 언짢아 돌아가기도 합니다.

그리고 인디언의 '통곡의 날' 항의 시위는 뜻있는 미국 그리스도인 후예나 미국인들에게 필그림스 청교도들의 플리머스 도착과 그들이 시작한 감사절을 추수감사절의 시작으로 보는 일을 반성케 하고 있습니다. 역사가들은 백인들이 미 대륙에 도착하기 전 멕시코 이북의 북미 인디언 인구를 1천만 내지 1천 2백만으로 추산하며, 250여 년 뒤인 1890년에 그 인구는 23만 정도라고 했습니다. 미 대륙 백인 조상과 인디언의 투쟁, 아니 백인들의 인디언 말살 정책이 얼마나 잔혹했던가를 상기할 수 있습니다.

이러한 역사적 배경을 본다면 우리는 프리머스 필그림스 청교도들의 감사절 연원으로부터 추수감사절을 해방시켜야 함이 옳습니다. 청교도들의 감사절 유래보다는 벌써 수 천 년 전, 신·구약성서에 이스라엘과 그리스도인들이 하나님께 감사하던 역사에 기원하여 하나님의 온갖 크신 은혜에 복귀하는 감사절이 되게 해야 합니다. 필그림스의 청교도들이 아니라 천지를 창조하고 땅과 하늘, 해와 물, 온갖 곡물과 은총을 주신 하나님께 감사하게 될 때, 적대의 감정이나 그동안 저질러진 백인의 인디언에 대한 죄책의 참회의 뜻도 포함되기에 이런 감사절만이 '통곡의 날'을 치유하는 새로운 감사절로 변하게 하리라 믿습니다.

3

신명기의 말씀은 히브리(이스라엘) 사람들이 애굽에 가서 살다가 후에 애굽의 정권이 교체되자 애굽 사람들로부터 탄압과 억압을 받았습니다. 이스라엘 백성은 하나님께 구원해 달라고 호소했습니다. 하나님은 모세를 불러서 애굽에서 동족을 탈출시켜 가나안 땅으로 인도하도록 하였습니다. 가나안 땅에 정착한 이스라엘 백성은 목축업과 함께 농사를 배워 농사를 짓고 살게 되었습니다.

농사를 지은 첫 추수를 하나님께 바치는 예배를 드리는 내용이 신명기 본문에 나옵니다. 각종 햇곡식을 광주리에 담아 예배를 인도하는 제사장에게 전달하였습니다. 제사장은 이를 받아 하나님의 제단 앞에 놓았습니다. 그리고 하나님께 아뢰는 신앙고백을 했는데, 신명기 26:5-9를 학자들은 이를 '옛 신앙고백'이라고 부릅니다. 이 신앙고백을 한 다음에 온갖 햇곡식을 먹고 즐길 때 레위인과 거류하는 객과 함께 먹고 즐기었습니다.

이스라엘 사람들의 역사는 고난의 역사의 연속이었습니다. 옮겨 다니고 이사하는 떠돌아다니고 헤매고 다닌 방랑자, 나그네의 삶을 이어 왔습니다. 사막과 광야를 헤매고 유리방황해온 아픔의 역사를 체험한 민족입니다. 그뿐만이 아니었습니다. 약 4천 년에 걸쳐서 12개의 강대국 민족의 침략을 받아 고생한 방랑의 나그네 생활을 해왔습니다. 애굽, 앗시리아, 바벨론, 페르시아, 그리스, 로마, 비잔틴제국, 아랍권, 십자군, 또다시 아랍인, 터키, 영국 등의 민족들에 의하여 점령, 포로, 강제 이주, 피난 이주, 학살, 약탈 등을 당해 왔다고 보면, 떠돌이들의 흩어지고 피난 가고 정착했다가 또 잡혀가고 헤어지고 죽고 하는 수난의 악순환의 역사를 걸어온 이스라엘 민족의 고난을 짐작하고도 남음이 있습니다. 오늘의 유대인들도 제2차 세계대전 때 독일 나치에 의한 아우스빗춰에서 6백만의 대학살(Holocaust)이라는 이 나그네들의 민족의 수난을 잊지 못하고 있습니다.

강대국들에 둘러싸인 이스라엘 민족의 역사는 고난의 연속의 역사, 하나님의 거룩한 백성을 삼기 위하여 특별히 훈련시킨 민족 역사라고 해석하기도 합니다. 구약성서에 나타난 이스라엘 민족사를 보면 그러한 유리방황 유랑 생활을 해 오면서도 이른바 야훼 하나님을 섬기는 하나님 신앙을 계속 이어온 신앙의 역사를 배울 수 있습니다. 평화롭고 안정된 때에만 감사의 예배를 드린 것이 아니라, 항상 위험과 불안과 혼미한 상황 속에서 의로운 싸움으로 신앙의 지조를 지켜온 예언자들의 신앙전승을 발견할 수 있습니다. 그리고 하나님이 자기 민족을 구원해 주셨고 또 구원해 주신다는 확신을 유지하고 전승하면서 떠돌이 같은 나그네들의 감사 예배를 드리는 전통을 이어 나갔습니다. 그러기에 감사라는 것은 고생과 수난의 삶 속에서 진행되고 이어져 간 것입니다.

4

수천 년 역사에 걸쳐서 우리 한국 민족은 외국으로부터 976회나 침략을 받은 나라라고 알려져 있습니다.* 돌이켜 보면 한국의 역사는 고난의 역사입니다. 고난의 역사! 한국 역사의 밑에 숨어 흐르는 바닥의 가락은 고난이 주제입니다. 이 땅도, 이 땅의 사람도, 큰일도, 작은 일도, 정치와 종교, 예술과 사상도 다 고난을 드러내고 있는 것이라 할 수 있는 것입니다. 한국이 위치한 지정학적으로 보아도 이미 결정된 한국 역사의 성질이라고 할 수 있을지, 한반도의 지리적 위치와 민족 역사의 변천에서 고난을 볼 수 있습니다. 그러나 성경은 고난의 역사 가운데서 진리와 고난의 의미를 보여줍니다.

한반도 세 면에서 보면 세 세력에 두루 싸여 있음을 알 수 있습니다. 서쪽의 중국과 북쪽의 만주와 러시아와 동쪽의 일본입니다. 이 위치는 마치 능동적인 힘을 행사할 수 있는 자라면 동북아를 뒤흔드는 중심이요 다스리는 서울일 수가 있습니다. 그러나 만일 억세지 못한 자가

---

* "남한," 「타임」(*Time*), 1998. 9. 5.

그 자리에 선다면 그때는 수난과 압박의 위치가 될 수밖에 없겠습니다. 한국의 역사는 불행히도 후자의 것이 되었습니다. 한국의 고대, 중세는 생략하더라도 현대사에서 겪어온 것만 봐도 알 수 있습니다. 일제의 침략과 강제징집, 동원을 비롯하여 8.15 이후의 남북 분단과 6. 25전쟁으로 인한 행방불명과 피난, 가족 이산 등을 따져 볼 때, 오늘 우리 모두도 살아남은 나그네들의 후예들이라고 볼 수 있습니다.

5

우리는 추수의 계절, 11월을 맞아 하나님 앞에 감사의 예물을 가지고 나와서 감사의 예배를 드립니다. 이스라엘 민족이 나그네들이었지만 하나님께 구원을 요청하여 출애굽의 해방과 구원을 얻은 것에 대한 감사의 신앙고백을 했던 것 같이, 우리 한국인의 고난의 역사 속에서도 복음이 들어왔고 믿음으로 민족의 해방과 구원의 역사를 체험할 수 있게 된 우리의 처지에서도 감사의 신앙고백을 할 수 있다고 말할 수 있습니다. 우리 개인의 삶을 회고해 볼 때도 집을 옮기고 직업을 바꾸고 또 어떤 이는 이민을 가서 살면서 여러 어려운 일을 겪었지만, 오늘이 있게 해 주신 것 하나님의 은혜입니다. 영적이며 육적으로 방황하면서 나그네 같은 삶이었지만 그런 중에도 하나님 신앙과 삶의 변화를 체험했다면 이를 하나님의 축복으로 알고 감사하는 신앙고백을 할 수 있다고 봅니다. 특별히 우리 그리스도인들은 1970, 80년대 인권회복과 민주주의 실현(민주화 회복기)와 90년대 이후 민족의 일치와 화해(평화통일 실현, 남북 개선)에 40여 년을 보내면서 약속의 땅을 향한 40여 년의 히브리(이스라엘) 백성들의 여정과 연계하여 생각해 볼 수 있습니다.

구약성서의 모세오경이나 성문서, 예언서들은 물론이고 신약성서에도 하나님을 향한 그 모든 은혜에 대한 감사와 찬송은 넘치고 있습니다. 예수님과 바울도 범사에 하나님께 감사와 영광을 돌리도록 일깨우고 있습니다. "범사에 감사하라 이것이 그리스도 예수 안에서 너희를 향하신 하나님의 뜻이니라"(살전 5:18)라고 가르쳐 주십니다. 감사는 신앙의 척도입니다. 우리는 모든 것을 하나님께로부터 받지 않은 것이 아무것도 없습니다. 그러니 내 모든 것은 하나님의 것입니다. 거저 받았으니 감사하며 살아야 합니다.

우리가 또 자기의 삶의 자리에서 깊이 뉘우치며 감사해야 할 일들이 있음을 알아야 합니다. 더욱이 오늘과 같이 온 세계가 살기 어려운 세월을 살면서, 세계에 가장 부강한 나라에 살고 있는 자들로서는 한국도 포함하여 그 어떠한 형편에서도 감사하지 않을 수 없습니다. 먹을 것과 몸에 걸칠 것, 지붕을 덮은 곳에서의 잠잘 곳이 있다면 우리는 세계에서 75% 이상의 부요한 자입니다. 은행에 돈이 있고 지갑에 현금이 있으며 집의 어디에든 잔돈이 있다면 지구의 부요한 자들의 상위 8%에 해당합니다. 아침에 건강하게 일어나고 병이 없다면 이 한 주간에도 살아남지 못하는 백만 인보다 운이 좋은 자입니다. 전쟁의 위험이나 감옥의 외로움, 고문의 고통 또는 굶주림의 처절함을 오늘 경험하고 있지 않다면 이 세계 5억 인들 보다 행복한 자입니다. 만약 위협 구금 고문이나 죽음의 위험 없이 자유롭게 예배드리거나 종교 활동을 할 수 있는 자라면 축복된 자입니다. 지구상의 수십억 인구에게 아직도 이런 자유가 없기 때문입니다. 우리의 축복을 계산하고 명단을 작성하자면 아직도 한이 없겠습니다. 가족 친구들 의식주와 자동차 건강과 일터 자유와 기회 작은 아파트라도 상하수도 냉 온방에 침대 욕실 샤워 대까지 가진 상태입니다. 누릴 수 있는 최고의 혜택을 다 가지고 있으나, 우리는 아직도 고마움보다는 불만과 짜증이 더 많은 것은 어찌 된 연고입니까?

그러나 우리의 감사가 잘살고 성공하고 만사형통해서 감사하는 것이라면 이는 온전한 감사일 수 없습니다. 그러한 것이 없는 경우 우리는 감사하지 않을 수 있다는 말이 됩니다. 언제나 듣고 읽어도 아름답고 공감이 가는 감사 정신을 일깨우는 하박국의 고백을 우리의 신앙고백으로 삼아야 할 것입니다. "무화과나무 포도나무 감람나무에 딸 것이 없고 밭에서 거둘 것 없고 우리와 외양간에 양과 소가 없어도 나는 주님 안에서 즐거워하며 나를 구원하신 하나님 안에서 기뻐하리라"(합 3:17-18).

생떽쥐뻬리(Antoine de Saint-Exupery)의 고전 『어린 왕자』(*The Little Prince*)에 한 교활한 친구가 왕자와 작별하며 비밀을 말하는 장면이 나옵니다. "여기 나의 비밀, 아주 간단한 비밀 하나가 있습니다. 사람이 바로 볼 수 있는 것은 오직 가슴으로만 가능합니다. 본질적인 것은 눈에 보이지 않습니다." 왕자는 본질적인 것은 눈에 보이지 않는다 (what is essential is invisible to the eye)는 말을 반복하며 마음에 간직합니다. 이는 바울이 이미 터득한 진리와 같은 맥을 갖습니다. 우리는 보이는 것을 바라보는 것이 아니라, 보이지 않는 것을 바라봅니다. "보이는 것은 잠깐이지만 보이지 않는 것은 영원하기 때문입니다"(고후 4:18).

"너희는 감사하는 자가 되라"(골 3:15). 아무리 가져도 충분하지 않아 끝없이 더 가지려고 발버둥치는 문화, 영원한 불만족의 딱지가 붙은 문화에서 창조주의 형상에 따라 새롭게 된 그리스도인 공동체는 '급진적인 감사'를 그 특징으로 삼아야 합니다. 오늘날 우리는 불만족의 포로가 되었습니다. 그 결과 돈의 문화에 속한 모든 사람들의 얼굴에는 전혀 감사할 줄 모르는 배은망덕이라는 낙인이 찍혀 있습니다. 이런 방식으로 죄가 우리 속에 그 형체를 드러내고, 우리의 습관을 좌우하며, 우리를 포로로 사로잡고 있습니다. 어떻게 감사를 깊이 체험하고 표현할 수 있을까요? 창조에 대하여, 우리가 받은 생명의 선물에 대하여, 그리스도의 구속과 평화에 대해서만 감사할 줄 모르는 문화와 그 영향력을 깨뜨릴 수 있을 것입니다.

바울은 결코 보석이나 돈, 가죽옷이나 값비싼 물건들에 관심을 갖지도 않았으며, 오직 본질적이고 영원한 것들, 즉 믿음 사랑 지혜의 영 하나님이 주시는 능력 같은 것이 귀함을 알고 그런 것들을 위해 살며 그런 유산을 우리에게 전해 주려 애썼습니다. 이런 본질적인 귀함을 알고 깨닫게 될 때 그 위력은 세상 무엇과도 바꿀 수 없습니다. 그는 세상적인 부귀영화 같은 이 모든 것을 분토 같이 여기며 그리스도가 보여주시고 가르친 그 영원한 것을 향해 진력할 뿐이라 고백했습니다.

역사가 토인비는 왜 소수집단인 그리스도교가 로마제국의 공인 종교가 되었는가에 대해 연구한 바 있습니다. 토인비에 의하면 인명 존중이요, 형제 사랑이요, 이웃에 대한 관심이라 했습니다. 사실 그리스도교는 유대인은 물론이고 이방 사람들도 형제로 대하고 그들을 따뜻하게 영접했다는 것입니다. 서로 돕고 사랑하는 삶에서 놀라운 역사가 일어납니다. 우리가 다시 형제가 되고 이웃이 되는 길은 사랑의 친교, 코이노니아의 회복인 것입니다.

6

성도 여러분, 우리는 오늘의 한반도의 상황, 동서냉전의 마지막 결전지로 여기는 한반도에서 오늘을 사는 그리스도인들입니다. 우리는 정의와 형제애, 평화의 새날을 이루어 낼 것이라는 남북 간의 공존과 동포애, 관심으로 소통되고 평화의 감사제가 일어나는 꿈을 꾸어 봤으면 좋겠습니다. 제10차 WCC총회의 주제인 "생명의 하나님, 우리를 정의와 평화로 인도하소서" 이렇게 기도하며 찬송하며 감사의 축제를 가졌으면 좋겠습니다.

어거스틴의 저서에 보면 당시 그리스도인들은 서로 만나서 여러 가지 이야기를 하며 성도의 사귐을 하다가 헤어질 때는 언제든지 우리 "하나님께 감사합시다" 이것이 한 인사처럼 되었다고 전해줍니다. 어떤 때는 그리스도인들이 만나서 억울한 이야기 핍박당하는 이야기 순교 당하는 이야기 등을 하다가도 마지막 헤어질 때에는 우리 "하나님 앞에 감사합시다"라고 했다는 것입니다. 이와 같이 참 신앙인들은 감사를 생활화하였습니다.

사실 감사절은 어느 한날 한순간의 사건이 아닙니다. 그것은 하나의 과정(process)입니다. 마치 이스라엘인들이 광야를 여행하고 가나안을 향해 움직이던 나그네의 길과도 같이 끊임없습니다. 추수감사절은 하루만이 아니라 감사하는 마음과 표현이 범사에 나타나야 합니다. 동시에 어떤 은혜를 받으면 이웃과 함께 나눌 수 있어야 합니다. 한 감사는 다른 감사를 낳고, 진정한 감사는 그 어떤 외적인 조건이나 소유에 상관없이 하나님의 은혜에 대한 무조건적인 감사(Thanks for Nothing)입니다.

신종 코로나 바이러스가 기승을 부리는 세계의 현실에서 우리 교회는 역사의 긴 터널을 통과하고 있습니다. 그러나 용기를 갖고 눈을 들어 새로운 비전(vision)을 보시기 바랍니다. 이스라엘 신앙의 조상들의 대열과 한국 고난의 역사 속에서도 지켜주신 하나님께 뜻있고 정성된 감사 예배를 드릴 수 있기를 바랍니다. 교회의 본연의 상(image)을 찾기 위해 더욱 힘 있게 결속하고 하나 되어 새 출발을 다짐하기를 바랍니다. 감사의 절기에 우리 모두에게 하나님의 은혜가 풍족히 임하기를 기원합니다.

2020년 11월 15일, 추수감사주일

역사의 원점과 본향 찾는 자들

창세기 32:22-32; 히브리서 11:13-16

1. 시작하는 말

설 명절을 맞아 수많은 가족들이 고향을 찾아 나설 것입니다. 조상들에게 배례하고 가족들과 친지들과의 반가운 환대와 어른들께 세배 뒤의 덕담을 하며 음식 나누어 먹기, 즐거운 시간이겠지요. 하지만 덕담이 길어지며 구체적인 삶의 문제에 대한 뼈있는 조언과 우려도 따르겠지요. 고향을 찾는 일과 본향을 찾는다는 그 신앙적 의미도 성찰해 보아야 할 부분이라고 생각합니다.

2. 제사에 대한 한 왕의 이야기

은나라의 성탕왕은 동이인으로서 산둥반도를 거쳐 중국의 성군이 된 사람인데, 그 나라에 큰 가뭄이 7년이나 계속되어 농사가 하나도 되지 않았습니다. 태사가 점을 쳐 보고 하는 말이, 사람을 잡아 제물로 바치고 하늘에 빌라고 하였습니다. 성탕왕이 말하기를 "내가 백성을 위해 있고, 백성을 위해 하늘에 빌고자 하는데, 구태여 그래야 한다면 내 몸으로 백성의 목숨을 대신하리라" 하였다고 합니다. 성탕왕은 목욕재계하고 손톱을 깎고, 머리를 자르고, 상여 마차에 흰말을 매고, 몸에 흰 거적을 두르고 몸으로 제물 삼아 상림들의 제단 앞에 꿇어앉았습니다. 여섯 가지의 일을 들어 스스로 자기를 반성하고 책망합니다. "① 정사를 절도 없이 했습니까? ② 백성이 직업을 잃었습니까? ③ 궁실을 화려하게 지었습니까? ④ 궁녀들을 가까이했습니까? ⑤ 뇌물을 받았습니까? ⑥ 남을 해치려고 거짓 증거하는 사람을 등용했습니까?" 이 말을 끝내자마자 큰 비가 수천 리에 퍼부었다고 합니다. 이것은 제사 행위에 대한 하나의 표출이었습니다. 제사는 단순한 이기적 욕구나 간구가 아니라 하늘이 내게 원하시는 조건에 대한 응답입니다.

3. 한국 민족의 역사와 그 원점을 찾아서

한국 민족의 역사의 원점은 무엇입니까? 역사적으로 말한다면 환단 시대를 민족의 원점으로 설정합니다. 환단 시대는 한국 민족과 한국 문화의 원점일 뿐만이 아니라, 동양 문화, 수메르 문화의 원점이기도 합니다. 한국 민족은 종교적인 민족입니다. 환단 시대는 신정 시대였으니 그 신관 또한 고등 종교와 같은 경지를 점하고 있었습니다.

환단 시대의 윤리는 신률에 속한 것입니다. 단군의 다섯 계명을 소개한다면 다음과 같습니다. "① 정성스럽고 믿어서 거짓이 없을 것, ② 경건하고 부지런하여 게으르지 않을 것, ③ 효성스럽고 순종하여

어기지 않을 것, ④ 염치가 있고 의로와 음란하지 않을 것, ⑤ 겸손하고
화목하여 싸우지 않을 것.”

모세 오경에 십계명이 있지만 그중에서 하나님에 대한 계명을 빼면
인간끼리의 계명은 여섯 계명이 됩니다. 단군의 계명은 순 인간관계만
을 다섯 항목으로 기록하여 주로 개인 윤리와 이웃 윤리에 중점을 두고
있습니다.

서양에서는 일곱을 완전수로 다루지만, 동양에서는 다섯을 완전
수로 여깁니다. 빛깔도 청, 황, 적, 백, 흑을 오색이라고 합니다. 맛도
단 것, 짠 것, 신 것, 매운 것, 쓴 것이 곧 그것입니다. 음악 곡조도 오음,
즉 궁상각치우의 다섯 음계를 만들었습니다. 방향은 동서남북과 중앙
의 다섯 방위이고, 곡식 또한 오곡이라고 하며, 도덕도 오륜입니다.
단군이 오계를 선포했다는 것도 환단 시대의 원점에서 샘솟는 우리
민족 윤리의 원형이라 하겠습니다. 서양 역사가 폭력주의 역사라면
한국 역사는 윤리를 심장으로 한 진인의 역사라도 무방할 것입니다.
환단 시대를 원점으로 한 시각에서 하는 말입니다.

환단 시대의 관할지역과 그 문화권은 광대했다고 합니다. 중국,
일본, 중앙아시아 그리고 수메르 문명의 모체이기도 합니다. 아브라
함의 고향인 ‘우르’는 우리 환단 고어에서 ‘소’란 말이고 ‘수메르’는 ‘소
머리 문명’의 우리말인 ‘소머리’입니다. 단군 왕국의 수도 ‘아사달’은
송화 강변의 ‘할빈’이라고 합니다. 송화강을 소머리 강이라고 한다는
것입니다. 천지에서 송화강이 흘러내려와 지금의 만주 벌판에서 우리
민족의 젖줄이 되었다고 합니다.

우리나라 상고사와 원점을 환단 시대에 두었고, 우리 민족이 단군

을 민족의 할아버지라고 믿는 것은 당연한 것입니다. 이것은 역사적인 관점에서 하는 말이요, 종교적인 관점에서 하는 말이 아닙니다. 환웅이 데리고 온 부하 삼천 명은 어중이떠중이가 아닌, 가장 우수한 전문지도자들이었을 것입니다. "풍백, 우사, 운사(기상학자였을 것)를 거느리고 식량과 생명, 형벌, 질병, 선악을 주관하시매, 무릇 인간의 360여 가지의 일들을 주관하셨습니다. 세상에 계실 때 홍익인간의 도리로서 교화하셨습니다." 그러나 그 수많은 일들에도 불구하고 그 목적은 하나였다고 할 수 있습니다. 인간을 인간답게 교화, 이화하여 홍익인간, 즉 광범위한 인간화에 초점을 두라는 것이었습니다.

이런 방향에서 우리 민족 상고 역사의 원점을 단군 왕조, 즉 환단시대에 두자는 것입니다. 그렇게 하면 우리 민족의 성격이 옹졸해지거나, 무기력하거나, 비전을 잃거나, 민족 생명의 노쇠를 초래하는 등의 망조를 초극할 수 있을 것입니다. 우리가 잃어버린 고토를 도로 찾겠다는 군사적, 정치적인 침략 근성을 고취하려는 것이 아닙니다. 환단 상고사의 높고 넓은 윤리적 역사를 세계에 선포하라는 것입니다.

우리 민족은 많은 것을 잃었습니다. 선을 위해 바르게 잃는 것은 우리 민족에게 영광으로 되돌아옵니다. 그러나 그렇게 되는 데에는 반드시 통과해야 할 좁고 험한 길이 있습니다. 그것은 원점에 돌아가 새 역사 창조의 새 출발을 시도하는 그것입니다. 원점에 돌아간다는 것과 새로 출발한다는 것은 진리를 따라, 돌이켜 새 역사의 길을 걷는 그것입니다.*

---

* 『한국 역사와 그 원점』, 김재준 전집 18, 228-247.

따라서 우리 민족의 자주성이라는 척도에 따라서 고구려의 자주정신, 나라의 자주를 위해서 중국과 일대일로 대결한 을지문덕, 연개소문, 양만춘 등을 민족정신의 효시로 잡고 평가하고 있습니다. 고구려의 멸망은 한국인의 자주성과 한국 역사의 결정적 분수령이 되었다고 합니다. 그때부터 우리 민족과 우리 역사는 외세에 눌려 기를 펴지 못하고 위축 일로를 걸었다는 역사관찰을 할 수 있습니다. 그리고 신라가 외세인 당나라를 끌어들여 삼국을 통일한 것을 장공(長空)은 매우 부정적으로 평가했습니다. 그 뒤로 고려와 조선조 그리고 일제 강점과 그 이후 미국 지배 등 일련의 역사는 민족의 자주성과 민족 정기의 위축의 일로였다는 것이 그분의 역사관찰입니다.

4. 생명의 본향을 찾는다는 의미에 대하여 생각해 봅니다

우리는 음력 설, 민속의 절기에 고향을 찾아가는 분주한 그러면서도 즐겁고 벅찬 모습의 사람들의 발걸음을 봅니다. 여기서 우리는 삶의 원점인 본향을 그리워하는 마음을 가지고 있음을 보게 됩니다. 우리는 육신의 몸둥이가 태어난 산천의 고향을 넘어서 우리 생명의 영원한 본향을 그리워하고 찾는 것을 보게 됩니다. 바로 이러한 맥락에서 육신의 고향을 찾는 것은 생명의 본향을 찾는 것, 신앙과 희망, 나아가 사랑의 고향을 찾는 것이라 할 수 있습니다.

우리의 삶의 원점, 생명이 돌아갈 영원한 본향은 어디이고 그곳은 어디에 있으며, 그 본향에는 누가 있어서 우리를 기다리기에 인간은 본향을 찾아 나그네의 인생길을 걸어가는 것일까요? 신약성서의 본문

히브리서 11장은 믿음으로 약속의 땅을 바라보면서 살다가 가신 신앙인들의 행적입니다. 구약성서 본문 역시 고향을 찾아가는 야곱의 신앙적 결투를 생생히 보여주고 있습니다. 그 의미는 다음과 같이 정리해 볼 수 있습니다.

(1) 오늘 우리 인간의 삶이란 하늘에서 뚝 떨어지거나 땅속에서 갑자기 솟아난 것이 아니라 역사의 산물이요, 따라서 사람은 역사 흐름의 물줄기 속에서 비로소 사람 노릇을 할 수 있다는 것을 의미합니다. 성서는 모두 역사 이야기입니다. 역사를 모르고서는 나와 우리의 오늘을 안다고 할 수는 없습니다. 그러한 의미에서 바른 역사교육은 우리 민족의 사활을 좌우하는 것이라 할 수 있습니다. 군부정권 시기의 일부 역사가들의 역사 왜곡의 안타까움을 통탄합니다. 역사 교육을 소홀히 하는 백성은 망하고 맙니다. 사람의 뿌리를 잃어버리기 때문입니다. 3.1운동 100주년을 보냅니다만, 대한민국의 출범은 그때부터임을 알아야 합니다.

(2) 역사를 이야기하는 것은 단순히 과거 조상들의 옛이야기를 반복하는 데 목적이 있지 않습니다. 그 역사의 옛이야기가 지금 오늘을 살아가는 현재의 사람들에게 갖는 뜻을 되새겨 묻는 것입니다. 사실 조용히 생각하면 조상들은 과거의 기억 속에 있는 것이 아니고 오늘을 살아가는 그 후손들의 생명과 마음속에 살아서 숨 쉬고 있는 것입니다. 과거의 사실들은 오늘 현재 속에서 새로운 형태로 살아나 영향을 끼치는 것입니다. 오늘 우리의 생명과 삶은 우리의 것이 아니고 과거를 이어온 조상들의 피땀과 노력의 결실인 것입니다.

(3) 역사와 조상들을 이야기하는 것, 아브라함과 이삭, 야곱 등 족장

들의 이야기를 하는 것은 그들의 핏줄을 확인하려는 인간적 동기가 아니라, 그들을 불러서 약속의 백성으로 삼으시는 살아계신 하나님의 경륜을 증언하기 위한 것입니다. 이스라엘의 조상 아브라함이 갈대아 우르와 하란을 떠나 가나안 땅에 입주한 일, 이스라엘 족속의 애굽 피난과 민족 형성과 십계명의 계약을 받은 일이 모두 구원사건입니다. 성서는 바로 이 구원의 역사와 구원하시는 주 하나님을 증언하는 것입니다.

(4) 특별히 이스라엘 백성이 외국 땅에서 나그네가 되고 종이 되어 학대 받고 고난 속에 시달릴 때 그들을 찾아 구원해 주시는 긍휼과 자비가 풍성하신 하나님을 증언하고 있다는 사실입니다. 고통 속에서 울부짖으며 종살이 속에서 시달릴 때, 어머니가 자식을 불쌍히 여기심 같이 말할 수 없는 아픈 마음으로 인간과 피조물 속에 깊이 개입하시는 하나님의 본성, 곧 긍휼과 자비와 의로우심과 거룩하심을 증언해 줍니다.

5. 구원의 역사와 일반의 역사 관계에 대하여 생각해 봅니다

그렇다면 옛 이스라엘 조상의 이야기와 오늘 우리의 삶과는 무슨 관계가 있습니까? 우리 조상들의 하나님, 만주 벌판과 한반도에 들어와서 고난의 역사를 헤쳐 오면서 살아오신 우리 조상들은 아브라함, 이삭, 야곱의 하나님과 또 그들과 관계된 옛이야기와 아무 관계도 없는 것일까요? 아닙니다. 그것은 육신의 후손이 아니라 믿음의 씨앗으로 거듭난 아브라함의 후손, 곧 믿음의 씨앗을 말하자는 것입니다. 하나님의 자녀가 되는 것은 육정으로나 혈통으로 되는 것이 아니라 하나님의 은혜로 부르심 받고 성령으로 거듭남으로 믿음의 후손이 되는 것입니다.

혈통적인 이스라엘 백성 못지않게 한 피를 나눈 우리 한민족은 고난과 종살이와 역경의 역사 속을 헤쳐 왔습니다. 지금의 우리 민족은 절대빈곤의 상태에서 벗어났지만 수천 년간 우리 조상들은 가난과 배고픔, 정치적 억압과 외국의 침입, 식민 종살이와 국제 열강들의 말발굽에 찢기고 고통당했으며, 심지어 이름과 성씨까지 바꾸고 전쟁터에 끌려가거나 정신대로 불려 나갔고 급기야 동족상잔의 비극을 겪기도 했습니다.

그러나 하나님이 우리 민족을 수난의 풀무 불 속에 연단하심은 세계 구원의 특별한 섭리가 이 우리 한 민족에게 있기 때문입니다. 북이스라엘과 남유다가 남북으로 나누이듯이, 형 에서와 동생 야곱이 서로 장자 직분을 놓고 다투듯이 또한 에스겔의 환상처럼 북이스라엘과 남유다가 하나의 막대기로 연결되듯이, 이스라엘 백성이 세계 구원의 섭리 그릇으로 선택되듯이 우리 한민족은 아시아와 세계를 구원하시려는 하나님의 섭리의 도구로 선택 받았으며, 따라서 우리는 하나님의 경륜 안에 있다고 고백해야 합니다.

6. 믿음의 영원한 본향은 생명과 빛, 사랑이 다스리는 영생의 나라 입니다

이제 우리는 믿음의 눈을 들어 고향을 찾는 우리 민족의 대이동을 향해 신앙의 방향과 말씀의 핵심을 제시해야 합니다. 히브리서 기자의 말대로 우리에게는 영원한 하늘의 본향이 있습니다. 하나님만이 우리의 궁극적 본향이요 하나님 나라가 우리의 들어갈 고향입니다. 그것은 예수 그리스도 안에서 계시된 생명의 길이요 진리인 것입니다. 그러므로 예수 그리스도가 삶의 원점이요, 우리의 참 본향은 하나님이 주권을 가지신 하나님의 나라입니다.

설 명절을 맞아 조상의 무덤을 찾아 성묘한다 해도 땅의 질서 속에서는 아무 대답이 없습니다. 우리는 길 잃은 나그네이고, 고향을 잃은 탕자들입니다. 그러나 길이신 주님께서 우리에게 길 되시고 탕자인 우리를 아버지 집으로 인도 하셨습니다. 은혜를 모르고 헤매던 우리 백성에게 생자의 복음을 빛으로 주셔서 예수 그리스도 안에서 썩지 않고 쇠하지 않는 영원한 기업을 잇게 하셨습니다.

이제 우리는 설 명절을 맞아서 다음 세 가지를 자각하고 믿음으로 고백함이 좋겠습니다.

(1) 우리 믿는 자들의 순례길, 여행길, 고향 찾는 발걸음은 향방 없는 것도 아니요 단순히 혈육의 고향 산천을 향하는 것이 아니라, 믿음의 영원한 본향, 하나님이 그리스도 안에서 이루신 생명의 나라, 빛의 나라, 영생의 나라를 찾아가는 길이라는 자각입니다.

(2) 오늘 우리의 삶이 가능함은 우리 조상들의 피땀 어린 노력과 애씀, 그들의 고난과 시련을 하나님께서 긍휼히 여기시고 용납하셔서 우리 조상과 민족을 하나님의 섭리 백성으로 삼으셨기 때문이라는 은혜의 고백을 할 수 있어야 합니다. 따라서 우리 민족은 가인의 혈육적 원리, 즉 이기심, 난폭함, 교만, 탐심, 살육, 혈기로 살려 한다면 모두 망할 것이요, 아벨의 성령적 원리 곧 사랑과 섬김과 겸손과 예배와

봉사와 형제 우애의 정신으로 산다면 축복받고 하나님의 세계경륜의 그릇과 도구로 선택될 것이라는 신앙고백에 따라 살아야 합니다.

(3) 설 명절은 원단이라 하여 부모 형제가 하나 되고 화목하며 새로운 출발을 다짐하는 축복의 날입니다. 서로 장자의 축복권을 독차지하려고 에서와 야곱이 20여 년을 으르렁거리듯 우리 민족은 그보다 세 배나 더 긴 세월 동안 남과 북이 서로 장자 권을 주장하며 갈라져 싸워왔습니다. 그러나 이제 역사에 새로운 전기가 왔습니다. 에서와 야곱이 서로 만나 서로 껴안고 용서하고 형제애를 확인하면서 서로 울었듯이, 남과 북은 한 형제로 화해하고 교류하고 협력하여 평화와 통일을 이뤄야 합니다. 이것이 하늘의 뜻입니다.

7. 결론: 신앙의 재각성과 새사람이 된 브니엘의 체험

여기에 잊지 말아야 할 중요한 사실이 있습니다. 그것은 정치 경제 사회적 통일의 차원을 넘어서서 신앙적으로 하나님의 축복을 받고, 믿음의 조상들의 정통성을 계승할 수 있는가는 신앙에 달려 있다는 점입니다. 다시 말해서 얍복강의 나루터에서 밤새도록 환도뼈가 위골되는 씨름을 하면서 야곱 이름을 이스라엘로 바꿔 받는 경험을 할 수 있느냐에 달려 있습니다. '야곱'이라는 말뜻은 속이는 자, 영리하고 꾀 많은 사람의 상징입니다. 세상을 계산과 요령과 잔꾀로 살아가는 자기중심적 삶의 인간을 말합니다. 그러나 '이스라엘'은 하나님의 다스리심, 하나님과 겨룸을 뜻합니다. 곧 믿음, 용기, 끈질김, 진지함, 성실, 진실의 뜻이 담긴 삶의 인간원형을 말합니다.

야곱은 밤새도록 씨름하고 환도뼈가 위골되어 절뚝거리면서도 아침 해가 돋을 때 얍복강을 건너 명실공히 약속의 땅에 들어감을 허락받았습니다. 그때 그의 마음에 아하 내가 하나님의 얼굴을 뵈었구나! 하나님의 축복을 입었구나! 라는 신앙적 깨달음 곧 '브니엘'의 체험을 한 것입니다. 이제 우리는 겨레가 응답의 메아리 없는 고향 산천을 찾아 성묘하는 혈육의 차원을 넘어 은혜의 눈을 떠서 브니엘의 체험을 하는 새해가 되기를 기원해 봅시다. 설 명절을 한 번 더 지냄으로 우리 신앙인의 영의 눈이 더 밝아지고 속사람이 성숙해져서 영생의 축복과 예수 그리스도 안에 나타난 사랑의 높이와 깊이, 넓이와 길이를 깨닫는 브니엘의 축복의 아침, 벧엘의 가정 제단을 쌓는 복된 새해가 되시기를 기원합니다.

2020년, 설 명절에

위로의 하나님

이사야 40:1-5; 고린도후서 1:3-7

1. 제2이사야 이야기

제2이사야의 예언은 좋은 소식을 당당하게 외치고 있습니다. 어둠에 거하고 있는 백성은 새로운 날이 동터온다는 소식을 들었습니다. 포로들은 구원이 이르고 있음을 들었습니다. 마음에 상처를 입은 자들은 위로를 받게 될 것입니다. 모든 시(詩)들이 위대한 사건들에 대한 흥분과 기대로 가득 채워져 있습니다. 우리가 이 신앙의 무대에 들어설 때 '마치 뒤에는 지옥과 공포만이 남겨진 것 같겠고, 그는 태양이 찬란하게 비치는 정상에 올라가 하나님의 나라 문 앞에 서게 될 것입니다.' '하나님의 나라가 가까이 이르렀다'는 '좋은 소식'을 선포하는 제2이사야의 예언이 신약과 잘 어울리고 있는 것입니다.

제2이사야가 시작되는(사 40:1-11) 시(詩)의 배경은 명백하게 천상의 회의가 열리고 있는 천상입니다. 제2이사야의 예언은 천상회의로부터 들리는 기쁜 소식으로 시작됩니다. 고대에는 인간의 운명에 영향을 주는 결정은 천상의 회의에서 이루어진다고 생각했습니다. 신년 축제 때마다 바벨론의 신전에서 반복되며 바벨론의 창조 신화 에누마 엘리쉬도 신들의 회의에서 마르둑에게 최고의 권위를 주고, "마르둑은 왕이다!"라고 외치며 환호를 보냈습니다. 그가 혼돈의 괴물 티아맛과 그녀의 동맹자들을 이긴 사건은 새해에 최고신이 세계를 다스리겠다고 선포하는 것을 신뢰할 수 있게 해 주었습니다.

바벨론의 신화와 제의에 익숙했을 제2이사야는 그가 야훼의 온 세계에 대한 왕권을 그릴 때 이런 종교적 요소들의 영향을 받을 수 있습니다. 그러나 그보다 앞서간 예언자들과 시온주의의 맥락에서 이스라엘이 드리던 예배 가운데 표현된 확신에 가장 큰 영향을 받았을 것입니다. 제2이사야는 지극히 위대하신 야훼를 그리면서 이스라엘의 전승을 우선적으로 말합니다. "위로하라, 위로하라"는 두 명령으로 시작되고 있습니다. 이 명령은 하나님께서 천상회의의 구성원들에게 이스라엘과 열방들의 운명을 말씀합니다.

제1이사야가 천상 회의에 서게 되었을 때 그는 무책임한 백성들에게 심판을 선포할 것을 사명으로 부여받았습니다(사 6:9-13). 그러나 이사야 40:1-2을 보면 야훼께서는 천상 회의에서 약하고 절망에 빠진 백성들을 위로하라고 하십니다. 야훼는 그의 사자를 보내어 굴레를 쓰고 있는 외로운 '나의 백성'에게 따뜻하게 마음에 말하라고 하셨습니다. 곧 하나님의 백성을 위로하라는 것입니다.

이스라엘 백성들은 3차에 걸쳐서 4,600명이 바벨론으로 잡혀갔습니다(기원전 597, 587, 582년). 이스라엘 백성들은 바벨론에서 집을 짓고 농사에 종사하며 자식들을 결혼시키는 일을 계속하는 동안 그들의 전통은 지속되어 갔습니다. 예루살렘성전에서 제사하는 것과 같이 완전한 제사는 드리지 못했으나 중요한 부분은 구두로 표현했습니다. 회당제도를 통한 새로운 형태의 예배와 교육이 함께 이루어졌습니다. 그러나 남은 백성은 기근이 심하여 먹을 양식이 없었고 땅을 빼앗기며 자식이 종으로 끌려가고 팔려가는 처절한 형편이 되었습니다. 그런데 이 고난의 백성을 향해서 "내 백성을 위로하라 너희는 정다이 예루살렘에 말하며 그것에게 외쳐 고하라 그 복역의 때가 끝났고 그 죄악의 사함을 입었느니라"(사 40:2)는 환희의 소식이 전파되었습니다. 백성의 고난이 하나님의 구원으로 이어지는 디딤돌이 되었다는 것은 이스라엘 백성이 역사에서 얻은 교훈입니다.

이스라엘 백성이 받는 고난의 실상은 출애굽기에 나타난 이스라엘 백성의 삶 그 자체였습니다. 애굽 사람들은 감독을 세워 이스라엘 사람들에게 무거운 짐을 지우고 흙 이기기와 벽돌 굽기와 농사의 여러 가지 일을 심하게 시켰습니다(출 1:11-14). 이렇게 육체적 노동으로 고역을 시켰을 뿐만 아니라 이스라엘 여인들이 남자아이를 낳으면 산파들이 죽이도록 명했습니다. 낳을 자유와 권리까지 빼앗기고 노예로 고통당하는 것이었습니다.

이스라엘 백성의 고난은 이방 민족에게 당하는 고난이기도 하지만, 자기 백성의 왕과 지배자들에 의해서 당하는 고난도 심했던 것을 열왕기서와 예언서에서 찾을 수 있습니다. 아합왕과 왕후 이세벨이 조상적부터 유산으로 받은 나봇의 포도원을 폭력으로 강제 징수한 사건은, 힘없는 사람들이 억울하게 빼앗기고 그 억울함도 호소해 보지 못한 전형적 고난 받는 사람들의 대표적 이야기입니다(왕상 21장).

우리 민족의 역사도 비슷한 경험을 했고 또 하고 있는 것입니다. 일제의 탄압에서 신음할 때에는 민족적인 자부심을 갖고 일제에 저항해서 싸우고 해방의 날을 기다리며 지냈고, 분단된 아픔의 역사를 극복해가며 민족의 통일과 자유와 평화를 희망하고 있는 것입니다.

2. 만리장성의 맹 부인 이야기

대만의 신학자 송(C. S. Song)은 『아시아의 신학』이라는 책에서 만리장성(萬里長城)을 쌓을 때 일어난 완(萬) 씨에 대한 이야기와 함께 맹 부인의 놀라운 부활을 이야기했습니다. 진시황제가 만리장성을 쌓을 때, 쌓으면 무너지고 쌓으면 또 무너지는 어려움이 있었습니다. 지혜 있는 고문관이 진언을 했습니다. "이렇게 긴 성벽을 쌓으려면 사람을 1리에 하나씩 생매장하여 그 수호신이 되게 해야 합니다."

이 제안으로 수없이 많은 사람이 생명을 잃게 되는 위기에 직면했습니다. 이때에 머리가 좋은 한 학자가 황제에게 진언을 했습니다. 1리에 한 사람씩을 생매장해야 된다면 완(萬) 자 성을 가진 한 사람을 생매장하면 만(萬) 명의 생명을 대신하지 않겠느냐는 내용입니다. 그래서 전국에 군사를 풀어 완(萬) 자 성을 가진 사람을 찾게 했습니다. 그리고 결혼식을 올리고 있는 한 사람을 붙들어다가 생매장했습니다.

함께 살아보지도 못하고 과부가 된 맹 부인은 많은 세월이 흐른 뒤 억울하게 죽어간 남편의 시체라도 찾아 장례를 치러주고 싶어서 산을 넘고 강을 건너 먼 만리장성까지 찾아갔습니다. 찾아갔으나 어디에 묻혔는지도 모르고 튼튼하게 쌓아 올린 성벽을 파헤칠 수도 없어

속수무책이었습니다. 맹 부인은 대성통곡을 했습니다. 이렇게 울부짖는 통곡 소리에 성의 한 모퉁이가 무너지고 남편의 뼈가 나왔습니다. 이 소식을 전해 들은 황제는 맹 부인의 모습을 직접 보고 싶었습니다. 황제 앞에 나타난 맹 부인은 선녀같이 아름다워 보였습니다. 그래서 황제는 맹 부인을 왕비로 맞기로 결심했습니다. 진시황제가 맹 부인을 황후로 삼으려 할 때 맹 부인은 세 가지 조건을 내세웠습니다. 첫째는, 세상을 떠난 남편을 기념하는 축제를 49일간 가질 것, 둘째는, 강가에 49자 높이의 탑을 세워 그곳에 올라가서 제사를 드리게 해 줄 것, 셋째는, 제사하는 날에는 황제는 물론 모든 문무백관이 제사에 참여할 것이었습니다.

드디어 완(萬) 씨의 죽음을 애도하는 날이 왔습니다. 맹 부인은 그 많은 사람들 앞에서 황제의 비행을 낱낱이 고발하고 저주했습니다. 그리고는 물속으로 뛰어들어 목숨을 버렸습니다. 분노에 찬 황제는 군인을 시켜 시체를 건져내어 살을 썰고 뼈는 가루를 내어 버리게 했습니다. 그런데 놀라운 것은 그 모든 살점과 뼛가루가 은빛 나는 물고기가 되고 그녀의 혼은 그 물고기 안에 영원히 살아남았다는 이야기입니다. 억울한 남편의 한(恨)은 맹 부인의 처절한 희생으로 물고기 안에서 부르짖는 진리(眞理)의 소리로 남게 되었다는 것입니다.

이렇게 백성은 통치자의 권력 앞에 아무 힘도 없는 무력한 존재요 남편도, 재산도, 자신마저도 빼앗겨야 하는 억울한 신분입니다. 여기서 "백성(민중, marginal people)을 위한 진정한 위로 자는 누구냐?" 하는 질문을 할 수밖에 없습니다.

성서는 '고난의 종, 위로 자'에 대하여 말씀합니다. 애굽에서 부르짖는 백성의 소리를 들으신 하나님은 "아브라함과 이삭과 야곱에게 세운 그 언약을 기억하사 이스라엘 자손을 권념하셨다"고 했습니다. 하나님은 이스라엘 백성을 구원하기 위해 모세를 보내셨습니다. 하나님은 모세가 바로 공주의 아들로 애굽의 궁중에서 가진 자의 특권을 누리며 학대하는 자의 힘을 가지고 있을 때에는 그를 부르지 않았습니다. 그 모든 것을 버리고 도망자로서 양치는 목자의 섬기는 모습이 갖추어졌을 때 부르셨습니다. 고난 받는 백성과 함께할 자는 가진 자의 모습이나 서슬이 시퍼런 통치자의 모습에서가 아니라 종의 모습에서 찾아야 한다는 말입니다.

제2이사야는 '고난의 종'의 모습을 이렇게 말씀합니다. "그가 찔림은 우리의 허물을 인함이요 그가 상함은 우리의 죄악을 인함이라 그가 징계를 받음으로 우리가 평화를 누리고 그가 채찍에 맞음으로 우리가 나음을 입었도다"(사 53:5). 이 '고난의 종의 노래'에서 우리는 백성을 사랑하시는 하나님의 사랑과 죄를 대신 지신 예수님의 십자가 대속과 그 하나님의 사랑을 깨닫게 하심으로 그 고난의 종의 아픔 속에서 새로 태어나는 성령의 은총을 믿게 되는 것입니다.

3. 바울의 '위로의 하나님' 이야기

고린도는 희랍 본토와 페로포네스 반도를 연결하는 지점에 위치한 항구도시로 교통의 중심지이며 무역의 중심 도시입니다. 또 희랍 최대의 상업 도시이고, 아가야 주 수도로써 로마의 관리와 군대가 주둔해 있던 곳입니다. 주후 50년경, 바울의 제2차 선교여행 때 교회가 세워졌습니다(행 18:1). 바울은 이곳에 1년 6개월을 머물면서 교회를 일으켰습니다. 그 당시에 고린도 교회 신자들은 신앙 생활에 열심이었습니다.

그렇지만 고린도교회는 극심한 박해를 받고 있었고, 교회 내부에서는 이단의 침투와 교리 논쟁으로 분쟁이 심했습니다. 교인들은 여러 면에서 괴로움과 상처를 받고 있었습니다. 이러한 때 바울은 하나님의 위로를 전하면서 신앙 생활의 제 문제에 대한 해결을 위해서 고린도후서를 기록하였습니다.

고린도후서의 표어는 '위로'입니다. 어떤 의미에서 고린도후서는 신약성서의 제2이사야서와 같다고 할까요, 바울은 고린도후서 1:3-7까지에서 다섯 절에서 '위로'라는 말을 10회나 사용하고 있습니다. 하나님은 모든 환란 가운데서 우리를 '위로'해 주십니다. 그래서 우리도 하나님께로부터 받는 '위로'를 통하여, 모든 환란 가운데 있는 사람들을 '위로'할 수 있게 하십니다(3절). 그것은 그리스도의 고난이 우리에게 차고 넘친 것 같이 그리스도를 통해서 받는 우리의 '위로'도 차고 넘치기 때문입니다(5절).

바울은 하나님은 '위로의 하나님'이라고 가르칩니다. '위로'라는 헬라어 'parakalew'는 권고하다, 위로하다, 격려하다, 기쁘게 하다, 용기를 북돋운다라는 뜻을 가집니다. 하나님은 성 도들을 위안해 주시고, 격려해 주시고, 기쁘게 하시고, 용기를 북돋아 주시는 '위로의 하나님'입니다.

하나님은 고통의 교제를 위로의 교제로 만드시는(고후 1:5ff) 모든 위로의 하나님입니다(고후 1:3-4). 위로는 현재의 구원으로부터 파생되지만, 이것은 미래의 구원의 빛 가운데 있습니다. 따라서 최종적인 위로는 애곡하는 자들이 이미 하나님의 축복을 받는 현재에 발생하는 하나님의 종말론적인 행위입니다. 이스라엘 가운데 위로를 기다리는 자들(눅 2:25)은 메시아적 구원을 기다리고 있습니다(사 40:1ff). 현재적인 구원의 위로는 종말의 견지에서 규정되며, 그때에는 하나님께서 그의 영광스러운 임재에 의해서 모든 고통을 제하여 주실 것입니다(계 21:3ff). 이러한 이유 때문에 하나님의 임재는 영원한 위로요 선한 희망인 것입니다(살후 2:16).*

이 중요한 '위로'의 메시지는 바울이 사도로서, 그리스도의 제자로서의 경험에서 왔다는 것입니다. 직접적으로는 그가 고린도 교회와의 사이에서 겪은 경험이었습니다. 고린도 교인들은 바울을 비방하고 유대교의 교사들에 의해서 그들의 영적 아버지인 바울을 배반했던 그들의 잘못을 후회하고 아파하고 있었습니다. 그들의 배신은 전도자이며 고린도 교회 창시자인 바울에게 큰 고통을 주었습니다. 그러나 디도가 와서 고린도 인들의 후회와 고통을 말해주자 바울은 이 사건을 통해서 바울과 고린도인들 사이에 깊은 '위로'를 주신 '하나님의 위로'에 감사하게 된 것입니다.

세상의 모든 스승은 사랑하는 제자에게 배반당하는 일, 사랑하는 사람에게 거부를 당하는 일이 얼마나 고통스러운 일인가를 잘 알고 있습니다. 그러나 바울은 오히려 그의 배신자들을 위로하기 위해서 고통을 겪고 있습니다. 이제 바울은 어떻게 그들을 위로해 줄 수 있는가를 알고 있습니다. 왜냐하면 바울 자신이 '위로'를 받았기 때문입니다.

---

* 게르하르트 킷텔, 『신약성서 신학사전』, 592-593.

사도로서 그의 모든 생애는 환난, 배반, 고통의 연속이었습니다. 한마디로 그의 삶은 고난의 삶이었습니다. 그러나 그의 고난에는 항상 하나님의 위로가 따랐습니다. 그는 하나님께 감사하지 않고서는 그의 고난을 말할 수가 없습니다. 그는 고린도 교인들에게 이 '위로의 하나님'을 말하려고 합니다.

그런데 바울은 그가 받은 환난과 고난을 구체적으로 고백을 합니다만, 이에 대하여 오해해서는 안 됩니다. 바울이 그가 받은 고난을 교회가 알아달라는 것은, 바울의 영적 교만이나 그가 겪은 고난의 가치를 인정해 달라는 것으로 해석해서는 안 됩니다. 또한 그리스도를 전하는 일, 그리스도를 따라가는 삶이 얼마나 어렵다는 것, 사도로서의 고충을 말하려는 것도 아니었습니다. 바울은 이 모든 환난 고통이 삶에서 그가 받은 하나님의 '위로'를 고백하고, 이 '위로'에 대해서 그가 받은 환난 고통을 감사하기 위해서입니다. 그래서 바울은 "여러분이 당하는 시련은 누구나 당하는 시련입니다. 하나님은 신실합니다. 그는 여러분이 감당할 수 없는 시련을 당하게 하지 않습니다. 그리고 시련과 함께 그 시련에 견딜힘과 그 시련에서 벗어날 길까지 마련해 주십니다"(고전 10:13).

4. 예수의 구상적(具象的) 현존: "시작은 마구간, 끝은 교수대"

하나님은 가까이 계십니다. 하지만 하나님을 파악하기는 어렵습니다. 예수의 지상적 생애의 시작과 끝을 묘사하는—베들레헴의 구유에 누인 아기 그리고 골고다의 십자가에 달려 죽어가는 예수— 이처럼 하나님은 인간에게 매우 가까이 계십니다! 그러니까 "시작은 마구간, 끝은 교수대."

예수 그리스도의 생애의 시작에 대한 형상을 담고 있는 구상적 현존은 초기의 카타콤 그림들에서 찾아볼 수 있습니다. 누가복음의 탄생 이야기는 예수 탄생의 사건이 들판에 있던 가난한 목자들에게 처음으로 계시됩니다. 마태복음의 탄생 이야기는 먼 곳에 있던 세 명의 현자들이 하늘의 징조를 통해서 위대한 사건에 주목하게 되고, 귀중한 보물들을 가지고 달려와 경배합니다. 화가들은 마구간과 짚단, 폐허, 또는 동굴 등의 상황으로 예수의 탄생을 황혼 혹은 한밤중과 결부시키는 실험을 합니다. 이리하여 그림들에서는 예수의 생애의 시작에서 가난과 무능과 특이한 마술이 통일됨을 강조합니다. 유럽의 낭만주의 시대 이래로 구유는 성탄절의 신앙에서 확고한 자리를 차지합니다.

십자가는 (312년 밀리오 다리에서의 전투를 앞두고 보았던 콘스탄티누스의 환상 이래로) 교회에서 승리의 표징으로 파악됩니다. 11세기부터 이른바 커다란 승리의 십자가가 교회 안에 세워집니다. 13세기부터 오늘날까지 주도적인 영향을 미치고 있는 십자가의 경건성이 구상적인 형태로 관철되고 있습니다. 이 십자가의 경건성은 골고다의 십자가에서 고난 당하는 그리스도에 집중되며, 십자가 처형에 의해 묘사되는 '고통스러워하는 인간'에게 집중합니다. '고통스러워하는 인간' 안에서 하나님은 무능함과 나약함으로 인간과 만납니다.

'구유와 십자가'로 표현된, 감동적이며 매혹적인 이런 구상적 현존은 '오늘 우리에게 예수 그리스도는 누구인가?'라는 질문에 대한 대답을 항상 해줄 수 있지 않을까요? 가까이 계시며 가난하고 무능하며 고난 당하는 하나님이 예수 그리스도 안에 계시됩니다. 그런 하나님은 아마도 하나님으로서 '파악되기가 어려울' 것입니다. 하지만 그런 하나님은 인간에게 항상 어떤 방식으로든 '위로'가 되며 감동을 줍니다. 그런 하나님에게서 감동을 느끼며, 심지어 동정심을 느끼게 함으로써 하나님은 인간들에게 힘을 줍니다. 이런 방식으로 그 하나님은 매력적으로 인간들에게 가까이 갑니다.*

5. 나가며: 민족의 수난과 위로 이야기

주지하는 바 사순절에 민족의 수난과 비교해보며 '위로의 하나님'을 기다려야 할 때입니다. 그리고 보훈의 달이고, 현충일이 있습니다. 우리의 오늘이 있음은 지난날 나라 사랑하기를 자기 목숨보다 더하며, 순국의 선택을 한 분들의 희생의 피가 있었기에 가능했습니다. 그럼에도 우리가 잊을 수 없는 것은 해방정국과 함께 국토 분단과 6.25전쟁의 비극, 국토 폐허, 수백만 사상자, 일천만 피난 행렬의 과정 등을 놀라움과 부끄러움으로 회고합니다. 한국교회는 교회 안팎의 비난과 스캔들 가운데서 분열했으니 어이할 것입니까!

우리는 철저하게 역사의 반성을 정직히 해야 합니다. 일제시대의 우리 한민족을 세 부류(범주)로 나누어 생각하는 분들이 있습니다. 하나는, 어떤 분들은 나라를 찾고자 천하보다 더 귀한 목숨을 초개같이 버리며 조국의 광복과 독립을 위하여 투쟁을 했습니다. 둘째, 어떤

---

* 미하엘 벨거, 『하나님의 계시 그리스도론』 (대한기독교서회, 2015), 31-33.

분들은 역사의 추이를 지켜보면서 이 땅에 머물며 적응해가며 아프고 슬프고 억울한 역사를 참고 인내하며 살았던 것입니다. 셋째, 어떤 이들은 말로는 한몫하면서도 애국 행위를 방해하고 자기 일신의 안일과 영달만을 추구하는 자들이 있었습니다.

결코 잊어서는 안 될 것은, 분단되고 사상과 이념이란 것 때문에 희생된 분들과 6.25전쟁, 민족 살상의 수난의 도가니에서 아무런 죄 없이 무모하게 죽어간 민(民)들의 억울한 한(恨)이 강토에 남아 있습니다. 군경으로 자유를 수호하다가 희생된 분들과 산업의 역군과 민주화와 통일을 위해 일하다가 희생된 분들의 대가도 잊을 수 없는 것입니다.

예수님은 '하나님께 버림받음'의 고독 속에서 고난을 받고 죽으셨습니다. 그러나 그리스도의 고난의 참여에서 인간세계의 고난이 극복되고 치유되어집니다. 우리의 고난 속에는 무한한 위로와 기쁨이 따릅니다. 그리스도인이 십자가를 지는 것은 저주가 아니라 그리스도의 고난에 참여에서 오는 부활의 영광의 약속과 위로로 충만해집니다. 제자의 길은 괴로운 길만이 아니고 십자가를 지는 그 속에 말할 수 없는 기쁨과 위로가 있습니다. 우리는 십자가를 지고, 피와 땀을 흘리고 넘어지고 거꾸러질지 모르나 그 속에는 기쁨과 희망으로 가득 찹니다. 우리에게는 하나님이 마련한 면류관이 눈앞에 있습니다. 그리고 이것을 성령이 보증해 줍니다.

더욱이 나의 적은 고난이 많은 사람의 '위로'를 위해서 지불하는 것이 될 적에 이것은 '고난 받는 자'에게 위로가 아닐 수 없습니다. 나의 고독으로 많은 사람의 고독이 해방을 받고, 나의 수치로써 많은 사람의 수치가 대신 되고, 나의 아픔을 통해서 많은 사람의 아픔이 치료되고,

나의 눈물을 통해서 많은 사람의 눈물이 씻어진다고 하면 이것은 거룩한 고난입니다. 이것이야말로 고난이 가지는 '위로'가 아닐 수 없습니다. 애통하는 자는 '위로'를 받을 것입니다. 우리가 그리스도의 이름으로 냉수 한 사발을 주다가 고난을 당한다면 그 고난은 감사할 고난입니다. "기뻐하고 즐거워하라 하늘에서 상 받을 것이 크리라." 이것이 하나님이 우리의 모든 환란 속에서 주시는 약속이요 '위로'입니다. 그러므로 우리는 바울과 같이 이렇게 말할 수 있을 것입니다. "우리가 환란을 당한다면 그것은 너희의 위로를 위한 것입니다."

주안에 계시는 여러분에게 하나님의 위로하심이 함께하시기를 바랍니다.

2021년 3월 21일, 사순절 다섯째 주일

하나님의 본성을 나누어 받자

베드로후서 1:3-11

1. 시작의 말

본 서신은 신앙적으로 위기에 빠져 있는 그리스도인을 구출 하는 영적 지식이 담뿍 담겨 있는 알찬 서신입니다. 이 서신의 주요 관심사는 거짓 교사들에 맞서 하나님과 그리스도에 관한 참된 지식을 가르쳐 주자는 데 있습니다. 이 서신에는 생명과 경건에 속한 모든 것이 가득 차 있어서 신의 성품에 참여하려는 자들을 위해 올바른 방향을 제시해 줍니다. 공동번역 성서에는 "신의 성품에 참여하여"라는 말을 "하느님의 본성을 나누어 받게 되었습니다"라고 번역하였습니다. 예수님의 지상 생활은 하나님의 성품과 의지를 거침없이 드러내 보이신 사건입니다. 또 사도들의 교훈의 중심은 이 예수 그리스도와 내적으로 영적으로 교제하는 가운데 하나님의 본성을 나누어 받게 하려는데 그 의미가 있습니다.

성서에는 수많은 사람의 각양각색의 초상화가 그려져 있습니다.

역사에 길이 남을 큰 업적을 남기고 간 위대한 인물들의 모습도 나타납니다. 그러나 조용하고 성실하게 자신의 인생을 보람 있게 살아간 더 많은 수효의 신앙인들의 모습도 볼 수 있습니다. 평범하면서도 착실하게 세인의 눈에 띄지 않으면서도 자신의 삶에서 알차게 견실하게 살아간 사람들입니다. 그것은 우리에게 큰 위로요 기쁨이요 희망입니다. 왜냐하면 우리는 대부분 평범한 생활인이며 신앙인이기 때문입니다. "하나님의 본성을 나누어 받자"는 제목의 말씀을 나누고자 합니다.

2. 성서가 보여주는 참된 삶은 무엇일까요?

성서가 보여주는 사람됨의 삶이나 참된 삶이란 무엇일까요? 우리가 힘써야 할 바는 무엇이며, 하나님의 부르심의 뜻에 부합하는 것은 무엇일까요? 그것은 실로 우리 자신의 품성 그 자체입니다. 인격의 품위입니다. 신앙적 인격의 품성입니다. 믿음이 기초가 되고 그 위에 우리의 인격의 품위를 아름답고 가치 있게 높일 수 있는 조화된 품성을 도야시켜야 합니다. 그런 의미에서 인생의 진정한 향기로운 열매는 과연 삶 자체의 인격적 품위라는 것을 깨닫게 됩니다. 본문의 저자는 "하느님의 본성을 나누어 받게 되었다"고 했습니다.

인격이란 무엇입니까? 다시 정리해 봅니다. 인간에게는 세 가지 중요한 활동이 있습니다. 첫째는 무엇을 알려는 학문적 활동, 둘째는 무엇이 아름다운가를 추구하는 예술적 활동, 셋째는 무엇이 옳고 의로운가 하는 것을 찾는 도덕적 활동입니다. 정리해보면, 학문적 활동의 목표는 진(眞)이고 도덕적 활동의 목표는 선(善)이고 예술적 활동의 목표는 미(美)입니다. 여기서 진, 선, 미가 나옵니다. 학문이 진리를 찾을 때 쓰는 도구가 '지식'입니다. 도덕에서 선을 찾는 도구가 '의'(義)입니다. 여기서 지정의(知情意)가 종합되어 갖추어진 것을 철학적으로는 '인격'(人格)이라고 합니다. 빌헬름 딜타이라는 철학자는 "훌륭한 인격자는 지식과 질서와 아름다움을 종합적으로 균형 있게 가진 사람이다"라고 말했습니다. 그러나 그는 종교적인 것은 포함하지 않았었습니다. 종교의 궁극적 목적인 거룩, 성(聖)은 따로 두었습니다. 따라서 종교적으로 훌륭한 신앙인을 이야기할 때 인격이라는 이야기와 연결시켜 본 적이 지금까지는 적었다는 것은 한국교회만의 문제가 아니라 전 세계의 문제라고 볼 수도 있습니다.

본문 4절에 나타난 큰 낱말은 "가장 훌륭한 약속을 받았습니다"와 "세상의 부패에서 멀리 떠나" 그리고 "하느님의 본성을 나누어 받게 되었습니다"라고 하겠습니다. 이 낱말들은 그리스도교 신앙의 중요한 국면입니다. 첫째 "약속"이란 구원의 약속과 그 성취로써 하나님의 자기 계시입니다. 둘째 "멀리 떠나"는 사람의 정욕과 그 죄과의 세력에서 멀리하라는 것입니다. 셋째 "하느님의 본성을 나누어 받게 되었습니다"는 그리스도 안에 나타난 하나님의 생과 목적에 참여하라는 것입니다.

하나님의 본성을 나눔이란, 하나님의 영과 밀접한 관계를 가짐입니다. 곧 그의 도덕적 품성, 그의 거룩한 목적, 그의 구원하는 사랑, 그의 새롭게 하는 빛, 그의 공정에 대한 관심, 그의 무한한 연민, 그의 순결한 정의, 그의 승리적이요 우주적인 섭리 속에 드는 것입니다. 우리는 예수 그리스도를 본받을 뿐만 아니라 그의 본성을 나누는 것입니다. 우리는 예수 그리스도를 피상적 모델로 보다 내재적 능력으로 모십니다. 그리스도가 우리 안에 사시는 것입니다(갈 2:20). 바울이나 베드로는 예수님과 사귀는 체험을 했습니다. 하나님의 본성을 받고 나누는 삶을 살았습니다. 그들은 그리스도의 고난에 참여하는 자들로 즐거워 하였습니다(벧전 4:13). 그리스도의 나타날 영광에 참여할 자인 것입니다(벧전 5:1). 우리 그리스도인들은 예수님과 같은 본성을 가졌으니 우리도 예수님과 같이 고난 당하고 그와 함께 영광에 참여하게 될 것입니다.

우리는 여기서 칼빈의 '신앙에 앞선 성령의 강조'에서 신앙을 어떻게 정의했는가를 살펴보겠습니다. "신앙이란 우리의 인간 본성의 능력을 능가하는 것이며, 또한 하나님의 유일하고도 고귀한 선물이다. 신앙은 성령의 빛이다. 이 성령의 빛을 통하여 우리의 지성이 조명되며 우리의 의지가 확고해진다"고 첫 번째 신앙문답서에서 정의하였습니다.

칼빈은 『기독교강요』에서 신앙을 성령론 속에서 다룹니다. 이것은 신앙이 성령의 선물이며, 은혜로 말미암은 것이기 때문에, 성령을 먼저 말하지 않고는 신앙을 논할 수 없다는 것을 뜻합니다. 이렇게 신앙보다 성령에 더 큰 비중을 두는 것은 칼빈을 따르는 장로교, 개혁교회의 특징인데, 이점은 칼빈의 칭의론을 루터의 것과 비교할 때 분명히 드러납니다.

칭의론은 신앙을 통해 은혜로 의롭다 여김을 받는다는 구원론의 핵심 교리입니다. 이것은 하나님께서 그리스도 안에서 우리를 위해 행하신 일에 대한 믿음으로 우리가 하나님 앞에서 의롭다 여김을 받는다는 주장입니다. 즉 우리는 우리의 인간적인 행위와 노력으로 하나님과 바른 관계를 갖게 된 것이 아니라, 하나님께서 그리스도 안에서 우리를 찾아오시고 우리를 용서하심으로 하나님과 바른 관계를 갖게 되었다는 사실을 믿는 것으로 의롭다는 인정을 받는다는 것입니다. 따라서 의롭다 여김을 받은 것은 우리가 도덕적으로 완전해지고 깨끗해져서 의로워졌다는 것이 아닙니다. 우리가 아직 죄인이지만 하나님께서 그리스도 안에서 의롭다고 인정하시고 용납해 주셨다는 것을 의미합니다.

그러나 루터와 칼빈은 강조하는 바가 서로 크게 다릅니다. 루터는 신앙을 통해 은혜로 의롭다는 여김을 받는다는 이 주장에서 강조점이 '신앙'에 있다고 봅니다. 그러나 칼빈은 신앙이 아니라 '하나님의 은혜'에 강조점을 둡니다. 칼빈은 우리를 의롭게 하는 근거는 신앙이 아니라 예수 그리스도에게 있고, 신앙의 주체는 우리의 종교적 능력이 아니라 성령이라고 분명히 합니다. 성령이 하시는 가장 중요한 일은 신앙을 일으키는 일이며, 이 성령의 역사에 의해서 그리스도와 그의 모든 유익을 누릴 수 있게 됩니다.*

3. 하나님의 본성을 받고 나눈 삶을 산 역사적 일꾼들

요한 웨슬리가 1736년 정월 말, 조지아주 사반나를 향해가던 선박 심몬즈(Simmonds)호는 대서양에서 일련의 폭풍을 만났습니다. 바람이 몰아치고, 배는 부서질 듯이 삐걱거리고, 파도가 뱃전을 두둘겨

---

* Inst., III. I. 1-4.

대었습니다. 야윈 체격의 한 젊은 성공회 목사는 겁에 질려 벌벌 떨고 있었습니다. 요한 웨슬리는 다른 이들에게는 복음을 전하였으나, 스스로는 죽음 앞에서 공포에 질려 있었습니다. 그는 자기와는 전혀 다른 모습을 보이는 모라비안 신자들에게 깊은 인상을 받았습니다. 파도가 배 위에까지 밀려 올라와 중간 돛대를 산산조각으로 부수어버리는 데도, 모라비안 신자들은 고요히 하나님께 찬송을 부르고 있었습니다.

폭풍이 지난 후 웨슬리는 한 독일인에게 놀라지 않았느냐고 물었습니다. 그는 "천만에요"라고 대답하였습니다. 웨슬리는 다시 "여자들과 아이들은 무서워하지 않았습니까?"라고 물어보았습니다. "아닙니다. 우리 여자들과 아이들은 죽음을 두려워하지 않습니다." 는 것이 그 모라비안의 대답이었습니다. 후에 웨슬리는 그의 일기에 다음과 같이 기록하였습니다. "이날이 내 생애에 중 가장 영광스런 날이었다."

그러나 조지아에서의 웨슬리의 경험은 좋은 것이 못 되었습니다. 그가 생각했던 아메리카의 원주민들의 생활은 "탐식자들, 주정뱅이들, 도둑들, 살인자들"이라는 사실을 발견하게 됩니다. 그리고 백인 식민들은 그의 엄격한 예배의식을 협오 하였고, 혹은 교회 내에서 부인들의 화려한 장신구와 사치스런 옷차림을 금지한 사실들에 반감을 품게 되었습니다. 또한 웨슬리는 최고 행정관의 18세난 조카딸 소피 흡기(Sophy Hopkey)와의 연애 사건에 빠짐으로써 복잡하게 되었습니다. 소피는 웨슬리의 경쟁자를 그녀의 남편으로 선택했고, 실연한 요한은 그녀를 수찬 금지에 처했으며, 그녀의 남편은 요한을 아내에 대한 명예훼손에 고소해 재판이 장기화됨으로 요한은 6개월 후 실의에 차서 귀국하였습니다. 그는 집으로 돌아오는 길에 식민지에서의 경험을 돌아보았습니다. "나는 인디안들을 개종시키기 위해 아메리카로 갔었는데, 그러나 과연 나는 누가 회심시키겠는가?"

요한 웨슬리(John Wesley)는 1738년 5월 14일 새벽 5시 성경 공부 시간에 본문 중 베드로후서 1:4 "우리는 그 영광과 능력을 힘입어 귀중하고 가장 훌륭한 약속을 받았습니다. 여러분은 그 덕분으로 정욕에서 나오는 이 세상의 부패에서 멀리 떠나 하느님의 본성을 나누어 받게 되었습니다"(공동번역)는 이 말씀을 읽고 이상한 느낌을 가지고 있다가 그날 밤에 올더스게이트 거리에 있는 모임에 참석했고, 역사적인 회심을 경험하였습니다(마르틴 루터의 로마서 주석 서문을 읽는 것을 듣는 중에 가슴이 뜨거워지는 경험을 했습니다).

중세기의 유명한 수도원장 토마스 아 켐피스(Thomas A Kempis)는 『그리스도를 본받아』(Imitation of Christ)에서 '겸손에 숨은 은혜의 장에서' "사람의 가치는 환상이나 그가 즐기는 오락이나 성경에 대한 지식이나 그가 만드는 높은 위엄에 있지 아니하고, 오히려 겸손 위에 서 있는 그의 인격, 거룩한 사랑으로 채워진 그의 마음에 있다. 사람의 가치는 하나님의 영광을 순결하고도 변치 않는 진실한 마음으로 찾는 데 있다"고 했습니다.

그러므로 바울은 회심과 함께 우리의 인격 안에서 끈기 있게 성장하는 과정으로 나타나는 성화(sanctification)에 대한 가르침을 로마서에서 강조했습니다. 내촌감삼은 "성화는 하나님의 영이 사람의 심령 속에 역사하여 죄와 더러움을 지적하고 이것을 제거하는 길을 가르치며, 죄의 뿌리, 죄의 세력, 죄의 결과에서 해방하여 하나님의 아들이 갖추어야 할 모든 덕과 하나님의 능력을 채우고, 나아가 그리스도 예수의 모습을 우리들 속에 완성하시려는 은혜의 역사이다"라고 했습니다.

요한 웨슬리는 "성화란 사람의 내심의 문제이다. 즉, 사람의 영혼에 역사하시는 하나님의 생명(the life of God in the soul of man)이다. 사람이 하나님의 본성을 나누어 받는 일이다. 그리스도의 마음이 우리 속(심령)에 이룩되는 일이다. 즉, 우리들의 심령이 창조주이신 하나님의 모습에까지 개조되어가는 일이다."*또 성화해진 사람이란 어떤 사람인 가에 대하여 다음과 같이 말하고 있습니다. "끊임없이 기도하고 항상 기뻐하며 범사에 감사하는 손실의 경우도 고통스런 때도 그는 언제나 하나님을 사랑하는 마음으로 채워진 사람이다. 그는 모든 경우 그 말에도 행동에도 하나님을 입증하고 또 하나님을 기쁘시게 하려는 뜻을 나타낸다"**라고 했습니다.

바울은 에베소 인들에게 보낸 그의 편지에서 "마침내 우리 모두가 하느님의 아드님에 대한 믿음과 지식에 있어서 하나가 되어 성숙한 인간으로서 그리스도의 완전성에 도달하게 되는 것입니다"(엡 4:13, 공동번역)라고 했습니다. 이를테면 우리의 인격이나 품성이 그리스도처럼 되려는 성장 과정이 필요하다는 말씀입니다. 믿음이란 하나의 방향 전환입니다. 신생(新生)에로의 촉매점(觸媒点)입니다. 그 믿음을 기점으로 해서 그리스도의 품성(品性)에 이르려는 성장 과정이 따라야 합니다.

우리가 흔히 자기에게 믿음 없음을 탄식하고 사랑이 부족함을 탄식하기도 하고, 겸손과 아량의 결핍을 문제 삼기도 하지만, 사랑이 끊임

---

* John Wesley, *Journal* 1739. 9. 13.
** John Wesley, *Journal* 1744. 12. 2.

없이 솟아 나올 수 있는 우리의 인간성 자체, 믿음과 겸손과 아량이 샘솟을 수 있는 우리의 풍요한 품성 자체에 대해서는 별로 관심을 기울이지 않는 수가 많습니다. 열심도 그렇고, 선행도 그렇습니다.

그러므로 우리가 "믿음을 주옵소서, 사랑을 주옵소서, 겸손과 아량을 주옵소서 혹은 열심을 주옵소서" 하는 식의 기도보다는 그런 값진 것들을 끊임없이 생산해 낼 수 있는 우리 삶의 체질 자체를 개선하기 위한 유의와 관심과 노력과 기도가 더 우선적이고 필요한 것임을 깨달아야 할 것입니다. 우리 각 사람의 체질 개선, 그것이 우리 신앙훈련의 우선적인 것이고 기도의 큰 제목이어야 합니다.

4. 한국교회사 속의 숨은 이야기들

1) 한국교회사에서 목회자의 인간적인 모습이 가장 잘 드러난 것이 언더우드 목사와 모펫 목사의 싸움이 아닌가 생각됩니다. 지금은 갈라져 있지만 옛날에는 모두 같은 장로교였는데 그 장로교의 조상이 언더우드와 모펫입니다. 쉽게 말하면 기장은 언더우드 형의 신앙이고 예장은 모펫 형의 신앙입니다. 서북쪽의 기독교를 모펫이 만들었고 비(非)서북(서울)의 기독교는 언더우드가 만들었습니다.

한국교회는 안타깝게도 민족의 위기에 분열했던 것을 알 수 있습니다. 고신파의 분열은 해방 후에 갈라졌고, 기장과 예장은 6.25전쟁 때 갈라졌습니다. 한국에 통일과 일치와 화해의 에너지를 주어야 할 찰나에 한국교회는 갈라섰습니다. 그리고 통합과 합동은 4.19 때 갈라졌습니다. 한국교회는 민족이 교회의 힘을 제일 필요로 할 때 갈라진 것입니다. 왜 그러한 것일까요?

교회사 가들은 말합니다. 민족이 분단되고 어려운 때이므로 정통 개념이 예민해지고 신경적으로 신학적인 옳은 길을 찾고 정통주의를 찾기 때문에 깨어지는 것 같다고 합니다. 하지만 민족이 어려운 때일수록 신학의 정통성, 신앙적 정통성에 대한 관심은 조금 무디게 가져야 되겠다고 생각합니다. 지금의 연세대학교 자리는 옛날 이태조(이성계)가 서울로 삼으려던 집터입니다. 그래서 좌청룡 우백호 그리고 뒤가 무악산으로 가운데로 물이 흘러갑니다. 그런 곳을 흔히 명당이라고 합니다. 연세대학교 안에 조선 시대에 가장 억울하게 죽은 사도세자의 어머니의 무덤이 있었습니다. 그래서 9.28 수복 때에도 연세대 뒷산을 점령해야 서울을 수복하는 것이라 해서 거기서 미군 해병대 대령만 7명이 죽는 치열한 격전이 벌어지기도 했었습니다.

연세대를 지금으로부터 100여 년 전에 언더우드가 30만 평을 사서 세웠습니다. 그가 그곳에 연희전문을 세우려 할 때 모펫은 평양신학교와 숭실전문이 있는데 왜 또 학교를 세우느냐며 반대했습니다. 언더우드가 환갑을 3년 두고 죽었는데 언더우드의 아들이 쓴 책에는 모펫이 죽였다는 이야기가 나옵니다. 전에 모펫 2세와 언더우드 3세가 서로 만나도 이야기를 안 하는 것을 보았습니다. 연희전문을 세운 후 모펫이 자기 아버지를 10년을 괴롭혀 미북장로교에서 언더우드의 교장직을 인정하지 않아 그는 속이 타 죽었다는 것입니다. 언더우드 집안에서는 모펫을 원수의 집안으로 알고 있습니다.

모펫은 완전히 보수적인 사람으로 서북장로교를 형성했고, 언더우드는 개방적이고 자유로운 신학을 가지고 서울지역에서 활동하였는데 어떤 의미에서는 기장의 아버지였던 것입니다. 이 두 사람은 다 중산층의 소박한 사람들이었습니다.*

2) 한국교회사에서 남강 이승훈(1864~1930) 선생의 신앙을 소개하고 싶습니다. 그는 자수성가한 실업가요 오산학교를 설립, 민족교육을 실시함으로써 민족적 힘을 키운 교육자요, 105인 사건과 3.1운동에서는 그의 고난과 투지로 하여 돋보여진 탁월한 민족 운동가였습니다. 그는 가난하여 제대로 학업을 닦지 못한, 자기의 표현을 빌면 불학무식(不學無識)한 사람이었습니다.

그럼에도 남강으로 남강되게 한 것은 교육과 민족운동에서였습니다. 이것은 도산 안창호로부터 듣고 깨달은 바였고, 그것을 실천한 것은 기독교 신앙이었습니다. 그에게 신앙이야말로 그의 일생을 관통하면서 위대한 선구자로 만드는 에너지였습니다. 그는 신앙을 통하여 고난을 체험하면서도 그것을 인내로 극복하는 법을 터득하였고, 고난에 동참할 줄 아는 사람이 되어 갔습니다. 기독교 신앙은 그의 사상을 세련되고 고상하게 만들어 주었고 그의 행동에 절제의 미덕을 부여하였으며, 편파적이기 쉬운 민족운동을 보편성에 입각하도록 하였습니다. 고집스러울 만큼 외골수의 모난 인격을 연마시켜 드디어는 자신의 한계를 절감하고 모든 것을 하나님께 의탁하는 자기부정(自己否定)의 인격자로 만들어갔던 것입니다.

그는 105인사건 때 한때는 제주도 유배 생활을 했고, 서울로 압송

---

* 「연합신학대학원 소식」.

되었습니다. 당시 2년여의 감옥 생활은 예수님 십자가를 생각하며 기도, 인내, 고난을 견뎌냈습니다. 남강은 52세 때 1912년에 평양신학교 학업을 3년간 한 바 있는데, 그때 구약을 통하여 "하나님의 의(義)"를 크게 깨달았다고 고백하고 있습니다. 남강은 그의 신학과정을 몇 가지 감사하고 있습니다. ① 그의 신앙이 감사하는 인격으로 성장해 갔다는 것, '감사 선생'이란 별명을 얻었습니다. ② 신학교에서 폭넓은 인간관계 53세가 됐으나 연소한 동기, 선후배와 교제, 인격적 영향을 주었습니다. 함태영 목사는 3.1운동 때 결속 계기가 되었습니다. 특히 남강은 3.1운동의 주역으로 활동한 바 있어 천도교, 기독교, 불교를 통합 거족적 민족운동으로 발전시켰습니다. 독립운동과 독립사상은 하나님의 명령으로 한 것이었다고 관헌 앞에서 진술하였습니다. 감옥에서 똥통 청소는 맡아서 했고, 때로는 감옥 안에서 덩실덩실 춤을 추면서 바울의 빌립보 감옥을 연상케 했습니다. 감옥 생활 중에 구약을 20독, 신약을 100독을 했습니다. 그는 자기부정의 신앙을 터득한 바 있고, 「성서조선」 그룹에도 연계했습니다. 5년간 유배 및 감옥 생활을 한 후에 오히려 민족 사랑의 계기가 되었고, 출옥 후에 세례를 받고 오산학교 장로가 되었고 교육과 민족운동의 위대한 선구자가 되었습니다.*

---

* 이만열, 『역사에 살아있는 그리스도인』 (한국기독역사연구소, 2007), 39-86.

5. 마감 정리를 위하여

본문의 저자는 우리의 신앙이 인격과 품성의 성장 과정을 통해서 꽃피우고 열매 맺힐 수 있다는 사실을 아주 구체적으로 가르쳐 줍니다. "그러니 여러분은 열성을 다하여 믿음에 미덕을 더하고, 미덕에 지식을, 지식에 절제를, 절제에 인내를, 인내에 경건을, 경건에 교우끼리의 사랑을, 교우끼리의 사랑에 만민에 대한 사랑을 더하십시오"(벧후 1:5-8, 공동번역)라고 했습니다. 믿음은 모든 덕의 기초입니다. 믿음은 예수님과 함께하신 말씀에 대한 참된 확신입니다. 그리하여 그 약속에 우리 자신을 맡기고 그 명령을 준행합니다. 믿음으로 말미암아 주어지는 하나님의 은혜는 신자의 충성에 따라 옵니다. 믿음은 전체에 관련됩니다. 신자의 생활은 진리 추구를 향해 가는 순례의 길입니다. 믿음은 교향곡의 주제와 같고 모든 덕은 그것을 지원합니다. 그러므로 믿음은 여러 가지 덕이 따릅니다. 덕이 아무리 좋아도 맹목이 되어서는 안 되고 건전한 지식의 지도가 필요합니다. 지식은 견식과 이해를 뜻하며 진리에 속한 박식과 잘 훈련된 지성을 말합니다. 그러나 지식은 교만하기 쉬우니 절제(자제)가 필요합니다.

여기 절제란 적극적 자세를 뜻함이요 금욕적 자기부정이 아닙니다. 고난을 견디는 능력도 뜻합니다. 자제 절제는 인내로 인도할 것입니다. 인간고에 부닥칠 때 희망을 가지고 견디는 것입니다. 희망과 건설적 항구력으로 견디는 적극적 태도입니다. 인내는 경건에 관련될 것입니다. 경건은 신앙심이 깊은 성격을 말합니다. 그것은 종교적 감상이나 정서라기보다 하나님과 인간의 관계를 가깝게 느끼는 태도입니다. 모든 것을 하나님과의 관계에서 관찰하며 모든 것을 하나님의 손에서 받는 태도입니다. 경건은 형제 우애와 떠날 수 없는 입니다. 형제우애는 사랑으로 흘러야 합니다. 사랑은 세상에서 제일 귀한 것, 최대의 덕이며 성령의 제일의 은사(고전 13:13)입니다. 일곱 개의 덕이 구슬을 하나의 금줄에 꿴 것입니다. 일곱 개의 은사를 인격화한 것입니다.

유명한 역사가 토인비는 "우수(憂愁)의 도식(圖式)"에서, 인간의 비참한 역사는 일종의 구속사(Heilsgeschichte)가 되는 것이라고 이해합니다. 토인비는 이렇게 단언합니다. "갈대아의 문명이 한 바퀴 일어났다가 굴러 넘어가는 시대의 깊은 우수를 체험한 이들 가운데 아브라함과 같은 높이의 영성을 가진 이가 났고, 애굽 문명의 수레바퀴가 일어났다가 굴러 넘어가는 때에 역사의 비극을 경험한 이들 가운데에서 모세가 났으며, 바벨론 문명의 바퀴가 넘어가는 시절에 이사야가 났으며, 헬레니즘의 비극의 종막에 바울이 났고, 또한 로마제국의 영원한 도시 로마가 게르만의 알라릭의 말발굽에 유린당하고, 그 불길에 무섭게 타오르는 시절에 어거스틴을 산출한 것입니다. 시대의 우수를 이렇게 경험할수록 사람들의 영은 더 높은 경지로 승화합니다. 이러한 신학적인 조망 아래서 토인비는 역사의 의미를 찾고 있습니다.

그렇기 때문에 토인비는 상정할 수 있는 최고 최종적인 영도자는 나사렛 사람 예수와 같은 '종교가'로서 한 개인 한 사람의 심령에 근본적인 변화를 일으키는 방법인 '서로 봉사하고 사랑하는' 방향으로 사람들을 향도하며 시대의 방향을 그리로 이끌고 나아가기 전에는 현대 서양 문명이 당면하고 있는 것 같은 난국을 타개할 길이 없으리라"고

했습니다.*

끝으로 우리 그리스도인이 나아갈 길은 품성의 도야, 우리 인격의 온전한 변화, 거기 신앙의 참된 삶의 가치와 보람이 있습니다. 우리 그리스도인에게 중요한 것은 옛 그리스도의 위대한 정신과 얼을 닮은 인격자가 되는 데 있습니다. 여러분, 예수 그리스도의 인격에 접촉되고 동화되어 예수의 인격이 여러분의 삶의 현장에 성육 되기를 바랍니다. 지금 우리 시대는 급변하고 있습니다. 하나님의 본성을 나누어 받아 하나님 선교를 특별히 평화 위해 일하시는 우리 모두가 되시기를 바랍니다. "마침내 우리 모두가 하느님의 아드님에 대한 믿음과 지식에 있어서 하나가 되어 성숙한 인간으로서 그리스도의 완전성에 도달되게 되는 것입니다"(엡 4:13. 공동번역). 하나님의 크신 은혜가 우리 모두에게 함께 하시기를 바랍니다.

2021년 6월 27일, 성령강림절후 다섯째 주일

---

* 정대위, 『그리스도교와 동양인의 세계』(한국신학연구소, 1986), 281-299.

하나님과 화해하라

마태복음 6:31-34, 25:35-40; 고린도후서 5:17-21

1

『논어』(論語) 「위정편」에는 나이에 따라 부르는 말이 달리 나옵니다. 15세는 학문에 뜻을 두는 나이라 하여 '지학'(志學)이라 하였고, 30세는 예와 악에 대해 뚜렷한 식견을 가지게 된다 하여 '이립'(而立)이라 하였고, 40세는 사리를 알게 되어 남의 말에 미혹되지 않게 된다 하여 '불혹'(不惑), 50세는 하늘이 준 섭리를 알게 된다 하여 '지천명'(知天命), 60세는 듣는 대로 훤하다 하여 '이순'(耳順), 70세는 마음이 하고 싶은 대로 하여도 도리에 어긋나는 일이 없다 하여 '종심소욕불유구'(終心所慾不踰矩)라 하였습니다.

그러고 보면 "너는 언제 철이 들거냐?" 하는 말은 어린아이들을 야단치고 훈계할 때만 쓸 말이 아닙니다. 오히려 정신없이 살고 있는 우리 각자에게 물어야 할 말입니다. "철들자 망령"이라는 속담이 있는데 나는 과연 지금의 내 시간을 제대로 짐작하고 있는지, 때에 맞는 삶을 살고 있는지 돌아볼 일입니다. "늙어가지 말고 익어가라"는 말이 있습니다. 속이 빈 채 어영부영 나이만 먹는 허망한 삶이 아니라 삶의 의미와 무게가 충실히 익어가는 삶, 철든 삶이란 바로 그런 것이 아닐까요?

다음으로 퇴계 이황 선생과 율곡 이이 선생의 기도를 묵상하겠습니다.

1) 퇴계 선생을 생각하며 드리는 기도

한국 유학계의 최고봉은 퇴계 이황 선생과 율곡 이이 선생을 듭니다. 주자학의 그 심오한 철학 가운데 가장 어려운 부분으로 손꼽히는 이(理)와 기(氣)의 문제를 심성(心性)의 문제와 연관하여 명쾌하고 분명하게 꿰뚫어 이해하신 두 분입니다. 퇴계 선생과 율곡 선생 중에 누가 더 훌륭하냐. 두 분 다 훌륭하지만, 율곡 선생은 최고의 천재였습니다. 날 때부터 신동이라고 불리셨고, 어머니 신사임당을 통해서 일찍부터 영재 교육을 받으셨습니다. 모든 시험에 다 장원급제하시고 모든 분야에 최고만을 구가하셨습니다.

이에 비해서 퇴계 선생은 율곡 선생같이 신동이라는 칭호도 못 얻으셨고, 또 시험도 언제나 1등이 아니셨지요. 그러나 엄청난 수양과 각고의 학문의 노력으로 매우 심오한 경지를 이루셨지요. 부족한 우리는 퇴계 선생의 '최선'의 태도로 이루신 '최고'의 경지가 더 마음에 와닿을 수 있을 겁니다.

선생께서는 겸허함을 덕으로 삼으셔서 털끝만큼도 교만한 마음이 없으셨지요. 도를 이미 분명히 깨달았으면서도 마치 깨닫지 못한 사람처럼 행동하셨고, 그 덕이 이미 높으셨지만 언제나 겸손하셔서 덕이 부족한 듯이 여기셨지요. 스스로를 채찍질하는 마음이 돌아가시는 날까지 언제나 한결같으셨습니다. 그분의 마음가짐은 차라리 성인이 되시려고 공부함에 도달하지 못하실망정, 어떤 한 가지만 잘해서 이름을 내기를 원하지 않으셨습니다. 세상 사람들 중에서 자신의 이름을 크게 과장되게 나타내려고 하는 것을 보시면 매우 옳지 않은 것으로 여기셔서 반드시 그 일을 거론하시어 경계를 삼으셨습니다.

2) 율곡 선생의 추상같은 비판 정신을 묵상하며 드리는 기도

성직자, 말씀 선포자는 두 가지를 마음에 늘 생각해야 합니다. ① 나 스스로가 신앙 위에 바로 서기 위해 언제나 노력해야 하겠다는 것과 ② 말씀 선포자로서 제가 속한 교회 공동체가 하나님 앞에 바로 서도록 해야 한다는 두 가지, 즉 개인적 차원과 사회적 차원에서 하나님 나라를 이루어가는 삶에 대한 힘씀입니다.

하나님! 수기(修己) 후에 치인(治人)하겠다는 알량한 말을 삼가게 하소서. 힘들 망정 수기(修己)한 만큼 치인(治人)된다는 평범한 진리에 놓여지게 하소서.
하나님! 깊어가는 배움과 가르침의 위치를 두려워하게 하시고, 더 깊은 정학(正學)으로 나를 이끌어 주소서. 훈수(訓手)만을 즐겨 하여 멀찍이 서 있지 않게 하시고, 비범한 실천으로, 추상같은 비판으로 문제의 한복판에 있게 하소서. 그리하여 그곳에서 외로이 외로움을 달래시는 당신의 그리움에 슬며시 다가가 보탬 되게 하소서. 아멘.

2

테레사 수녀의 장례식을 보신 분이 있으신지요? 87년을 믿음으로 살며 버려진 자, 병든 자, 가난한 사람들에게 그리스도의 사랑을 전했습니다. 세계 각국에서 많은 조문객이 참석해서 그의 죽음을 애도했습니다. 그분이 젊은 나이로 인도에 갔을 때 그의 주머니에는 미화 5센트밖에 없었답니다. 그리고 거리에서 몸이 썩어가는 환자의 몸에 구더기가 파먹을 것을 닦고 치료해주고 있을 때 힌두교의 어른이 경찰에다 여기 외국인 여인이 와서 이런 일을 하고 있는데 내어 쫓으라고 신고했습니다. 경찰이 힌두교 어른과 함께 가서 테레사 수녀가 하고 있는 일을 보았습니다. 그리고 그 힌두교 어른에게 "저 외국인을 내어 쫓고 저 여인이 하는 일을 당신이 대신하면 저 여자를 내어 쫓겠다. 당신이 그 일을 하겠소?"하고 물었습니다. 그랬더니 노인은 싫다고 가버렸습니다.

힌두교이든 기독교 신자이든 어떤 종교냐 하는 것은 중요하겠지만 말씀을 듣고 지켜 행하느냐, 못하느냐의 차이뿐입니다. 인도의 힌두교도들이 그 일을 맡았다면 힌두교가 인도를 구할 수 있었을 것이지만 행함이 없는 종교로 남아있는 한 기회가 아무리 있어도 그 기회를 선용하지 않는 한, 그 종교의 생명력은 없는 것입니다.

테레사 수녀가 위대했던 것은 그가 돈이 많기 때문이거나 학문이 뛰어나거나 사회적인 지위가 뛰어난 사람이 아니라 믿음이 뛰어난 사람이었기 때문입니다.

그는 본래 알바니아 출신으로서 로마 가톨릭 로레토 수녀회(the sisters of Loreto) 소속입니다. 그가 한번은 인도를 기차로 여행을 하다가 창밖으로 너무나 끔찍한 광경들이 벌어져 있는 것에 크게 충격을 받았습니다. 그 광경이란 인간의 존엄성을 못 가진 채 길가에서 배고파 죽어가고 혹은 병들어 죽어가고 있는 사람들이 방치되어있는 광경이었습니다. 그때 그는 일종의 회심(回心)의 경험을 했습니다. 그것을 그는 "가장 가난한 자에로 회심"(a conversion toward the poorest of the poor)이라고 말합니다. 그래서 그는 세계에서 가장 가난한 도시라고 할 수 있는 인도의 캘커타(Calcutta)에 사랑의 선교부(the missionaries of charity)를 세우고 선교활동을 전개합니다.

3

그는 전도를 전제로 하지 않은 수수한 치유의 목회를 하였습니다. 테레사 수녀가 인도에서 선교 활동을 하던 초기의 이야기입니다. 그가 캘커타 시 정부로부터 허가를 받아 사용하지 않는 옛 사원을 빌려 거기에 병자들을 수용하고 돌보기 시작했습니다. 그들은 힌두교도들을 그리스도 교인으로 개종시키는 일이란 일절 하지 않고, 오직 병자들, 죽어가는 사람들의 임종을 보아주는 그런 일만 했습니다, 그런데 아시다시피 인도는 힌두교가 지배적인 나라입니다. 그 지방의 힌두교 지도자들 가운데는 그곳에 그리스도교가 들어오는 것에 대하여 심각하게 우려를 했습니다. 그래서 힌두교의 극우적인 신도들 가운데 전투적인 사람들이 테레사 수녀의 선교부를 공격했습니다. 창문이 부서지고 문이 떨어지는 등 매우 소란한 공격이 일어났습니다. 그러나 안에서 아무런 반응이 없자 이 공격자들은 몽둥이를 들고 창과 돌멩이를 가진 채 안으로 들어가 보았습니다. 테레사 수녀와 그의 동력자 수녀들은 날아드는 창과 깨져 날아오는 유리 조각에 상처를 받으면서도 태연하게, 아무런 불안이나 두려움이나 당황함이 없이 그저 아픈 사람들, 죽어가는 사람들의 얼굴을 훔치고 마실 물을 주고 음식을 먹이는 일을 계속하고 있을 뿐이었습니다. 그래서 이들 공격자들은 창과 몽둥이와 돌멩이들을 놓고 그 지도자는 이렇게 말했습니다.

"나는 당신이 믿는 하나님을 믿지 않습니다. 당신이 설교하는 예수도, 당신이 가지고 온 그리스도교도 믿지 않습니다." 그리하고 그는 테레사 수녀를 도와서 그 집안을 청소하고 후에 테레사 수녀의 열렬한 지지자가 되었습니다. 이것은 한 연약한 여인이 어떻게 그를 죽이려던 공격자를 무장 해제시키고 그의 지지자로 바꿀 수 있었는가 하는 것을 보여주고 있습니다.

4

20여 년 전에 베스트셀러(Best Seller)가 된 책 『소박한 길』*이 있습니다. 이것은 테레사 수녀가 직접 쓴 책이 아니라 그의 신앙과 사상과 삶을 잘 아는 측근이 편집한 책입니다. 테레사 수녀를 존경하는 어떤

---

* *A Simple Path* (N. Y.: Ballantine Books, 1995).

인도의 사업가가 명함 종이에 "소박한 신앙"(The simple path)이라는 말과 몇 가지 짧은 글귀를 적었습니다. 테레사 수녀는 그것을 만족해하며 그것을 그의 명함이라고 생각하였습니다. 그것은 그의 신앙과 영성을 간단히 정리한 것입니다.

소박한 길 — 침묵의 열매는 기도, 기도의 열매는 믿음, 믿음의 열매는 사랑, 사랑의 열매는 섬김, 섬김의 열매는 평화입니다. 그러니까 테레사 수녀가 이해하고 있는 그리스도교의 신앙의 길이란 간단한 길로써 그것은 침묵, 기도, 신앙, 사랑, 섬김, 평화라는 여섯 단계, 또는 구성요소로 되어있다고 보는 것입니다.

그가 우리에게 가르쳐주는 중요한 복음적 진리가 있습니다. 가난한 사람들이란 음식만 없어서 배고픈 것이 아니라 인간으로 인정받는데에 배고프다는 것입니다. 그들은 우리와 똑같이 인간으로 대접받고 인간 존엄성을 인정받기를 원합니다. 그들은 우리의 사랑에 배고프다는 것입니다. 이 세상에는 한쪽의 빵의 없어서 죽어가는 사람들이 많이 있습니다. 그러나 작은 사랑(a little love)이 없어 죽어가는 사람들이 더 많습니다. 하나님 사랑에 대한 배고픔이라 할 수 있겠습니다.

우리가 누군가를 위하여 무엇을 준다고 할 때 그냥 우리가 가진 것 중 작은 것을 주는 것으로 그칠 것이 아닙니다. 우리가 주는 데 아픔을 느낄 때까지, 즉 어떤 희생이 될 때까지 줄 수 있어야 합니다. 이럴 때에만 우리가 주는 것이 하나님 앞에서 값어치가 있고 제물이 되는 것입니다. 나아가서 이것이 바로 우리가 하나님께 드릴 선물이고 예배임을 의미하고 있습니다. 사도 바울은 "너희 몸을 하나님이 기뻐하시는 거룩한 산제사로 드리라. 이것이 너희의 드릴 영적 예배니라"(롬

12:1)고 말씀합니다.

만약에 우리 주위에 어떤 이웃이 있는데, 어려운 일을 당했다면 돌보는 것이 곧 그리스도를 돌보는 것입니다. 이 세상에는 불구가 되고 정신적인 불구가 되고 마음에 상처를 입고 아파하고 병들어 죽어가고 있는 사람들이 있습니다. 우리가 그들을 돌보고 섬기는 것이 곧 그리스도를 섬기는 것이 됩니다. "내가 진실로 너희에게 이르노니 너희가 여기 내 형제 중에 지극히 작은 자 하나에게 한 것이 곧 내게 한 것이니라"(마 25:4)고 예수님께서 말씀하셨습니다.

5

여러분, 그리스도인의 섬김이란 바로 사랑의 실천입니다. 섬김을 때로는 우리가 어떤 공로를 세우는 것, 선행을 하는 것으로 이해하기가 보통입니다. 그러나 성서적으로 보면 섬김은 사랑의 실천입니다. 어떤 어렵고 상처받은 사람을 도와주는 것, 내가 가진 것을 자발적으로 함께 나누는 사랑의 행위입니다. 이것을 우리는 자랑할 것도 없고 사랑은 의무이고 청지기의 책임입니다. 무엇보다도 섬김의 모범은 제자들의 발을 씻기신 예수님의 (사랑의) 행위였습니다. 그리스도교는 섬김의 도입니다. 우리는 섬김의 도구일 뿐입니다.

여러분, 우리가 어떻게 하나님과 화해하며 화해적인 삶을 살아갈 수 있겠습니까? "하나님께서 그리스도 안에 계시사 세상을 자기와 화목(和睦)하게 하시며 저희의 죄를 저희에게 돌리지 아니하시고 화목하게 하는 말씀을 우리에게 부탁하셨느니라"(고후 5:19)고 사도 바울은 본문에서 말씀합니다. 우리는 그리스도의 사신입니다. 사람은 언제나 그가 행하는 행동에 그 진정한 의미가 있습니다. 우리는 하나님의 연필일 뿐 모든 것은 내가 아니라 그리스도께서 내 안에 계시사 하시는 것이라는 신앙으로 행할 수 있기를 바랍니다. 겸손한 자세로 사랑의 행위, 섬김을 실천하시기를 바랍니다. 우리가 모두 하나님이 계시는 하늘나라에 가기를 열망하고 있습니다. 언젠가 때가 되면 반드시 가게 되어 있습니다. 그러나 우리는 하나님과 지금 함께 있을 수 있는 힘을 우리 손안에 가지고 있습니다. 그것은 곧 지금 이 순간에 그와 함께 행복하게 되는 길입니다. 이 말씀은 바로 내 이웃이 되는 사람에게 이 사람들과 지금 함께 있는 것이 곧 하나님과 함께 있는 것이라 마태복음 25장에서는 동일시하고 있습니다. 오늘 우리에게 **간단한 신앙**을 통한 화해적 삶이, 특히 하나님과 화해하시는 삶이 있기를 바랍니다.

6

예수께서 가르치신 신관(神觀)과 예수님이 우리 신앙과 생활에서 차지하는 역할에 대해 생각해보겠습니다. 하나님이 어떤 분이시며 누구와 같은가 질문할 때, 그분은 자기를 세상에 보내신 '아버지'시오, '그분은 사랑이시다'고 답했습니다. 눈으로 보이는 분이 아니나 예수님은 자신을 보고 자신의 생(生)과 사(死)를 이해하며 그 가르침을 따를 때, 하나님도 알게 된다고 했습니다. 성서는 "주의 말씀이 내게 임했다" 또는 "하나님이 이 모든 말씀을 하셨다"는 말을 1,650여 번이나 반복합니다. 더욱이 하나님의 독생자 예수 그리스도는 하나님 아버지의 영광을 이 땅에 나타내고 하나님의 성품까지도 보여주신 분입니다. 한 주석가는 "예수님은 이제까지 찍은 최고의 하나님 사진"이라고까지 말했습니다. 때때로 사람들은 성서에서 하나님 형상을 복수, 폭력, 원한이나 헛된 신 같은 인상으로 불안해합니다. 그러나 그 답변은 하나님 상(像)이 예수님과 같은 상인가 하는 것입니다. 만약 예수님의 상과 같지 않다면 이는 잘못된 상입니다. 따라서 성서를 읽고 해석할 때, 그리스도를 알고 믿는 빛으로 하나님을 보고 이해해야 합니다. 주 안에서 형제가 된 교우나 세상과 이웃들에 대한 사랑이나 관계에 있어서도 우리 심사언행(心思言行)은 예수 그리스도의 심사언행을 거울로 삼아 비춰보며, 회개하고 새롭게 해야 합니다. 즉, 그리스도인의 하나님 이해는 예수님이 가르치고 보여준 하나님을 이해하고 믿고 따르면 올바른 하나님 이해를 할 수 있게 됩니다. 성서의 믿음의 사람들이나 그리스도교 역사의 훌륭한 성도들은 다 이런 자세로 살았습니다. 사도 바울은 그리스도 같은 생을 위해 다른 모든 것을 다 분토 같이 여겼습니다. 내 주 예수 그리스도를 아는 지식이 세상의 그 무엇보다도 가장 고상함을 알고 체험했기 때문입니다. 세상 누구보다도 훌륭한 생을 살고 있으면서도 아직 잡거나 성취했다 여기지 아니하고, 지금까지 살아온 과거의 모든 것은 다 잊어버리고, 앞에 있는 '목표', 즉 예수 안에서 하나님이 위로부터 부른 그 부름의 상을 받으려고 계속 좇아간다고 했습니다. "오직 우리가 어디까지 이르렀든지 그대로 행할 것이라"(빌 3:7-16).

7

예수께서는 오늘 본문에서 먹고 마시며 입으며 사는 것에 대해서 가르쳤습니다. "공중의 새, 들의 백합화를 보아라. 창고에 모아들인 것도 없으되 너희 천부께서 먹이시고 기르신다" 했습니다. 더욱이 인간된 우리는 이런 것들보다 더 귀한 존재이기에 어찌 하나님이 돌보지 않겠느냐 하며 염려하지 말라던 예수님의 말씀이 곧 본문입니다. 키에르케고르는 1849년 5월 5일 "들의 백합화와 공중의 새"를 주제로 그리스도교 강화를 한 바 있습니다. 그는 백합화와 새를 교사로 삼아 기도와 침묵 그리고 듣는 일에 대하여 배우고자 했습니다.

"사람이 만일 온 천하를 얻고도 제 목숨을 잃으면 무엇이 유익하겠느냐? 사람이 무엇을 주고 제 목숨을 바꾸겠느냐?"(막 8:36-37)고 하셨습니다. 내 목숨, 내 생명은 온 천하보다도 더 중하여 그 무엇과도 바꿀 수 없는 최대의 보물이요, 최고의 가치입니다. 키에르케고르는 이 말씀을 읽으며 온 천하에서 아무것도 얻은 것이 없을지라도 '내 목숨', '내 생명' 하나 얻으면 무엇이 부족하겠느냐 했습니다. 이제 우리는 육체의 남은 때를 내 목숨, 내 생명, 내 영혼을 구하는 일에 최선을 다해야겠습니다. 구약성서의 에서 같이 배고프다고 팥죽 한 그릇에 장자의 명분을 팔듯 내 목숨, 내 영혼을 결코 헐값으로 팔아넘길 수는 없습니다. 우리 조상 최영 장군은 황금 보기를 돌같이 하라 노래했다지만, 내 목숨, 내 생명, 내 영혼의 소중한 것에 비하면 황금 덩이가 아니라 다이아몬드 100캐럿인들, 아니 백만 불인들 어찌 내 생명, 내 영혼과 바꾸고 잃겠습니까?

하나님이 주신 '오늘'의 선물이 귀하고 아름다운데, 어찌 지난 어제만 탓하며, 오지 않은 내일 걱정에 매여 있겠는가? '오늘'이 아름답고 소중하며 영원함을 깨달으며, 그 위력이 참으로 하늘의 천둥이나 벼락보다도 더함을 알아야 합니다. 모든 성현이나 훌륭한 사람들은 다 그들에게 주어진 '오늘'을 허송하지 않고 정말 아름답고 귀하게, 기쁘고 감격스럽게 살았습니다. 틸리히(Paul Tillich)는 오늘은 '영원한 지금' (Eternal now)이란 말로 표현하며, 바로 '지금'을 귀하게 사는 것이 '영원한 것'이요, '영원'을 바라며 사는 것이라 했습니다.

헨리 나우웬(Henry nouwen)이 『여기 지금』(Here and Now)이란 소책자를 썼습니다. 그는 이 저서에서 현재를 잘 살며(Living in the Present), 고난과 역경에도 그리스도의 십자가 은총과 하나님의 사랑을 깨닫고, 오늘 지금 여기에서 매일 하나님의 뜻대로 기쁘고 보람되게 사는 것이 가장 가치 있고 영원을 사는 것이라 합니다. 자신도 젊은 시절이나 노트르담, 예일, 하버드 등의 교수 시절엔 영원만을 사모하며 살았으나 신앙이 성숙해지고 성서를 더 깊이 깨달을수록 저 건너 죽은 뒤의 영원이란 덜 흥미롭고, 그 영원이란 바로 오늘 여기 지금의 나의 생과 직결되고 있음을 깨닫게 된다고 고백합니다. 신실한 크리스천이란 자신이 아니라 자신이 살고 있는 시대의 십자가를 위한 오늘의 의미 있는 생을 사는 자요, 이런 삶이 바로 예수께서 가르치시고 본보여 준 크리스천의 영성입니다.

따라서 우리의 최상의 삶은 하나님이 선물로 준 '오늘'(Today), '지금'(Now), '순간들'(Moments)을 지상 여기에서, 기쁨과 감격 속에 잘 사는 것입니다. 이 귀한 삶을 살아가시는 우리 모두가 되시길 바랍니다.

"사랑의 하나님! 오늘 우리가 어디를 가든지 주님의 향기를 풍기도록 도와주옵소서. 우리의 삶 전체가 주님의 거룩한 생명으로 덧입고 주님이 세상에서 하신 섬김의 행동을 우리도 할 수 있게 도와주옵소서. 우리를 만나고 접촉하는 모든 사람에게 오늘 우리가 그리스도의 임재를 느끼게 하옵소서. 그들이 오로지 우리를 보지 않고 주님을 볼 수 있게 하옵소서. 다만 우리는 주님 예수의 빛을 반사할 수만 있게 하옵소서. 성령님 우리에게 감동하사 우리가 하는 이 모두가 주님의 사랑과 빛, 거룩함을 드러낼 수 있게 하옵소서. 아멘"

2022년 1월 9일, 주현절 첫째 주일

약속의 새 땅과 네 발의 신을 벗으라

여호수아 3:1-7, 5:13-15; 디모데후서 2:1-7

1. 약속의 땅을 향하여

하나님의 말씀은 약속과 그 성취의 역사로 충만해 있습니다. 하나님은 계속해서 우리에게 구원의 약속을 주셨습니다. 그리고 우리는 그 약속의 성취를 기다리고 있습니다. 또한 약속하신 바를 약속하신 대로 이루십니다. 그것이 바로 성경에 나타난 모든 역사의 맥락입니다.

사람에게는 이상(理想)이라는 것이 있습니다. 그리고 그 이상을 현실화하려고 하는 실제적인 노력이 있습니다. 그 이상을 현실로 옮기려 하는 사람은 두 가지 스타일이 있습니다. 그 하나는 이 현실화를 위하여 수단과 방법을 가리지 않습니다. 할 수 있는 모든 방법을 다 씁니다. 있는 지혜와 노력과 힘, 심지어는 폭력까지 서슴없이 다 동원합니다. 이른바 혁명이라는 방법이 이 경우에 속합니다. 무슨 수를 쓰든지 나름의 이상적인 세계 혹은 이상에 도달해 보겠다는 것입니다. 그러다가 이상은 고사하고 현실보다도 더 못한 처지에 빠져버리는 경우가 많습니다. 이상을 현실로 바꾸려는 두 번째 스타일은, 이상을 바라고 나아가는 사람입니다. 바라고 나아가되 은총적으로 받아들이려 합니다. 기다릴 줄을 압니다. 무던히 기다립니다. 하나님께서 주시는 기회, 그 시간, 그 방법, 그 역사를 끝까지 기다려서 약속을 받고, 그래서 성취를 보는 그런 사람입니다.

하나님께서 우리에게 귀중한 약속을 주셨습니다. 그리스도인에게는 하나님의 그 약속이 곧 이상이 되겠습니다. 이 이상을 현실화하고 구체화하는 데 있어서 우리는 또 한 번 하나님께 맡기고 기다려야 하겠습니다. 정적(靜的)인 기대가 아니라 동적(動的)인 인내로써 끈기 있게 기다려 나가는 중에 하나님의 약속을 받는 그리고 성취하는 그러한 은혜가 있어야 하겠습니다. '약속'이라는 말을 요즘의 신학적 용어로는 오메가 포인트(Omega point)라고 합니다. 마지막 목표, 종착점, 오메가 포인트를 우리는 한시라도 잊어서는 안 됩니다. 순간순간 새롭게 기억하고 그리로 향해야 할 것입니다.

세상이 계속 변하고 뒤바뀌는 한이 있어도 우리 앞에 있는 약속의 땅 오메가 포인트는 변하지 않습니다. 그것을 향한 우리의 시선이 흐트러지면 안 됩니다. 우리는 끝까지 참고 견디고 기다려서 기어이 그 약속의 땅에 다다라야 할 것입니다. 남은 것은 존재의 문제입니다. 거기 들어가는 자가 누구냐 하는 문제입니다.

하나님께서 이스라엘 백성을 애굽에서 건지십니다. 하나님 주도적(主導的)인 구원의 은혜입니다. 이스라엘 백성들이 스스로 뜻하고 스스로 힘을 모아 출애굽한 것이 아닙니다. 노예가 된 사람은 몸만 노예이지 않습니다. 정신까지 노예입니다. 출애굽이니 자유니 하는 것은 상상도 못 합니다. 하나님께서 모세를 보내어 이스라엘을 건지실 때 분명한 약속을 주셨습니다. "너희를 가나안 땅으로 인도하겠다. 아브라함에게 약속한 땅, 너희 믿음의 조상들에게 약속한 그 땅에 올라가도록 하여 주마." 이 약속을 믿고 이스라엘 백성들은 애굽을 떠났습니다.

2. 40년의 훈련

그런데 그 후에 보인 그들의 행위는 어떠했습니까? 하나님을 원망하는 일이 너무나 많았습니다. 때마다 실망시키고 불평하고 거스릅니다. 이러한 불신앙적인 행태들을 보아 하면 얼마나 괘씸합니까? 그럼에도 하나님은 약속하신 것을 그대로 지키십니다. 당신이 정하신 이 역사는 반드시 이루십니다. 저들이야 어떠하든 당신의 약속을 능동적으로 창조적으로 지키십니다. 자격으로 보아서야 저들은 도저히 가나안에 들어갈 것 같지 않습니다. 그러나 하나님께서는 40년 동안을 길이 참으시면서 훈련해가고 이 종말론적인 오메가 포인트에 다다르도록, 마침내는 요단강 건너 약속의 땅에 이르도록 경륜(經綸)하시고 이끄시고 성취하십니다. 문제는 그곳에 들어갈 자가 누구냐 하는 것입니다. 들어갈 수 있는 자격이 문제입니다. 그리고 중요한 것은 내가 들어갈 수 있느냐 하는 것입니다.

40년을 두고 기다려 오던 날입니다. 그 많은 시련 속에서도 살아남았고, 하나님의 긍휼과 은혜를 힘입어서 마침내 요단강을 건너가게 되니 얼마나 기쁘고 복된 날입니까? "어서 가나안에 들어가야 되겠는데, 왜 이토록 광야에 오래도록 머물게 하시는가?" 이스라엘 백성들은 안달이 나서 불평을 하기도 합니다. 그러나 하나님께는 당신이 정하신 때가 있습니다. 그때가 반드시 차야만 성취하십니다. 창세기 15:16에 보면 "네 자손은 4대 만에 이 땅으로 돌아오리니, 이는 아모리 족속의 죄악이 아직 관영(貫盈)치 아니함이라"하고 말씀하십니다. 아직도 죄가 차지 않았다는 말씀입니다. '관영'(貫盈)이라는 말은 꿰미가 다 꿰어져서 꽉 찼다는 뜻입니다. 가나안 일곱 족속의 죄가 아주 꽉 차서 더는 용납할 수 없을 만큼 되었을 때 하나님께서는 심판을 하십니다. 이를테면 소돔과 고모라에 유황불을 내려 멸망시키신 그 순간이 바로 죄가 관영한 순간입니다. 저들의 사악과 우상숭배와 저들의 행음과 타락이 더 갈 데 없이 차고 넘쳐 하늘에 사무치는 것입니다. 그때 하나님께서 심판을 하시는데 남김없이, 하나도 남김없이 심판하십니다. 그러나 교육적인 의미를 두시기 때문에 이스라엘 통하여 저들을 섬멸하게 하십니다. "너희 이스라엘도 조심하라. 이 가나안 땅에 들어가 사는 동안 너희도 범죄 하면 이같이 되느니라." 이것을 가르쳐 주시려고 가나안에 유황불을 내리시는 대신 이스라엘 백성들로 직접 쳐들어가게 하십니다. 그리고 성안에 있는 것은 사람이건 짐승이건 아무것도 남기지 말고 없애라고 명하십니다. 그날은 이스라엘 백성들에게는 구원과 은총의 날이지만, 가나안 족속들에게는 그처럼 혹독한 심판의 날이었음을 잊지 말아야 합니다. 같은 사건에서 두 가지 역사가 동시에 이루어진 것입니다.

미국의 제35대 대통령 존 F. 케네디의 연설문 가운데 이런 구절이 있습니다. "언젠가는 우리가 다 역사의 심판을 받아야 할 것이다." 그렇습니다. 우리는 언젠가는 모두 하나님의 심판을 받아야 합니다. 나는 남을 심판하는 자가 아닙니다. 내가 심판을 받아야 합니다. 언젠가는 역사의 심판, 하나님의 심판을 받아야 하는데, 거기에는 기준이 있습니다. 첫째가 당신은 용감하였는가 하는 것입니다. 불의 앞에 비굴하지 않았는가, 옳은 일을 피하는 기회주의적인 인간은 아니었는가 깊이 생각해야 합니다. 둘째, 당신은 현명한 판단을 하였는가 하는 것입니다. 셋째는 참으로 성실했는가 하는 것입니다. 최선을 다해 살았느냐 하는 것입니다. 넷째, 당신은 얼마나 헌신을 했는가 하는 것입니다.

3. 여호수아를 지도자로 세우다

본문 3:7에 보면 "여호와께서 여호수아에게 이르시되 내가 오늘부터 시작하여 너를 온 이스라엘의 목전에서 크게 하여 내가 모세와 함께 있던 것 같이 너와 함께 있는 것을 그들로 알게 하리라"하셔서 여호수아 장군을 권세 있게 하신 다음에 요단강을 건너게 하시는데, 지킬 것 세 가지를 일러 주십니다.

첫째, "법궤를 따르라"고 하십니다. 법궤는 하나님의 임재를 상징하는 궤(櫃)입니다. 하나님께서 함께 하신다는 표상입니다. 오늘로 말한다면 바로 '말씀의 증거'인 것입니다. 따라서 법궤를 따르라 하심은 말씀을 따르라 하심입니다.

둘째, "제사장을 따르라"고 하십니다. 말씀을 멘 사람은 제사장입니다. "제사장들이 너희 하나님 여호와의 언약궤 메는 것을 보거든 너희 곳을 떠나 그 뒤를 좇으라"(수 3:3). 따르되 이천 규빗쯤 상거(相距)

를 두며, 함부로 가까이 다가들지 말라고 하십니다. 어디로 가든지 그렇게 따라만 가라 하십니다.

셋째, 제사장들에게 명령하십니다. "너희가 요단 물가에 이르거든 요단에 들어서라"(수 3:8). 사가들은 이때가 우기였다고 말합니다. 요단강물이 그렇게 많은 편은 아닙니다. 그런 요단강이 우기가 되면 홍수가 지고 범람한다고 합니다. 바로 그런 때에 건너갔다는 것입니다. 이것도 깊이 생각하게 하는 문제입니다. 하필이면 홍수가 지는 우기를 타서 건너야 합니까? 그것은 하나님이 정하시고 지시하신 시점이기 때문입니다. 하나님께서는 이처럼 우기를 타서 기적적으로 건너게 하셨습니다. 그럼으로써 이스라엘 백성도 더욱 신령하게 정신을 차리고, 가나안 일곱 족속도 이 거룩한 역사 앞에 무릎을 꿇게 되는 것입니다.

여호수아 3:15 이하를 보면 "궤를 멘 자들이 요단에 이르며 궤를 멘 제사장들의 발이 물가에 잠기자 곧 위에서 흘러내리던 물이 그쳐서 심히 멀리 사르단에 가까운 아담 읍 변방에 일어나 쌓이고, 아라바의 바다 염해로 향하여 흘러가는 물은 온전히 끊어지매, 백성이 여리고 앞으로 바로 건널 새 여호와의 언약궤를 멘 제사장들은 요단 가운데 마른 땅에 굳게 섰고, 온 이스라엘 백성은 마른 땅으로 행하여 요단을 건너니라"고 합니다. 여러분, 이런 장면을 한 번 상상해 보시기 바랍니다. 홍해를 기적적으로 건너게 하신 하나님께서 다시 요단강에서도 이토록 장엄한 역사를 펼치십니다. "이는 땅의 모든 백성으로 여호와의 손이 능하심을 알게 하며 너희로 너희 하나님 여호와를 영원토록 경외하게 하려 하심이다…"(수 4:24).

4. 성결케 하라

이제 문제는 가나안에 들어갈 자의 자격입니다. 아무나 들어갈 수 있는 게 아닙니다. 하나님께서 말씀하십니다. 그 기사(奇事)를 행하시기 하루 앞서 "너희는 스스로 성결(聖潔)케 하라"(수 3:5)고 분부하십니다. 지난날의 죄스러운 생각으로부터 완전히 회개하고 마음을 깨끗이 하신다는 말씀인 줄 압니다. 출애굽 이전과 이후에 걸쳐 타성화된 모든 죄와 모든 불신앙적인 것을 다 회개하라는 것입니다. 40년에 걸쳐 때 묻은 것을 모두 씻어버리라는 것입니다. 앞에 놓인 미래가 너무도 귀하기 때문에 과거는 모두 묻어버리고 깨끗이 거듭나라는 말씀입니다. 요단강 건너갈 사람들, 이렇게 과거로부터 완전히 성결해야 했습니다. 깨끗하게 정리하고 새롭게 요단강을 건너가야 합니다. 성결케 하라, 이제는 마음을 새롭게 해서 복잡한 생각 다 지워버리고 온전히 하나님께 헌신하라는 말씀이기도 합니다. 하나님 이끄시는 대로 어디로든지 언제든지 어떤 방법으로든지, 하나님 말씀에만 전적으로 순종하여야 합니다. "그리하면 너의 행할 길을 알리니…"(수 3:4). 순종이 선행 조건입니다. 그리하면 하나님께서 가르쳐주신다고 하십니다. 지금까지는 우왕좌왕 갈지자걸음을 걸었지만, 이제는 깨끗하게 순전하게 하나님의 말씀에 따르기로, 그렇게 맹세하라는 얘기입니다.

오늘날 한국교회가 깊이 반성할 지탄받고 있는 문제는 그리스도인의 자질 문제와 사이비 영성의 주장입니다. 교회가 사회의 다른 어느 기관이나 단체보다 영성을 강조하고 그 훈련을 쌓는다는 것은 너무도 당연한 일입니다. 헌데 그것을 귀신 또는 미신과 혼동하거나 아니면 신비성으로 착각해서는 안 됩니다. 본래 그리스도교가 주장하는 '영성'(靈性)이란 두 가지 측면을 함께 지니고 있어야 건전하다고 합니다. ① 영성을 통해서 하나님 체험, 즉 하나님의 사랑을 깨닫고 신앙이 생기는 것이고, ② 그것을 통해서 주님을 따라 삶으로써 신앙을 생활화하는 것입니다. 전자를 '신앙의 의식화 작업'이라 부르며, 후자를 '신앙의 생활화 운동'이라 일컫습니다.

그리스도교 역사를 조명해 보자면, 영성 훈련의 원조는 4세기경부터 수도원 운동이 전개되면서 신비주의 윤리, 즉 '청빈과 순결과 복종'을 평생 생활 지침으로 하고 실생활에 그 수련을 쌓았던 것입니다. 뿐만 아니라 이 영성 훈련은 그 후 청교도들에 의해서 프로테스탄트 윤리의 근간이 되는 '경건과 의로움과 절제'를 생활화함으로써 주님의 제자 되는 길을 걸었던 전통을 가지고 있습니다.

5. 그리스도인의 자질 문제

오늘을 사는 우리는 가치관에 대한 새로운 정립이 필요하게 되었습니다. 가치에는 네 가지 차원의 속성이 있습니다. '가짐'과 '됨'과 '나눔'과 '섬김'이 그것입니다. 돈, 권력, 명예는 '가짐'의 가치입니다. 이것은 누군가가 아주 많이 갖게 되면 누군가는 아주 작게 가질 수밖에 없는 것입니다. 이것을 '희소치'라고 합니다.

건강이나 정의는 '됨'의 가치입니다. 내가 아무리 건강하게 되고 정의롭게 된다고 해서 당신이 허약하게 되고 불의하게 될 리 없습니다. 이것을 '근사치'라고 일컫습니다.

또 한편 세상에는 아무리 나누어도 없어지지 않고 오히려 나누면 나눌수록 더욱 많아지는 것도 있습니다. 그것은 기쁨이나 은혜 같은 것인데 윤리적인 측면에서 찾는다면 사랑, 자유, 평화가 '나눔'의 가치입니다. 그런데 우리는 신앙인으로서 그 신앙을 생활화해갈 때 또 다른 차원의 가치가 있음을 발견하게 됩니다. 그것은 '섬김'의 가치입니다. 하나님을 정성스럽게 섬기고 주위 사람들을 섬겼을 때 내게 일어나는 것이 있는데 그것이 순결이고 경건이며 더 나아가서는 성스러움이라 하겠습니다. 이런 것들은 누군가를 섬기지 않고서는 생기지 않는 가치입니다. 교우 여러분, '가짐'과 '됨'과 '나눔'과 '섬김'을 바르게 재정립하시기를 바랍니다.

성결케 하라는 것은 불가피한 것이 아닙니다. 자원적(自願的)이기를 요구합니다. 빼앗기는 것과 버리는 것은 다릅니다. 마지못해 성결해지는 경우가 있습니다. 흔히 보면 임종을 앞두었을 때가 되어서야 돈도 필요 없고 명에도 필요 없습니다. "이제는 오직 주님뿐입니다" 합니다. 끝장에 이르렀으니 그럴 수밖에요. 이것은 성결이 아닙니다. 마지못해서, 어쩔 수가 없어서가 아니라 자발적으로 성결케 해야 하는 것입니다. 스스로 끊고, 스스로 버리고 스스로 뉘우치는 것입니다.

모세가 하나님께 사명을 받을 때, "너의 선 땅은 거룩한 땅이니 신을 벗어라"하시는 말씀을 들었습니다. 그래서 신을 벗었습니다. 그런데 혈기를 못 버렸습니다. 40년 동안을 은혜 가운데 살면서도 이 혈기 하나를 끝까지 버리지 못했기 때문에 유감스럽게도 요단강을 건너지 못하고 맙니다. 그런가 하면 아간은 요단강을 건너고도 성결에 결점이 있어 죽고 맙니다. 오늘도 이처럼 유감스러운 심령이 없기를 바랍니다. 거룩한 역사에 부끄러움 없기를 바랍니다. 평화와 통일의 약속된 새 땅을 향하여 스스로 성결케 됩시다.

6. 소문에서 소문까지!

여리고 성이 무너지기 전에 소문이 먼저 났습니다. 여호수아 책에서 잘 알려진 이야기는 이스라엘이 여리고 성을 무너뜨리는 여호수아 6장의 이야기입니다. 그런데 여리고 성이 무너지기 전에 무슨 일이 있었는지에 대해서는 여호수아 5장에 주목해야 합니다.

이스라엘은 하나님의 은혜로 요단강을 건너 가나안 땅에 발을 들여 놓게 됩니다(수 1-4장). 그리고 이스라엘은 가나안 땅 전역을 차지하는 감격을 누립니다(수 6-12장). 여호수아 5장은 이 은혜와 감격 사이에 있습니다. 하나님이 하신 놀라운 일을 전하는 이야기와 하나님이 하실 놀라운 일을 기대하는 사이에 여호수아 5장이 있는 것입니다. 어제의 하나님을 기억하고, 내일의 하나님을 기대하면서, 하나님의 사람다운 준비를 해야 하는 과정이 바로 여호수아 5장의 내용입니다.

여리고 성이 무너지기 전에, 하나님이 요단 물을 마르게 하셨다는 소문이 먼저 났다는 것입니다. 그 소문으로 요단 서쪽 가나안 사람들이 정신을 잃을 정도로 난리가 났습니다. 이런 소문은 여리고 성이 무너진 뒤에 더욱 퍼졌습니다. 즉 여리고 성이 무너지기 전에는 하나님이 일하신다는 소문이 났습니다. 여리고 성이 무너진 뒤에는 여호수아가 하나님의 사람이라는 명성이 울려 퍼졌습니다. 이상이 여호수아 5장의 뼈대 구조(Frame)입니다.

1) 여호수아는 여리고로 가까이 다가가기 전에 길갈에 진 치고 있던 이스라엘에게 할례를 행했습니다(수 5:2-9). 길갈에서 할례 받은 이스라엘은 출애굽 2세대입니다. 그 이스라엘은 여리고 성이 무너지는 놀라운 일이 벌어지기 전에 먼저 '애굽의 수치'에서 벗어나야 했습니다(수 5:9). 할례를 받음으로 이스라엘에게 남아 있던 옛 시대의 수치는 떠나가고 하나님의 사람이라는 표적을 지녀야 했습니다. 여리고 성에 들어가기 전에 이스라엘은 그들이 언약 백성인 것을 고백해야 했습니다. 즉, 신앙 사건이 있기 전에 신앙고백이 있었다는 것입니다. 새 일을 맞이하려면 끊어져야 할 것이 있고 맺어져야 할 것이 있습니다. 세상에 찌든 삶에서는 벗어나야 하고, 하늘의 하나님과는 맺어져야 합니다. 주님을 위하여 헌신하다가 생긴 "상처 자국"(상흔)이 있어야 합니다(갈 6:17).

2) 이스라엘이 처음에 유월절을 지켰을 때는 애굽 땅을 떠날 무렵입니다(출 12:2). 그때 지키던 유월절을 여리고 평지에서 다시 지켰습니다. 땅의 시간표가 아니라 하나님 백성의 시간표를 지켰습니다. 그리고 유월절 음식을 먹은 다음 날에 만나가 그쳤고, 그 해부터 이스라엘은 가나안 땅 농산물을 먹게 되었습니다. 가나안 땅에 들어서서 첫걸음을 유월절과 함께 개시했다는 것은 가나안의 농경 시간표에 따라 살지 않고 하나님의 구속사의 시간표에 맞추어 살겠다고 다짐했다는 표시입니다. 가나안 땅의 소출을 먹게 되었다는 것은 가나안 사람들과 어울리게 되었다는 암시입니다. 가나안 땅에 들어가 살더라도 가나안 땅에 속한 사람이 아니라 하나님께 속한 사람으로 살겠다고 다짐했다는 소리입니다.

3) 하나님의 군사가 되어

여리고 성으로 다가서는 여호수아를 막아서는 천사는 '여호와의 군대 대장'이었습니다. "너는 우리를 위하느냐 우리의 적들을 위하느냐"(수 5:13). 여호수아가 여호와의 군대 대장을 만났습니다. 새 번역은 군대 대장을 '군사령관'이라고 옮겼습니다. 그런데 이상합니다. 군대 대장 혼자서 왔습니다. 대장이라면, 군사령관이라면 부하 군사가 있어야 하지 않습니까? 누가 과연 여호와의 천사의 지휘를 받는 군사들입니까? 다른 사람들이 아닙니다. 바로 이스라엘 자손입니다. 이스라엘이 이제는 하나님의 군대가 되었다는 암시입니다. 여리고 성으로 나아가기 전에 이스라엘이 먼저 하나님의 군대가 되어야 했다는 소리입니다.

하나님은 하나님의 사람을 통해서 전능하신 일을 수행하십니다. 하나님은 전능하시지만, 하나님의 사람들이 그 하나님의 손과 발이 되어야 합니다. 그래서 본문은 여리고 성을 마주하고 있는 자들에게 이제 하나님의 군대처럼 나아가라고 지시합니다. 하나님의 손과 발이 되라는 것입니다. 하나님의 뜻을 이루는 도구가 되라는 것입니다. 사도 바울은 제자 디모데에게 이렇게 말하고 있지 않습니까?

너는 그리스도 예수의 좋은 병사로 나와 함께 고난을 받으라(딤후 2:3).

믿는 자로 그쳐서는 안 됩니다. 제자로 그쳐서도 안 됩니다. "그리스도 예수의 좋은 병사"가 되어야 합니다. 어디에서 예수 그리스도의 좋은 병사가 되어야 합니까? 어디에서 하나님의 손과 발이 되는 존재가 되어야 합니까?

이스라엘은 가나안이란 환경을 하나님의 뜻을 펼치는 무대로 삼았습니다. 하나님의 군사는 싸우는 방식이 다릅니다. 세상 방식으로 싸우지 않고 하나님의 방식으로 싸워야 합니다. 선으로 악을 이기는 방식으로 싸워야 합니다. 예수께서도 골고다 십자가는 여리고 성과 같았습니다. 그래서 십자가에 매달렸습니다. "내 아버지여 만일 할 만하시거든 이 잔을 내게서 지나가게 하옵소서"(마 26:39). 거기에서 그치지 않았습니다. "그러나 나의 원대로 마시옵고 아버지의 원대로 하옵소서"(마 26:39). 그리고 나신 후 십자가를 지는 길로 나섰습니다. 그리고 마침내 말씀하셨습니다. "내가 세상을 이기었노라"(요 16:33). 인생의 여리고 성을 마주하고 있습니까? 여리고 성이 무너지기 전에 먼저 하나님의 군사가 되십시오.

4) 먼저 발에서 신을 벗어야

"네 발에서 신을 벗으라 네가 선 땅은 거룩하니라!"(수 5:15). 여호수아가 지금 서 있는 곳은 가나안 땅 여리고 성 근처입니다. 그런데 그곳을 가리켜 거룩한 곳이라고 부릅니다. 무슨 뜻입니까? 여리고 땅이 거룩하다기보다 여호수아가 감당해야 할 사명이 거룩하다는 뜻입니다. 이 사명이 귀하기에 사명을 감당하는 현장은 거룩한 곳이 됩니다. 하나님의 손과 발이 되어 살아가는 자라면 그곳이 어디든지 거룩한 땅입니다. 내 삶을, 내 일터를 하나님의 뜻이 이루어지는 곳으로 삼아야 합니다.

하나님의 천사는 여호수아에게 "네 발에서 신을 벗으라"라고 말했습니다. 군사가 되어 나서려면 군화라도 신어야 하는 것 아닙니까? 화마(火魔)와 싸우는 119 소방대원들의 차림새로 보십시오. 걸치고, 가리고, 지고 나서지 않습니까? 그런데 본문은 거꾸로 요구합니다. 신고 있던 신발마저 벗으라고 합니다. 이 알 수 없는 지시에 여호수아가 순종합니다.

신발을 벗었다는 것은 익숙한 것을 내려놓았다는 뜻입니다. 습관을 내려놓았다는 뜻입니다. 내게 익숙한 것을 내려놓고, 내게 낯선 차림새로 나섰다는 뜻입니다. 주님이 바라시는 것은 성공이 아니라 신실입니다. 성공하기를 바라기 전에 먼저 신실한 하나님의 사람이 되어야 합니다. 여리고 성이 무너지기 전에 나를 진리로 세우는 일에 헌신하십시오. 예수님이 그렇게 사셨습니다. 3년의 공생애를 이루기 위해서 30년 동안 목수로 준비하시는 삶을 사셨습니다. 그래야 오늘이라는 여리고가 하나님이 일하시는 현장이 됩니다.

7. 본 교단의 Exodus

오늘날 우리에게 주실 약속된 새 땅은 어디입니까? 이는 하나님과의 계약이 이루어진 곳, 곧 신앙공동체가 질적인 변화를 일으켜 모든 갈등과 미움과 불신을 갈아엎어 모두가 함께 사는 공동체를 이루어 나가는 곳이 약속의 새 땅이 아닐까 싶습니다. 그러나 한편으로 오늘 우리에게 "약속된 새 땅"은 구체적으로 우리의 민족사적 과제인 통일된 민족의 새 조국이라고 할 수 있습니다. 이 나라는 사회, 정치, 경제

정의가 실현된 나라이며, 하나님의 창조질서에 의한 평화가 지배하는 나라입니다. 이곳이 곧 젖과 꿀이 흐르는 땅입니다. 이를 위하여 우리는 1995년을 희년으로 선포하고 이것을 위한 준비를 했었습니다.

우리는 본 교단 기장이 교권과 신학 무지의 교회 바벨론으로부터 엑소더스(Exodus)한 지 70년째 되어가는 해입니다. 그 시점으로부터 약속된 새 땅을 향하여 끊임없이 전진하여왔던 우리들의 삶의 모습을 유지 발전해 나가며, 한편으로는 약속의 새 땅을 향하여 출발하기 위해 우리 자신을 성결케 하여야 하며 나아가 새 시대에 맞는 새 삶의 모습을 창조해 나가는 데에도 게으르지 말아야 할 것입니다.

나루교회 창립에 즈음하여 야곱이 가족들로 얍복 나루를 건너게 하고, 야곱은 브니엘에서 하나님의 사람과 씨름할 때에, 이스라엘이라 불림 받게 되니 "이는 네가 하나님과 및 사람들과 겨루어 이겼음이니라"(창 32:28). 브니엘에서 옛사람 야곱이 새 사람 이스라엘로 변화되었습니다. 나루교회 성도님들 새 사람, 새 존재로 거듭나는 거룩한 역사와 은혜로 가득하기를 바랍니다.

우리 각자가 선 자리(삶의 자리)에서 소외된 이웃들, 노인, 장애인, 힘없는 제3세계의 사람들과 연대하여 온 세계에, 이 땅 위에 하나님의 나라가 임하도록 끊임없이 일해 나가야겠습니다. 이 일을 시작하신 분도 완성하실 분도 하나님이심을 믿으며 새 출발을 강하고 담대히, 용기 있는 신앙으로 다 함께하여야 합니다. 하나님의 위로와 인도하시는 은총이 우리 모두에게 함께 하시기를 기원합니다.

2022년 3월 20일, **사순절 셋째 주일**

회개는 정직한 마음의 회복

시편 51:1-12; 에스겔 18:30-32

하나님이여 내 속에 정한 마음을 창조하시고 내 안에 정직한 영을 새롭게 하소서(시 51:10).

1. 나단의 책망과 다윗의 회개

사무엘하 12:1-15에 나단의 책망과 다윗의 회개가 나옵니다. 선지자 나단은 다윗이 우리아와 밧세바에게 저지른 악행에 대해 비유로 말합니다. 비유 속에 나오는 불의한 사람에게 다윗이 심판을 선언할 때, 다윗은 자신을 비난하고 있었습니다. 다윗은 우리아를 죽게 했기 때문에 모세의 율법대로라면 사형을 당해야 했습니다(레 24:19-22). 시편 51편의 제목은 이 시를 다윗 생애에서 일어났던 이 사건과 연결시키고 있습니다. 다윗에게 내려진 첫째 심판은 그의 후손 중에 비참히 죽는 자가 있으리라(12:10)는 것인데, 이는 아들 암논(13:29)이 압살롬의 살해(18:9-15)로 실현됩니다. 두 번째 심판은 가족 중에 다윗의 아내와 동침하는 자가 있으리라(12:11)는 것인데 이 역시(16:21-22) 그의 아들 압살롬에 의해 이루어집니다. 다윗의 이야기는 인간적인 야망의 극치까지 올라갔다가 인간적인 고뇌의 밑바닥까지 떨어진 이야기입니다. 어떤 의미로 볼 때 다윗은 그의 위대함 때문에 희생된 최상의 권력을 쥐고자 하는 그의 불굴의 의지 때문에 희생된 인물입니다. 자신의 성공과 국가의 영광을 바란 다윗이지만, 도량이 넓고 매력적인 인물이었기 때문에 친구는 물론이고 적들도 그를 좋아했습니다. 그러나 깊은 의미에서 볼 때 그는 그가 섬기는 하나님과 갈등에 빠졌던 것입니다.

미국의 역사에서 워싱턴, 링컨, 리 장군과 같은 역사적인 인물들을 이상화시켰듯이, 세월이 흐름에 따라 다윗의 약점은 차츰 잊혀지고 그의 위대함이 다시 강조되기 시작했습니다. 이스라엘의 역사가들은 다윗이 그 어느 왕보다 능력과 선을 갖춘 이상적인 왕이었다는 것으로 믿게 되었습니다. 그래서 그는 "야훼의 종"이며, "모든 백성에게 정의와 공의를 행한"(삼하 8:15) 하나님을 두려워한 왕으로 기억되었습니다. 오늘의 말씀은 '회개는 정직한 마음의 회복'이라는 제목입니다.

2. 회개의 의미

회개는 일반적으로 "마음을 돌려 먹음"이라 할 수 있고, 종교적으로 "일반적으로 과거의 속인적, 죄악적 의지를 회개하여 옳은 신앙에 마음을 돌이키는 종교적 신앙 체험"이라 할 수 있습니다. 먼저 구약성경의 에스겔 18:30-32은 온 이스라엘 족속이 온갖 죄들, 곧 강포, 살인, 우상숭배, 강간, 학대 등 하나님의 백성답지 못한 죄들을 범하면서 하나님의 법을 어기고 있을 때 하나님이 그들에게 하신 말씀입니다.

이 말씀에 의하면 이스라엘 족속은 두 가지 문제를 안고 있었습니다. 하나는 지금까지 범한 과거의 죄 문제였습니다. 또 하나는 그 죄 때문에 그들이 당면한 미래의 죽음이었습니다. 하나님은 이처럼 진퇴유곡에 빠진 이스라엘 족속에게 빠져나올 방법을 제시하였습니다. 그 방법이 바로 "돌이킴"이었습니다. "돌이키라"는 말을 두 번씩이나 강조한 것으로 그 중요성을 알 수 있습니다. "돌이키다"의 히브리어 "슈브"는 구약성경 전체에서 1,146번이나 나옵니다.*이 사실은 비록 이스라엘 족속이 끊임없이 하나님을 떠나 죄 가운데서 살고 있으나 그들을 향한 하나님의 다함 없는 사랑—다시 돌아와 관계를 회복하자는 애절한 사랑—을 명백하게 드러냅니다. 그러므로 구약이 지니고 있는 회개의 의미는 "떠나간 지점으로 다시 돌아오다"입니다.

3. 왜 인간에게 회개가 필요한가?

하나님 형상으로 창조된 인간은 하나님과 초점을 맞추고 살아야 함에도 불구하고 그 초점을 상실한 채 삶의 방향을 잃고 방황하고 있습니다. 그러므로 인간은 초점을 다시 조정하여 하나님에게로 맞추어야 합니다. 이러한 초점의 재조정이 바로 회개입니다. 인간은 하나님이 부여하신 자유와 의지를 오용하여 하나님에게 불순종하였고 거역하였습니다. 하나님의 존재를 의심하며, 자연과 역사와 양심을 통하여

---

* William Barclay, *Turning to God Grand Rapids* (MI: Baker Book House, 1972), 24.

알려진 하나님의 뜻을 거부하였습니다. 더 나아가 하나님 대신 자신을 절대자로 만들었습니다. 이것이 바로 죄인데, 소극적으로 죄는 하나님의 법을 어기는 것이고, 적극적으로 죄는 하나님을 자신과 바꾸는 것입니다. 이것을 우리는 '교만'이란 말로 표현할 수 있습니다.

구체적으로 교만해진 인간의 모습은 어떤 것입니까? 하나님과의 고립된 인간은 내적 공허와 죽음의 공포를 스스로 극복할 수 없어 결국 우상을 섬깁니다. 혹자는 목석으로 만든 우상, 더 정교한 우상—인간, 국가, 주의, 물질, 명성, 쾌락 등—을 섬깁니다. 그리고 인간관계에서도 타인의 행복을 증진시키는 대신 절대자가 된 자신의 이윤추구를 위한 수단으로 타인을 이용합니다. 언어의 미장으로 진리 대신 거짓을 내뱉으며, 타인을 돕는 대신 상처를 주고 도적질하며, 성적 유희를 위하여 약한 자를 서슴지 않고 파괴시킵니다. 보다 도덕적인 사람은 그의 도움을 필요로 하는 사람들에게 무관심할 뿐입니다.

인간은 자연에 대하여도 지배자라는 착각 속에서 자연을 하나님의 영광과 타인의 유익을 위하여 아끼고 가꾸는 대신 자신의 이기적인 목적만 위하여 사용합니다. 나라마다 핵 개발에 혈안이 되어 인류와 지구가 종말적인 멸망을 향하여 점증적으로 가속적으로 치닫고 있습니다.

4. 회개란 정직성의 회복

지혜의 왕 솔로몬은 나이가 들어 죽음을 바라보게 되었을 때에 하나님 앞에 나아가 이렇게 소원을 빌었습니다. "주여, 제가 평생 소원해 온 것으로 아직 이루지 못한 일이 있습니다. 제가 죽기 전에 그 소원을 이루게 해 주십시오." 그리고 간구했습니다. "허탄함과 거짓말을 제게서 멀리하게 해 주십시오" 라고 허탄한 마음, 허황한 마음이 어떤 마음입니까? 아무것도 모르면서 아는 척하는 것, 가진 것도 없으면서 있는 척하는 것, 된 것도 없으면서 된 척하는 것, 아무것도 아닌데 꽹황한 듯 꾸며대는 것, 이것이 허탄한 마음이요 허황된 마음입니다. 언제까지 허망한 생각을 품고 살아야 합니까? 우리는 늘 허황한 생각을 하고는 하나님 앞에 나아가 "거짓말을 안 하게 해주십시오" 하고 기도합니다.

회개란 정직성의 회복을 의미합니다. 정직성에 대한 진단입니다. 거짓됨의 반성입니다. 시편 51편을 통하여 다윗은 하나님 앞에 회개하고 있습니다. 신학자 틸리히에 따르면, 히브리어 '슈브'(shubh)는 특히 사회적이며 정치적인 상황에서 자신의 길을 전환하는 것을 말합니다.* 곧 불의에서 정의로, 비인간성에서 인간성으로, 우상에서 신에게로의 전향입니다. 헬라어 '메타노이아'는 같은 뜻을 포함하지만, 인간의 심정과 관련해서 순간에서 영원으로 또는 자신으로부터 신에게로의 전향을 의미한다는 것입니다. 그리고 라틴어 '콘벌시오'(conversion)는 공간적 이미지를 지적 내용과 합일시키는 의미가 있다고 합니다. 틸리히는 이 같은 어원 이해를 근거로 해서 두 가지 사실에 집중합니다. 즉, 회심 사건에서 부정되는 것과 긍정되는 것이 그것입니다. 전자는 실존적 소외에 구속당하는 것이고, 후자는 영적 현존으

---

* P. Tillich, *Systematic Theology* III, 219.

로 인하여 창조된 새로운 존재입니다. 전자는 '회개'를 통해서, 후자는 '믿음'을 통해서 일어난다고 합니다.

다윗의 일곱 편의 참회록 가운데 가장 대표적인 것이 바로 시편 51편입니다. 이 시의 주제는 '죄의 용서'입니다. 이는 이스라엘 종교의 중심부에 자리 잡은 신앙의 내용이며, 동시에 예수님을 통하여 이루어지는 하나님의 구속의 복음의 진수입니다.

다윗의 깊은 회개에는 몇 가지 특징이 있습니다. 첫째로 그는 하나님과 직선 관계에서 회개합니다. 하나님을 직접 만납니다. 혼자서 후회한 것이 아닙니다. 누구에게 가서 잘못 했다는 것도 아닙니다. 오로지 하나님 앞에서 "내가 죄인입니다. 사람들이 뭐라고 하든 상관 없습니다"라고 회개를 하는 것입니다.

둘째로 그는 결과로 인해서 남을 원망하는 법이 없습니다. 내 잘못의 책임을, 그 원인을 결코 사회나 환경에 떠넘기지 않습니다. 다윗은 밧세바를 취하는 엄청난 죄를 지었습니다. 그리고 하나님 앞에 나아가 자복합니다. 다윗은 그 많은 시편, 그 많은 회개 중에 단 한 번도 밧세바를 나무라지 않습니다. 이것이 다윗의 회개에 나타난 특징입니다.

그런데 우리는 회개를 하다가도 내 잘못을 남의 탓으로 돌리기 일쑤여서 문제입니다. 이것은 회개가 아닙니다. 다윗은 누구를 탓하지도 원망하지도 않았습니다. 뿐만 아니라 그는 하나님께 자신의 깊은 죄를 회개했습니다. "어머니가 죄 중에서 나를 잉태하였나이다"(5절)라고 회개했습니다. 이 말은 히브리적으로 보면 결코 어머니가 부정한 관계에서 자기를 나왔다는 말이 아닙니다. '날 때부터 죄인'이라는 뜻입니다. 어렸을 때부터 죄인이므로 오늘의 사건이 우연한 사건이거나 돌발적인 사건은 아니라는 것입니다. 자신은 본질적으로 죄인이요, 이러한 죄가 누적되어 오늘의 사건이 나타나게 되었다고 진정으로 회개하는 것입니다. 구체적인 사건은 중요하지 않습니다. 하나님 앞에 나는 본질적으로 죄인임을 말하는 것, 이것이 회개입니다.

5. 인격적인 회개 경험

회개에 있어서 말씀과 성령의 역할이 없어서는 아니 됩니다. 말씀은 예수 그리스도의 역사적인 생애 ― 고난과 죽음, 부활인데 죄인인 우리에게는 기쁜 소식이며 구원의 핵심입니다. 그러나 하나님이 예수 그리스도를 통하여 제시하신 회개의 방법을 죄인이 인격적으로 받아들여야 합니다. 그 방법이 바로 회개와 믿음입니다. 그러면 회개와 믿음의 의미는 무엇입니까? 한마디로 말해서 회개는 소극적으로 죄에서 돌이키는 결단이고, 믿음은 적극적으로 하나님에게 자신을 맡기는 결단입니다.

그런데 이 결단은 인격적이어야 하므로 지성과 감성 그리고 의지가 다 내포됩니다. 지적인 회개와 믿음은 인간이 하나님의 법과 뜻을 어기고 마음대로 살았던 죄와 죄책을 시인하는 것입니다. 그리고 하나님이 그리스도의 죽음과 부활을 통하여 이루신 사랑의 역사를 알고 받아들이는 것입니다. 정적인 회개와 믿음은 죄와 그 결과에 대하여 진정으로 아파하는 것이며 그리고 예수 그리스도가 모든 죄의 대가를 십자가 위에서 대신 담당하신 사랑의 희생에 대하여 고마워하는 마음입니다. 마지막으로, 의지적인 회개와 믿음은 죄로부터 돌이킬 뿐 아니라 죄를 미워하며 그 죄의 용서를 간구하는 것이며 그리고 구원을 위하여 자신을 의지하던 것을 포기하고 오로지 예수 그리스도만 의지하는 것입니다. 이처럼 인격적으로 회개와 믿음을 구사하면 회개를 경험하는 것입니다.

어떤 사람이든 회개를 경험하는 순간 그는 하나님 아버지 품 안으로 돌아온 것입니다. 그 품 안에서 돌아온 탕자가 누렸던 모든 특권을 누리기 시작합니다. 이 새로운 삶이란 회개가 일어난 순간 회개한 자는 하나님의 자녀가 되어 이제 새로운 길, 곧 하나님을 아버지로 모신 아들의 길, 그리스도를 주님으로 모신 제자의 길, 그리스도를 머리로 모신 몸(body) 안에서 나누는 사귐의 길, 성령의 가르침 밑에 있는 성도들의 교회에서 있어야 할 신앙 성장과 성화의 길 그리고 성령의 지도 밑에서 증거와 봉사의 길을 걷습니다.

6. 정한 마음을 창조하고 정직한 영을 새롭게 하소서

시편 51편 1-5절은 회개를 말씀함이요, 6-12절은 새롭게 됨을 간구합니다. 죄는 또 다른 죄를 낳고 죄에서 다시 죄로 연결되기 때문에 지금 자신이 회개하고 용서를 받는다 해도 스스로 거듭 죄에 빠질 수밖에 없으며 죄짓지 않을 수 없다는 것입니다. 그러므로 "하나님이여, 내 속에 정한 마음을 창조하시고 내 안에 정직한 영을 새롭게 하소서"(10절)라고 간구하고 있는 것입니다. 여기서 '창조'를 의미하는 '바라'는 창세기 1장에 거듭 나타나고 있는 말로 천지를 '창조하다'의 creation을 의미합니다. 따라서 다윗의 이 고백은 '하나님이여 내 속에

정한 마음을 창조해 주세요 그래야만 이제부터 바른길을 갈 수 있겠습니다' 라는 의미를 담고 있다 하겠습니다.

여러분, 정직하려고 노력해 보았습니까? 그렇다면 이것이 얼마나 어려운 일인지를 알 것입니다. 우리는 본래부터 정직을 잃어버리고 살았기에 정직을 쉽게 생각합니다. 그러나 정직을 생각하고 산 사람은 정직과 진실이 가장 어렵다는 것을 압니다. 가장 귀한 것이 진실이라는 것을 압니다. 모든 문제가 진실에 걸려 있습니다.

다윗은 죄 가운데 가장 큰 것이 성실을 잃어버리는 죄라는 것을 알고 있었습니다. 그가 하나님 앞에 정직함의 회복을 소원했던 것은 바로 이 때문입니다. 모든 죄를 회개하면서 더불어 정직성을 회복시켜 주십사 간구하고 있습니다. 그래야만 앞으로 남은 시간을 바로 살 수 있겠다고 생각했기 때문입니다. 성경에는 '다윗'이라는 이름이 무려 8백 번이나 나옵니다. 사람의 이름 가운데 가장 많이 나오는 이름이 다윗입니다. 하나님께서는 다윗을 극진히 사랑하셨습니다. 이는 하나님께서 다윗에게 붙여주신 별명으로 알 수 있습니다. '내 종 다윗', '정직한 사람 다윗', 바로 '정직함'이 하나님께서 다윗에게 붙여주신 별명이었습니다.

소년 시절의 다윗은 참으로 정직했습니다. 하나님 앞에 진실했고 사람 앞에 정직했습니다. 자연과 자신의 임무 앞에 정직했습니다. 그러므로 그에게는 무서울 것이 없었습니다. 그는 정직한 사람이기에 담대했으며 항상 평화로웠습니다. 또한 그에게는 목자로서 양을 칠 때에 맹수가 어린양을 물고 가자 달려들어 맹수를 죽이고 어린양을 되찾아 오는 용기도 있었습니다. 이 모든 것이 정직에서 비롯된 것입니다. 특별히 널리 알려진 골리앗 대장과의 싸움에서 보는 바와 같이 그에게는 "이스라엘 군대의 하나님의 이름으로 네게 나아가노라"(삼상 17:45)라고 소리치며 물매 돌을 내던지는 용기도 있었습니다. 이 역시 정직함에서 나온 것입니다. 다윗은 정직하고 진실하다면 하나님께서 항상 도와주실 것을 믿었기에 하나님은 정직한 자의 편이심을 믿었기에 늘 자신만만하였습니다. 다윗은 이토록 대단한 용기의 사람이었고, 이 용기는 그의 정직함에서 비롯된 것이었습니다.

7. 다윗이 왕이 되었을 때 모습은 교훈적이다

그러던 다윗이 왕이 되었을 때 그는 군왕으로서 못 할 말과 못 할 짓을 많이 저지르게 됩니다. 보좌를 지키기 위하여 거짓 되기도 하고, 말과 행위가 정치적으로 변하고 맙니다. 소년 시절의 정직함은 하나둘 사라지고 말았습니다. 거짓과 위선으로 부끄러워지고 약해지고 비겁해지고 두려워지고 마침내는 형편없는 인간으로 전락하고 말았습니다. 여러분, 여기서 인격의 파탄이 오는 것입니다. 모두 병듭니다. 정직함은 자기 자신과의 다른 만남이요, 자기 자신을 찾는 길이라는 것을 우리는 잊지 말아야 합니다. 정직을 상실하면 존재를 상실하는 것입니다. 사람은 정직한 만큼 자기 정체를 향유하는 것입니다. 만일 모든 행위가 거짓되다면 그의 인격, 인간, 그의 존재는 없는 것입니다. 허깨비가 살아가는 것일 뿐, 지혜도 용기도 없습니다. 물론 행복도 평화도 있을 수 없습니다. 모름지기 존재 의식이란 정직함에 뿌리를 두고 있음을 알아야 합니다. 자기 정체가 곧 정직함입니다.

또한 정직이란 하나님 앞에 있는 것입니다. 사람들의 평가나 평판, 인간 규례를 논할 것이 아닙니다. 남이 뭐라 하든 상관없습니다. 하나님 앞에 정직하고 그분께서만 아시면 됩니다. 하나님께서 나의 진실을 아신다고 한다면 나에게는 좌우, 전후 부끄러움이 없습니다. 두려움이 있을 수 없습니다. 하나님께서 나의 중심을 아신다는 것보다 더 큰 의지가 없는 것입니다.

나아가 정직함이란 자기 자신에게 운명을 내거는 것입니다. 정직한 연후에 오는 결과는 하나님께서 책임을 지십니다. 우리는 이것을 명심해야 합니다. 여러분, 정직해서 다소 손해가 나더라도 정직함을 택하고 손해를 보십시오. 그것이 바로 그리스도인의 자세입니다. 이익을 보거나 출세하기 위하여 정직을 버리는 순간에는 모든 것을 잃고, 출세 좀 해보려다가 정직함을 내동댕이 친다면 이제는 양심도 인격도 없는 비참한 사람이 되고 맙니다. 모름지기 정직과 진실이 최우선임을 우리는 깊이 깨달아야 할 것입니다.

다윗은 지금 하나님 앞에 참회의 기도를 드리고 있습니다. 의인이 되려는 것도 아니요, 왕위를 유지하려는 것도 아니요, 오래 살고 건강하기를 바라는 것도 아닙니다. "하나님이여, 내 속에 정한 마음을 창조하시고 내 안에 정직한 영을 새롭게 하소서." 이것이 그의 기도입니다.

8. 마치면서

미국의 작가 마크 트웨인(Mark Twain)은 "정직이 신발을 신는 동안, 거짓말은 세계를 반 바퀴 돈다"라고 말합니다. 정직하긴 해야 하겠는데 오늘이 아니라 내일 정직하겠다고 미루는 것입니다. 신발을 신는다는 것은 정직을 준비한다는 뜻입니다. 그러나 신발을 신는, 그 준비가 중요한 것이 아닙니다. 바로 오늘부터, 바로 여기서부터, 바로 이 사건에서부터 정직할 것입니다. 정직은 내일로 미룰 수 있는 것이 아닙니다. 정직은 수단이 될 수 없습니다. 정직함의 결과는 하나님께서 보증하십니다. 정직함으로 손해 보는 것이 있다면 하나님께서 보증해주십니다.

여러분, 잃어버린 재물로 근심하니까? 실추된 명예 때문에 번민합니까? 나이 들고 건강을 잃었다고 고민합니까? 이 모두 언젠가는 없어질 허망한 것입니다. 마지막 남은 가장 귀한 소원은 정직함입니다. '하나님이여, 이제 앞으로 며칠을 살더라도 정직한 생을 살게 하옵소서.' 모름지기 내 정직함의 현주소를 물어야 하겠습니다. 이제 더는 변명도 말고 누구를 원망도 맙시다. 잃었던 정직에 관심을 가지는 것, 이것이 최우선입니다. 모든 것의 근본이 여기에 있습니다.

"하나님이여, 내 속에 정한 마음을 창조하시고 내 안에 정직한 영을 새롭게 하소서."

2017년 3월 10일은 세계사적으로 유례를 찾기 힘든 시민혁명의 값진 승리의 날로 역사에 길이 기록될 것입니다. 헌법의 헌(憲)은 누구도 사회 구성원에게 해로운 일(害)을 하지 못하도록 마음(心)으로 철저히 감시한다는 뜻을 담고 있습니다. 20회에 걸친 광화문 촛불집회에서 촛불이 흘린 눈물은 불의한 권력에 의해 더럽혀진 세상을 정화했고,

불꽃에 깃든 생명력은 나라를 새롭게 탈바꿈시키려 힘차게 꿈틀대고 있다는 가르침입니다. 이는 진실로 국민주권의 생일 또는 중생(重生)의 탄신일입니다. 이는 역사적으로 3.1혁명, 4.19혁명, 6.10항쟁, 5.18 혁명 등으로 이어 왔습니다. 이제 우리 온 국민은, 이 정신을 이어받아 '법치와 민주'의 가치에 기반을 둔 새로운 나라로 거듭나기를 기도해야 합니다.

하나님의 은혜가 여러분 모두에게 함께하시기를 바랍니다.

2017년 3월 19일

고난은 욥의 신앙적 순례

욥기 1:13-22, 13:25, 38:1-18, 42:1-6

1

"그리스도냐, 프로메테우스냐?" 이것은 바젤의 로흐만(Lochmann) 교수가 하버드대학교에서 행한 강연(1971) 제목입니다. 이 강연 중간쯤에 나오는 이야기입니다.

한 사석에서 마르크스의 딸이 그의 아버지 칼 마르크스에게 물었습니다. "이 역사 속에서 가장 모범적인 인물은 누구인지요?" 이 질문에 서슴없이 마르크스는 "프로메테우스"라고 대답했습니다.

그리스 신화에 나오는 거인인 프로메테우스는 본시 인간과 지상을 좋아했던 것으로 알려져 있습니다. 어느 날 인간 세상에서 제우스에게 바칠 제물을 놓고 논란이 벌어졌을 때, 프로메테우스는 인간에게 지혜를 주어 소의 살코기는 한쪽에, 다른 쪽에는 뼈와 내장을 놓되, 뼈와 내장은 기름으로 잘 덮어 두도록 일렀습니다. 제우스에게 선택하도록 했습니다. 속임수에 걸린 제우스가 기름 발린 내장 쪽을 선택하게 됩니다. 그리고는 크게 노하여 제우스는 인간들로부터 불을 빼앗아 가버렸습니다. 여기서 인간에게는 고난이 시작됩니다. 신을 속인 죄의 결과였습니다.

그러나 이때 프로메테우스는 제우스의 신전 부엌에 침입하여 향나무 심지에 불을 붙여 훔친 다음 인간에게 골고루 나누어 주게 됩니다. 뿐만 아니라 불의 관리법, 산술, 건축술, 항해술 등의 지혜와 기술을 모두 일러주게 됩니다. 이에 화가 치민 제우스는 프로메테우스를 구리 쇠사슬로 묶어 벌판 끝에 있는 코카서스 산 바위에 비끌어 매어, 낮에는 독수리에게 쪼아 먹히게 하고 밤이면 상처를 아물게 하는 고통을 주게 됩니다. 그 후에 헤라클레스에 의하여 구출은 되지만, 그는 인간을 위한 고통을 대신 받는 거인으로 남게 됩니다.

이것은 그리스 신화에 나오는 한 장면의 이야기입니다. 그러나 문제는 바로 한낱 신화에 나오는 프로메테우스를 들어 20세기의 영웅으로 만든 마르크스의 의도 뒤에 숨은 동기인 것입니다. 그것은 그리스도교와 그 신앙의 무기력성을 공격하고 폭로하기 위한 것이었습니다.

그리스도교 신앙이 믿고 고백하는 예수, 온순한 순종과 무기력한 사랑, 역사에 대한 항거나 혁명보다는 차라리 고난과 인내를 설파한 예수의 십자가의 이야기는 힘없는 "민중의 아편"이라고 마르크스는 단정했습니다. 그리고 마르크스는 이 무기력한 예수와 그리스도교가 저버린 이 역사의 운명 대신 이제는 프로메테우스의 영웅적 행위를 들어 인류가 당하는 오늘의 고난을 해결하려 했다는 사실입니다.

마르크스는 프로메테우스의 반역적 행위를 찬양합니다. 인간을 학대하는 신의 세계에 침입하여 불을 훔친 프로메테우스는 한마디로 인간 편이라는 것입니다. 제우스에게 붙잡혀서 당한 그의 고통은 바로 오늘의 세계의 가난한 자들의 고난을 대변하는 것이라고 마르크스는 보았습니다. 그리고 프로메테우스에게서 드러난 "신을 부정하고", "신을 미워하는" 불굴의 정신을 마르크스는 고난을 이겨내는 정신이라고 찬양했습니다.

지금도 정치적, 경제적 불균등으로 굶주리고 있는 수많은 사람들, 전쟁과 폭력으로 죽어가는 고난의 사람들, 심한 경쟁 속에서 밀려난 실패자들의 좌절은 바로 우리의 삶의 구조 깊숙이, 내 주변에 그리고 '너' 속에 자리하고 있습니다.

마르크스의 말대로 지난 2천 년 동안 그리스도교는 이 문제 앞에 무력했는지 모릅니다. 그러기에 그리스도교에 의해 외면당한 이 역사의 공백 속에 예수 대신 프로메테우스가 메시아로 군림하기 시작했습니다.

정말 그런 것인가요? 맥없이 프로메테우스와 그의 후예들에게 이 역사의 운명을 맡기고 그리스도교는 패배자의 넋두리만을 되풀이해야 할 것입니까?

이 메시지에서 의도적으로 우리에게 다가온 프로메테우스와 구약성서에 나오는 욥(Job)을 대비시켜 보려고 합니다. 그것은 욥의 이야기에서 논리적인 해결이나 신학적인 해석의 그 어떤 틀을 얻으려는 데 있지 않습니다. 여러분과 함께 욥의 이야기에서 우리의 고난의 모습을 적나라하게 보고 싶었으며, 그 속에 미세하게 열리는 해결의 실마리를 함께 진통하고 싶어서입니다.

2

욥의 이야기에는 숱한 수수께끼와 눈물 그리고 신비로 엮어진 인간 드라마의 서술이 깔려 있습니다. 욥기는 하나님과 욥, 욥과 친구 사이에 오고 간 대화를 내용으로 하고 있지만, 이 대화들은 인간이 경험하는 최악의 절망과 좌절 그리고 거기서 허우적거리는 인간의 투쟁과 아픔을 그대로 노출한 인간 드라마이기도 합니다. 프로메테우스의 비극과는 비교도 되지 않는 처절함이, 적나라함이 여기 인간 드라마 속에 있기에 이 드라마를 4막으로 나누어 그 모습을 보려고 합니다.

드라마의 제1막은 비극의 주인공 욥을 소개하는 서술과 함께 우스라는 지역에서 출발합니다. 우스는 오늘의 팔레스타인 동남쪽, 아라비아 가까이 위치한 광활한 땅을 의미했습니다. '정직한 자', '하나님을 경외한 자'로 알려진 욥은 아들 일곱, 딸 셋을 두었고, 양 7,000, 약대 3,000, 소 500, 암나귀 500을 가진, '신앙'과 '부'를 함께 소유한 행복한 주인공이었습니다.

그러나 성서의 드라마는 의롭게 살던 욥에게 아무런 이유 없이 갑자기 무서운 재난과 고난이 그것도 두 차례에 걸쳐 닥쳐온 역설에서 시작합니다. 재앙이 닥쳐왔습니다. 소를 빼앗기고, 종이 죽었으며, 양들이 타죽고, 약대를 약탈당했으며, 아들들이 죽어갔습니다. 재산과 자식들을 한순간에 박탈당한 재앙이었습니다.

그 위에 욥은 또 한 번의 시련을 경험합니다. 발바닥에서 정수리까지 악창이 생겨 도저히 견딜 수 없는 욥이 재 가운데서 기와 조각으로 몸을 긁기 시작합니다. 욥은 견딜 수 없는 고난과 고통 속에서 삶을 저주하기 시작합니다. 욥은 자기가 태어난 날, 생일을 저주하기 시작했습니다.

> "나의 난 날이 멸망하였었더라면… 하나님이 위에서 돌아보지 마셨더라면… 그 밤이 적막하였었더라면… 내 눈으로 환난을 보지 않도록 하지 아니하였음이로구나. 어찌하여 내가 태에서 죽어 나오지 아니하였었던가? 어찌하여 내 어미가 낳을 때에 내가 숨지지 아니하였던가?"

이렇듯 절규하는 욥의 고뇌는 프로메테우스의 이유 있는 고난과는 비교될 수도 없는 깊은 신비 그 자체였습니다. 이 고통에는 이유가 없었습니다. 적어도 욥은 왜 자신이 그토록 심한 고통과 저주를 받아야 하는지 그 이유를 알지 못했습니다. 성서는 여기서 해결보다는 문제를 던졌습니다. '삶'이란 곧 고난이라는 신비 말입니다. 아니, 의로운 사람, 신앙을 지킨 사람일수록 더 큰 고난을 받게 되는 이유가 무엇인가 하는 질문을 던지고 있습니다. 아니, 하나님이 전능자이시라면 어째서 그 하나님이 삶 속에, 더욱이 의인에게 고난의 비극을 허용하시는 것인가 하는 신앙적 질문마저 던지고 있습니다.

그러기에 욥에서 우리는 오늘의 삶의 실존과 신비를 읽습니다. 삶 속에서 경험하는 고난과 고통은 이유나 원인이 없는 것이라는 것, 바로 그 이유 없는 이유 때문에 욥은 자신의 생일을 저주하고 있습니다. 이것은 고난을 보는 새로운 시각입니다.

그러나 성서의 드라마는 욥의 실존적 고뇌를 두고 날카롭게 벌이는 논쟁으로 그 무대를 옮겨 갑니다. 이것은 드라마의 제2막이기도 합니다.

3

재산과 자식을 모두 잃고, 온몸에 악창을 얻은 채 삶 자체를 저주하고 있는 욥에게 나타난 처음 논쟁자는 그의 사랑하는 아내였습니다. "당신이 그래도 자기의 순전을 굳게 지키느뇨? 하나님을 욕하고 죽으라!" 고난의 이유를 하나님께 돌리라는 절규의 대변입니다. 고난의 이유를 정치와 경제의 체제에 돌리려는 유물론자의 절규입니다. 고난의 이유를 운명에 맡겨 보려는 운명론자들의 소리를 욥의 아내가 집약하고 있습니다.

그러나 논쟁은 더욱 크게 심화되어 갔습니다. 욥에게 재앙이 내렸다는 소식을 듣고 사랑하는 친구 셋이 이 집을 찾아온 이후였습니다. 하나는 엘리바스, 다른 하나는 빌닷 그리고 세 번째 친구는 소발이라 이름했습니다.

엘리바스가 말합니다. "생각하여 보라. 죄 없이 망한 자가 누구인가? 정직한 자의 끊어짐이 어디 있는가? 내가 보건대 악을 밭 갈고 독을 뿌리는 자는 그대로 거두나니…"(욥 4:7-8). 이번에는 빌닷이 말합니다. "네 자녀들이 주께 득죄하였으므로 주께서 그들을 그 죄에 붙이셨나니"(욥 8:4).

여기 친구들의 마음속에 깔려 있던 하나의 강력한 철학을 읽어봅니다. "고난에는 당연히 이유나 원인이 있다"는 철학입니다. 인과론이라고도 불리는 이 철학은 오랜 세월 동안 이스라엘 민족사와 함께 자라온 것이기도 합니다. 하나님께 복종하는 자는 축복을 받지만, 하나님께 불복종하는 자는 반드시 심판을 받게 된다는 모세적, 율법적인 철학이 바로 그것이었습니다.

　그러나 욥은 여기서 견딜 수 없는 제3의 고뇌를 경험하며 울부짖습니다. 재산과 자식을 잃은 고뇌에서 자신이 악창 투성이의 몸이 되는 고난, 그러나 그보다 더 심한 고뇌에 사로잡히게 됩니다. 사랑하는 아내와 친구 셋이 던져 주는 충고는 기쁨이나 위로보다는 견딜 수 없을 만큼 더 깊은 고뇌를 불러일으키고 있었습니다. "욥이 대답하여 가로되 나의 분한을 달아보며 나의 모든 재앙을 저울에 둘 수 있으면 바다 모래보다 더 무거울 것이라"(욥 6:1).

4

　고난에는 이유가 있다는, 그렇기에 모든 고난은 죄의 결과라는 아내와 친구들의 충고는 욥의 깊은 영적 고뇌를 위로하는 것이 아니라 더 깊은 고뇌로 몰고 가고 있었습니다.

　결국 욥의 고난은 이유 없이 다가온 것이었으나 욥은 바로 그 순간, 절규하는 그 순간에도 하나님의 이름만은 저주하지 않았습니다. 그것은 두려워서가 아닙니다. 고난 그 뒤에는 어떤 원인이 아니라 인간의 이성으로는 도저히 이해할 수도 또 헤아릴 수도 없는 하나님의 영원한 어떤 숨은 뜻이 있다는 그의 신앙 때문이었습니다.

　폴 틸리히(Paul Tillich) 교수는 바로 이 장면을 두고 말합니다. 욥의 아내와 그의 세 친구는 고난의 신비를 도덕적이고 종교적인 이유와 원인에서 찾아 그것을 쉽게 해결하려 했지만, 욥의 고뇌는 도덕적이고 종교적인 차원을 넘어서서 살아 계신 하나님과의 관계, 특별히 하나님께서 자기를 버리고 계시다는 영원한 단절에서, 영적인 관계의 파괴에서 고뇌하고 있었기에 욥의 고난은 도덕적이고 종교적인 것이며 영적인 고뇌라 했습니다. 차라리 제우스에게서 훔쳐낸 '불' 때문에 고난을 받아야 하는 프로메테우스의 고통 같은 것이라면 간단했는지도 모릅니다. 그러나 자기가 저지르지도 아니한, 그러기에 이유 없이 당하는 고난 속에서도 욥의 영혼 깊은 곳에서는 하나님으로부터 버림을 받고 있는지도 모른다는 고뇌와 씨름하고 있었습니다. 여기에 마르크스와 성서의 깊은 차이가 있습니다. 드디어 아내도 친구도 욥을 포기합니다. 여기에 윤리적인 고독이 스며듭니다. 그러나 윤리적 고독 따위는 영적 해결을 얻는 때에 비하면 견딜 만한 것입니다.

그러나 욥은 윤리적인 고독에 이어 영적 고독과 절망에 이르고야 맙니다. 하나님께서 끝내 침묵하셨기 때문입니다. 이것이 드라마의 세 번째 막입니다. 그것은 바로 십자가 위에서 "엘리 엘리 라마 사박다니", "나의 하나님, 나의 하나님, 어찌하여 나를 버리십니까?" 절규하시던 예수의 고뇌 앞에 하나님 아버지께서 침묵하심으로 예수께서 영원한 고독을 맛보셨던 영적 고독과도 같은 것이었습니다. 차라리 프로메테우스처럼 고난을 받는 과정에서 헤라클레스라는 영웅이 나타나 그를 구출하고 승리하는 해피엔딩이라면 좋았을 것입니다. 오늘의 세계적 불행이나 고난을 이런 식으로 해결할 수 있다면 벌써 역사의 완성은 이루어졌어야 합니다.

그러나 성서는 프로메테우스식의 구원을 받아들이지 않습니다. 하나님과 인간 사이의 화해가 거부되어 있기 때문입니다. 욥은 하나님과의 화해를 위해 끝까지 견디었으나, 하나님은 침묵으로 외면하시는 듯했습니다. 바로 여기에 그리스도교가 하나의 종교로서 가지는 한계가 있습니다. 아무리 '의'와 '신앙'으로 울부짖어도 하나님은 이 순간 인간의 고난 앞에 '침묵'하고 계시기 때문입니다. 그래서 하나님이 우리를 영원히 버리신 것만 같습니다.

5

그러나 성서의 드라마는 종막의 무대를 열어 놓습니다. 침묵으로 지켜보시기만 하시던 하나님께서 드디어 침묵을 깨뜨리고 영적 고독에 빠져 울고 있는 욥에게 다가오셨습니다. 그러나 이것은 하나님의 자유로운 선택이었습니다. 그렇기에 침묵을 깨뜨리고 욥을 찾아오셨다는 하나님의 자기 계시는 행여 '의'와 '신앙'의 이름으로 끝까지 버틴 욥의 공적 때문이라고 보지 않습니다. 하나님의 자유는 훨씬 크고 높기 때문입니다.

그러나 더 중요한 사건 하나가 있었습니다. 욥을 만나 주신 하나님은 그동안 집요하게 물어온 욥의 질문, "왜 의로운 자가 고난을 받아야 하는가?" 하는 질문 앞에서 그 질문에는 대답하지 않으시고, 오히려 욥을 폭풍우 가운데서 부르셨습니다. 그리고 대답 대신에 물으셨습니다. "너는 대장부처럼 허리를 묶고 내가 네게 묻는 것을 대답할지니라. 내가 땅의 기초를 놓을 때에 네가 어디 있었느냐? 네가 깨달아 알았거든 말할지니라"(욥 38:3). 아침의 신비를 들어, 이 우주의 신비를 들어 누가 이를 창조했으며 또 경륜하고 있는가를 물으셨습니다. 바로 이 물음 속에 하나님의 대답이 숨어 있었습니다.

"왜 의인은 고난을 받는가?"라는 욥과 오늘의 시대적인 물음 앞에 하나님은 이 모든 것의 창조적 신비와 경륜, 그 기이함을 보게 하심으로써 그 속에서 욥과 우리 스스로 해답을 얻게 하셨습니다. 고난을 보는 눈, 그것은 어떤 원인, 어떤 제도에서 혹은 자신에게서 찾는 것이 아니라 하나님의 영원하신 창조와 경륜의 신비와 자유에로 돌려 그 속에 함축되어 있는 한 신비의 부분으로 보라는 말씀입니다. 여기서 '고난'은 논리로 이해하는 것이 아니라, 하나님의 창조와 경륜을 기다리는 의미의 한 부분으로 받아들여야 하는 것이었습니다.

6. 날리는 낙엽, 마른 검불의 기원

욥은 우리 삶의 특히 고난의 대표자로 가을 인생의 모델입니다. 욥은 동방의 제일가는 부자였고 열 남매를 가진 다복한 가정의 가장이었습니다. 그에게는 자녀들의 재롱을 즐기며 희망에 벅찼던 아름다운 봄의 계절이 있었고, 그 많은 재산과 더불어 무럭무럭 자라나는 자녀들의 성장 과정에서 풍요와 번영을 누리는 여름도 있었습니다. 그러나 성서는 오늘 욥의 가을 인생을 말하고 있습니다. 욥은 자신을 날리는 낙엽과 마른 검불로 비유하고 있습니다. 그는 이제 가을의 길목에 서서 죽음의 저편을 내려다보며, 가장 절실하고도 진실하게 기도하고 있습니다. 욥은 이제 생명의 시기가 끝나고 황혼 길에 서서 두 손을 들고 하나님께 기도하고 있습니다. 햇빛에 진액이 다 증발해 버렸고, 찬바람에 다 시들고 말았습니다. 효력도 능력도 지혜도 정력도 다 되어 이제 떨어지는 낙엽, 아니 곧 불태워버릴 낙엽의 존재인 자기를 보고 기도하고 있는 것입니다.

건강의 자유를 상실했고, 의를 잃어버린 절대적인 고독을 느끼는 순간이었습니다. 이 고독은 누구도 위로할 수 없고 충족되지 않는 갈증 가운데서 하나님께 기도하고 있는 것입니다. 그럼에도 욥은 생명을 갈망하는 진실한 기도와 지혜와 지식을 구하는 기도를 드리고 있습니다. "하나님, 고통당하는 것이 문제가 아니고, 왜 고통을 당해야 하는지, 왜 이 재난이 내게 있어야 하는지를 묻고 있는 것입니다." 처음부터 끝까지 긍휼이요 은혜뿐인데 어찌하여 오늘에 이르러 어렸을 때부터 지은 죄를 기억나게 하십니까?

"하나님이여, 무슨 죄 때문입니까? 어찌하여 주의 얼굴을 가리 우시고 나를 주의 대적으로 여기시나이까? 불법과 죄가 얼마나 많으니이까? 나의 허물과 죄를 알게 해 주옵소서. 그리고 이 고난에 대한 보상은 무엇입니까? 이 고난 끝에는 어떤 일이 이루어지는 것입니까? 아니면 여기서 끝나는 것입니까?" 욥은 환경을 바꾸어 달라거나 고난에서 해결해 주십사는 기도를 하지 않았습니다. 단지 이 "고난의 의미"를 알게 해달라고 부르짖고 있습니다. 문제는 고난의 의미를 알고 싶은 것입니다. 고난의 과거적 의미, 현재적 의미, 미래적 의미, 종말론적인 의미를 알고 싶은 것입니다. 욥은 무지에서 깨어나 고난의 의미를 알게 해달라고 하나님께 구하고 있는 것입니다.

7

욥은 하나님과의 단절로부터의 회복을 원하는 기도를 드리고 있습니다. 본문에서 "주께서 어찌하여 얼굴을 가리시고 나를 주의 원수로 여기시나이까"(욥 13:24)라고 안타깝게 회복을 원하고 있습니다. 지금까지 그는 은혜의 대상이요, 사랑하는 자로 주께서 많은 축복으로 인도하셨는데, 오늘에 와서 왜 원수같이 취급하느냐고 묻고 있습니다. 물질을 잃은 고통, 가정을 잃은 고통, 건강을 잃은 고통, 친구와 아내와 단절되는 고통 등은 다 참을 수 있지만, 하나님과의 사이가 단절된다는 것은 참을 수가 없었던 것입니다. 만약 하나님께서 그 어떤 것을 통하여 나에게 주시는 바가 있다면, 그 어떤 것을 빼앗기는 문제를 감수해야 합니다. 인생은 어차피 낙엽입니다. 그러므로 열매를 맺어 사명을 다하고 나면 유감없이 사라지는 뜻 있는 낙엽, 그래서 다시 새봄, 은혜의 아침을 바라보는 낙엽이 되어야 합니다.

위에서 언급했듯이 하나님은 광활하고 신비한 창조 세계를 보이시며 욥에게 묻습니다. 너는 이 신비한 창조 세계를 생각해 보았느냐? 욥은 누구입니까? 욥의 간절한 기도는 드디어 엄청난 역사를 이루게 됩니다. 욥은 그 고난을 통하여 하나님을 보게 된 것입니다. 이 하나의 진실한 신앙의 삶을 위해서 하나님은 놀라운 역사를 이루셨습니다.

여러분이 오늘 이 자리에 있기까지, 또한 하나님 앞에 나와 진실하고 겸손한 기도를 드리기까지 그 순간을 위하여 하나님은 얼마나 큰 역사를 이루셨는지 아십니까? 만약 탕자가 거지로 전락하지 않았다면 아버지께로 돌아왔겠습니까? 다윗이 환난 중에 있지 않았다면 하나님께 그렇게 간절히 무릎을 꿇었겠습니까? 하나님은 우리들과 종말적인 직선적 관계를 맺기 위하여 버리지 못하는 모든 것을 버리도록 역사하시고 그리고서 소중한 것, 영원한 것을 우리에게 주시는 것입니다.

이 순간을 위하여 하나님은 얼마나 많은 것들을 버리게 하시는지 모릅니다. 우리는 은혜로 태어나서 은혜로 사라집니다. 귀한 열매를 맺고 사라지는 낙엽에서 하나님이 내게 주신 음성을 들으시기 바랍니다. "전에는 하나님의 음성을 듣더니 오늘은 하나님의 얼굴을 봅니다."

이 아름다운 회개의 기도가 오늘 우리에게도 있으시길 원합니다.

8

여기서 욥이 진정 회개의 눈물을 흘립니다. 그것은 "의"와 "신앙"을 가지고 버티어 왔다는 그 자체가 곧 교만이었던 것까지를 참회하는 회개였습니다. 그리고 말했습니다. "내가 주께 대하여 귀로 듣기만 하였삽더니 이제는 눈으로 주를 뵈옵나이다. 그리하여 제 말이 잘못되었음을 깨닫고 티끌과 잿더미에 앉아 뉘우칩니다"(욥 42:5-6).

프로메테우스는 끝내 신과 인간 사이를 분리시켜 영원히 대결하는 이분법으로 역사를 혁명의 연속으로 이끌어 가는 모델이 되었습니다. 그러나 고난은 아직도 이 지구상에 더 심화되어 가고만 있습니다.

욥의 신앙적 순례가 말하는 것, 예수의 십자가가 말하는 것, 그것은 궁극적으로 하나님께서 하나님 되심을 우리에게 알리시려는 신비의 숨은 의미와 목적 때문이었습니다. 고난은 하나님을 만나는 마지막 길이었습니다. 하나님은 비로소 그 고난 속에서 우리를 찾아오시는 것입니다. "내가 땅의 기초를 놓을 때에 네가 어디 있었느냐?"

2021년 11월 14일, 창조절 열한째 주일

4부

성령의 인도하심을 따라

성령, 생명을 살리는 동력

— 2022년 성령강림절에 즈음하여

사도행전 2:1-4, 22-24, 32-36

1. 시작하며: 성령, 생명을 살리는 동력

사도행전에서 성령을 주로 '성령'이라고 언급되며(39회), 때로는 '영'(11회) 또는 '주님의 영'(2회)으로 불립니다. 성령은 '아버지의 약속'으로 주어집니다(행 1:4; 눅 24:49). 무엇보다도 사도행전 2:33에서 "하나님의 오른손으로 예수를 높이시매 그가 약속하신 성령을 아버지께 받아서 너희 보고 듣는 이것을 부어주셨느니라." 메시아의 역할과 위치는 그에게 성령으로 기름 부은 하나님으로부터 주어진 것입니다(행 10:38; 눅 1:35, 4:18).

성령의 역할이 오히려 능력을 행사하는 하나의 힘으로 나타나기 때문에 성령은 사도행전에서 인격적 모습보다는 활동하는 능력으로 기능합니다. 구약성서에서 영을 표현하는 언어 '루아흐'(ruach)는 378회 나오고, 즉 '바람', '숨', '영'으로 사용합니다. 이렇게 자주 나오는

'루아흐'는 자연, 사람, 하나님과 관련하여 나타납니다. 이 '루아흐'는 어떤 역할을 하였을까요? 하나님의 창조 활동과 생명의 보존 운동을 합니다. 하나님의 구원 역사의 한 기관입니다. '루아흐'가 이스라엘 민족의 지도자들이나 사사들에게 임할 때 큰 힘을 발휘하게 되었습니다. 예언자들에게 임할 때는 예언의 카리스마(은사)가 됩니다. 율법을 깨우치는 지혜가 루아흐의 활동입니다. 루아흐는 인간의 의지에 따라 좌우되는 것이 아니고 하나님의 사역자의 성격을 띠고 있습니다.

신약성서에서 성령은 '프뉴마', 바람이고 회개와 역사와 세례의 역사를 일으킵니다. 성령은 예수를 그리스도와 주님으로 고백하게 합니다(행 2:38). 한스 큉은 성령에 대하여 말하기를 "성령은 여러 가지 면에서 교회의 존립의 기초요 생명 원리이며 활동 능력이다. 교회는 하나님의 능력과 권능에서 오는 성령에 의하여 충족되고 생활하며 유지되고 인도된다"고 했습니다. 교회는 성령의 피조물입니다. 교회는 성령이 활동하고 있는 성전이요 건물입니다. 교회는 성령의 전입니다(고전 3:16-17, 엡 2:17-22). 본래 성령은 바람과 같은 속성이 있는데, 바람은 자기가 원하는 때, 원하는 곳에서, 원하는 데로 분다는 것입니다. 성령은 하나님과 예수 그리스도의 영으로 성부와 성자의 뜻을 받들어 교회를 직접 세워갑니다.

따라서 2022년 성령강림 절기에 우리의 관심은 한국교회와 사회에서 무엇이 일어나고 있으며, 그에 대하여 성령강림의 의미와 이해, 우리에게 말씀하시는 역사의 과제를 바르게 깨닫고 실현하는 것입니다. 오늘 말씀의 제목은 '성령, 생명을 살리는 동력'입니다.

2. 어떻게 무엇이, 예수 그리스도의 영이며 능력인가?

성령강림절에 내려온 성령은 예수 그리스도의 영이요, 그의 정신이 살아 움직여 말씀을 되살아나게 했습니다. 사도행전에 기록된 초대교회 공동체의 모든 사역과 행동의 밑바탕에는 성령이 중요한 자리를 차지하고 있습니다. 예수님 공생애로 시작되는 하나님 나라 운동이 '세례/기도/성령의 강림'(눅 3:21-22)의 순서로 이루어졌는데, 초대교회도 오순절의 성령강림과 함께 시작합니다(행 1:5, 2:1-13). 초대교회 공동체의 사도들과 성도들은 그들에게 부여된 사명을 완수하기 위해서 성령의 능력을 제공 받았고, 그 이후 부여된 사명을 담대하게 수행했습니다. 초대교회는 언제나 성령을 따라 행동했습니다. 오순절 성령강림을 경험한 초대교회는 성령의 권능을 받고 예루살렘을 시작하여 온 유대와 사마리아 그리고 땅 끝인 로마까지 복음을 전달하는 중요한 동력으로 작용했습니다. 이방인 선교로 일컫는 만민 구원의 행진은 예루살렘 성전 경내를 넘어 세상을 모두 포괄하도록 힘차게 달려 나갔습니다.

사도행전에서 성령은 능력을 합의하는 '뒤나미스'는 헬레니즘 시대에는 모든 생명과 존재를 작동시키는 우주의 원리를 지시하는 용어로 쓰였는데, 하나님의 본질인 그분의 능력이 언제나 성도들과 함께하신다는 공식적인 지표로 쓰였습니다. 즉, 하나님의 본질이 능력이므로 성령을 수여 받는 것은 성도들이 능력을 발휘할 수 있게 하려는 역동적 장치가 됩니다. 그러나 성령이 능력으로 임할 때 나타나는 모습은 매우 다양하고 활동적입니다. 그렇다고 뒤나미스가 수퍼맨이나 핵폭탄의 파워와 같다는 말은 아닙니다. 대신 성령은 생명을 살려내고 관리하며, 사마리아의 백성들이 고통당하는 한(恨)을 풀어주고 그리고 절망적 탄식을 내뱉으며 신음하는 인간 고통의 자리를 직접 찾아가 해결하게 돕습니다. 성령은 성도들에게 지속적으로 하나님의 능력 안에 머물 수 있도록 도우며, 세계 만민이 궁극적 구원의 자리에 참여하도록 선도하는 새 언약의 징표라는 것입니다.

그러나 세상은 세속화의 물결과 함께 하나님이 인간에게 준 도덕률 마저 그 기준이 흔들려 무너질 정도입니다. 그리스도인 또한 기복과 물량, 자기 욕구 충족을 하나님의 뜻이나 예수의 가르침보다도 더 중히 여깁니다. 그러나 성령강림절은 이런 역사 속에서 신음하는 참된 하나님의 사람들을 다시 일깨우며 새롭게 하나님의 뜻대로 살도록 독려합니다. 바로 이런 역사가 성령강림절의 다른 의미입니다. 오늘 도덕적으로 피폐하고 물질만능주의 사회 속에서 성령 충만한 인간과 세상 풍조의 변화는 절대적으로 요청됩니다.

성령 받은 성숙한 그리스도인들에게 나타나는 가장 큰 특징은 자기 중심적이 아니라 주님의 뜻을 따라 이웃과 세상으로 향하는 것입니다. 그리스도인은 자기중심의 삶으로부터 그리스도에게로, 하나님께로 옮겨져 갑니다. 즉 그가 사랑하고 염려하는 중심의 축이 자기가 아니라 이웃과 세상으로 옮겨졌다는 말입니다. 따라서 성령 받은 그리스도인은 신령한 은혜를 받았기에 아픈 역사의 현실을 외면한 채 비역사적이며 초현실적인 인간이 될 수 없습니다. 이상한 괴성을 내며 방언을 하는 것에서 영적인 것을 찾을 수 없습니다. 오래전 한 사이비 이단 집단이 성령이 내려오는 증거라며 검은 하늘에서 불꽃같은 빛들이 위에서 땅으로 내려오는 큰 사진을 자랑하는 것을 본 일이 있습니다. 그러나 성령 충만은 결코 그런 괴성이나 사진이 찍히는 물리적인 것이 아닙니다. 이러한 현상을 한국교회가 혹시라도 선호한다면 큰 약점이고 거짓인 것입니다. 성령의 은사를 받을수록 예수님의 역사적 생애와 그리스도의 정신과 생이 뚜렷해지고, 역사의 구체적인 현장에서 바로 그 시대 그 장소의 십자가를 껴안고 구원을 위해 최선을 다하는 것임을 명심해야 합니다.

존 맥캐이(John A. McKay) 박사는 프린스턴 신학교 총장이던 시절에 이따금 교실 강단에서 "생기 없는 장로 교인보다 고함을 지르면서라도 열광적인 펜테코스탈(Pentecostal) 신자들이 차라리 낫다"는 말을 자주 했다 합니다. 왜냐하면 생기 없고 다 죽은 듯한 점잖은 장로 교인을 죽은 상태에서 일으키는 것보다 한 페테코스탈 그리스도인을 조용히 달래는 것이 훨씬 쉽기 때문이라는 것입니다. 아마도 의식화된 교회도 이 같은 핀잔의 대상이 될까 염려스럽습니다. 복음이라는 기쁜 소식 (Good News)을 듣고 감사·감격하며 사는 것이 그리스도인입니다. 따라서 그리스도인은 함께 모여 예배드리고 성도의 교제를 나누며 힘을 얻어 세상에 나아가 힘차게 복음 전하는 열정과 사회정의를 위해 때로는 투쟁하며 진리 증언자로 살아야 하는 것이기도 합니다.

성서와 그리스도교 수천 년의 역사를 통해 배울 수 있는 것은 변두리 인생 같은 고난의 역사를 꼭 부정적으로만 치부할 것이 못 된다는 것입니다. 가난을 잘못 받으면 비굴하되 긍정적으로 받으면 위대한 능력의 자원이 되어 대성케 합니다. 버려진 변두리 생 같은 애굽에서 히브리 노예들도, 로마제국 치하 지중해 변두리를 헤매던 초대 그리스도인들도 저들이 그 시련과 박해를 '하나님과 함께'라는 신앙, 희망, 사랑을 갖고 긍정적으로 살았기에 서구 문명을 일으키는 주역이 된 것입니다. 성령의 은총과 감화 감동으로 하나님의 뜻과 경륜을 깨달아 새 힘을 얻은 우리 그리스도인들도 당면한 난관, 사회적 모순들 속에서도 결코 낙심하거나 좌절이 아니라 저 가나안의 새 꿈과 비전을 바라보면서 기쁨과 새 희망을 가져야 합니다. 분단 시대의 아픔(십자가)의 쇠사슬을 끊고, 반드시 통일(부활)의 꿈과 비전을 갖고 평화행진을 꾸준히 계속하는 그리스도인들이어야 합니다.

오순절 성령강림 사건은 확실히 성령 충만의 체험이었으나 현실을 외면한 비역사적이거나 탈 세상적인 신비한 것이 아니라 역사적이었다는 점이 대단히 중요합니다. 초대 그리스도인들의 성령 체험은 저 피안의 세계가 아니라 예수님의 십자가와 부활의 증언자로서 눈물과 한(恨)으로 찬 고난의 세계에서 이기적인 자아를 극복하고 이타적이며, 이 땅에 하나님 나라를 이룩하기 위한 역사에 동참한 것입니다.

3. 1907년 성령강림의 의미와 이해

한국교회는 지난 2007년에 평양에서 성령운동이 일어난 지 100주년이 되는 매우 뜻깊은 해로 기념한 바 있습니다. 성령강림, 성령 충만, 성령의 부으심, 성령의 하강 등으로 표현되는 1907년의 성령운동의 그 종교적-사회적 의미를 길선주 목사의 성령운동을 통해서 재조명하고자 합니다. "1907년 성령강림 사건은 교인들의 회개운동을 통해서 신앙을 강화했고, 그것은 항일의식을 조직화하고 민족운동을 이끄는 원동력이 되었습니다."* 오히려 1907년 성령운동 전후에 일어난 교회의 애국적 행동들, 즉 1905년 을사늑약이 체결되었을 때 길선주 목사의 국가를 위한 기도회 제안, 105인사건(1912년), 3.1운동(1919년), 물산장려운동(1920년)에서 교회가 주도적 역할을 한 역사적 사실들을 고려할 때 과연 한국교회가 선교사들의 의도대로 비정치화 되었거나 혹은 1907년 성령운동의 결과로 비정치화 되었다고 할 수 없습니다.

1907년 성령운동을 통해서 하나님을 체험한 교인들이 적극적으로 독립운동에 뛰어들었습니다. 즉, 예수 그리스도를 잘 믿는 사람이 나라도 사랑하며 민족 고난에 참여한다는 경천애인(敬天愛人)의 신앙을 1907년 이후에도 일관되게 견지하였습니다. 12년 후 1919년 3.1운동 때에 역사 참여적 신앙으로 나타났습니다. 그 결과 교회는 민족과 민중의 고난에 동참하는 애국적인 민족 종교로 사람들에게 각인되었고, 교인들은 애국자로 백성들의 칭송을 받게 되었습니다.

1907년 성령운동의 주역이었던 길선주 목사의 행각을 살펴보겠습니다. 그는 오랜 구도 생활을 하다가 이길함 선교사의 설교에 크게 감동을 받아 신앙 생활을 시작하여 1897년 8월 15일에 세례를 받았고, 그 이듬해 널다리골 교회의 영수가 되었으며, 1901년 장로가 되었습니다. 그 후 그는 1907년 평양신학교를 졸업하고 한국인 최초의 7인 목사 가운데 한 사람이 되었습니다. 당시에 그는 '조선의 바울'로 불리었으며 목회자요 교육자요 독립운동가였습니다. 그는 하나님 체험, 사회적 복음 이해와 종말 신앙을 바탕으로 사회개혁운동, 민족교회 형성과

---

* 이만열, 『한국 기독교 수용사 연구』 (두레시대, 1998), 525-526.

민족해방운동을 전개했습니다. 즉, 그는 1907년 성령운동을 개인의 내적 변화를 통한 교회갱신과 사회개혁은 물론 민족해방운동으로 발전시켰으며, 예수 그리스도의 임박한 재림을 강조하면서 고난 당하는 민중을 위로하고 민중에게 새로운 사회에 대한 종말론적 희망을 선포했습니다.

길선주 목사는 그의 하나님 체험에 근거한 종말 신앙과 사회적 복음 이해를 통해서 교회 갱신과 사회 개혁과 민족해방운동을 전개했습니다. 그의 종말 신앙은 결코 민족 현실을 외면하는 타계적인 신앙이 아니었습니다. 그것은 일제의 통치에 대한 심판의 메시지였으며 일제의 혹독한 식민지통치하에서 고통당하는 민중에게 새로운 사회가 도래한다는 희망의 메시지였습니다. 실로 1907년 성령운동은 36년 동안 일제의 식민통치를 견디어 나갈 에너지를 공급해 준 축복의 사건이었습니다. 이러한 1907년 성령운동은 21세기 한국교회가 나아갈 방향을 제시합니다. 그것은 회개를 통한 성령 체험과 그 능력으로 교회와 사회를 개혁하고 민족통일에 헌신하는 것입니다.

참으로 길선주 목사는 민족교회 형성의 선구자였습니다. 그의 정신은 1930년대에 최태영의 기독교 조선복음교회 운동, 김교신의 무교회주의 운동과 김재준의 교회와 신학 운동을 통하여 계승되었습니다.

4. 성령의 신학적 이해를 위한 역사적 고찰

교회사에서 대표적인 신학자들의 성령 이해에 대한 고찰을 간단하게 스쳐보겠습니다. 성 어거스틴은 '성령이 아버지와 아들의 끈'이라고 간주했습니다. 즉, 그는 성령을 아버지와 아들만이 아니라, 신자들까지를 함께 묶는 끈으로 보았으며, 모두를 하나로 묶을 때 성령은 그 소임을 한다고 보았습니다. 종교개혁자들은 어떻게 성령을 이해하였을까요? 루터는 옛사람이 율법에 의해서 죽고 복음에 의해 살게 되는 일을 성령의 역사라고 했습니다. 루터가 사도행전 2장의 오순절에 관해 해석한 요지를 따르면, 성령의 사역은 하나님이 그의 뜻을 그리스도를 통해 이 땅에서 이루려 할 때 가장 효과 있게 성사되게 하는 동력입니다. 성령은 신자의 마음을 움직이고, 하나님 앞에서 기뻐하게 하며, 사랑으로 충만하며, 그의 이웃 동료들을 환희에 차도록 섬기게 합니다. 마음을 변하게 하며, 새롭게 하며, 예수 그리스도를 계시하고 선포함으로써 이를 성취합니다.

성령에 대한 칼빈의 가르침은 좀 더 적극적이고 포괄적입니다. 칼빈은 성령이 그리스도인의 신앙과 회개에 큰 사역을 담당한다고 말합니다. 신앙을 시작하고 성장케 하는 것이 성령이요, 이는 마치 태양이 모든 물체에 비치는 것과 같습니다. 칼빈은 '회개는 하나님께 우리의 삶을 진심으로 전환하는 것'이라며, 성령만이 이런 회개를 가능케 한다고 말합니다. 칼빈에 따르면, 성령의 성화에 의해서 우리에게 새로운 영적 본성이 주어지며 죽음과 부활로부터 중생(거듭남)을 받게 됩니다. 여기에서 우리는 '성화와 중생'의 원인은 성부로부터, 그 실체는 그리스도로부터, 그 결실은 성령으로부터 특별히 받게 됩니다(『기독교강요』 IV, 15:6). 그리스도가 영적으로 임재하되 그 임재를 가능케 하는 것이 성령의 능력이라고 칼빈은 증언합니다.

현대 신학자들은 성령의 이해를 어떻게 하였을까, 간단히 살펴보겠습니다. 에밀 부르너에 따르면, 성령은 하나님이 우리 안에 임재하는 존재 양태입니다. 성령의 가장 중요한 일은 그리스도를 우리 안에 존재케 하는 일이라고, 즉 그리스도는 살아있는 인격적 존재로 우리가 알 수 있도록 증거 합니다. 무엇보다도 성령은 그리스도에 관한 말씀을 우리를 위한 그리스도의 말씀이 되게 합니다. 진정한 사람이 되는 것도 성령의 사역으로 가능합니다. 따라서 성령은 그리스도를 우리에게 증거 할 뿐 아니라, 우리로 하여금 새로운 삶을 창조하고 섭리와 행동의 능력까지를 창조합니다.

칼 바르트의 출발점은 예수 그리스도 안에 있는 신의 신비스런 자아 '계시'입니다. 바르트에게 있어선, 아들, 아버지, 영의 순서가 중요합니다. 예수 그리스도 안에서 계시된 것이 중심이고 제1위입니다. 삼위일체의 제2위의 신성은 아버지의 신성이요, 제3위는 영의 신성입니다. 바르트는 이점을 그의 『교의학』 1/1권에서 잘 보여줍니다. 따라서 그에게 성 금요일, 부활, 오순절은 중요한 의미를 갖습니다. 이는 예수 그리스도에 의해서 일어난 사건으로서, 아버지와 성령을 통해서 우리와 만나고 관계를 가진다는 것을 나타내며, 그것이 삼위일체의 참모습입니다.

폴 틸리히(Paul Tillich)는 그의 『조직신학』 III권 IV, "생명의 영"에서 오순절의 이야기는 "역사적이며 전설적이며 신화적인 요소들이 복합된 것"(combines historical, legendary & mythological elements)이라 봅니다. 그리고 이를 가능성의 빛으로 구별하는 것을 역사적 연구의 과제로 넘깁니다. 오순절 성령 사건에서 우리가 추구할 중요한 점은 여러 요소들로 된 성령에 관한 이야기에서 그 '상징적 의미'(symbolic meaning)를 찾는 것이 무엇보다도 중요하다고 보며, 다음 몇 가지 요소로 구별합니다.

1) 영적 공동체(Spiritual Community)의 창조적인 황홀한 성격
(ecstatic character)입니다. 오순절 사건은 제자들이 그동안 듣고
배우며 기다리던 주의 말씀과 약속들이 황홀하게 어울려 체험
된 간증 이야기입니다. 그들의 신앙과 사랑이 하나가 되고 미처
깨닫지 못했던 하나님의 영과 은혜가 제자들의 혼신을 뒤흔들
만큼 황홀하게 휘 잡은 사건입니다. 이러한 황홀한 체험 없이는
영적 공동체가 존재할 수 없습니다.

2) 오순절 이야기는 '새로운 존재'(the New Being)가 되게 하는 예수
가 십자가 위에서 살해됨으로 거의 멸절 위기에 있던 한 신앙을
창조한 사건입니다. 갈릴리로 잠적한 제자들에게 영적 현현이
그들을 붙잡고 그들의 신앙을 다시 세워준 뒤에 새 신앙공동체
로 나타났습니다. 오순절 사건에서 의심이 극복되고 확신을 갖
게 되자 비로소 이런 신앙의 확신 없이는 영적 공동체는 있을
수 없음을 깨달았습니다.

3) 상호봉사, 특히 나그네와 가난한 자들의 필요를 채운 사랑의
창조입니다. 오순절 이야기에서 사랑이 창조한 봉사의 빛으로
부터 우리는 사랑에 스스로 복종하는 자세 없이는 영적 공동체
는 존재할 수 없다고 말해야 합니다.

4) 일치성의 창조입니다. 영적 공동체는 각각 다른 개인, 국가와
전통을 성찬과 예배에 모으면서 연합하는 효과를 갖습니다. 제
자들이 황홀한 각국 언어 사용은 바벨탑에서 공통 언어 사용의

붕괴로 인류가 여러 종족으로 갈리던 사건이 언어 이해로 다시 복귀되는 상징성을 갖습니다. 이런 빛으로 모든 인류의 소외된 족속들이 궁극적으로 재결합함이 없이는 영적 공동체도 없다고 할 수 있습니다.

5) 오순절 이야기 속의 요소는 성령 임재로 붙들린 자들의 선교적 열의에 찬 보편성의 창조입니다. 오순절 사건으로 모든 종족의 담을 넘는 선교가 가능했고, 신앙공동체가 새로운 존재가 되어 새 역사를 펼칠 수 있게 되었습니다.

이를 종합하여 우리는 신적 영은 그리스도라는 예수의 영이요, 그리스도는 모든 영적 주장이 복종할 기준이 된다고 보는 것입니다. 그러므로 오순절 성령강림의 의미를 잘 터득하며, 그런 영적 공동체가 오늘 이 땅에서 다시 펼쳐질 수 있게 하는 것이 우리 교회와 성도들의 몫이고 과제라 할 수 있습니다.

성 어거스틴, 종교개혁자 루터와 칼빈, 신정통주의 신학의 부르너, 바르트, 틸릭히 등의 성령에 대한 사상이해를 살펴보았습니다. 이는 성령에 관한 개신교 전통에 흐르는 최소한의 신학 사상을 살펴본 것입니다.

5. 나가며: 오늘의 성령 탄식, 희망 사항

기독교적 사랑인 '아가페'를 '의애'(義愛)라고 풀이한 김교신은 사랑이 의롭기 위해서는 역사와 복음을 냉철히 해석할 수 있는 의식이 있어야 함을 강조하였습니다. 키신저(Henry Kissinger)가 미 국무장관 재직 중에 유엔 연설에서 남긴 말입니다. "미국은 세계로부터 도망칠 수도 없고 세계를 지배할 수도 없다. 그와 같이 지구상의 어느 나라도 이 세계로부터 도망치거나 남을 지배할 수는 없다." 이제는 지구촌이 서로 어울려 살고 도우며 살고 힘을 모아 평화를 이룩할 때입니다. 오늘 우리가 주지하듯이 한반도의 정세는 가히 위기 상황입니다. 한반도의 핵 위협과 분단비극을 종식시키는 현실적이고 합리적 길은 중국 외무부 장관 왕이(王毅)가 제안한 '핵무기포기와 평화협정의 동시병행론'인데, 그것을 가로막고 불가능하게 만드는 것은 한반도를 둘러싼 이해당사 국가들의 소위 국가주의 때문입니다. 특히 미국과 일본의 국가주의 때문입니다. 그러므로 참 그리스도인은 참 종교, 참 정치의 실현을 희망하면서 '권력화된 거짓 종교' 및 '종교화된 거짓 정치'와 대결, 프로테스트, 비폭력 저항을 할 수밖에 없습니다. 그것이 오늘 우리가 사람답게, 그리스도인답게, 성령 체험한 사람답게 사는 것 아니겠습니까!? 자비하신 하나님! 이 땅의 온 교회에 성령의 뜨거운 불로 임재하소서. 하늘 아버지의 생명과 성화(聖火)를 던지셔서 다시 이 땅의 교회를 일으켜 주옵소서. 성령의 탄식소리를 들으며 평화의 통일을 희망하며, 코로나19의 어둠을 물리쳐 주옵소서. 러시아의 우크라이나 침공 전쟁이 100일을 넘어 무섭게 계속되고 있는 지구촌의 어려운 상황에 평화의 성령으로 전쟁을 종식시켜 주옵소서. 하나님의 불같은 성령 은총이 가득하시길 기원합니다.

2022년 6월 12일, 성령강림 후 첫째 총회선교주일

오순절과 우리의 신앙

요엘 2:28-32; 사도행전 2:37-47

1. 오순절과 성령강림

오순절은 연대적인 의미에서 보나 근본적인 의미에서 보나 엄밀한 의미에서 볼 때 그리스도교의 탄생일입니다. 사도행전의 주인공도 베드로나 바울이 아니라 성령 자신입니다. 그러므로 사도행전은 "성령행전"이라고 할 수 있습니다. 또 사도행전은 28:31에서 끝난 것이 아니라 그 속편은 지금도 계속되고 있습니다. 사도행전은 미완성의 책이라고 할 수 있습니다. 이 사도행전의 속편의 저자는 바로 오늘을 성령과 함께 살아가는 우리 그리스도인들이라고 할 수 있습니다.

사도행전 2:17 이하에 보면 성령의 은사는 특정한 곳, 특정인에게 만 주어지는 것이 아니라는 것을 알 수 있습니다. "누구든지 주의 이름을 부르는 자는 구원을 받으리라"(21절)의 말씀대로 누구든지 예수 그리스도를 자기의 구주로 신뢰하는 순간 그는 성령의 은사를 받는 것입니다. 오순절에 여러 가지 사건들이 발생했으나 그 중심적이고 영구적인 사건은 "저들이 다 성령의 충만함을 받았다"(2:4)는 사실입니다. 이것은 오늘 우리 중에서도 발생할 수 있는 것입니다.

성령의 충만함을 받는 것은 첫째로 그리스도인 생활의 순결성의 비결입니다. 둘째로는 그리스도인 생활의 능력의 비결입니다. 성령의 충만한 생활이란 엄격하고 고정적이고 정체된 그런 생활이 아닙니다. 그것은 열심 있고 역동적이고 진보적인 생활입니다. 바울은 갈라디아서 5장에서 성령의 열매로서 사랑, 희락, 화평, 인내, 자비, 양선, 충성, 온유, 절제 등 아홉 가지를 들고 있습니다. 그러나 실상은 하나뿐입니다. 즉, 그것은 "사랑"입니다. 희락은 행복을 얻는 사랑입니다. 화평은 안정 가운데 있는 사랑입니다. 인내는 기다림 중에 있는 사랑입니다. 자비는 응답 속에 있는 사랑입니다. 양선은 공손한 태도 속에 있는 사랑입니다. 충성은 신뢰 가운데 있는 사랑입니다. 절제는 억제 가운데 있는 사랑입니다. 그러므로 우리가 사랑만 가지면 성령의 모든 열매를 다 가질 수 있습니다. 사랑이 없이는 아무것도 아닙니다.

2. 성령에 대한 새 이해와 그 배경

"창조주 성령이여 오시옵소서!" 개혁교회는 이 구호를 거듭 외우며 그를 기다려 왔습니다. 20세기 중엽 세계 제2차 대전이 끝나고 폐허와 혼돈, 허무를 되씹고 방황하는 인류를 향하여 신학자 칼 바르트는 창조주 성령강림을 무(無)에서 창조에 못지않다고 다음과 같이 말한 적이 있습니다. "그리스도인이 있다는 사실과 성령으로 이런 자유를 얻은 사람이 있다는 사실은 예수 그리스도가 성령과 동정녀 마리아에게서 탄생했다는 사실보다 또는 세계가 무에서 창조되었다는 사실보다 결코 적은 기적이 아니다"고 했습니다.

이미 언급했듯이 오순절 성령강림절은 신약성서의 처음 교회가 탄생한 날입니다. 이날은 그리스도의 교회가 탄생한 날이면서 제자들 개개인의 신생의 날이므로 온 교회가 새로운 감격으로 맞아야 할 날입니다. 그리스도의 탄생과 십자가와 부활이 일회적(once for all) 사건인 것처럼 오순절 성령강림도 일회적 사건입니다.

오순절 성령강림은 구약성서 요엘의 예언의 성취입니다. 요엘은 성령의 예언자로 기원전 400년경 사람입니다. 이 시기는 고대 근동에서 페르시아가 지배하던 시기였습니다. 이스라엘 역사의 포로 후기에 예루살렘 중심의 유대는 팔레스타인의 여러 작은 나라들 사이에서 에스라와 느헤미야를 통하여 다윗적인 신정국가 수립을 모색하고 있었습니다. 요엘은 이러한 시기에 예루살렘의 무역 경쟁국들에 대한 굳건한 신앙으로써 위기를 극복하도록 선포된 위로와 격려의 메시지였습니다. 요엘은 동족이 외적의 침입과 억압에 시달려 실의에 빠질 위험에서 국가적 재난이 종식되고 땅이 풍성한 곡식과 열매를 생산하는 새로운 시기가 도래할 것이라고 위로의 메시지를 선포했습니다.

새로운 구원의 시기는 성령의 충만한 강림이 누구에게든지 임하며, 주의 이름을 부르는 자들은 누구든지 구원을 받게 되는 은혜의 때가 될 것입니다. 성령의 충만한 강림으로 약속된 마지막 심판과 구원의 메시지를 처음 교회는 예수 그리스도에 대한 종말론적인 신앙으로 발전시켰던 것입니다.

그리스도인들은 장래에 어느 때가 되면 야훼는 이 세상의 모든 육체에게 성령을 물 붓듯이 부어 줄 것인데, 자녀들은 장래 일을 말할 것이며, 노인들은 꿈을 꾸고 젊은이들은 환상을 보게 될 것이라는 요엘의 이 본문을 처음 교회의 오순절 성령강림 사건에 대한 예언으로 받아들이고, 베드로는 이 본문을 예언의 성취로 해석하고 있습니다(행 2:16-21).

3. 새천년(New Millennium)의 징조와 성령

오늘 우리는 어떤 상황에서 살고 있습니까? 새천년(New Millennium)을 맞이하여 과학자들은 인간 게놈 프로젝트의 완성으로, 불치의 질병들을 모두 정복되고, 사람들은 앞으로 150년을 살게 될 것으로 전망하고 있습니다. 실제로 한국은 2020년대에는 100세 시대에 진입할 것으로 예상되고 있습니다. 100세 시대는 사망자가 가장 많은 나이가 90세라는 것입니다.

아날로그로부터 디지털로의 변화는 또한 아주 가까운 장래에 가정과 사회에서 엄청난 변화를 예고하고 있습니다. 그럼에도 지구 곳곳에서는 자연적 재앙들로 수많은 사람들이 고통과 죽임을 당하고 있습니다. 세계에서 가장 안전하게 건설되었다는 일본의 후쿠시마 원전 폭발 사고는 선진국들이 자랑하는 최첨단 과학기술의 취약성과 인류문명의 비합리성을 또다시 입증한 사건으로서, 환경단체들과 여성단체들이 요구하듯이 핵발전소의 단계적 폐기를 촉구하고 있습니다. "원전 르네상스" 시대를 구가하는 데에 제동을 건 것입니다. 또한 지구는 기상이변으로 몸살을 앓고 있으며, 지구 온난화로 인한 자연 생태계의 파괴를 그 원인으로 지적되기도 합니다. 세계 곳곳에서는 아직도 인종적·종교적·경제적 갈등으로 인한 분쟁과 전쟁이 무기 개발에 박차를 가하며 세계평화를 저해하고 있습니다.

흥미로운 것은 이와 같은 사건들이 요엘서의 주제를 이루고 있는 "야훼의 날"이라는 점입니다. 요엘은 하나님의 선택 받은 백성들의 부정과 세계 여러 나라들의 불의로 인하여 이 세상은 종말을 맞게 될 것을 경고했습니다. 하나님은 이날 유대백성들의 불의와 세계 곳곳에서 자행된 음란(욜 3:3), 보복(욜 3:4), 탈취(욜 3:5), 인신매매(욜 3:6) 행위들에 대해 반드시 심판하실 것입니다.

이런 하나님의 심판은 하나님이 우주와 역사의 주인 되심을 알게 하려는 것입니다. 또한 세계 모든 백성은 정직한 마음으로 잘못을 회개하고 구원받게 하려는 것입니다(욜 2:32). 다시 말하면 우리로 하여금 하나님을 바로 알고, 하나님과 바른 관계를 맺게 하려는 것입니다. 하나님은 이를 위하여 세계 만민에게 하나님의 영, 성령을 부어 주실 것을 약속했습니다(욜 2:28-29).

성령은 살아계신 하나님의 능력이며 하나님 자체입니다. 성령은 삶을 부여해 주시는 하나님의 능력(life-giving power)입니다. 하나님은 흙으로 사람을 지으시고 그 코에 숨을 불어 넣어 숨 쉬는 존재가 되게 했습니다(창 2:7). 부활하신 예수 그리스도는 제자들을 향하여 숨을 내쉬며 "성령을 받으라"(요 20:22)고 하셨습니다. 예수께서는 성령으로서 부활의 능력을 믿는 모든 사람에게 새로운 삶을 부여해 주셨습니다.

성령은 나약하고 절망하며 불신앙적인 제자들을 일깨우고 새로운 사명을 주었을 뿐 아니라, 그들을 주님의 온전한 제자가 되도록 해 주셨습니다. 성령은 곧 치유하여 주시는 능력(the healing power)인 것입니다. 성령은 만물을 새롭게 하시는 창조의 능력(the creating power)입니다. "보라 새것이 되었도다"(고후 5:17)고 성서는 증언합니다.

4. 성령이 오셔서 하시는 역사들(works)

오순절 성령강림은 회개 운동과 처음 교회 탄생과 선교 운동의 구심점이었습니다. 우리가 아는 교회의 세 가지 직능은 1) 케리그마(kerygma), 즉 선포인데 이것은 하나님 나라가 왔다는 기쁜 소식을 선포하는 일입니다. 2) 코이노니아(koinonia), 사귐인데 이것은 교회공동체를 의미합니다. 이제(지금) 여기(now and here)에서 하나님 나라의 성격을 나타내는 것이며 하나님이 현존하시는 사랑의 구현입니다. 3) 디아코니아(diakonia), 즉 봉사(servant)입니다. 아직 도래하지 않은 하나님 나라의 확장을 이룩하는 도구입니다. 열심히 섬기고 희생하기까지의 봉사 섬김의 행위입니다. 회개(metanoia)는 지금 하던 일 혹은 가던 방향이 잘못된 것을 알 때 뉘우쳐 참회하는 일입니다. 그러나 이런 소극적 의미에서 그치지 않고 더 적극적인 뜻이 있는데, 즉 잘못된 것을 그만두고 뉘우치는 데 그치지 않고 뒤돌아서는 결단의 행위입니다. 회개는 하나님께 돌아가는 것입니다. 탕자가 아버지 품에 돌아와 안기게 되는 것과 같습니다. 오늘 우리는 깊은 회개를 통한 거듭남, 중생의 역사, 새 생명의 탄생을, 인격의 변화 운동, 즉 참 사람됨의 운동입니다.

성령강림 후 처음 교회는 공동체 의식을 갖게 되었습니다. 믿음과 사랑, 진실과 사귐의 공동체를 만들어 갔습니다. 처음 교회는 그 신앙과 생활에서 '서로 모임', '서로 어울림', '서로 나눔'의 공동체를 이룩해 갔습니다. 이런 공동체의 힘은 선교뿐만 아니라 교회가 세상에 대하여 자연스럽게 미덕이 되었습니다. 예수 믿는 무리가 점점 더하게 되었습니다.

성령강림 후 처음 교회는 형제와 형제 사이, 유대인과 이방인 사이, 주인과 종들 사이에 거리감을 두지 않고 하나가 된 공동체였습니다. 출신, 학식, 지위, 빈부의 차이 없이 그야말로 몸과 마음을 같이하는 교회다운 새로운 공동체였습니다. 주님의 성령은 이렇게 처음 교회로 하여금 그리스도 안에서 연합을 이루게 하고, 이러한 모습이 곧 선교의 힘이 되어 그 위력이 역사하여 세상 속으로 확장되어 갔습니다.

그리스도의 십자가와 부활 사건을 하나의 감격으로만 간직했던 처음 교회는 성령의 임재를 체험한 후 그 감격적 사실을 전하는 실천적 교회로 변모되었습니다. 나아가 모든 사람이 모이고 복음을 전하고 함께 나누는 공동체적 교회가 되었습니다. 그 신앙과 삶도 일치되어 기쁨으로 하나님 나라 확장에 헌신함으로써 더욱 발전해 가는 공동체가 되었습니다.

5. 성령은 계속 새 역사를 창조해 간다

오순절 처음 교회에 강림했던 주의 성령은 오늘 이 시대에도 똑같은 모습으로 임하시고 역사하십니다. 교회의 원형인 처음 교회의 모습을 본받아 성령의 은사를 힘입고 주님께서 분부하신 하나님 선교 사역을 충실하게 감당해야 합니다. 역사의 교회는 항상 처음 교회를 본받아 새로운 변화, 개혁을 해왔습니다.

우리는 지금 교회의 타락의 전 세계적인 시대에 살고 있습니다.

이런 시대에 그리스도 교회는 무엇보다도 정직함을 회복해야 합니다. 오고 있는 하나님 나라의 핵심이 무엇이고, 그리스도 교회가 지향하는 본래 신앙이 무엇인지 다시 생각하고 재해석해야 합니다. 가톨릭 신학자 한스 큉은 그의 책 『그리스도교의 본질』에서 2천 년 그리스도교 역사의 흐름을 "개울"로 비유합니다. 물이 흘러 들어오는 개울에는 온갖 쓰레기와 잡동사니로 가득 차 있다는 겁니다. 어떻게 이런 로마가톨릭이 무너지지 않고 2천 년 동안을 흘러왔겠는가라고 한스 큉은 반문합니다. 그것은 시대마다 교회가 빛을 잃고 몰락을 거듭해 왔지만, 그 쓰레기 가득한 개울에 썩지 않는 한줄기 맑은 물이 끊어지지 않고 공급되었기 때문이라는 것입니다. 물론 그 한줄기 맑은 물은 예수의 영, 성령입니다. 제도가 아니라 예수의 영이 그리스도교의 맥을 이어오고 있다고 본 것입니다.

중세기 교회가 아주 어둡고 타락했을 때 예수의 영은 성 프랜시스에게 나타났고, 그 후에는 아빌라의 테레사 같은 사람이 등장하고, 로마에 베드로 대성당을 짓기 위해 속죄부를 팔자 마르틴 루터가 종교개혁을 일으켰습니다. 20세기에 교회가 사회적으로 커다란 죄악을 범하던 히틀러 나치 하에서는 본회퍼 목사가 고백교회를 일으켰습니다. 어두운 시대 속에서도 교회가 명맥을 유지할 수 있었던 것은 제도나 숫자가 아니라 소멸되지 않은 예수의 영이 맑은 샘물처럼 그리스도교 역사의 개울을 흐르고 있었기 때문입니다.

한국교회도 예외가 아니었습니다. 6.25 한국전쟁의 참화 동안에도 한국교회는 교권 쟁탈과 근본주의 문자주의 성서해석의 악몽 가운데 있을 때 장공 김재준 목사는 '십자군'으로 교회 개혁(마치 한국의 루터가 되는 자의식으로)을 했습니다. 나라가 군사 독재정권으로 어둠의 나락에 있을 때 '제3일'로 민주화와 통일운동으로 맥을 이어가게 했습니다. 이와 같이 역사의 교회는 언제나 예수의 영, 성령에 사로잡혀 사는 소수의 사람들에 의해 처음 교회의 원형을 회복해 갔습니다.

A. 토인비는 '우수의 도식'으로 역사를 관찰하였습니다. 인간의 비참한 역사는 일종의 구속사(Heilsgeschichte)가 되는 것이라고 이해합니다. 갈대아의 문명이 한 바퀴 일어났다가 굴러 넘어가는 시대의 깊은 우수를 체험한 이들 가운데 아브라함과 같은 높이의 영성을 가진 이가 났고, 애굽 문명의 수레바퀴가 일어났다가 굴러 넘어가는 때에 역사의 비극을 경험한 이들 가운데에서 모세가 났으며, 바벨론 문명의 바퀴가 넘어가는 시절에 이사야가 났으며, 헬레니즘의 비극의 종막에 바울이, 또한 로마제국의 영원한 도시 로마가 게르만의 알라릭의 말발굽에 유린당하고, 그 불길에 무섭게 타오르는 시절이 어거스틴을 산출한 것입니다. 시대의 우수를 이렇게 경험할수록 사람들의 영은 더 높은 경지로 승화합니다. 그렇기에 토인비는 상정할 수 있는 최고 최종적인 영도자는 나사렛 사람 예수와 같은 '종교가'로서 한 개인 한 사람의 심령에 근본적인 변화를 일으키는 방법인 '서로 봉사하고 사랑하는' 방향으로 사람들을 시대의 방향을 이끌고 나아가기 전에는 현대 서양 문명이 당면하고 있는 난국을 타개할 수 없으리라는 것입니다.

6. 성령은 예수 그리스도의 영입니다

예수의 영, 성령을 어떻게 무엇이라 정의 내릴 수 있습니까? 성령은 지혜의 하나님입니다. 하나님은 성령으로 말씀하시고, 가르치시며, 책망하십니다. 성령은 모든 것을 아시며, 무엇보다도 우리가 하나님의 존재와 은혜를 알도록 도와주시고, 영적 분별력을 주십니다. 성령은 또한 보혜사입니다. 위로와 상담의 역할을 하시며 우리를 거듭나게 하시고, 기쁨을 주시며, 열매 맺게 하시고 은사를 주십니다. 이 모든 역사는 하나님께서 살아계신 사실을 증거하려는 것입니다.

성령은 예수 그리스도의 영입니다. 이 성령은 이제 만민에게 주어져야 할 영입니다. 예수 그리스도의 영은 능력의 영으로 구박이 있는 곳에 풀어주는 영이요, 불의가 성행하는 곳에서 정의를 실현시키는 영이요, 거짓이 있는 곳에서 사랑과 용서의 꽃을 피우는 영이요, 어둠과 실의에 주저앉아 있는 자에게 희망과 창조적 능력을 부여하는 영입니다. 분단으로 남과 북의 소통이 끊어진 한반도 우리 민족이 진정으로 형제자매로서 하나가 되는 평화통일도 성령의 도우심으로 이루어질 것을 믿는 것입니다. 나아가 평화통일 문제, 복지국가 건설과제, 자연생태환경파괴 문제, 이주자(떠돌이) 문제, 양성평등의 문제, 장애인 문제 등의 올바른 해결을 위한 지혜와 능력을 더하여 주십니다. 이 모든 문제가 선교의 과제임을 깨우쳐 주십니다.

이 예수 그리스도의 영인 성령을 받은 자는 책임질 줄 아는 자요, 정직하고 성실한 자요, 불의와 거짓과 세상적인 모든 것에 예속되지 않은 자유인입니다. 그는 창조적 능력을 이어받은 만물과 역사와 운명의 주인입니다. 그는 창조의 수고를 할 줄 알며 안식의 기쁨을 즐길 수 있는 자유인, 곧 그리스도의 현존을 사는 자입니다.

"성령을 받으라"(요 20:22)는 예수 그리스도의 명령은 우리에게 대한 하나님의 신뢰이며 사랑의 표현입니다. 부활하신 예수 그리스도를 믿는 신앙으로 성령을 체험하고 교회를 교회답게 만들어 가며, 이 세상의 불의와 부정을 폭로하고, 평화와 정의의 세상을 이룩해 가야 합니다. 성령강림의 은혜가 충만하고 처음 교회와 같은 그리스도인다운 삶의 은혜가 풍성하시기를 기원합니다.

7. 마감하면서: 일치에의 영과 성령 체험의 새 삶을 살아야 합니다

진정한 성령 체험과 성령의 활동하심은 일치(unity)를 향해 나아가게 합니다. 세상을 향한 빛과 소금이 영향력을 나타내기 위해서는 먼저 기도와 예배 속에서 신령과 진리로 드리고, 일치를 찾아야 합니다. 예수를 따르는 이들에게 성령은 하나이며 평화를 찾아야 합니다. 분단의 상황, 한반도의 아픔을 함께 이겨내는 지혜와 능력은 "일치의 영성"(unity in Ecumenical spirituality)일 수밖에 없습니다. 에큐메니칼 영성이란 열린 마음의 영성입니다. 내가 소속된 교단의 신학이나 경건성을 강조하기보다는 공유되고 연결된 영성(spirituality in sharing and connecting)을 찾아야 합니다. 교회의 교회됨이란 세상을 향해서 일치된 또는 일관된 그리스도교 영성을 삶을 통하여 보여주어야 합니다.

중생의 거듭남이란 전적인 은혜였습니다. 그 은혜를 통해 우리 그리스도인들은 성령을 체험했습니다. 성령을 체험한 후에 자신의 삶을 두 가지 차원—성령 체험 이전과 성령 체험 이후—으로 설명합니다. 성령 체험 이전의 삶은 수많은 악덕과 죄로 가득 찬 삶이었습니다. 그러나 성령 체험 이후의 삶은 중생(born-again)의 삶입니다. 여기서 우리는 옛 처음 교회의 성령 체험의 방식이나 해석이 현대 그리스도인들의 영적 체험 이해와 유사한 형태를 가지고 있음을 발견하게 됩니다. 즉, 처음 교회에서 성령 안에서의 삶이란 개인적이며 동시에 공동체적이었습니다. 이와 같은 성령의 통전적 이해는 교회의 일치를 향하도록 가르쳐 줍니다.

그러므로 에큐메니칼 영성이란 성령과의 관계성 속에서부터 출발해야 합니다. 진정한 에큐메니칼 영성은 각 교회들의 성령의 사역을 돕는 것입니다. 성령과 교회의 일치는 하나님의 영의 일하심(working of the Holy Spirit)을 통하여 교회의 관계적 본질을 나타냅니다. 성령의 사역을 통한 일치의 신비(mystery of the unity)는 교회를 통해서 나타납니다. 또한 일치의 신비는 교회와 세상을 그리스도 안에서 관계의 그물망(the web of the relationship in the church and the world) 안에서 모든 것을 연결시킵니다. 일치의 신비는 특정 교파나 교단의 이익을 대변하는 것과는 거리가 멉니다. 또한 일치의 신비는 그리스도의 윤리 안으로 모든 교회와 신자들을 초대합니다. 일치의 신비는 궁극적으로 세상이 인정하는 가치를 낳게 합니다. 일치의 신비 안에 들어가야만 진정한 제자 직이 수행될 수 있기 때문입니다. 그리고 일치의 신비의 그 깊은 세계 속에서 개인과 공동체의 영성을 에큐메니칼 시대에 이루어내야 할 의무가 우리 모두에게 주어져 있습니다. 성도 여러분에게 오순절 성령강림의 은혜로 중생의 새 삶이 있으시기를 바랍니다.

2022년 5월 29일 부활절 일곱째 주일
6월 5일 성령강림주일

그리스도인과 순종(순명)

마태복음 10:7-14; 사도행전 11:19-26

1. 처음으로 '그리스도인'(크리스티아누스)이라 불리웠다

예루살렘에 첫 교회가 세워진 것이 A. D. 31년쯤이고, 그 교회가
빨리 성장함에 질투를 느껴 스테반을 죽이고, 그 죽이는 일에 지도적
역할을 했던 사울이 다메섹 도상에서 회개한 것이 37년쯤이고, 바나바
와 바울이 수리아 안디옥에 교회를 세운 것이 43년쯤일 것입니다. 이어
서 바나바와 바울이 제1차 선교여행을 떠난 것이 45년, 거기서 처음으
로 신자들을 '그리스도인'(그리스어 '크리스티아누스')이란 이름으로 불렸
습니다. 결국 예루살렘교회가 유다와 사마리아와 수리아 안디옥과
그 밖에 여러 고장에 퍼진 지 14년쯤 지난 다음에 붙은 별명입니다.
별명이란 어떤 사람이나 집단이 어떤 독특한 성격을 나타냈을 때 붙는
것이니만큼 그 당시의 이 교회들도 무언가 독특한 데가 있었기에 그렇
게 '그리스도인'이라고 불렸을 것입니다.

예수 믿는 집단이 사회에서도 문제가 되고, 유대교 회당에서도 문

젯거리가 되었다는 것은 바울이 그만큼 분간 있게 가르쳤고 신도들도 진지하게 바울의 가르침을 준수했다는 것을 의미합니다. 이것은 바울이 안디옥교회를 맡은 지 1년 만에 붙은 이름이었습니다.

그러면 그때 안디옥 사람들이 왜 예수교 집단 사람들에게 '크리스티아누스'라는 별명을 붙였을까요? 그것은 '그리스도의 사람' 속된 말로 한다면 그리스도 쟁이란 뜻입니다. 그때 안디옥교회 신자들은 '나사렛 예수가 그리스도시다'라는 신앙고백을 하였기 때문입니다. 만나는 사람에게는 언제나 '예수는 그리스도시다' 하고 자기 신앙을 인사 삼아 고백한 것입니다. 이것은 그리스도 증언입니다. 누구나를 만났을 때, 방문했을 때, 위로할 때, 병자를 안수할 때, 죽은 사람을 안장할 때 반드시 '예수는 그리스도 우리 구세주시다. 잘 믿으라!'하고 말했을 것입니다.

이렇게 일편단심 그리스도를 믿는 사람은 그리스도를 닮기도 합니다. 그런 사람의 얼굴을 보면 그리스도의 상이 박혀있는 것 같은 인상을 줍니다. 그리스도와 비슷한 얼굴과 마음씨라고 보였을 것입니다. 바울은 "너희 안에 그리스도의 형상이 이루어질 때까지 내가 너희를 다시 낳는 수고를 하겠다"고 했고, "너희는 점점 자라 그리스도의 장성한 분량까지 이르라"고도 했습니다.

오늘에 있어서 우리가 그리스도인이 된다는 것은 무엇을 의미할까 언제나 명심해야 합니다. 그리스도인이란 예수 믿는 사람입니다. 이는 또한 그리스도를 닮는다는 뜻입니다. 그리스도와 일체가 된다는 뜻입니다. 바울의 "그리스도와 함께 죽고 그리스도와 함께 사는 사람, 내가 사는 것이 아니라 그리스도가 내 안에 사는 것"을 의미합니다.

그리스도와의 일체감에서 사는 생활실태를 중시하는 사람을 의미합니다. 그리스도의 이름은 실체의 표징입니다. 그리스도의 실체가 우리 그리스도인의 혼과 생활 안에 실체화해가는 경우에만 참 그리스도인(크리스티아누스)일 것입니다. 그것은 기성품이 아니라 성령의 도우심으로 서서히 이루어지는 것입니다.

2. 순종(순명)의 이야기

우리가 읽고 있는 성경은 캐논(Canon)이라는 정경(正經)입니다. 그리고 이 정경 외에 외경(外經)이라는 것이 있습니다. 같은 당대의 문서이지만 정경적 가치가 없어서 편집되지 아니한 것입니다. 그 밖에도 위경(僞經)도 있습니다. 이것은 성경을 뒷받침하는 데 여러모로 자료가 되기는 하나 정경적 가치는 없다고 보아 편집 밖으로 물러난 책입니다. 그 위경에 있는 이야기입니다.

어느 날 예수님께서 아주 피곤함에 지친 제자들을 데리고 조용히 말씀하십니다. "저 높은 산으로 올라가자." 그리고 다시 말씀하시기를 "커다란 돌을 두 개씩 들고 올라가자" 하셨습니다. 열두 제자는 저마다 돌을 가지고 올라갔는데, 이 위경에서는 가룟 유다와 베드로에 관해서만 거론하고 있습니다. 가룟 유다는 역시 가룟 유다입니다. 힘든데 왜 산은 올라가자고 하시며, 게다가 왜 돌은 두 개씩 가지고 올라가자고 하시는 건가, 참 이상하다 못마땅하게 여긴 유다는 조그마한 자갈돌 둘을 골라서 주머니에 넣고 올라갔습니다. 그러나 베드로는 그대로 순종하는 것이 옳겠다고 생각해서 이유야 어떻든 말씀하시니 순종하겠다는 마음으로 큰 돌 둘을 어깨에 메고 땀을 흘리면서 위에까지 올라 갔습니다. 예수님께서는 제자들을 둘러앉혀 놓으시고, 각자 가지고 온 돌들을 자기 앞에 놓으라 이르시고 "자, 다 같이 기도하자" 하십니다. 하늘을 우러러 기도하시고, 축사하시고 나니 돌들이 떡으로 변했습니다. 그리하여 베드로는 큰 떡을 얻게 됐습니다. 가룟 유다는 작은 떡을 얻었습니다.

사람의 마음을 세 단계로 구분합니다. 첫째, 본능적 자아, 즉 육체적 본능입니다. 이것은 충동적입니다. 하지만 충동대로 만 살 수는 없습니다. 둘째, 그 위에 합리적 자아가 있습니다. 합리적이게, 과학적이게 지시하는 이성의 자아가 있습니다. 충동적 자아는 이성적 자아에 순종해야 합니다. 셋째, 그 밖에도 이상적 자아(Idealistic Ego)가 있습니다. 이것은 마땅히 이래야 한다. 양심이, 성경이, 성령이 말하고, 하나님의 말씀이 이르는 이상적 자아가 높이 있습니다. 우리의 이성과 합리적 자아는 다시 이상적 자아에 순종해야 합니다. 이 같은 질서, 위계질서가 분명해질 때에 건전한 인격이 되는 것입니다. 그런고로 순종의 덕을 몸에 익히지 못한 사람은 불행합니다. 순종의 아름다움을 배우지 못하고, 순종의 평화를 경험하지 못한 사람은 더욱 불행합니다. 순종함으로 마음이 평안해집니다. 순종해야 평화와 행복을 얻습니다.* 순종하고 나면 양심이 자유롭습니다. 내 마음이 편하고, 내 영혼이 자유롭습니다. 그런데 현대인의 불행은 이 자유를 모르는 데 있습니다. 순종하면 내가 없어지는 줄 알고, 자아가 모멸 되는 줄로 착각하고 있습니다.

* "제사보다 나은 순종," 곽선희 목사 설교 참조.
  https://blog.naver.com/inyouwithyou/10052383572

그래서 어쨌든 거절하고 봅니다. 예(Yes)하면 못사는 줄 알아요. 아니오(No)라고 해야만 내가 사는 줄로 착각합니다. 노예적 순종을 합니다. 가라 하면 가기는 하면서도 속으로는 아니오(No)입니다. 하라 하면 하기는 하지만 죽지 못해 합니다. 이렇게 평생을 사는 사람 참으로 불쌍한 사람입니다. 개성 시대라고 하지만 현대인은 순종을 모릅니다.

어렸을 때는 부모에게 순종하고, 학교에서는 선생님에게 순종하고, 교회에서는 교역자에게 순종하고, 직장에서는 상관에게 순종해야 합니다. 그런데 이 순종을 굴욕으로 받아들여야 하는 사람, 그 사람은 체질적으로 문제가 있는 것입니다. 거역이 자유라고 생각하고, 불순종에서 존재가 살아난다고 착각하고 있는, 철저하게 역설적으로, 역행적으로 산다면 참으로 문제가 아닐 수 없습니다. 신학자 본회퍼(Dietrich Bonhoeffer) 목사는 말합니다. "믿는 자들만이 순종할 것이며, 순종하는 자만이 믿게 될 것이다"라고요. 순종하면서 믿음을 배워간다는 것을 잊지 말아야 합니다. 여러분이 잘 아시는 시인 괴테의 말입니다. "내 영혼은 언제나 순종함에 따라 점점 더 훌륭한 자유를 맛보았노라." 순종하면서 무한한 자유를 경험했다는 것이 그의 고백입니다. 순종은 믿음입니다. 믿음의 실천이요, 증거입니다. 나를 순종케 하는 자의 능력과 지혜와 사랑을 믿기에 안심하고 순종합니다. 그리고 순종은 평화이고 겸손입니다. 나 자신의 부족함을 알기에, 너무나 잘 알기 때문에 나는 순종을 통하여 믿음을 얻고, 순종을 통하여 배우고, 순종을 통하여 더 높은 차원의 자유를 얻게 된다는 말씀입니다. 오늘의 메시지는 "그리스도인과 순종(순명)"입니다.

3. 순종의 참뜻을 삶으로 본 보인 이야기

사울왕은 본래 겸손하고 순종하는 사람이었으나 왕이 되어 아말렉과의 전쟁에서 하나님의 말씀에 불순종함으로 하나님 앞에 범죄 하였고 회개의 마지막 기회마저 잃고 말았습니다. 이제 사무엘 선지자가 아주 중요한 교훈을 합니다. 순종이 제사보다 낫다는 가르침입니다. 순종 없는 제사에 무슨 의미가 있습니까? 그 많은 봉사가 무슨 의미가 있다는 말입니까? 희생이 소용없어요. 제사란 곧 희생을 의미합니다. 순종이 없는 제사, 정말로 소용이 없을뿐더러 오히려 하나님께 욕이 된다는 것을 알아야 합니다(삼상 15:17-27).

이사야 1:13-14에 보면 "헛된 제물을 다시 가져오지 말라… 그것이 내게 무거운 짐이라"고 말씀합니다. 헛된 짐일 뿐, 순종 없는 제사, 희생, 헌신, 봉사는 아무 소용없는 것입니다. 이는 하나님에 대한 욕입니다. 미가 6:7에 보면 "내 맏아들을 드릴까"라는 말씀이 있습니다. 소와 양과 재산을 바치다가 마지막에 가장 귀한 제물이 뭘까, 내 맏아들일까? 아닙니다. 하나님께서 원하시는 것은 순종입니다. 오직 전적인 순종입니다. 자기 지혜로 나가는 행위, 자기 뜻대로 하는 일은 하나님 앞에 아무 의미가 없는 것입니다. 순종이라는 말은 히브리말로 '샤마'입니다. '듣는다'(to hear)는 뜻입니다. '사무엘'이 '샤마엘'입니다. 하나님께서 들으셨다는 뜻입니다. 또 '휘파쿠오'라는 말은 '아쿠오'가 '듣는다'는 말이요, '휘파쿠오'는 '엎드려 듣는다', '밑에서 듣는다'라는 뜻입니다. 우리말과 히브리말이 개념상으로 통합니다. '듣는다'와 '순종'은 같은 말입니다. '부모 말을 듣는다'는 곧 부모에게 순종함입니다.*

마음의 문을 열고 듣는 것입니다. 내 의견을 포기하고 그의 의견을 받아들이는 것입니다. 그리고 말없이 즐거운 마음으로 순종하는 것이고, 행동하는 것입니다. 아리스토텔레스가 말했습니다. "악인은 두려워서 순종하고, 선인은 사랑으로 순종한다." 악한 사람은 꼭 매를 맞고야 순종하는데, 그러나 그것은 순종이 아닙니다. 선한 사람은 그 뜻을 알기에 사랑하는 마음으로, 존경하는 마음으로, 기뻐하는 마음으로 순종합니다. 거기에 선인의 의미가 있는 것입니다.

성 프랜시스가 수도원에서 어느 날 농사일을 하고 있는데, 젊은 두 사람이 수도사가 되겠다고 왔습니다. 본디 아주 엄격히 선발해서 수도생을 삼는 법인데, 그때에는 마침 배추 모종을 하고 있었습니다. 프랜시스는 그들에게 모종을 주면서 "이 배추를 거꾸로 심어라" 합니다. 뿌리를 하늘로 하고 그 줄기를 땅으로 하여 심으라 하고는 들어가 버렸어요. 한 후보생은 "아, 이거 선생님이 말씀하시는 것이니 그렇게 해야지" 하고 거꾸로 심었습니다. 그러나 한 사람은 한참 심다 말고, 배추 뿌리를 하늘로 해서 심다니 말도 안 된다 생각하고 뿌리를 땅으로 해서 심었어요. 프랜시스는 저녁에 나와 보고 거꾸로 심은 사람은 수도사로 뽑고, 합리적으로 하겠다고 바로 심은 사람은 돌려보냈습니다. 왜요? 일이 합리적이냐 불합리하냐 혹은 그 결과가 어떠냐가 중요한 게 아니라 누가 말씀했느냐가 중요합니다. 누가 말했느냐에 따라 그에게 순종할 따름입니다. 말씀한 분에게 순종하는 그것밖에는 없는 것입니다. 자세가 중요한 것입니다.

---

* "제사보다 나은 순종," 곽선희 목사 설교 참조.
  https://blog.naver.com/inyouwithyou/10052383572.

마태라는 이가 세관에 앉았을 때 예수께서는 "나를 쫓으라 하시니 일어나 쫓으니라" 했습니다. 이것이 순종입니다. 그러나 당시 지도자들인 서기관들과 바리새인들은 그리스도를 고발하고 반대할 이유를 찾기에 급급하였습니다(9:3, 11, 34). 마태가 예수님을 쫓은 후로 그리스도를 위하여 만찬을 베풀고 그의 "동료 죄인들"을 초청하였을 때 바리새인들은 문제를 일으키려고 참석하였습니다. 이때 예수님께서는 자신을 죄악 된 마음을 고치는 의사로 비유하시며(9:12) 또한 사람들의 생활에 기쁨을 가져다주시는 신랑으로 비유하셨습니다(9:15).

순종도 훈련입니다. 예수님께서도 작은 일에 충성했으니 큰일을 맡긴다고 하셨습니다. 작은 일에 순종해 버릇해야 합니다. 순종, 순종, 순종하다 보면 엄청난 일에도 순종할 수가 있습니다. 작은 일에 순종을 배우지 못한 사람은 결정적인 일에도 순종할 수 없습니다. 우리 모두 예수님과 진리 앞에 순종하며 사는 그리스도인들이 되시기를 바랍니다.

4. 성 프랜시스의 순명(順命) 이야기

아씨시의 성 프랜시스(St. Fransis of Assisi, 1182~1226)는 기독교 역사상 가장 유명한 성자요 수도승입니다. 그는 인간의 탐욕과 사치, 오만, 돈, 욕심 그리고 불순종의 탁류가 휩쓸던 13세기를 사랑과 겸손과 믿음의 정수제(淨水劑)로 맑게 한 사람이며 가난하고 병든 자를 섬기고 삶의 새 방향을 제시해 준 사람입니다. 그는 모든 것을 버리고 주(主)님의 가슴에 안기었습니다. 큰 부자가 될 수도 있었고 영예로운 무사(武士)도 될 수 있었습니다. 젊음의 향기와 노래로 향연의 왕으로 찬탄을 받았습니다. 그러나 그의 병고(病苦)는 하염없는 공허로 허무를 거쳐 오직 그리스도만이 영원한 실재(實在)이며 생명의 주님이심을 깨닫고 눈물과 참회와 함께 그리스도께 순명(順命)합니다.

1209년 2월 24일 새벽, 프랜시스는 성 마태축제 때에 기도하는 중에 영혼 깊은 곳에 섬광처럼 내리시는 주님의 말씀(마 10:7-14)에 순명하고 생애 진로를 확정하고 영열(靈悅)에 가득하여 외쳤습니다. "천국이 가까이 왔다. 병든 자를 고치며 죽은 자를 살리며 귀신을 쫓아내며 너희가 거저 받았으니 거저 주라 어느 성이나 집에 들어가거든 평안을 빌라…" 프랜시스는 가장 작은 이의 형제가 되었고 걸인 나병 환자와 가난한 자와 죄인의 가장 친절한 친구가 되었습니다. 문전걸식과 두 벌 옷과 금전을 갖지 않고 전도 여행하는 청빈한 삶이면서도 혹 가난한 형제의 양식을 빼앗는가 하여 늘 염려하였습니다. 그는 참으로 순진하였고 그의 마음속에서 거짓을 찾을 수 있으리까! 그의 행위에서 꾸밈을 볼 수 있으리까! 그는 참으로 겸손했습니다. 그는 종교개혁자나 예언자로서의 의식(意識)을 갖지 않았습니다. 그의 정적(靜寂) 속에는 영원한 활동이 품겨 있었으며 그의 여윈 몸에는 그윽한 후광(後光)이 들리어 있었습니다. 그의 고요한 기도와 함께 어두운 종교계에 새벽이 왔습니다. 그의 거룩한 인격 속에는 아무도 손대지 못할 준엄한 힘이 숨어 흐름을 봅니다.

성 프랜시스가 가신 후 800여 년, 우리가 사는 세상에는 성빈(聖貧)을 찾아보기 어려운 맘몬의 발아래 모든 게 엎드려 있습니다. 사람과 사람 사이에는 기계와 기계의 접촉같이 차갑게 되었고 이권 다툼과 유혈이 승산의 결과인 양 진리로 떠받들고 있습니다. 13세기 교회당

안에는 도박과 고리대금이 공개되었으며 성직매매가 성행했고 사람 차별로 어둔 세상의 모습이었습니다. 프랜시스는 그의 거룩한 눈으로 어찌 그런 현상을 보셨을까요? 그러나 그는 겸손하게 말없이 앉으셔서 가장 아름다운 그리스도의 나라를 나타내셨습니다.

프랜시스는 사랑으로 만물을 품어 안으셨습니다. "형제인 태양이여, 자매인 달이여"하고 아름다운 피조물을 찬양하였으며, 숲속의 새들을 모으시고 주님의 사랑을 말씀하시며, 구비오의 늑대를 찾아가서 순순히 가르쳤습니다. 그의 자애로운 얼굴과 몸짓에 자연의 모든 것은 기뻐 뛰어놀았으며 죄 많은 사람들은 그들 가슴에 비정의 얼음이 녹아내렸습니다. 그는 실제로 주님께 순명한 겸손과 사랑과 헌신의 주님의 참된 종이셨습니다.

그는 그리스도를 본받는 종이었습니다. 최고의 목적, 중요한 희망과 최대의 의지는 거룩한 복음에 주목하는 것이고, 그리스도의 가르침을 받고 그의 발자취를 따르는 것이었습니다. 중세 시대는 순종과 청빈 그리고 순결(독신)을 3대 모토로 삼았습니다. 프랜시스에게 '가난'은 '순종'과 동의어였으며, 그리스도 앞에서의 자기부정, 겸손, 섬김의 삶을 의미했습니다. 그에게 나타난 십자가의 '성흔'은 예수님의 각 손과 발에 하나씩 그리고 옆구리에 상처인데, 이 상처 자국은 '낙인, 흔적' 또는 '흉터'라는 의미의 그리스어의 '스티그마'(stigma)를 따서 '성흔'이라 불렀습니다. 바울의 "내 몸에는 예수의 낙인이 찍혀있습니다"(갈 6:17)와 동일한 말입니다. 프랜시스는 절친한 제자들에게조차 그 흔적을 숨기려고 했지만, 앓아눕자 제자들이 간호하다가 그 몸에서 피가 흐르는 것을 눈치 챌 수밖에 없었습니다. 그가 사망했을 때에야 클라라와 함께했던 50명의 수사들과 제자들이 그 상처를 보고 만질 수 있었습니다. 그 '성흔'은 십자가에 못 박히신 예수님의 계시에서 시작되었고, 그리스도를 닮는데 헌신해 온 프랜시스의 영적인 삶의 완성입니다.

프랜시스의 삶에서 반드시 기억해야 할 분은 클라라입니다. 두 사람은 초월적인 우정을 본보였습니다. 그녀는 곧 프랜시스가 가장 신임하는 막역한 친구가 되었습니다. 그는 클라라의 신앙선배였지만, 그녀의 공동체에 대한 결정을 해야 할 때면 그는 종종 클라라의 판단에 맡겼습니다. 훗날 병에 걸렸을 때는 클라라의 간호와 충고를 받으며 그녀를 더욱더 의지했습니다. 프랜시스의 인생 말미의 몇 주 동안, 산 다이아노에서 그를 간호한 사람이 바로 클라라였습니다. 현대 전기작가 중에는 클라라와 프랜시스가 일종의 로맨틱한 감정을 나누지 않았다고 믿는 건 불가능하다고 말합니다. 하지만 그들의 관계에 잠재적인 성적 유혹이 있었다 해도 그 에너지가 초월적인 것으로 돌려졌음이 명백합니다. 자신들의 세계에서 그리스도의 겸손과 가난을 실현하기 위해 공동으로 헌신하는 일로 말입니다.

5. 본회퍼 순종 이야기

전적인 순종으로, 그리스도의 증인으로 산 본회퍼 목사는 그의 삶과 사상이 하나처럼 연결되어 있습니다. 오늘날과 같이 전문화가 다양한 시대에, 한 인격 안에서 고도의 지성인(신학자)이며, 직업인(목사, 교사)인 동시에 실천자(행동의 사람)로 나타나는 일은 쉬운 일이 아닙니다. 셋 가운데 하나가 되기만도 어렵습니다. 본회퍼의 이름이 오늘 우리에게 의미를 가지는 것은 단순한 신학자로서나 목사로서 또는 행동자로서의 한 사람이 아니고 이 셋이 한 분인 인격 안에 결합되어 있는 한 사람이기 때문입니다. "반항과 복종"(옥중서간의 이름)은 바로 그의 '삶'의 이름이기도 합니다. 그는 하나님의 말씀에 대한 무상의 복종과 애타는 이웃사랑 때문에 '반항'과 '복종' 사이에서 스스로 '반역자'의 최후를 선택한 현대판 예레미야, 아니 현대판 사도행전의 교훈이 되었습니다. 오늘 그가 우리에게 더욱 큰 관심과 중요성이 있는 것은 그가 실제로 산 이 역사의 '증언'(證言) 때문입니다. 그러나 무엇보다도 본회퍼를 말해 주는 것은 그의 옥중의 시(詩) <자유를 찾는 길>일 것입니다.

(1) 훈련: 네가 만일 자유를 찾으려고 하거든, 먼저 네 감각과 마음을 훈련하는 것을 배우라. 네 욕망과 지체들이 너를 지배하지 못하게 하라. 네 몸과 정신을 순결하게 가지고, 철저히 다스려 네 앞에 있는 목표를 찾게 하라. 훈련을 떠나서 자유의 비밀을 배울 수 있는 사람이란 없다.

(2) 행동: 자기가 하고 싶은 것을 하려고 하지 말고, 옳은 것을 하려고 하라. 가능한 것 속에 떠 있지 말고, 용감하게 현실적인 것을 붙잡아라. 소심한 망설임에서 삶의 풍파 속으로 나오라. 하나님의 계명과 신앙만을 의지하라. 그러면 자유는 기쁨으로 네 영을 영접할 것입니다. 우리는 이 '길'을 따라서 예수 그리스도의 한 증인이 됩니다.

본회퍼는 18개월 동안(1943년 4월 5일~1944년 10월 8일) 옥중에서 보냅니다. '옥중서간'에 포함된 대부분의 편지와 문서는 여기서 쓴 것입니다. 본회퍼 감옥에서 편지 외에도 성서, 특히 구약을 연구했습니다. 그는 감옥의 도서관에서, 친구들과 집으로부터 보내온 신학, 철학, 과학, 음악, 문학, 역사 등 많은 책을 얻어 읽었습니다. 그는 여기서 "시대의 감각", "진리를 말하는 것은 무엇을 말하는가?", "교회가 세상에 대해서 말할 수 있는 가능성" 그리고 "십계명의 첫째 계명" 등을 썼습니다. 그는 또 성인(成人)이 된 비종교적 세계와 예수 그리스도의 주권에 대해서, "성서적 개념의 비종교적 해석"에 대해서 생각하기 시작했습니다. 그의 삶의 극치의 기간이었습니다.

여기서 본회퍼는 국제적인 그룹의 목사가 되었습니다. 그와 교류하고 지켜봤던 친구들의 증언에 따르면, 그 당시의 본회퍼는 매우 겸손하고 부드러웠습니다. 그는 항상 보잘것없는 일에 있어서도 기쁘고 행복해 보였고, 살아 있다는 단순한 한 가지만으로써 그는 깊은 감사의 마음과 분위기를 가지게 하는 것 같았습니다. 그는 진정으로 전적인 순종의 모범을 보인 예수의 제자도(discipleship)를 지키는 주님의 종이었습니다.

어렸을 때부터 순종을 배워야 합니다. 순종 체질이 되어야 본인이 자유(自由)할 수 있습니다. 능력의 사람도 될 수 있습니다. R. A. 토레이(Reuben Archer Torrey) 박사의 말입니다. "권능은 하나님께 속했는데, 우리가 그 권능을 받는 데는 오직 한 가지 조건이 있다. 그것은 절대 순종이다." 여러분, 하나님의 말씀이 들려옵니까? 전적으로 순종하세요. 만약 우리에게 하나님의 말씀이 들리지 않는다면, 회개하여야 합니다. 너무나 오랫동안 불순종했기 때문에 말씀이 들리지 않습니다. 순종은 삶의 순리이고 자유에의 길입니다.

하나님 앞에서 잠잠할 수 있을까?(본회퍼)

하나님 앞에서 잠잠하다는 것은 하나님이 우리에게 말씀하시도록 기다리며, 어떠한 말씀을 하시더라도 그 말씀을 영원히 받아들이겠다는 자세로 듣는 것입니다. 자신에 대해 변명하려 하지 않고, 하나님이 우리에게 하시는 말씀을 들으려 하는 것입니다. 하나님 앞에 잠잠하다는 것은 아무 일도 하지 않는 것이 아니라, 숨을 들이마시듯 하나님의 뜻 안에서 깊이 호흡하는 것입니다. 온 마음으로 경청하며, 들은 것에 대해 순종할 준비가 되어 있는 것입니다. 그러므로 하나님 앞에 잠잠한 그 시간은 무거운 책임의 시간이며, 우리 자신을 진실로 진지하게 돌아보는 시간입니다. 그러나 그 시간은 언제나 하나님의 인식을 경험하게 하는 축복의 시간이기도 합니다. 시편 62:1에는 "나의 영혼이 잠잠히 하나님만 바람이여 나의 구원이 그에게서 나는 도다"하고 노래합니다.

2020년 9월 6일, 창조절 첫째 주일

그리스도의 얼굴

고린도후서 4:1-6

1

우리의 얼굴은 마음의 거울이며 영원의 영상입니다. 외모의 아름다움이 그 사람의 전체를 대표하는 것은 아니되, 보는 눈만 있다면 사람의 얼굴에서 그의 심중에 있는 것을 모두 읽을 수 있으리라 생각합니다.

우리는 사실 예수의 얼굴빛을 알고 있지 못합니다. 복음서나 신약의 다른 문서에 예수의 얼굴 모습에 대한 기록은 없습니다. 2세기 초에 기록되었다는 외경에도 없습니다. 그런데 매우 일찍부터 예수의 화상이 그려졌고, 로마제국의 박해 속에서 혹은 카타콤 벽화로서 또 비밀스러운 예배 장소의 예배기구에 그려져서 보존되었고, 한번 콘스탄티누스 황제가 기독교를 공인하였을 때 예수의 초상화는 밝은 거리에 물밀듯 흘러나오게 되었습니다.

그러나 복음서에 기록된 예수의 모습은 읽는 것만으로는 그가 어떠한 얼굴을 가지셨는지 짐작이 가지 않습니다. 얼굴이 긴 편이었는지 둥근 편이었는지, 눈이 컸는지 작았는지 또 몸이 부하였는지 야위셨는지, 이런 것은 전연 알 길이 없습니다.

현대에는 예수에 대한 많은 그림이 그려져 있고, 특히 그려진 모양에 있어서 여러 가지 일정한 특성을 보유하고 있어서 어린이들까지라도 예수님의 화상임을 알아볼 만큼 되었습니다. 사람마다 그리스도상을 그리는 데는 자기의 개성을 나타내게 될 것입니다.

2

오늘 본문에 나오는 "그리스도의 얼굴"은 그의 얼굴이라기보다는 삶의 성격 내지는 도덕적·영적인 광채를 가리키는 말씀으로 이해해야 합니다. 이를테면 그의 인격이 풍겨주는 삶의 멋이라고 해도 좋을 것입니다. 다시 말하면 사도 바울이 "그리스도의 얼굴"이라 했을 때, 그것은 예수의 용모를 운운함인 것보다는 차라리 그의 성품, 그의 인격, 그의 전 생명의 일단을 말해주려고 한 말일 것입니다.

처음 말씀드린 대로 사실 사람의 얼굴이란 그의 성격이나 기질이나 심정 등을 잘 나타내 줍니다. 그러므로 그 얼굴을 보아 그의 사람됨을 압니다. 교만하고, 간사하고, 능글능글하다든지, 우둔한 성격 같은 것이 그 얼굴에 나타날 수 있습니다. 그러나 우리가 참으로 쳐다보아야 할 얼굴에는 진실하고 성실된 얼굴, 명랑하고 지혜로움과 같은 아름다운 품격의 얼굴·표정이라 하겠습니다. 우리 스스로가 거울 속에 비치는 자기의 얼굴을 읽을 수 있어야겠습니다.

레오나르도 다 빈치를 비롯하여 많은 화가가 성화를 그렸습니다. 우리는 성화를 사랑하고 또 각 가정에서는 이 성화를 벽에다 걸어 놓고 경건한 분위기를 조성하기도 합니다. 성만찬의 그림에 대해서는 전해 내려오는 일화가 있습니다. 어느 화가가 성만찬의 그림을 그리기로 작정을 했습니다. 그런데 그 화가의 고충은 모델을 선택하는 것이었다고 합니다. 생각으로만 그릴 수 없기 때문에 비슷한 느낌을 주는 모델을 찾아야만 했습니다. 예수님과 열두 제자 모두 열세 사람의 모델이 필요한데 제일 어려운 것은 예수님과 가롯 유다의 모델을 찾는 것이었다고 합니다.

먼저 예수님의 모델을 찾기 위하여 온 도시와 동리를 발이 닿는 데까지 돌아다녀 보았으나 예수님이라고 느낄 만한 모델은 찾을 수가 없었습니다. 그러던 어느 날 자기가 출석하는 교회의 성가대원 가운데 얼굴에 빛이 있고 인상이 좋은 청년을 발견하여 그를 예수님의 모델로 정하고 그림을 그렸습니다. 그 후 화가는 어떤 사정으로 인하여 그림을 그리지 못하다가 몇 년 뒤 다시 그리기 시작하여 그 그림을 완성할 생각으로 가롯 유다의 모델을 찾아다니게 되었습니다. 어느 술집 골목으로 지나가는데 한 청년이 비틀거리며 오는 것을 보고 저 사람이면 가롯 유다와 비슷한 인상일 것이라 생각하여 다가가서 그림 한 장만 그리자고 부탁을 했습니다.

그 얼굴을 한창 그리고 있는데 그 청년이 왜 자기의 얼굴을 그리느냐고 묻기에 화가는 솔직하게 사정 이야기를 했습니다. 그랬더니 그 청년은 통곡하며 몇 년 전에 당신이 예수님의 얼굴 모델로 그린 사람이 바로 자기라고 하는 것이었습니다. 그동안 타락하여 지금은 가롯 유다의 모델이 되었다고 하며 울었다는 것입니다. 결국 한 사람이 어느 때는 예수님의 모델이 될 수 있었고, 어느 때는 가룟 유다의 모델이 되었다는 것입니다. 사람은 그 마음의 모습대로 얼굴에 보인다고 합니다. 또 의학적으로는 4년마다 피부가 달라진다고 합니다. 그렇다면 몇 년 동안 찌푸리고 살다 보면 얼굴 모습이 달라지는 것은 틀림없는 사실입니다.

3

사도 바울은 예수 그리스도의 얼굴에는 하나님의 영광의 빛이 나타났다고 말하였습니다. 사도 요한도 "우리가 그 영광을 보니 아버지의 독생자의 영광이라"고 했습니다. 또 "나와 아버지는 일체니라"(요 10:30), "나를 본 사람은 아버지를 보았다"(요 14:9)고 예수님 자신이 말씀했습니다. 이는 다 예수 그리도의 얼굴 가운데 하나님의 영광이 충만하였음을 표시하는 말입니다. 영원한 진리의 참된 화신이신 예수 그리스도 그가 곧 복음 자체이며, 생명 그 본체이셨습니다. 우리는 주께서 고난의 길을 가시기로 작정하신 사순절을 맞을 때, 이제 옛날 사도들의 눈에 비친 예수 그리스도의 얼굴빛을 보고 거기서 하나님의 영광이 어떻게 비쳤는가를 살펴보게 됩니다.

첫째, 예수 그리스도의 얼굴에는 깊은 희열의 빛이 서려 있었습니다. 끝이 없는 즐거움, 이상하리만큼 심각한 기쁨이 그의 얼굴에 끊임없이 나타났습니다. 예수께서 때로는 눈물을 보이신 일이 있었지만 그의 깊은 근저에는 언제나 참된 삶의 즐거움이 깃들어 있었습니다.

마지막 강화에서도 "내가 이것을 너희에게 이름은 내 기쁨이 너희 안에 있어 너희 기쁨을 충만하게 하려 함이라"(요 15:11)고 했을 때, 확실히 그는 기쁨의 꽃이 활짝 피어나는 얼굴을 하셨을 것입니다. 이 기쁨은 예수 자신만 간직하려 하시지 않고 제자들도 맛보게 하시려는 간절한 소원을 가지신 것이었습니다. 예수님의 얼굴에 나타난 즐거움은 생명의 환희 그것이요 신비하고 영원한 세계의 파악에서 연유한 무한한 즐거움입니다. 예수님 자신이 성령으로 기뻐하셨다는 일이라든지 사도 바울이 "진리와 함께 기뻐하라"고 권면한 말씀들은 모두 이러한 참된 생명의 환희를 가리키는 말씀입니다.

그런데 오늘 우리의 얼굴은 어떤가요? 우리의 얼굴은 굳어져만 가고 있지 않은가요? 우리의 삶이 흔히는 고달프다고 합니다. 그러나 그렇기 때문에 더 우리는 하나님의 영광으로 충만하신 예수 그리스도의 얼굴빛을 바라보아야 할 것이 아닙니까? 그의 기쁨을 우리의 기쁨으로 살아야 할 것 아닙니까? 그리스도의 얼굴에서 그가 주시는 위로의 기쁨, 전진하는 용기의 기쁨, 불의를 이기는 정의감의 기쁨, 내일을 기약하는 희망의 기쁨을 오늘의 구체적인 우리의 삶의 현장에서 찾아내야 할 것입니다.

4

둘째로 예수 그리스도의 얼굴에서 무엇으로도 흔들 수 없는 평화의 빛을 찾아야겠습니다. 예수는 생의 마지막 때 다락방에서 제자들에게 "평안함을 너희에게 끼쳐 주노니 나의 평안함을 너희에게 주는 것은 이 세상이 주는 것 같지 아니하니라. 너희는 마음에 근심도 말고 두려워하지도 말라"(요 14:27). 이 평화는 주님이 인류에게 주신 유일한 유산입니다. 예수의 유산으로 남겨주신 평화를 오늘 우리 땅에 정착시켜야 합니다.

일찍이 예레미야는 "너희들 가운데 평화가 없을 때 평화! 평화! 하는구나"(렘 6:14) 한 적이 있습니다. 전쟁의 위협이 있는데 왜 평화란 말로 백성을 우롱하느냐는 이스라엘 통치자들에 대한 경고였습니다. 사실 예레미야는 전쟁의 소문을 들으면서 이스라엘로 하나님께 돌아올 것을 몸으로 호소하였습니다. 전쟁을 막는 길은 국방을 다지고 전쟁 준비를 하는 데 전력을 기울여야 하는 것만이라고 하지 않았습니다. 하나님께로 돌아오는 것이 평화에의 길이라고 외치며 회개를 부르짖었습니다. 물질을 숭배하고 사치와 호화를 사랑하고, 권력을 맹종하는 우상 숭배의 타락이 바로 전쟁의 불씨이며 멸망의 지름길이라고 외쳤습니다. 밖에서 쳐들어오는 전쟁의 소문이 날 때 우리 안에서 터지고 있는 정신적 타락에서 오는 전쟁을 경고하여야 합니다. 전쟁의 위협 아래 있을 때 평화로 이겨낼 수 있는 길은 그리스도 신뢰의 길입니다. 그리스도 신뢰가 없는 군대는 이미 패배의 행진을 하고 있을 뿐입니다. 우리의 평화에의 의지는 신뢰와 신앙으로 다져져야 합니다.

예수님께서 주신 평화는 외부적 조건에서 오는 것이 아니라 모든 지식과 이해를 초월한 하나님의 평화, 인간의 영이 깊이 자리 잡은 내적인 평화였습니다. 예수께서 잡히셔서 심문을 받으실 때에 빌라도 앞에 서신 그의 얼굴에 서렸던 그 뚜렷한 평화, 죽음을 두려워하지 않는 늠름함, 침착함, 당당함, 태산과 대해와 같은 높이와 깊이를 다

가진 평화였습니다.

5

화해자의 얼굴이 주시는 의미에 대하여 생각합니다. 오늘날 작게
는 가정 안에서부터 시작하여 크게는 국제사회에 이르기까지 화해가
절실히 요청되고 있습니다. 화해는 자기 자신도 하나님 앞에서는 선량
하지 못한 존재임을 인정하고 자신들도 하나님의 용서와 자비를 요구
하고 있다는 자각을 가진 자들 중에서만 가능합니다.

이 세계가 지금 '깨어진 관계'(Broken Relationship) 속에 있으므로
서로 해치고 상처를 주면서 지내고 있습니다. 깨어진 관계를 다시 회복
시키자면 중간에 접착제가 있어서 양편을 하나로 만들어야 합니다.
종이같이 부드러운 것이 찢어지면 풀로 붙일 수 있지만, 쇠막대와 같이
단단한 것이 부러지면 거기에는 전기 용접이 필요합니다. 전기 용접하
는 것을 보면 단단한 두 개의 쇠를 하나로 붙이기 위해서는 철사가
그 중간에 들어가 자기 몸을 녹여 희생하는 방법으로 합니다. 전기
용접의 방법은 곧 십자가의 방법을 상징하고 있습니다.

십자가는 희생의 상징입니다. 그러나 묘하게도 그 모양이 플러스
기호와 같습니다. 그래서 십자가가 있는 곳에 플러스가 있습니다. 즉
희생이 있는 곳에 상충하는 두 세력의 화해가 있습니다. 플러스는 왼편
과 오른편을 합쳐서 하나가 되게 하기 때문입니다. 십자가는 둘을 하나
되게 만드는 화해의 촉매제이고, 희생은 둘을 묶어주는 접착제입니다.
그래서 사도 바울은 "하나님께서 그리스도 안에 계시사 세상을 저와

화목하게 하시고… 화목하게 하는 말씀을 우리에게 부탁하셨느니라"(고후 5:19)라고 말씀합니다.

로미오와 줄리엣의 부모는 서로 원수지간입니다. 조상의 잘못을 대신 지고 젊고 순수한 로미오와 줄리엣은 희생 제물로 죽었습니다. 그 후문은 모르나 아마도 둘은 한 무덤에 합장되었을 것입니다. 그리고 양가의 부모들은 아들과 딸의 무덤 앞에서 서로 만났을 것으로 짐작됩니다.

아버지가 돌아가시자 형제는 유산 문제로 서로 싸웠습니다. 누구보다도 마음 아팠던 사람은 그들의 어머니였습니다. 싸움은 격렬해져서 드디어 살인까지 저지르게 되었습니다. 동생은 낫을 들고 힘껏 형을 내리쳤습니다. 맏아들의 목숨을 건지기 위하여 어머니가 사이에 뛰어들어가 대신 낫을 맞았습니다. 어머니는 숨지면서 피 묻은 손으로 형제의 두 손을 꼭 잡고 악수하게 하고 죽었습니다. 어머니의 희생이 형제의 화해를 가져오게 한 것입니다.

정치적인 분쟁이 그칠 날이 없던 브라질과 아르헨티나 두 나라 사이에 있는 안데스 산 위에 어떤 목사의 제안으로 쌍방의 무기를 거두어 그리스도의 동상을 만들어 세운 사실은 유명합니다. 지금도 그 동상은 두 나라의 경계선 위에 서서 한 팔은 브라질을, 또 한 팔은 아르헨티나를 축복하는 화해자로서의 상징으로 우뚝 서 있습니다. 1995년도에 기장 총회 평화 통일 위원회 주관으로 두만강 도문이란 곳에 방문했을 때 북한 쪽을 바라보면서 많은 생각을 해 보았습니다. 한일 투쟁의 상징이었던 용정, 일송정에서 왜 우리 민족은 하나 되지 못했는가? 깊은 생각에 잠기곤 했습니다. 모든 분쟁은 그리스도의 십자가로 돌아

가 사죄의 은총으로 서로 용서하고 서로 희생할 때 해결되리라고 믿습
니다.

> 쫓아오든 햇빛인데 지금 교회당 꼭대기 십자가에 걸리었습니다!
> 첨탑(尖塔)이 저렇게도 높은데 어떻게 올라갈 수 있을까요?
> 종소리도 들려오지 않는데 휘파람이나 불며 서성거리다가,
> 괴로웠던 사나이 행복한 예수 그리스도에게처럼 십자가가 허락된다
> 면, 모가지를 드리우고 꽃처럼 피어나는 피를 어두워가는 하늘 밑에 조
> 용히 흘리겠습니다.
>
> _ 윤동주, 〈십자가〉

6

셋째, 예수 그리스도의 얼굴에는 대속적인 사랑의 빛이 가득하였
습니다. 인간을 구원하시려는 크신 사명 의식이 넘쳤습니다. "인자가
온 것은 섬김을 받으려 함이 아니라 섬기려 하고 많은 사람을 위하여
목숨을 버려 속죄하려 함이라"(막 10:45)에 그의 구원의 속죄 애를 이루
시려는 사명 의식이 나타납니다. 예수님은 하나님과 인간 사이에 막힌
담을 헐며 화평을 이루시고자 자신을 희생의 대속 물로 삼으실 것을
결심하셨습니다. 그는 실로 하나님과 인간 사이의 중보자시오 희생의
제물이었습니다. 이것이 그가 십자가를 지시기까지 된 까닭입니다.

시편 22편의 말씀 "내 하나님이여, 내 하나님이여. 왜 나를 버리시
나이까"는 십자가에 달린 그리스도의 얼굴을 실감하도록 대언합니다.

"피는 물 쏟듯 쏟아졌다. 뼈들은 모두 어그러졌다. 심장은 파열되어 내 속에서 밀초처럼 녹았다. 힘은 질그릇 파편같이 말랐다. 혀는 잇몸에 붙었다. 모든 뼈를 셀 수가 있구나. 뼈들이 모두 어그러져 살을 찌르며 늘어질 때 그 하나하나에서 노출되는 고통을 그는 셀 수가 있었던 것이다. 피가 샘처럼 흘러 빠져 몸에서 물기가 없어질 때 그 목마름이란 형언할 수 없었을 것이다. 그러나 그가 고통을 못 이겨 몸부림쳤다거나 이성을 잃고 절규했다는 기록은 없다. "내가 목마르다"하는 말 한마디 쓰여 있다." 그는 수난자입니다. 그의 죽음은 쉬운 죽음이 아니었습니다. 그 농도가 심연같이 짙은 죽음이었습니다. 그의 죽음을 관망하는 인간들의 군상이 또한 그의 고통을 더해주었습니다. "거기서 내려와 보라. 엘리야가 와서 구원해주나 보자. 남은 구원하면서 자기는 구원 못 하는 선생님"하고 조롱합니다. 제사장, 바리새인, 서기관들은 죽이려던 소원을 이루었으니 후련하다고 했을 것입니다. 빌라도는 좀 께름했겠지만 한 인간을 희생시켜 전면적인 폭동을 막았으니 정치거래는 제대로 된 거라고 자위했을지 모릅니다. 민중은 구경거리라고 덩달아 좋아했을 것입니다. 제자들은 한번 소리도 질러보지 못하고 얼간이처럼 보고만 있을 것이 멋쩍어 축 늘어져 있었을 것 같습니다. 모두가 비슷한 범죄자들입니다.

이런 사람들을 보면서 예수께서는 "아버지여, 저들을 용서하옵소서. 저들은 자기들이 하는 것을 몰라서 저러는 것입니다" 했습니다. 우리는 흔히 이 용서의 기도가 제사장, 바리새인 등 직접적인 살해자만을 염두에 두고 하신 말씀이라고 느끼기 쉽습니다. 그래서 나는 그 축에 들지 않는다고 자처합니다. 그러나 그리스도가 '저들'이라 하신

대명사는 거기 있는 모든 인간을 포함합니다. 제사장, 바리새인, 서기관, 빌라도, 민중, 제자들 할 것 없이 다 이 수난자의 용서 없이는 다시 그이 앞에 설 수가 없는 범죄자들이었다는 말씀입니다.

인간의 죄와 허물을 용서하시고 하나님과 더불어 화목케 하기 위하여 십자가를 지신 그 대속적인 사랑의 주님의 얼굴을 바라봅시다.

7

이 기회에 한국 교회의 십자가 이해의 변화를 살펴보겠습니다. 첫째 유형은 박형용 박사가 주도한 바이며, 예수교장로회 보수적 전통입니다. 여기서는 예수의 십자가가 인간의 죄에 대한 형벌 대속설의 입장에 서 있습니다. 가령 그것이 민족이나 교회가 받는 고난의 상징, 세상의 불의에 대한 항거의 상징, 하나님의 사랑의 표현, 역설적인 승리의 상징이라는 방향입니다. 둘째 유형은 이용도 목사의 신앙 유형으로서, 십자가의 고난을 통한 성화신생을 말하는 주관설입니다. 감리교회의 전통이 뚜렷하게 풍기고 있음을 부인할 수 없습니다. 셋째는 십자가를 현실과 행동으로 이해하는 입장입니다. 기독교 장로회의 진보적 입장입니다. 김재준 목사의 '제3일지'의 판도입니다. 이 제3의 유형은 성숙과 책임을 말하게 될 한국 교회가 예수의 십자가의 길을 걷자는 것입니다. 단적으로 말해서 십자가는 현실을 의미하며 정치적·경제적·사회적인 구조적 부정의에 대한 항거를 의미하는 것이라는 성숙한 이해가 점점 한국 교회 전반에 의식화되어 가고 있습니다. 단순히 십자가를 교리로나 지성으로만 파악하지 않고, 감정으로 흐느끼지 않고, 행동과 의지로 실현하자는 주장입니다. 십자가의 도는 십자가의 현실을 의미합니다. 십자가는 그리스도의 도의 입문(좁은 문)이기 때문에 이 문을 통과하지 않고서 그리스도의 세계를 이해할 수 없습니다. 오늘의 한국적 십자가의 신학은 신비적인 것도 낭만적인 것도 아닙니다. 현실의 직시이며 현실의 참여이며 현실의 십자가에 매달리는 것입니다. 여기서만 한국 교회는 소망이 있고 부활의 영광과 피안의 영광을 아울러 체험할 수 있습니다. 사도 바울은 "예수 그리스도의 얼굴에 있는 하나님을 아는 빛을 우리 마음에 비치셨다"(고후 4:6)고 합니다. 지금 이후로 예수의 얼굴은 하나님이 우리의 마음에 주시는 빛으로 알아볼 수 있고 우리 자신의 형성에 거울이 되어야 합니다. 진실로 그리스도의 얼굴은 그를 배우며 그의 말씀을 들으며 따라가는 자의 얼굴에 형성되어 갑니다. 그가 영원히 사신 분인 것 같이 그의 얼굴도 날로 새롭게 살아서 날로 영광을 더하고 무게가 더하여 그 내용이 다함이 없을 얼굴로 오늘의 역사에 나타나야 할 것입니다.

8

일본인 출신으로 동남아 태국에서 수년간 선교사로 일했고 현재는 뉴질랜드에서 가르치고 있는 코스케 코야마(Kosuke Koyama) 박사의 『십자가에 달린 마음에 대한 아시아인의 명상』(*An Asian Meditation on the Crucified Mind — No Handle on the Cross*)이라는 책에서 인류 역사의 대표적인 분들의 손을 셋 소개하고 있습니다. 하나는 자비와 인자로 넘치는 붓다의 손이고 둘째는 피의 혁명과 초월적 힘을 상징한 모스크바 레닌 박물관에 소장돼있는 공산 혁명을 대표하는 꽉 쥐고 있는 주먹의 레닌의 손입니다. 셋째가 가장 나약하고 고통 중에 있는 호주 멜버른의 뉴먼 칼리지 채플에 있는 십자가에 못 박힌 예수 그리스도의 손입니다. 결론은 예수 그리스도의 손이 인류를 구원한 사람의 손이라는 것입니다.

인생 행로는 예루살렘에서 여리고로 내려가는 험한 길과 같아서 길가에 쓰러진 우리의 이웃들이 많습니다. 고아도 많고 과부, 걸인, 무의무탁한 자, 병든 자, 실직자, 생의 패배자, 알콜 중독자 등이 많이 있습니다. 구원의 손길이 필요치 않은 이웃은 거의 없을 정도입니다. 우리가 인생 행로를 걸어갈 때 이들을 어떻게 보면서 걸어가고 있습니까? 인자를 사랑하라 하셨으니 이러한 이웃을 사랑하고 불쌍히 여김이 힘이 있는 대로 돕는 것이 교회와 그리스도인의 삶입니다. 이들 속에서 적은 그리스도의 역할을 감당해 가야 합니다.

또한 하나님은 우리에게 겸손을 원하십니다. 성경 말씀을 통하여 볼 때 이 겸손은 최고의 복입니다. 많은 소유보다도 지혜보다도 능력을 행하는 것보다도 때로는 공의를 행하는 것보다도 이 겸손은 더 높은 위치에 있습니다. 어떤 이는 지식이 좀 있다고 지식의 교만으로 하나님과 동행하지 못하는 이가 있습니다. 어떤 이는 돈과 재산이 좀 있다고 그 교만 때문에 하나님과 동행하지 못하는 사람도 있습니다. 또 어떤 이는 권력이 좀 있다고 교만해서 하나님과 동행하지 못하는 사람도 있습니다. 그러나 지식도 잠깐이요, 돈과 재산도 잠깐이요, 세무십년 영(勢無十年榮)이라고 해서 권력도 잠깐입니다. 오직 하나님과 겸손히 동행하는 사람만이 세세토록 있을 것입니다. 조용히 가슴에 손을 얹고 하나님 앞에서 내 생활을 반성해 보세요. 내 죄를 겸손히 솔직하게 고백하고 내 교만도 고백하고 십자가를 붙들고 이제부터 하나님과 동행하는 생활을 시작하시기 바랍니다. 이 길만이 참 영생(永生)의 길입니다.

이제 우리는 내 인간적인 욕망과 소원을 멈추고, 하나님이 내게 원하시는 바가 무엇이며 하나님이 내게 무엇을 주시고자 하는지, 또한 나로 하여금 어떠한 사람이 되기를 원하시는지를 물어보아야 하겠습니다. 좀 더 솔직하고 깨끗한 마음으로 생각해봅시다. 주는 자와 받는 자 사이에 채널이 맞지 않는 것처럼 답답한 일이 없습니다.

미가 6:8에 "… 여호와께서 네게 구하시는 것은 오직 정의를 행하며 인자를 사랑하며 겸손하게 너의 하나님과 함께 행하는 것이 아니냐"는 말씀이 있습니다. 하나님께서는 우리에게 의와 인자와 겸손을 주시려 하는데, 우리는 순간적인 것, 물질적인 것, 세속적인 것을 달라고 합니다. 주시려고 하는 하나님과 받으려고 하는 인간의 마음이 서로 엇갈린 것입니다. 바로 여기에 우리의 고민이 있는 것입니다. 그러므로 채널 (channel)을 맞춥시다.

하나님께서는 우리를 의로운 사람, 긍휼히 여기는 사람, 겸손한 사람으로 만드시고자 하십니다. 하나님은 우리를 진정으로 사랑하시므로 어떤 방법으로든지 효과적으로 역사하여 겸손하게 만드실 것입니다. 나는 부자가 되기를 원하지만, 하나님은 나로 하여금 의롭게 되기를 원하십니다. 우리는 강한 사람이 되기를 원하지만, 하나님께서는 우리가 사랑을 베푸는 사람이 되기를 원하십니다. 우리는 지혜와 능력을 바라고 있지만, 하나님은 우리가 겸손해지기를 지금도 바라고 계십니다.

이제 우리는 하나님의 원하시는 바를 알고 그 뜻을 먼저 이루고 이 길을 통하여 하나님의 축복을 온 겨레가 받도록 합시다. 진실로 정의가 강물 같이 흐르고, 인정과 사랑이 넘쳐흐르고, 겸손의 샘물이 철철 흐르도록 합시다. 좀 더 씩씩하고 용기 있는 희망에 찬 예수 그리스도의 얼굴을 우리 마음과 삶의 중심에 모시고 변화, 평화로 개혁하며 살아가지 않겠습니까!?

2021년 10월 10일, 창조절 여섯째 주일

부활 신앙과 영성

마가복음 16:1-8; 요한복음 11:17-27; 고린도전서 15:3-8

1. 원시 그리스도교의 부활 신앙

예수님의 부활은 의로운 자를 핍박하고 죽이는 불의와 죄악의 세상 한복판에서 정의와 사랑 그리고 치유와 생명이 가득한 하나님의 나라를 이뤄가는 희망이요 소명입니다. 예수님의 부활은 분명 몇 가지 중요한 신학적 질문을 핵심 쟁점으로 하였습니다. 이를테면, "의로운 자에 대한 핍박은 어찌된 일인가?", "의로운 자를 무고하게 박해하고 죽이는 세상이란 과연 무엇인가?", "의롭고 무고한 자의 억울한 죽음에 대해 하나님은 어찌할 것인가?" 등의 질문입니다. 무엇보다도 "한 사람을 죽여 모든 이의 배를 불리는 그것이 과연 옳은가?" 하는 이 근본적인 물음입니다.

신약성서의 전승 사이에 부활사상의 공통점은 예수는 의롭고 죄가 없으나 세상 법정에서 정죄 당하고 십자가에 무고하게 죽음을 당했습니다. 그러나 하나님께서는 그를 죽은 자 가운데서 살리심으로 "인치셨습니다." 초대교회는 이 사실을 굳게 믿었습니다. 이러한 점은 "예수 우리 주를 죽은 자 가운데서 살리신 이"라는 문구에서 잘 나타납니다 (롬 4:24, 8:11; 갈 1:1; 엡 1:20). 이는 구약성서의 '이스라엘을 애굽에서 불러내신 하나님'을 변형한 것입니다. 출애굽의 하나님이 부활의 하나님으로 발전한 경우입니다. 부활이란 죽임 당한 예수를 인치신 행위이면서 동시에 믿는 자에 대한 구속적인 의미로 확장됩니다. 부활 신앙의 또 다른 차원입니다.

오늘의 혼탁한 세태에서 원시 그리스도교의 부활 신앙의 바른 이해는 가장 귀중한 일입니다. 오늘 메시지는 '부활 신앙과 영성'이라는 제목입니다.

2. 복음서의 부활 전승의 이야기

복음서의 부활 이야기는 '빈 무덤 설화'와 '출현 설화'의 전승으로 요약됩니다. 마가복음에는 부활의 첫 증인을 무서워 떨게 하고 침묵시키는 당혹스런 사건으로 묘사됩니다. 몇 여인들이 예수님 시신에 바를 향품을 준비하여 안식 후 첫날 무덤을 찾는 장면이 제시 됩니다(막 16:1-2). 무덤 문 앞에 선 그들의 무기력함과 좌절감이 잠시 표출됩니다 (막 16:3). 연이어 그들은 열린 돌문과 함께 무덤에 진입하여 흰옷 입은 정체불명의 한 청년과 마주칩니다. 그는 예수님이 살아나셨다는 부활의 소식을 "여기 계시지 아니하니라"(막 16:6)는 현장 부재의 메시지와 함께 그들에게 전합니다. 갈릴리 재회의 약속을 상기시켜 주었을 때 그 여인들은 이 말을 듣고 놀라며 당황합니다. 마가복음은 '놀람', '떨림', '도망', '무서움' 등의 어휘들로 표현하는데, 여인들은 "아무에게 아무 말도 못 하게" 하면서 아찔한 침묵을 갖게 합니다. 예수님의 부활은 이렇게 텅 빈 부재의 무서움을 통해 그 목격자들의 말문을 막았고, 그 부재의 영성이 예수님 부활의 진귀한 메시지입니다.

빌립보서의 그리스도의 찬송시(빌 2:6-11)가 포함하고 있는 '비움의 기독론'(Kenotic Christology)은 바울 이전의 빈 무덤 전승에로 소급됩니다. 이 찬송시에서 예수 그리스도는 초기 신자들에게 하나님의 본체였습니다. 그는 이 땅에 오심으로 자신을 비워 남루한 종의 형체를 입었고 죽기까지 복종하였습니다. 그에게 복종의 방식은 겸비한 섬김이었고 지극한 사랑이었습니다. 그는 이승에서 채우고 모으는 탐욕적 소유가 아니라 비워내고 내보내는 텅 빈 존재로서의 사랑을 추구했습니다. 그의 삶이 본시 이러했듯이, 그의 십자가 죽음도 자기의 모든 것을 내주는 텅 빈 공허한 사랑이었습니다. 예수님은 부재하는 존재로서, 움직이는 무로서, 무궁한 생명을 드러내 보여주십니다.

마태복음에 와서 그들의 침묵과 두려움은 점점 경이로운 황홀감으로 번져 갑니다. 돌문이 열린 배경에 큰 지진이 있었고, 그 정체불명의 청년은 하늘에서 내려온 주의 천사로 명시됩니다. 무덤을 방문한 여자들의 무서움은 "그 형상이 번개 같고 그 옷은 눈같이 흰" 천사를 본 무덤지기들에게 전가되는 반면, 여자들에게는 "무서워하지 말라"는 평안의 메시지가 선포됩니다(마 28:3-5). 그 여자들에게는 "무서움과 큰 기쁨"이 공존합니다(마 28:8). 예수님은 부재의 자리에서 제자들에게 나타나사 샬롬의 인사를 전하고, 갈릴리에서의 재회 약속은 곧 실현됩니다(마 28:10, 16). 아울러 마태복음은 예수님의 빈 무덤에 대한 세간의 소문을 역으로 변증하는 차원에서 그의 시체를 제자들이 도둑질했다는 소문을 오히려 추문으로 만들어 버립니다(마 28:11-15). 마침내 갈릴리에서 제자들을 재회한 예수님은 제자들에게 '지상명령'을 내리십니다.

모든 복음서가 부활하신 예수님을 만남으로 낙담한 제자들에게 희망을 부활시켰고 지상명령을 주셨습니다. 사도 바울도 '출현, 나타남'의 전승을 전해줍니다. 예수께서 성경대로 살아나서 게바와 열두 제자와 오백여 형제에게 일시에 나타났으며, 이후에 또 야고보와 모든 사도에게 또 바울 자신에게도 나타났다(고전 15:4-8)고 전해 줍니다. 예수님의 부활은 좌절과 낙담 속에 빠진 제자들에게 희망을 부활시켰고, 그 무기력을 넘어 새롭게 다시 시작할 수 있는 '지상명령' 선교 운동의 에너지를 공급했습니다.

부활하신 예수의 영은 교회 안에 머물며 성도들을 바른길로 인도합니다. 본래 인생에는 육을 따르는 삶과 영을 따르는 삶이 있습니다. 영과 육은 치열하게 서로 싸웁니다. 영을 따르는 삶에 대한 보상은 영생이지만, 육을 따르는 삶에 대한 심판은 죽음뿐입니다(갈 5-6장). 바울의 경험과 성찰은 그리스도의 부활이야말로 '모든 그리스도인들의 부활'에 대한 촉매제가 됨을 발견하게 합니다.

3. 카타곰베와 원시 그리스도인들의 부활 신앙과 영성

카타곰베는 원시 그리스도인들에게 신앙의 구심점 역할을 했습니다. 그들의 십자가와 부활 신앙은 순교자들이 묻혀있는 카타곰베 순례로 이어졌습니다. 따라서 카타콤베는 원시 그리스도인들의 신앙 형성과 예배관습 그리고 성인 숭배 전통과 밀접한 관련이 있습니다. 현재 로마 시내에 분포되어 있는 '카타콤베'는 총 66여 개이며, 미로처럼 뚫려있는 그 지하터널 길이만도 모두 합치면 약 900km에 이릅니다.

원시 그리스도인들은 카타콤베를 새로운 삶을 기다리며 쉬는 '안식'과 '휴식'의 공간으로 생각하였습니다. 그들에게 죽음은 새로운 삶으로 옮겨가는 과정이었습니다. 카타콤베는 부활을 기다리며 잠자는 안식처였습니다. 부활사상은 카타콤베 발달에 큰 영향을 주었습니다. 육체적 부활을 믿는 그리스도인들에게 매장지는 중요하였습니다. 따라서 그들은 화장보다 매장을 선호하여 묘지 조성에 큰 관심을 기울였습니다.

카타콤베는 박해 시기 순교 당한 사람들의 수가 늘어나고 또 그리스도인들이 은신할 곳이 필요하면서 증축과 개축이 거듭되었습니다. 그러다가 기원후 313년 박해가 종식되고 종교의 자유가 허용되자 카타콤베 양식은 새로운 양상으로 발전하였습니다. 카타콤베 지하에는 소규모 강당(카펠라)이나 제단, 모임 공간, 각종 조각상들이 조성되었고, 바로 위 지상이나 인근에는 바실리카 성당이 세워져 수많은 순례객들이 방문하였습니다. 순례 객들은 순교 당한 영웅들의 이야기를 들으며 각종 기도회와 추모회, 장엄한 예식들을 거행하였습니다. 이렇게 시작된 순교자들과 이들 소유물에 대한 경배는 중세 시대 성인과 성물 숭배로 발전하였습니다.

이처럼 카타콤베는 단순한 무덤이 아니었습니다. 그곳은 부활을 기다리며 평안한 안식과 쉼이 있는 신성한 공간이요, 죽은 자들의 영혼을 영생으로 인도하기 위한 정거장이었습니다. 따라서 원시 그리스도인들은 카타콤베를 매우 중요시하였고 정기적인 방문을 통해 기도와 예배를 드림으로 부활의 영생 소망을 기원하였습니다. 그야말로 카타콤베는 원시 그리스도인 신앙공동체의 중심으로서 순교정신의 새로운 차원을 열어준 거룩한 장소였습니다.*

카타콤베를 통해 형성된 문화는 원시 그리스도인들의 신앙 양태를 이해하는 데 중요합니다. 로마제국의 혹독한 박해에도 원시 그리스도인들이 버틸 수 있었던 것은 부활에 근거한 믿음이요, 그 믿음은 카타콤베를 통해 구현되었습니다. 어찌 보면 카타콤베는 박해의 산물이요, 그리스도교 승리의 상징입니다. 그리스도인들은 카타콤베에서 부활신앙을 확인하며 위로와 용기를 얻었습니다. 체포와 구금, 잔인한 죽음으로 이어지는 가혹한 박해에도 불구하고 로마제국에서 그리스도교가 결국 승리할 수 있었던 원동력은 그리스도인들의 부활 신앙이 있었기에 가능하였습니다. 그들에게는 박해도, 죽음도 새 생명을 얻기 위한 통과의례에 불과하였습니다.

부활 신앙의 증거로서 카타콤베의 역사적 교훈은 무엇입니까? 카타콤베는 죽음의 세력조차 무력화되고 악과 불의가 맥을 추지 못하며 부활하신 예수 그리스도와 함께 영원한 생명에 동참할 수 있다는 희망을 보여 줍니다. 그것은 또한 하나님은 실로 이 세상뿐 아니라 죽음 너머의 세계까지도 통치하시는 분임을 증언해 줍니다. 카타콤베는 실로 부활을 살았던 사람들의 이야기요, 동터오는 하나님 나라의 현실

---

* 출처: 「기독교사상」 2015년 4월호.

성을 현재화시킨 역사적 실례입니다.

4. 키에르케고르와 톨스토이의 부활과 영성

덴마크의 사상가 키에르케고르는 1849년 『죽음에 이르는 병』이라는 책을 펴냈습니다. 예수께서 나사로가 죽었다는 말을 전해 듣고는 "이 병은 죽을병이 아니라 하나님의 영광을 위함이요 하나님의 아들이 이로 말미암아 영광을 받게 하려 함이라"(요 11:4)고 하신 말씀에서 따온 것입니다. 이 책 속에서 죽음은 육체적인 죽음이 아니라 영원한 생명의 상실을 의미하고 있습니다. 키에르케고르는 이 책 속에서 죽음에 이르게 하는 병은 절망이며, 절망이란 자기를 있게 한 하나님과의 관계를 상실하는 것이라 말하고 이 상실이야말로 죄라고 규정짓고 있습니다. 때문에 그는 하나님과의 관계를 회복하는 회개와 신앙으로만 죽음에 이르는 병에서 회복할 수 있는 길이라고 주장합니다.

예수께서 십자가에 못 박혀 죽으실 때 두 명의 죄수도 함께 못 박혀 죽습니다. 왼쪽 죄수는 죽는 순간까지도 주님을 모욕합니다. 그러나 오른쪽 죄수는 죽기 직전 자신의 죄를 뉘우치며 주님께 자신을 기억해 달라고 간청합니다. 이로써 평생 죄짓던 흉악범은 바로 '오늘' 인류 최초로 주님과 함께 낙원에 들어가는 최고의 영광을 누리게 됩니다.

우리들 인생은 주님 곁에서 함께 못 박혀 죽어가는 두 명의 죄수와 같습니다. 실로 우리는 스스로 한 짓을 보아서 십자가에 못 박혀 죽어가는 것은 당연하지만, 주님은 아무 잘못 없이 우리와 함께 사형선고를 받고 십자가에 못 박혀 죽어갑니다. 그러나 우리는 죽어간다 해도 절망하지 않습니다. 왜냐하면 바로 '오늘' 나를 데리고 낙원으로 함께 들어갈 우리의 왕, 예수께서 바로 우리 곁에서 십자가에 못 박혀 계시기 때문입니다.

주님이 약속하는 하늘나라의 낙원은 내일이 아니라, 바로 '오늘'이며 우리가 평생 죄를 지었다 해도 과거를 묻지 않고 바로 이 순간부터 새신랑처럼 내 손을 잡고 함께 하늘나라의 결혼식장으로 행진해 들어갈 것을 소망합니다. 주께서 우리를 죽음에서 부활시켜 주실 것입니다.

예수께서는 사랑하던 나사로가 죽자 그의 누이들 두 자매 앞에서 눈물을 흘리셨습니다. 그리하여 "나는 부활이요 생명이니 나를 믿는 사람은 죽더라도 살겠고 또 살아서 믿는 사람은 영원히 죽지 않을 것이라"(요 11:25-26)고 말씀하고, 큰소리로 "나사로야 나오너라"(요 11:43)하고 외치심으로써 죽은 나사로를 무덤에서 일으켜 살려내셨습니다.

나사로를 죽음에서 부활시킨 주님의 놀라운 기적을 통해 신앙에 눈이 뜬 러시아의 대문호 톨스토이(1828~1910)는 일흔 살이 넘는 나이에 마지막 걸작품인 『부활』이란 작품을 썼습니다.

일찍이 톨스토이는 그의 『참회록』에서 다음과 같이 고백하고 있습니다. "내 젊은 시절은 공명심, 권세욕, 사욕, 애욕, 자만심, 분노, 복수심… 이런 정열에 불태우던 시절이었다. 나는 전쟁에서 숱한 사람을 죽였고 도박을 했으며 유부녀와 간음했으며 만취 폭행 살인 등 저지르지 않은 죄악이 없었다. 내가 글 쓰는 것은 오직 명예와 돈을 얻기 위해서였으며 문인들과 교제함으로써 추파와 아첨을 소나기처럼 덮어쓰고 있었다."

그러나 명성과 부에도 불구하고 톨스토이는 열 번에 가깝도록 자살을 기도했습니다. 말년에 톨스토이가 "빛은 어둠 속에서 더욱 빛난다"고 탄식하였듯 어둠의 무덤 속에 이미 죽어 있던 톨스토이에게 어느 날 "톨스토이야 나오너라"고 한마디 함으로써 톨스토이를 부활시킨 빛의 주님! 톨스토이는 이로부터 죽음에서 일어난 새사람이 되어 마침 내 『부활』이란 소설까지 쓰게 되었습니다.

우리 모두는 이미 입구는 돌로 막혀있는 무덤 속에서 죽어 있는 사람들입니다. 톨스토이의 표현처럼 "공명심, 권세, 이기심, 애욕, 자만심, 분노, 복수심, 쾌락"의 어둠 속에 갇혀서 우리들의 몸에서는 이미 죽은 사람들의 몸에서나 맡을 수 있는 악취까지 나고 있습니다. 주여! 우리를 불쌍히 여기시고, 우리 위해 눈물을 흘려주옵소서. 우리 위해 기도하여 주시고 큰 소리로 외쳐서 우리를 부활시켜 주옵소서라고 기도해야겠습니다.

5. 예수님 부활이 주는 의미와 영원한 생명

부활의 계절에 즈음하여 예수님의 부활이 주는 의미와 영원한 생명과 관련하여 왜 우리에게 부활이 기쁨이 되고 희망이 되는 것일까요? 예수님의 부활은 한 개인으로서 부활하신 것이 아니라, 오히려 이스라엘의 메시아로서, 인류의 '새 아담'으로서 그리고 '모든 피조물의 장자'로서 부활하셨습니다. 예수 그리스도의 부활을 계기로 모든 인류는 마지막 때에 죽음으로부터 부활을 경험하게 될 것입니다. 이로써 예수 그리스도는 모든 인류를 죽음의 세계로부터 영원한 생명의 변화된 세계로 인도하셨습니다. 예수 그리스도의 십자가 죽음과 부활 사건을 통해 죄인 된 인간이 "새로운 피조물"(고후 5:17)이 되는 새로운 세계가 열리게 되었습니다.

예수님의 부활이란 인간의 대역전을 경험케 하는 사건입니다. 거짓이 아니라 진리가 승리한다는 것이고, 악이 아니라 선이 이긴다는 것이고, 절망이 아니라 소망이 승리한다는 것입니다. 죽음이 아니라 생명이 모든 것을 이기는 하나님의 사랑이라는 것을 부활하신 주님께서 우리에게 가르쳐 줍니다. 비록 오늘의 현대세계가 생태계의 위기로 치닫고 있고, 문명-종교 간의 무참한 살육과 전쟁, 테러와 폭력이 세계 도처에서 자행되고 있지만, 예수 그리스도는 인류에게 희망을 주시며 삶의 기쁨이 됩니다.

여러분, 부활의 승리가 나 자신과 우리 교회, 사회와 역사 안에서 구현될 수 있을 때, 부활의 주님과 만나고 더불어 살아가는 세상을 이룩하게 될 것입니다. 구체적으로 우리의 삶 속에서 진리가 뿌리내리고 정의와 사랑이 실천되고, 생명의 존엄이 보장되어 살 수 있을 때 부활 신앙이 안겨주는 승리를 누릴 수 있습니다.

6. 부활 신앙을 4.19와 민족통일운동의 새 영성에

부활이란 말의 의미는 신약성서에 나타나는 의미로서 "일어나다", "깨어나다", "살아난다", "대항하여 일어난다"는 뜻으로 해석할 수 있습니다. 결국 부활은 잠에서 깨어나든지, 넘어졌다 일어나거나, 병으로부터 일어서거나, 죽음으로부터 또는 억압과 압제에서 일어나는 의거, 봉기의 뜻도 내포하고 있습니다. 부활은 일단 정지되고 묶이고 죽은 가운데서 생명의 힘을 얻어 일어난 사건입니다.

그러나 절망한 자나 포기한 자, 죽음을 시인한 자 등은 부활을 의미 없는 것으로 만듭니다. 엠마오로 내려가던 두 제자는 좌절과 절망의 쓸쓸한 가슴을 안고 부활한 주님을 만났으나 이미 체념했기에 주님을 알아볼 수 없었습니다. 그들은 십자가 사건을 역사의 종말로 믿었고, 부활의 희망으로 펼쳐질 미래의 새것을 외면하였습니다. 억압의 사슬을 굴종적으로 알고 사는 자들은 미래의 희망을 품지 못하고 삶의 노예로 살아갑니다. 하지만 잘못된 불의의 억압과 압제를 깨닫고 사슬을 끊고 자유에의 희망을 품고 사는 자는 부활의 현실을 체험할 수 있습니다.

삶을 포기한 자는 끝내 죽음에 이르지만 거부하고 생명에의 도전으로 일어서는 자는 부활의 생명으로 거듭날 수 있습니다. 예수는 부활의 생명입니다. 예수를 만난 사람들은 어부들이 사람 낚는 제자가 되었고, 앉은 뱅이가 일어섰고, 병든 자들이 질병에서 해방을 얻으며, 죽은 자가 살아났고, 절망 자가 희망을 얻어 부활의 증인으로 거듭났습니다. 십자가사건은 죽임 세력을 극복하여 살림의 새 세계로 향하는 길목이며 부활 사건으로 변혁되는 자궁입니다.

21세기 초엽, 지금은 동토의 얼어붙은 만물이 녹아내리는 봄 4월입니다. 우리는 지금부터 62년 전 순수한 민중봉기로 이승만 독재정권을 부정선거 결과로 무너지게 하였던 4.19의거사건을 기억하고, 깊은 회개의 회상을 해야 합니다. 해방 후 분단 시대의 민중운동사에 4.19는 어떤 의미가 있는 것입니까? 십자가와 부활 사건의 틀에서 재조명해야 할 것입니다. 분단은 한반도의 시대적 상황을 가장 악마적으로 몰아간 민족의 사슬입니다. 민중운동은 민족통일운동으로 승화되어야 하고 결국 교회의 역할에 의문과 기대를 던집니다.

한국교회는 분단 고착을 외면하고 이대로의 평화에 집착해 왔던 과거와 현재를 깊이 회개하여야 합니다. 민족통일운동은 우리 시대의 당면 과제이며 민족운동의 초점입니다. 따라서 오늘날의 분단 현실을 뼛속 깊이 아파하며 인식하고 평화적 민족통일의 미래를 향해 매진하여야 합니다. 이 통일운동 과제 앞에서는 좌우를 향하려는 유혹을 과감히 버리고 앞만을 향하여 전진하여야 합니다. 한국교회 그리스도인들이여! 십자가 고난과 부활의 희망으로 한반도의 역사적 현실을 직시하고 새로운 지혜와 온갖 힘을 발휘하여 신앙고백적인 자세로 평화통일운동에 매진하여야 합니다. 분단은 역사의 단절로 하나님의 질서를 파괴하는 죄악입니다. 죄악은 깨끗이 근절시켜야 합니다. 그때에 하나님의 나라는 가까이 옵니다. 진실로 한국교회 그리스도인들은 분단 현실을 깨뜨리고 민족통일운동의 주역으로 거듭나야 합니다. 따라서 이것이 한반도에서 새로운 부활의 경험이 되리라 믿습니다.

정리한다면, 해방 후 민중운동사에서 4.19는 민중운동의 시발로서 혁명적 사건이요, 민중의 십자가 사건입니다. 분단 시대에 민족운동의 첫 골고다 십자가사건이 4.19운동으로 집약된 것입니다. 따라서 4.19는 민족운동사의 십자가 사건화 되어 이 땅에 민족의 평화통일운동으로 민족의 부활을 촉구한 사건입니다. 이기백은 "4.19혁명은 맨주먹밖에 가지지 못한 민중이 부정 재벌과 독재정권을 타도하는 데 성공한 한국 역사상 최초의 민주혁명이었다고 선언하였습니다." 부활의 달, 4월에 4.19혁명은 억압된 민중이 죽임의 세력을 극복하고 천부의 인권을 되찾으려는 거족적 자기 죽음의 희생을 넘어서 부활하게 하였습니다. 4.19혁명이 십자가사건으로 조명될 때 오늘에 이르기까지 한반도의 민중운동사는 민족의 평화통일운동으로 지향되게 하였고, 줄기찬 악에 대한 저항과 거부의 근거가 되었습니다.

마지막으로 한국교회는 새 시대 새 사명에 적응하여 '하나님의 선교'(Missio Dei)가 실현되도록 영적 생명으로 거듭나야 합니다. 루돌프 오토는 종교의 본질을 추구하면서 거룩 성의 종교체험을 중시하였습니다. 그는 "거룩 성은 합리적인 것이 아니라 깊고 오묘한 비합리적인 것으로 종교체험 안에서 발견되는 것, 곧 누미노제"가 있어야 한다고 하였습니다. 누미노제는 표현할 수 없는 초자연적 존재로서 말할 수 없는 그 무엇인 황홀경적인 것이라고 합니다. 이는 인간이 새로운 존재로 거듭나게 하는 힘입니다. 하나님의 은혜가 여러분과 항상 함께 하시기를 바랍니다.

2022년 4월 24일, **부활절 둘째 주일**

성령의 역사적 현존

사도행전 2:1-13; 로마서 8:28-39

1

성령의 역사(act)란 무엇이며 성령을 받은 증거로 나타나는 역사적 현존은 어떤 것일까? 그리스도인은 성령을 받아야 한다고 주장하나 문제는 그 '성령'이란 눈에 보이지도 손에 잡히지도 않습니다. 구약성서에서 성령은 하나님의 역사(役事)의 도구로서 자연계와 인간의 마음속에서 커다란 활동을 하고 있다고 합니다. 하나님의 영은 이미 창조활동에 참여하여 물위를 운행했습니다(창1:2). 성령 또는 영이라고도 하는데 선지자들을 영의 사람이라 하며(호9:7) 이들이 받은 영감과 놀라운 지혜, 통찰력, 황홀한 가운데 행하여지는 초인적 모든 힘을 영의 작용이라 하였습니다. 그 영은 하나님의 영입니다(창 1:2; 시 33:6, 51:11; 사 63:10). 하나님이 사람을 자기 형상대로 지으시고 그에게 생명의 기운을 불어넣어 주심으로 하나님의 영이 인간 속에 들어간 것입니다(창 2:7). 성령은 하나님 자신의 영이며 곧 하나님이시다(사 63:10). 즉 하나님은 스스로 직접 행동하시고 나타나시는 것이 아니라 성령을 통하여 행동하시고 나타나시는 것이며 따라서 하나님 자신의 능력입니다. 구약에 나타난 성령은 다분히 종말적인 것으로 종말의 날에 나타나는 종말의 징조입니다. 성령을 통하여 사람이 하나님과 교통하고 마음이 새로워지며(겔 36:26, 39:29), 예언과 기사와 이적이 일어날 것이라고 합니다(욜 2:28). 영이라고 하는 히브리어 'ruah'는 원래 '바람'을 의미합니다.

신약성서에서 희랍어의 '프뉴마'(Pneuma)는 이미 70인 역에서 사용하는데, 구약의 'ruah'의 개념을 더 확장한 개념에서 쓰이고 있습니다. 그러나 공관복음서와 바울서간 그리고 요한복음 사이에는 약간의 차이가 있습니다. 우선 공관복음서의 경우 성령은 하나님의 능력으로서 표현하였습니다. 처녀 마리아가 성령에 의하여 예수를 잉태한 것, 예수의 수세 시에 성령이 그 머리에 임한 것, 예수가 광야에서 시험을 받을 때 성령이 수종한 것, 기타 예수의 일생을 통하여 일어난 기적과 역사는 모두 성령을 통하여 이룩되었습니다.

바울서간의 경우 성령은 그리스도가 임재하는 존재양식으로 되어 있습니다. 그리스도는 신도와 그 공동체 안에 계시고, 또 신도들은 그리스도 안에 있습니다. 공동체는 그리스도의 몸입니다. 이러한 존재양태는 성령에 의해서만 가능합니다. 그러므로 '하나님의 영'은 곧 '그리스도의 영'을 의미합니다. 성령은 부활한 그리스도를 이해하는 하나의 양태라고도 봅니다. 그리하여 바울은 부활한 그리스도와 성령을 거의 동일시하리만큼 밀접한 관계에서 설명하고 있습니다. 성령은 우리를 아버지와 그리스도에게 결부시킵니다. 죄와 사망과 율법에서 인간을 해방하여 기쁨을 주는 것은 성령의 양식에 존재하는 그리스도이십니다.

그런데 요한복음에서는 달리 우리를 '돕는 주'(요 14:16, 26)로서 이해하였습니다. 성령은 아버지와 예수 자신으로부터 발출하는 보혜사입니다. 요한 신학에 있어서 그리스도인은 성령 안에서 일종의 새로운 생활을 경험하는데, 특히 물과 성령으로 거듭나는 존재로 되어 있습니다. 모든 그리스도인은 성령을 가진 메시아의 백성으로서 기름 부음을 받았는데, 이 성령은 그리스도가 우리 안에 거하시는 증거가 됩니다. 또 성령은 그리스도의 성육신의 실재성을 증거 합니다. 오늘 메시지는 2022년 성령강림절을 보내며 나누고 싶은 '성령의 역사적 현존'에 대하여입니다.

2

바울은 복음 전파의 선교활동을 하면서 친히 경험한 내용을 알려줍니다. "우리가 사방으로 욱여쌈을 당하여도 싸우지 아니하며 답답한 일을 당하여도 낙심하지 아니하며 박해를 받아도 버린 바 되지 아니하며 거꾸러뜨림을 당하여도 망하지 아니하고"(고후 4:8-9), "… 환난과 궁핍과 고난과 매 맞음과 갇힘과 난동과 수고로움과 자지 못함과 먹지 못함 가운데서도"(고후 6:4-5), 심지어 자기 몸에 가시로 찌르는 것과 같은 고초를 겪으면서도, 도무지 꺾이고 지쳐 넘어질 줄을 몰랐습니다. 그러면서도 "속이는 자 같으나 참되고 무명한 자 같으나 유명한 자요 죽은 자 같으나 보라 우리가 살아있고 징계를 받는 자 같으나 죽임을 당하지 아니하고 근심하는 자 같으나 항상 기뻐하고 가난한 자 같으나 많은 사람을 부요하게 하고 아무것도 없는 자 같으나 모든 것을 가진 자로다"(고후 6:8-10)라고 하면서 오히려 더 담대하고 꿋꿋하며 기쁨으로 정진할 뿐이라고 했습니다. 그의 고백에 따르면, 이는 그가 성령의 은총을 받고 성령께서 그와 함께 하시기 때문이라 했습니다. 이런 성령의 역사를 통해 바울은 동족 유대 종교 지도자들이나 로마제국의 핍박을 능히 이기며 이방 세계에까지 주의 복음을 전할 수 있었습니다.

바울은 또한 성령의 역사적 현존을 대하여서도 증언합니다. "육신을 따르지 않고 그 영을 따라 행하는 우리에게 율법의 요구가 이루어지게 하려 하심이니라. 육신을 따르는 자는 육신의 일을, 영을 따르는 자는 영의 일을 생각하나니 육신의 생각은 사망이요 영의 생각은 생명과 평안이니라"(롬 8:4-6). 계속하여 증언합니다. "육신에 있는 자들은 하나님을 기쁘시게 할 수 없느니라. 만일 너희 속에 하나님의 영이 거하시면 너희가 육신에 있지 아니하고 영에 있나니 누구든지 그리스도의 영이 없으면 그리스도의 사람이 아니라, 또 그리스도께서 너희 안에 계시면 몸은 죄로 말미암아 죽은 것이나 영은 의로 말미암아 살아 있는 것이니라. 그리스도 예수를 죽은 자 가운데서 살리신 이의 영이 너희 안에 거하시는 그의 영으로 말미암아 너희 죽을 몸도 살리시리라"(롬 8:8-11). 바울은 그가 어떻게 육과 세상의 온갖 시련에도 불구하고 그 자신 속에 거하시는 성령의 역사를 통해 사망인 육의 생각을 쫓아내고 모든 시련을 이기며 승리의 생으로 나아가게 되었는가를 로마서 8장에서 생생하게 증언합니다. "이와 같이 성령도 우리의 연약함을 도우시나니 우리는 마땅히 기도할 바를 알지 못하나 오직 성령이 말할 수 없는 탄식으로 우리를 위하여 친히 간구하시느니라… 우리가 알거니와 하나님을 사랑하는 자 곧 그의 뜻대로 부르심을 입은 자들에게는 모든 것이 합력하여 선을 이루느니라"(롬 8:26, 28).

바울은 그리스도와 성령의 구별이 없이 다 그 속에서 한 체험이 된다고 했습니다. 만일 하나님이 우리를 위하시면 누가 우리를 대적하겠는가? 죽으실 뿐 아니라 다시 사신 그리스도 예수가 우리를 위하여 간구하시고, 성령이 말할 수 없는 탄식으로 우리를 위하여 간구하십니다. 이보다 더 성령 역사의 현존을 잘 증언할 수 있겠는가?

"누가 우리를 그리스도의 사랑에서 끊으리요, 환난이나 곤고나 핍박이나 기근이나 적신이나 위험이나 칼이랴… 우리가 종일 주를 위하여 죽임을 당케 되며 도살할 양같이 여김을 받았으나… 그러나 이 모든 일에 우리를 사랑하시는 이로 말미암아 우리가 넉넉히 이기느니라. 내가 확신하노니 사망이나 생명이나 천사들이나 권세자들이나 현재 일이나 장래 일이나…다른 아무 피조물이라도 우리를 우리 주 예수 그리스도 안에 있는 하나님의 사랑에서 끊을 수 없으리라"(롬 8:31-39). 바울이 친히 체험하고 증언하는 이것이 성령의 역사적 현존인 것입니다. 우리 속에 이런 성삼위 하나님 역사가 함께하심을 확신하고 체험할 때 우리의 신앙과 사랑의 생은 승리하는 것입니다.

현대 러시아정교회(正敎會)는 로마가톨릭교회와 프로테스탄트 교회와 함께 3개로 나뉜 그리스도 교회 중의 하나입니다. 교회의 역사에서 수많은 우여곡절을 겪은 후 1917년 러시아의 공산주의 혁명으로 인해 교회는 그 어느 시대보다도 큰 시련과 박해 속에서 살아남은 성령의 역사적 현존을 증언하고 있습니다. 그 한 예를 소개합니다.

1941년 독일과의 전쟁이 터지자 성직자들과 모스크바의 시민들은 조국의 승리를 위해 기원했습니다. 레닌그라드는 1917년 러시아 혁명이 일어나기 전까지 2백 년 동안 소련의 수도요, 혁명 후 모스크바로 수도가 옮겨졌습니다. 이 레닌그라드는 고대와 현대가 어우러진 아름다운 북구의 도시일 뿐 아니라 네바다 강을 중심으로 갖가지 문화재와 보물, 교회당, 박물관들로 가득한 보석 같고 가슴 설레게 하는 고풍스런 도시였습니다. 우리가 기억해야 할 것은 바로 이 도시가 제2차 세계대전 때에 히틀러의 나치군에 의해 3백만 시민이 9백일 동안이나 포위되었던 사실입니다(1941년 9월 8일~1944년 1월 27일). 육해공군의 공격과 모든 통신 차단과 식량공급의 중단으로 약 66만 명이 굶어 죽었습니다. 1941~1942년의 겨울은 유난히 추워 화씨 영하 40도나 되었습니다. 도대체 레닌그라드 시민은 어떻게 그 긴 3년을 싸우며 살아남아 독일군을 물리쳤을까요? 여기에는 한 비밀이 있었습니다. 레드가호(Lake Ladoga)의 얼음 속으로 외부와 통하는 길이 있었던 것입니다. '생명의 길'(Road of Life)이라 불리는 바로 이 비밀 통로로 최소의 생필품이 공급되고, 3년여의 하늘과 땅의 공격에도 레닌그라드는 함락되지 않고 버텼습니다. 3년째 더 견디지 못하고 포기하고 떠난 것입니다. 전후 세계는 레닌그라드를 '영웅 도시'(Hero city)로 치하했습니다.

여기 우리의 관심은 비밀의 통로인 '생명의 길'에 대한 것입니다. 바울이 사방으로 우겨 쌈을 받고 갖가지 호된 시련에도 불구하고 이를 극복하고 승리할 수 있었던 것은 비밀의 통로인 성 삼위 하나님의 영이라는, '생명의 길'이라는 얼음 속의 비밀의 통로를 통해 그 무서운 독일군의 9백일의 포위 속에서 살아남은 것입니다. 오늘 우리 그리스도인들이 이 세상의 갖가지 도전과 시련 속에서 하나님이 기뻐하시는 신앙 공동체의 교회를 이룩하며 바른 신앙을 지키기가 어려울지라도 승리의 그 날까지 참고 견딜 수 있는 힘도 바로 이 비밀의 '생명의 길'인 성령의 역사적 현존을 체험하며 살 수 있기 때문입니다.

3

이제 성령에 관한 그리스도교의 기초적인 가르침을 종합하여 보겠습니다. 그리스도교 신앙은 성령의 역사(役事)를 믿습니다. 성령의 역사는 인간을 창조하시고 인간의 생사화복을 주관하는 하나님을 믿게 합니다. 동시에 성령의 역사는 예수가 우리 주 그리스도이심을 고백하게 하고, 인류의 구원과 참 생명이 그에게 있음을 믿게 합니다. 따라서 성령은 계속해서 하나님의 뜻과 예수 그리스도의 정신과 생을 우리 마음속에 되새기는 역사를 합니다. 창조와 역사 섭리의 하나님, 인간이 되어 인류를 구원하시려 십자가에 죽고 부활 승천하신 예수 그리스도, 지금도 여전히 성령은 성도들을 감화·감동케 하여 하나님의 뜻과 예수 그리스도의 정신으로 의와 진리를 따라 살도록 역사하시기에 이를 삼위일체 하나님의 역사라 부르기도 합니다.

성령은 하나님으로부터 우리에게 주어진 영이요, 예수 그리스도의 정신과 삶을 성도들에게 다시 일깨우는 영입니다. 따라서 성령은 하나님 자신이 예수 그리스도와 함께 우리 속에 임재하셔서 우리와 언제나 함께하심을 뜻합니다. 허물 진 인간이 죄악으로 기울 때엔 그 길을 막고 육체의 욕심을 따르지 못하게 합니다. 바울이 선언했듯이

"육체의 소욕은 성령을 거스르고 성령의 소욕은 육체를 거스른다"(갈 5:15-16). 죄 많은 인간 속에서 "이들이 서로 대적하여 우리가 원하는 것을 하지 못하게 한다"(갈 5:16)는 것이 바울의 당부입니다. 예수님이 이 세상에 오셨듯이 성령도 우리에게 임재하시기에 하나님과 예수님을 믿고 따르듯 성령을 믿고 받아 그의 뜻과 역사를 따라 사는 것이 그리스도인의 도리요 우리가 이 세상을 훌륭하게 사는 길입니다. 믿음의 모든 훌륭한 선배들은 그렇게 살았습니다. 문제는 성령이 눈에 보이지 않는 데 있습니다. 초대교회에서도 성령 받았는가 여부 문제로 혼란스러웠습니다.

요한1서는 성령을 받았다는 사람들을 다 믿지 말고, 그들의 주장이 과연 하나님으로부터 온 것인지 아니면 악령인지 시험해보라 했습니다(요 1:4). 갈라디아서도 이 점을 더 분명히 합니다. 아무리 성령을 받았다 말하더라도 그 인격과 삶이 더럽혀지고 제 육체의 소욕이나 따르며, 이로 인해 세상 사람들이나 다른 그리스도인들에게 핀잔의 대상이 된다면 이는 성령 받은 자가 아닙니다. "음행과 더러운 호색만을 따르고 사람을 속이고 기만하며 시기, 분쟁으로 패거리를 만들고 이웃과 더불어 살지 못하고 원수 짓고 용서 못하여 나뉘고 분내고 성내며 참지 못하고 술 취하고 방탕하여 제대로 생을 못 산다면, 이런 자들은 다 하나님 나라를 유업으로 받지 못한다"(갈 5:19-21). 즉 그리스도인이라 할지라도 그 신앙과 인격과 삶이 잘못되어 있다면 성령 받은 자가 아닌 증거입니다.

4

성령에 대한 오해를 막고 그 바른 이해를 위해 성령이 하는 일, 즉 성령의 역사 또는 사역(act)에 대한 기초적 가르침을 요약하며 그 의미와 성령 받은 증거를 간단히 살펴보기로 합니다. 성령은 하나님의 사랑과 예수 그리스도의 구원 은총을 우리로 하여금 체험하게 합니다. 성령은 지금도 우리를 예수 그리스도와 교제하게 하여 진리를 알게 하고, 그의 정신과 삶을 같이 살도록 합니다. 성경이 가르치는 성령의 기초적 역사는 아주 분명합니다. 간단히 다음과 같이 요약해 봅니다.

① 예수님이 하나님의 아들이며 주 그리스도임을 믿고 받아들이게 합니다(마 16:18). ② 예수님의 십자가가 그리스도교 신앙의 핵심이요 부활은 십자가의 생을 사는 자에게 따르는 하나님의 축복임을 깨닫게 합니다(고전 2:29, 15:29-34). ③ 죄를 깨닫고 회개하며 변화하여 새사람이 되게 합니다(요 3:4-9). ④ 구원의 진리를 깨닫고 불의의 세력과 싸워 승리할 수 있는 지혜와 힘을 줍니다(마 10:17-20). ⑤ 기쁨과 평안과 소망을 주며(롬 14:17, 15:13), 일할 수 있는 열심과 능력을 주고 증인되게 합니다(행 1:8). ⑥ 교회가 그리스도의 생사와 가르침대로 사는 신앙공동체가 되게 하고, 인간과 세계를 위해 끝까지 봉헌·봉사케 합니다(행 2:1-47).

성령은 어떻게 받는가. 그리스도인들 사이에 "성령을 받으라. 성령을 받았느냐"는 등의 말을 교회 안팎에서 흔히 듣습니다. 그럴 때마다 성령을 받고 싶은 마음이 간절하고, 나 같은 사람도 받을 수 있을까? 또 언제 어떻게 받을 수 있을 것인가에 대해 질문이 많습니다. 또 오랜 신앙 생활을 해온 그리스도인들도 자신이 성령을 받았는지 여부에 대해 반신반의합니다. 어떤 핀잔의 대상이 된 그리스도인들처럼 그런 성령은 받기 원치 않습니다.

우리 그리스도인들은 성령은 깊은 산이나 기도원에 가서 열심히 기도하다가 극적으로 체험하기도 합니다. 그러나 많은 경우 더 많은 신실한 그리스도인들은 누구나 매일의 성실한 삶과 신앙 생활에서 받고 경험합니다. 집에서 조용히 기도하며 성경을 읽으면서 성령을 마음 깊이 체험하거나, 교회에서 성도들과 함께 예배드리고 찬송하며 하나님 말씀을 들으면서 성령의 임재를 느낍니다. 주어진 내 생업이나 가사를 성실하게 살며 주를 위해 지극히 작은 봉사지만 열심히 하면서 성령의 은총과 기쁨을 체험합니다. 어려운 이웃을 사랑하고 돌보면서 참 하나님의 사랑을 느끼기도 합니다. 이러한 모든 체험과 기쁨과 느낌의 확신들은 성령의 역사요, 성령을 받고 살고 있는 징표들입니다.

우리의 할 일은 항상 기도 하고 하나님 말씀을 읽고 배우며 잘못된 심사 언동을 회개하고 하나님의 아들딸로서 부끄럽지 않게 살도록 힘쓰는 것입니다. 더욱이 예수께서 분부한 하나님 나라와 그 뜻을 이 땅에 이루어지도록 최선의 노력을 하는 것이 성령을 받은 그리스도인의 본분입니다. 이런 그리스도인들의 신앙공동체인 교회가 하나님이 기뻐하시는 교회가 되어, 성도들이 참 쉼과 평화를 얻고 세상을 위해 더 활발하게 섬기며 봉사할 수 있게 하는 것이 성령의 역사입니다. 그럼에도 인간 세계에는 허물 진 인간들이 있게 마련입니다. 그러나 허물 진 인간들이 모인 교회이기에 거기에는 언제나 인간의 약점과 냄새가 나기 마련인 것을 잊어선 안 됩니다. 서로 용서와 인내가 필요합니다. 용서하고 용서받지 못하며 인내하며 끝까지 참을 수 없는 자들은 참으로 하나님과 세상이 원하는 교회를 이루지 못합니다. 성령의 역사만이, 즉 성령을 바로 받은 성도들만이 갖가지의 시험과 시련에도 불구하고 끝까지 인내하면서 하나님의 교회와 그 뜻을 바로 이룰 수 있는 것입니다. 다시 한번 성령의 역사적 현존에 대하여 분명히 하고 싶습니다. 성령 받은 증거, 그 역사적 현존은 어떻게 알 수 있습니까? 그것은 우리가 매일의 삶을 어떻게 살며, 우리의 삶에서 어떠한 열매를 맺는가로 알 수 있습니다. 내 삶에 대해 기쁨과 감사 가운데, 그 어떤 여건에서도 이웃들을 사랑하며 화평하게 살고 있습니까? 사람들의 허물에도 연민의 자비로운 마음을 가지며 선으로 대하고 있습니까? 아무리 큰 시련에도 오래 참고 바라며 모든 맡은 일엔 책임감을 가지고 충성되게 살고 있습니까? 이런 마음과 자세로 우리의 신앙과 삶을 산다면 이는 성령 받은 역사적 현존으로 사는 증거가 될 것입니다. 바울은 성령 받은 이런 역사적 현존을 아주 선명하게 요약해줍니다. 우리의 신앙과 인격, 그 삶 속에 "사랑과 희락과 화평과 오래 참음과 자비와 양선과 충성과 온유와 절제(self-control)"가 있다면, 바로 이러한 것들이 성령의 역사적 현존이라고 그 유명한 성령의 열매로 증언합니다(갈 5:22-23).

5

이제 본 메시지의 마감 부분에 이르렀습니다. 20세기의 대 신학자 폴 틸리히(Paul Tillich, 1886~1966)의 '하나님이 불러 모으신 회중'(ecclesia of God), '그리스도의 몸'(body of Christ), 혹은 '성령 공동체'(spiritual community) 등이 본래 의미에서 '교회'의 실재성에 잘 맞습니다. '그리스도의 몸'으로서의 성령 공동체는 성령의 현존에 의해 탄생된 새로운 공동체이기 때문에, 그리스도이신 예수가 새로운 존재이듯이 성령 공동체는 새로운 공동체, 구원받은 공동체입니다. 아래의 이야기들은 김경재의 『틸리히 신학 되새김』*을 참조한 것입니다.

그리스도 교회는 언제 처음 탄생했을까? 그리스도교 신앙의 역설이라고 말할 수 있는 가장 극적인 사건인데, 가이사랴 빌립보에서 베드로의 고백 "당신은 그리스도이십니다"(막 8:29, 마 16:16, 눅 9:20)라는 말이 입에서 나올 때 교회가 출현한 것입니다. 교회의 핵심 본질은 역사적 예수라는 인간이 그리스도(메시아, 구세주)이심을 고백하는 데 있기 때문입니다. 그런데 매우 역설적이게도 베드로의 고백 직후 예수께서는 베드로의 그리스도 인지(recognition)가 하나님이 알게 하신 것, 성령의 감동으로 가능한 것임을 말합니다. 그리스도 신앙의 역설은 인간의 주체적 고백과 수용이 있어야 하면서도 동시에 그 일은 성령의 감동과 감화의 결실이라는 것입니다. 자율(自律)도 아니고 타율(他律)도 아닌 신율적(theonomous) 사건이라는 데 있습니다.

사도행전의 오순절 사건 보도(행 2장)는 성령공동체의 성격이 어떤지를 웅변적으로 보여줍니다. 가이사랴 빌립보 여행길 위에서 선택된 12제자와 그들의 스승 그리스도 예수 사이에 있었던 비공개적인 교회 탄생 사건은, 이제 오순절 다락방에서의 성령강림 체험을 통해 공개적으로 만천하에 새로운 영적 공동체로서 그리스도 교회의 탄생을 알려

---

* 김경재, 『틸리히 신학 되새김』 (여해와 함께, 2018), 403-411.

줍니다. 영적 공동체로서 교회의 특징을 드러내는 오순절 사건의 요소는 다음과 같이 다섯 가지로 요약됩니다.

첫째, 영적 공동체로서 교회의 탄생은 황홀한 성격(the ecstatic character)을 지닌다는 것입니다. 성령의 현존이 있을 때 발생하는 일들이 오순절 사건에서 그대로 나타났는데 종교적 황홀 체험과 인간적 이성 구조가 하나 되는 일치 체험이 일어난 것입니다. 그 황홀 체험은 자아를 잃어버리는 무아지경의 황홀 체험이 아니라 신앙, 사랑, 일치, 보편성이 하나로 통전되는 그런 황홀 체험입니다.

두 번째 요소는 믿음의 창조(the creation of faith)라는 것입니다. 새로운 존재의 담지자로 여겼던 그들의 스승 예수님의 십자가 처형을 눈으로 본 제자들의 신앙은 심한 회의감에 휩싸여 위협받았고 거의 파괴되었던 것입니다. 의혹과 불안정 상태에 빠져서 갈릴리 지방으로 뿔뿔이 흩어졌던 제자들이 오순절 성령강림 사건에서, 성령에 사로잡힌 경험을 통해 의심과 회의를 극복하고 새롭게 신앙을 창조 받은 것입니다.

오순절 사건의 세 번째 요소는 사랑의 창조(the creation of Love)입니다. 오순절 성령 체험은 그들로 하여금 즉시 자발적인 상호 섬김과 봉사행위로 나타났습니다. "가난한 자들을 구제하고 낯선 떠돌이들을 차별 없이 받아들여 품에 안았다"(행 2:42). 자발적으로 자기를 내주는 사랑이 없다면 성령 공동체, 참 교회는 없습니다.

오순절 사건에 네 번째 요소는 모든 형태의 차별과 차이를 극복하는 일체성의 창조(the creation of unity)라는 것입니다. 서로 다른 개성을 지닌 개인들, 국적 차이, 오랜 관습의 차이를 모두 극복하고 거룩한 식탁 공동체(the sacramental meal)에 참여하고 모일 수 있었습니다. 언어도 다르고 출신 지역도 다른 사람들이 사도들의 첫 케류그마(복음선포)를 알아들었던 것은 바벨탑 설화(창 11:1-9)에서 증언된 인류의 혼란과 분열이 성령 현존 체험 안에서 극복됨을 상징적으로 말해줍니다. 그러므로 소외되고 찢긴 인류들의 궁극적 재연합(the ultimate re-union)이 없는 곳에는 참된 성령 공동체, 참교회도 없습니다.

오순절 사건의 다섯 번째 요소는 보편성의 창조(the creation of uni-versality)라는 것입니다. 성령의 현존에 붙잡혀 새로운 존재 체험을 한 제자 공동체는 그들이 듣고 체험한 진실한 생명적 실재를 전해야 한다는 것을 느꼈습니다. 왜냐하면 그들이 경험한 새로운 존재의 능력과 의미로서 가치를 지니지 않는다면, 그것은 그들의 영적 체험이 진정한 의미에서 '새로운 존재'(the New Being) 가치를 지닌다고 볼 수 없기 때문입니다. 그러므로 오순절 사건이 보여주는 우주적 보편성의 빛에서 볼 때, 모든 개인과 집단과 사물과 사건을 그 새로운 존재의 실재에로 초청하고 이끌어 들이는 선교적 열정이 없는 곳에는 참다운 성령 공동체, 곧 참된 교회는 없다고 말해야 합니다.

이 다섯 가지 오순절 사건 이야기에서 뚜렷한 요소들은 그리스도이신 예수님 담지한 '새로운 존재이신 그리스도 예수님'을 통해 드러난 새로움의 실재, 옛 사람과 옛 시대가 극복된 새로운 메시아 공동체의 원형이 오순절 첫 교회 공동체에서 드러난 것입니다. 그러므로 성령 공동체로서의 참된 교회를 '그리스도의 몸'이라고 합니다. 성령은 그리스도의 영이심이 드러난 것입니다.

오순절 성령강림 사건은 최초로 교회가 역사 속에 등장한 사건입니다. 위에서 언급한바 다섯 가지 필수요소는 언제나 담보되어야 합니다.

공동체로서의 참 교회는 황홀 경지의 창조, 믿음의 창조, 사랑의 창조, 한 몸 일체성의 창조, 보편성의 창조가 그것이라고 틸리히는 정리합니다. 후대에 교회론이 발전하면서 교회의 네 가지 특징으로 '하나의 교회, 사도적 교회, 거룩한 교회, 보편적 교회'라는 특징도 오순절 성령 공동체로서의 참 교회 원형입니다. 교회의 네 가지 필수 기능으로 선교 신학이 정리하는 케류그마(복음 선포), 코이노니아(성도의 사귐), 디아코니아(섬김과 봉사), 디다케(진리의 교육) 또한 맨 처음 성령공동체 오순절 교회의 원형적 참 교회에서 유래한 것입니다. 성령강림절과 종교개혁 5백 주년을 보내면서 특히 코로나의 위기 극복과 러시아의 우크라이나 전쟁으로 혼돈과 경제위기를 불러오는 오늘날에 모든 피조물과 함께 새 시대를 열어야 하는 오늘 우리의 과제 앞에 '성령의 역사적 현존'이 한국교회와 온 땅에 새 바람을 일으키기를 바랍니다.

2022년 7월 24일, 성령강림 후 일곱째 주일

- 5부 -

제자의 길

내가 깊은 데 그물을 내리리이다

시편 42:1-3; 누가복음 5:1-11

1. 갈릴리 예수님 선교의 현장

갈릴리는 예수께서 선교를 시작하신 곳이었고, 제자들을 처음 부르신 곳이었으며, 제자들에게 마지막 사명을 주신 곳입니다. 갈릴리는 예수님의 선교 중심지였습니다. 갈릴리는 헤르몬산으로부터 흐르는 맑은 물이 모이는 곳이고 이스라엘의 생명의 젖줄이라 할 수 있습니다. 갈릴리 바다의 크기는 길이가 20km, 넓이가 13km, 수심이 200m 정도입니다. 역사가 요세푸스의 말에 의하면 갈릴리 바다 주변에는 15,000명 이상 인구의 도시가 9개가 있었다고 합니다. 로마제국하에 있는 지역으로 비옥한 땅으로 알려져 있습니다.

예수께서는 제자들을 택하실 때 당시의 명문인 가말리엘의 문하에서도 아니하시고, 랍비의 학원에서도 택하지 않으시고, 갈릴리 해변으로 가셔서 택하셨습니다. 그리고 어부들의 생활 현장에서 택하셨습니다. 앞으로 이 제자들이 예수께서 부활 승천하신 후에는 사도들이 되었으며 교회의 지도자들이 되었습니다. 왜, 예수께서 제자들을 택하여 세우실 때 생활의 현장에서 택했는지 그 이유를 몇 가지 생각해 보겠습니다.

1) 어부는 자연 속에서 일하며 사는 사람이라는 점입니다. 자연 속에서 일하는 사람은 겸손합니다. 따라서 농부들이나 어부들은 대개 다 겸손합니다. 왜냐하면, 이 어부들은 바다에 풍랑이라도 일어나는 날에는 꼼짝 못 하게 됩니다. 자연의 노도(풍랑) 앞에서는 자기의 능력이나 경험도 무용지물입니다. 그렇기에 어부들은 미신을 많이 섬기는 것입니다. 그저 신에게 의지하고 싶고, 신의 도움을 받고 싶은 것입니다. 그렇기에 가장 과감한 것 같고, 가장 용기가 있는 것 같으면서도 동시에 가장 겸손할 수밖에 없는 사람들이 이 어부들입니다. 이들은 풍랑 앞에서, 자연의 위엄 앞에서 겸손합니다. 이러한 겸손, 바로 그것이 어부들의 자세였습니다.

2) 어부들은 실천의 사람들이었습니다. 어떤 이론에 묶인 사람들이 아니라 모두가 실천하는 사람들입니다. 이렇게 실천하는 바로 그것이 주님의 마음에 드는 부분이었습니다. 사무엘상 9-10장을 보면 하나님께서 이스라엘의 초대 왕으로 사울을 택하시는 장면이 있습니다. 사울은 물론 겸손했고 준수한 소년이었습니다. 그런데 하나님께서 사울을 택하시는 근거는 겸손과 준수함도 있었지만, 그의 충성, 그의 진실함, 그의 실천력을 보시고 왕으로 택하시는 것을 볼 수 있습니다. 당시의 사울은 아버지인 기스가 잃어버린 암나귀를 찾아오라고 하자

암나귀를 찾아 사흘 길을 헤매고 다니는 중이었습니다. 어쨌든 찾고야 말겠다는 생각으로 사흘 동안이나 헤매고 다니는 것을 보면, 사울은 상당히 충성스러운 사람입니다. 그야 마음먹기에 따라서는 몇 시간 찾아보다가 '없습니다' 하든지, 아니면 하루해를 채우고는 '아무래도 못 찾겠습니다'하면 그만일 수도 있습니다. 그런데 사울은 사흘 길을 찾아 헤매고 있는 것입니다. 우리는 하나님께서 이러한 사울을 보시고, 그를 왕으로 택해 세우시는 것을 보게 됩니다. 이와 같이 실천력이 있는 사람, 행동이 뒤따르는 사람이 필요합니다.

3) 또 중요한 것은 어부들의 협동심입니다. 이들 어부들은 결코 혼자만의 독립된 어부가 되지는 못합니다. 아무리 재주가 많고 힘이 장사라 하더라도 혼자서는 못 하는 일이 어부들의 일이기 때문입니다. 여기에 노를 젓는 사람, 그물을 깁는 사람, 그물을 던지는 사람 등 필요에 따라 일을 하되 모두가 다 협력해야 합니다. 일단 한배를 탔으면 이제는 공동운명에 놓여있는 것입니다. 그런고로 서로 협력함으로 목적을 달성할 뿐 아니라 살아남을 수 있게 됩니다. 이러한 협동 정신이 어부들에게는 강하다는 것이 중요한 점입니다.

4) 또 빼놓을 수 없는 것이 어부들의 인내입니다. 어부들의 일이란 경우에 따라서는 언제까지나 기다려야 합니다. 그러한 인내와 지구력이 또한 어부들의 특징입니다. 하나님께서 사람을 택해 쓰실 때도 바로 이런 사람들을 찾아 쓰신다는 점입니다. 그래서 예수께서도 이제 어부들을 택하여 제자 삼으시고, 후에는 사도로서 교회의 지도자들로 택해

세우신 것입니다.

2. 깊은 데 그물을 던지라는 명령

우리는 본문에서 어부들의 새로운 경험을 보게 됩니다. 밤을 새워가며 그물을 던져보았지만 고기 한 마리 잡지 못한 어부들의 마음은 그대로 어둡기만 한 것입니다. 이제는 지쳐서 그 바닷가에서 말없이 그물을 씻고 있는 어부들, 실의에 빠져서 일손을 거두고 집으로 돌아가야 하는 시몬과 동료들의 그 장면은 바로 오늘을 살아가는 우리의 모습이기도 한 것입니다. 이때 바닷가에서 지켜보시던 주님께서 근심에 싸인 시몬의 배에 찾아오셨습니다. 그때 근심에 싸인 제자들을 찾아가신 주님께서는 오늘도 삶의 고달픈 현장에서 근심하는 우리를 찾아오십니다. 이것이 하늘에서 이 세상으로 오신 주님의 Incarnation으로 성육의 사랑입니다. 임마누엘(Immanuel), 현존(現存, Presence)의 복음입니다. 사람들은 잘될 때면 찾아오고 잘못되면 떠나갑니다. 그림자처럼 사람은 따라오고 떠나갑니다. 햇빛 아래 있을 때 그림자는 가까이 따라와도 구름이 끼고 어두워지면 사라지듯이 말입니다. 그러나 우리 주님께서는 실망의 때, 근심의 장소에 찾아오십니다. 가장 깊이 고통하는 때가 주님이 오시는 때이고, 가장 쓰라린 장소가 주님과의 만남이 있는 자리입니다. 근심하는 시몬의 배는 바로 우리의 가정과 직장, 삶의 현장인 것입니다.

주님은 배에 오르사 제자들에게 가르치셨습니다. 무슨 말씀을 하셨을까요! "저 푸른 하늘을 바라보아라. 저 동쪽 수평선에는 오늘도 태양이 떠오르고 있지 않느냐! 저 넓고 깊은 바다를 바라보아라. 거기에는 무진장으로 고기가 뛰노는 황금어장이 있지 아니한가! 고기가 안 잡힐 때에도 낙심하지 말아라. 믿음을 잃지 말고 희망을 가져야 한다. 그리고 끝까지 참으며 노력하는 것이다."

주님의 말씀은 아마도 "절망은 없다. 희망을 가져라", "깊은 데로 가서 그물을 내리라"가 됩니다. 이 주님의 말씀에 따라서 시몬은 '내가 깊은 데 그물을 내리리이다' 하고 응답했는데, 그래서 오늘 설교 제목도 "깊은 데 그물을 내리리이다"로 정하였습니다.

주님께서 무리들에게 말씀을 마치시고 시몬에게 이르시되 "깊은 데로 가서 그물을 내려 고기를 잡으라"(눅 5:4)고 하셨습니다. 복음서 기자가 예수님의 말씀 내용을 기록하지 않고 한 사람과의 대화를 기록한 것은 주님의 마음과 대화의 의미를 잘 아는 사람이라고 봅니다. 키에르케고르는 그의 설교집 서문에서 설교는 여러 사람에게 하는 말이 아니고 한 사람의 대답을 기다리는 대화라고 했습니다.

주님과 시몬의 대화를 풀이해보면 이렇게 됩니다. "고기가 얼마나 잡혔는가?" "한 마리도 못 잡았습니다." "깊은 데로 가서 한 번 더 잡아보아라." "밤새도록 해보았지만 허사였습니다마는 말씀하시니 한번 더 해보겠습니다." 이것이 바로 주님과 시몬과의 대화입니다. 우리는 이 대화 속에서 기도의 원형을 봅니다. 말씀에 "예" 하고 대답하는 고백의 삶이 바로 여기 있습니다. 주님의 말씀에 응답하는 기도의 출발은 고기한 마리 못 잡은 나의 연약함, 나의 근심을 그대로 아뢰는 일입니다. 그때 주님의 말씀이 좌절에서 다시 일어설 수 있는 용기와 절망에서 희망으로 다시 도전하는 의지를 행동으로 결단하게 하는 것이 대화의 기적, 기도의 기적인 것입니다.

깊은 데로 가서 그물을 내려 고기를 잡아보라. 여기 주목할 곳은 '깊은 데'란 말입니다. '깊은 데'란 사람이 알지 못하는 곳을 의미합니다. 깊다는 말은 무슨 뜻입니까? 대체로 높다. 길다. 넓다는 표현은 가시적이기 때문에 어느 정도인지 알 수 있으나 깊다는 것은 어느 정도인지 판단할 수 없습니다. 성서적으로 '깊다'는 표현은 참회의 심정을 고백할 때 주로 사용됩니다. 시편 130편에 "내가 깊은 곳에서 주께 아뢰나이다"라는 표현이 있습니다. 사람이 헤아리지 못하는 곳에서 일어나는 심정을 말해주고 있습니다.

신학자 폴 틸리히(Paul Tillich)는 "이 선교에 있어서의 넓이와 사람들이 헤아릴 수 있는 지리적인 여건에서 퍼져가는 선교만을 선교라고 이야기할 것이 아니라, 선교는 깊다고 하는 것에서 생각을 해보아야 한다"라고 했습니다. 또 "너희는 온 천하에 다니며 만민에게 복음을 전파하라"라고 하신 말씀은 지리적인 영토의 확장이라기보다 인간의 심층적인 선교의 사역을 말씀하고 있습니다. 예수님의 이 땅에서의 선교사역은 사람의 숫자나 넓이의 팽창 문제로 그치는 것이 아니라, 인간의 심층의 죄를 회개케 하시는 사역이었다고 폴 틸리히는 해석하고 있습니다.

사람들이 보기에는 천사 같고 성인군자같이 보이는 사람도 하나님 보시기에 정말 깨끗한가가 중요한 것입니다.

또 한 가지 중요한 것은 '깊은 데'란 역사(History)에 대한 주님의 깊은 통찰입니다. 우리는 왜 고기가 안 잡히는지 모릅니다. 그러나 옅은 데서 깊은 데로 고기가 옮겨 간 때문일 것입니다. 이것은 급격하게 변하는 역사적 상황의 상징입니다. 거대한 사회적 변천이 일어나고 있는 세계의 현실입니다. 기술 문명의 발달로 인간 주체성이 왜소해가고, 인간은 자기가 이룩한 문명, 문화 속에서 인간 자기 문제로 얽혀가고 있습니다. 인간의 개발 발전은 자연 공해를 가져와서 환경 문제에 직면하고 있습니다. 이때 주님께서는 우리에게 이 깊은 역사의 흐름 속에 숨어있는 진실을 파헤치고 깊이 들어가라는 예언자적 선견을 일깨워주십니다. 그리고 깊은 실존의 심연에 뛰어들어가는 모험과 희생을 각오하라는 제사적, 희생적 결단을 촉구하시는 것입니다. 이것은 또한 미래의 꿈을 안고 오늘을 씨름하고, 어떠한 역경과 파국이라고 여겨지는 사람의 현장에서도 백절불굴의 정신과 칠전팔기의 용기를 가지라고 고무하는 것입니다. 넘어져도 다시 일어나는 가혹한 운명과 대결하여 미지의 세계에 도전해가는 신앙인의 의지인 것입니다.

3. 삶의 현장과 도전

오늘 우리 각자의 삶의 현실에서 우리는 다 같이 '잃는 것과 얻는 것'을 동시적으로 경험했다는 사실입니다. 그러나 우리는 삶에서 고난과 실패가 없기를 바라는 세계관(인생관)에서 탈피하여 오히려 역경을 도약과 발전의 기회로 삼고, 고난과 실패를 성장의 계기로 삼는 슬기를 배우고 익혀가야 할 것입니다. 이 때문에 지혜로운 자는 모든 것에서 배우되 원수에게서 더 큰 것을 배우며, 강한 자는 모든 환경에서 성장하며 역경에서 더 크게 자라는 사람인 것입니다. 문제는 우리에게서 잃어지는 것들은 순간적인 것이요, 현상적인 것들일 뿐입니다. 그러나 얻어지는 것은 깊은 것이요, 미래적인 것들입니다. 즉, 사랑, 진실, 정의, 평화. 이 같은 것들은 얻어지는 것이요, 안일, 허세, 거짓, 전쟁 등은 잃어버려야 할 것들입니다.

헤밍웨이의『노인과 바다』에서 우리는 꾸준히 도전해가는 한 인간의 의지를 봅니다. 산티아고 노인은 고기를 잡으려고 망망한 바다로 나가지만 84일을 고기 한 마리 못 잡았습니다. 85일째 되는 날도 기어이 잡는다고 바다로 나아갔습니다. 거센 파도와 폭풍에 도전하여 마침내 큰 돌고래를 잡았습니다. 사나운 상어 떼의 공격과 싸우며 도끼도, 작살도, 칼도, 노도 부러지고 온몸은 상처투성이가 되어 기진맥진하여 포구에 돌아왔을 때 뱃전에 끌려온 돌고래는 고기 한 점 없이 앙상한 뼈만 남아 있었다는 줄거리입니다.

우리의 수고의 대가가 뼈만 남은 돌고래라도 강하게 바다와 파도와 상어 떼에 도전하는 용기 있는 의지가 영웅적으로 부각 되어있는 오래 잊지 못하는 인간의 거상이 그려져 있습니다.

우리의 역사는 무한한 가능성을 지닌 미래를 향하여 시간의 깊은 바다로 도전하라고 부르고 있습니다. 그리스도의 교회도 온 세계교회(WCC)가 하나 되어 온 세계 인류의 일치를 위하여 화해의 깊은 바다에 배를 띄우고 있습니다. 믿음과 희망과 사랑의 선교도 인간 속에 세계 속에 깊은 바다에 그물을 내려야 사람을 낚는 어부가 된다는 주님의 지상명령입니다.

진리와 생명은 하나님의 깊은 신비 속에, 정의와 사랑은 깊은 영혼의 고뇌 속에, 참자유와 평화는 험한 파도 치는 역사의 바다 깊은 데 감춰진 생명이기에 목숨 걸고 도전하는 자들만이 얻는 것입니다.

주님의 말씀대로, 시몬은 "깊은 데로 가서 그물을 내리리이다" 하고 명령에 순종하여 그물을 깊은 바다에 내렸습니다. 그러자 그물이 찢어지도록 고기가 많이 잡혔습니다. 우리의 교회도 옅은 물가에서 깊은 바다를 향하여 배를 띄울 때 긴 역사의 밤이 지나고 새 역사의 아침이 밝아올 것입니다. 주님의 몸 된 그리스도의 교회는 이 나라, 이 겨레가 큰 기대를 가지고 지켜보는 마지막 희망의 제단이며 양심인 것입니다.

4. '거룩한 두려움'을 겪고야

시몬은 그물이 찢어지도록 고기가 잡혔을 때 "주여, 저는 죄인이로소이다. 저를 떠나소서"하고 꿇어 엎드렸습니다. 이것은 도덕적 겸손의 미덕이 아니고, 하나님 앞에 선 자의 거룩한 두려움입니다. 소명을 받을 때 모세는 미디안 광에서, 여호수아는 요단강 건너서 신을 벗어들었습니다. 이사야는 제단 앞에서 여호와의 영광을 보고 "나는 화로다 망하게 되었다"하고 꺼꾸러졌습니다. 시몬은 많은 고기가 잡혔을 때 주님 앞에 엎드려졌습니다. 사명의 사람, 선교자의 본연의 자세를 보여줍니다. 고기는 선교의 그물로 에운 그리스도인의 상징으로 볼 수도 있겠습니다. 초대교회가 박해 아래서 그리스도인의 암호로 고기(ἰχθύς)로 표시했는데, 그것은 희랍어 "Ἰησοῦς(예수) Χριστός(그리스도) θεός(하나님) υἱός(아들) σωτήρ(구주)"의 첫머리 글자를 합한 것입니다.

무서워 말라, 이제 내가 후로는 내가 사람을 취하리라(눅 5:10).

이 주님의 말씀은 생의 목적과 방향의 전환을 의미하는 것입니다. 물량적 관심에서 인간 관심으로, 고기 잡는 숙명의 사람이 사람을 구원하는 사명의 사람으로, 삶의 차원이 바뀌는 것입니다. 무식한 어부가 사도로 부름 받고, 근심하는 시몬의 배는 소명의 장소가 되었습니다. 부활의 수사도로 세움 받고, 십자가 복음의 사명도 같은 장소에서 맡기셨습니다(요 21장).

모름지기 그리스도인은 사명을 받아야 합니다. 예수 그리스도를 위하여 살겠다는 결단을 할 때 주님께서는 사명을 주십니다. 리빙스턴은 '사람이 그 사명을 다할 때까지는 하나님께서 부르지 아니하신다'라고 말했습니다. 우리가 이 땅에서 일하면서 사는 이유가 무엇입니까? 단지 먹고 살기 위해서만 일하는 것입니까? 아닙니다. 하나님의 거룩한 뜻을 이 땅 위에 이루기 위하여, 우리에게 맡겨 주신 사명에 충실하여 주님의 영광을 위하여 일해야 하는 것입니다.

오늘날 비인간화의 거센 파도에 시달리고 있는 우리 가정과 사회는 영웅보다 참사람, 신앙인을 부르고 있습니다. 여러분 한 분 한 분이 이 주님의 부름에 기꺼이 응할 때, 우리 가정과 사회는 그만큼 더 따뜻해지고 미더워질 겁니다. 우리가 참사람이 되고 평화의 봉사자가 되려면 먼저 우리 스스로가 신념 있는 신앙인이 되어야 합니다. 이것이 또한 "내가 깊은 데 그물을 내리리이다"하고 순종하는 일이 됩니다.

신념 있는 신앙인은 진리와 정의 앞에 겸손하며 사랑에 성실하고 비굴한 타협을 모릅니다. 진리와 정의를 사랑하기에 옳은 일에는 혼자서라도 주저함 없이 결단하고 투신합니다. 이제 우리는 서로의 관계는 지배자와 피지배자의 관계가 아니라, 인생의 긴 나그네 길을 함께 가는 동반자이며 봉사자의 관계입니다. 사람을 있는 그대로 존중하고 인간 본연의 동등권을 소중하게 여기는 사람들이 사는 가정, 교회, 나라 그리고 일터가 될 것입니다. '깊은 데 그물을 내리겠습니다' 하는 오늘의 제자의 길, 신앙인의 길에서 신실하게 살아가기 바랍니다.

5. 오늘 우리 젊은이들이여 쇄신하라

미국의 존경받는 지도자이자 사회운동가인 파커 J 파머는『온전한 삶으로의 여정』을 통해 파편화된 삶에 지친 우리를 온전한 삶의 길로 초대하고 있습니다. '분리된 삶', '상처 입은 삶'은 치유될 수 있는가? 파커는 치유된 삶의 내용을 '온전함'이라는 한 단어로 요약하는데, 온전함이란 완전함을 의미하는 것이 아니라 깨어짐을 삶의 불가피한 부분으로 받아들이는 성숙한 태도입니다. 신학자 폴 틸리히는 실존의 모호함과 참혹함에 직면해 있으면서도 여전히 희망을 버리지 않는 "존재에의 용기"(courage to be)를 믿음이라 했습니다. 존재에의 용기를 가지고 온전한 삶으로의 여행을 인도해 줄 안내자가 우리 속에 있는 내면의 교사, 즉, 영혼을 가리킵니다. 그것은 인간성의 중심으로 문화나 전통에 따라 참 자아, 본성, 대아, 신성의 불꽃 등으로 다양하게 지칭됩니다. 영혼의 소리를 듣기 위해서는 서로 돕고 지지해주는 커뮤니티가 필요합니다. 파커는 커뮤니티의 필요성을 세 가지로 설명합니다. ① 내면의 진실로 향하는 길은 험하기에 동반자가 필요하고, ② 그 길은 여럿이 대화를 나누며 통찰력을 얻어야 하고, ③ 어려운 난관 앞에서 주저할 때 내면의 교사가 속삭이는 낯선 땅으로 과감히 나아갈 용기를 북돋아 주는 이들이 필요하다는 것입니다. 이 모임을 '신뢰의 서클'이라 명명합니다.

현실 세계는 영혼에 대한 폭력이 무차별하게 자행되는 현장입니다. 아이들을 모욕하는 부모, 학생들을 무시하는 교사, 노동자들을 경제적인 이득을 위한 수단으로 다루는 사업자, 환자들을 의료 행위의 대상으로 취급하는 의사, 교인들을 영적인 미성숙아인 양 취급하는 성직자… 영적인 폭력은 자아감의 상실이라는 죽음, 신뢰감의 죽음, 창조성을 발휘하는 모험심의 죽음, 공동선을 이루는 데 필요한 헌신의 죽음과 같은 결과를 낳습니다. 제3의 길은 비폭력의 길입니다. 어떤 상황에서든 영혼을 존중하기 위해 헌신적으로 행동하는 것입니다.

오늘이 본 교단 교회들이 청년 주일로 지키는 날입니다. 청년들이여! 이러나 용기를 갖고 사명을 받고 새출발하기를 바랍니다.

6. 영성 · 생명의 시대

성 어거스틴이 "하나님을 찾기까지는 내 영혼에 쉼이 없었습니다." 라는 고백도 했지만, 히브리 시인이야말로 이 문제를 가장 깊이 있게 갈파했습니다. 하나님(신, 진리, 궁극적인 존재 등)을 찾는 영혼의 문제, 곧 영성과 하나님 체험의 문제입니다.

"하나님, 사슴이 시냇물을 찾아 헐떡이듯이, 내 영혼이 주님을 찾아 헐떡입니다. 내 영혼이 하나님, 곧 살아계신 하나님을 갈망하니, 내가 언제 하나님께로 나아가 그 얼굴을 뵈올 수 있을까?"(시 42:1-2)

현대의 과학적 지식과 세계관이 모든 것을 지배하게 되었습니다.

세계적인 전쟁들로 인간성은 황폐되었고, 이와 더불어 우리는 물질과 쾌락이 삶을 이끌어가는 문화 속에 살게 되었습니다. 이렇게 되자 인간의 영혼은 설 자리를 잃게 되었고, 절규 상태에 빠졌습니다. 그럼에도 여전히 인간에게 영혼의 문제는 핵심 문제이며, 따라서 그리스도교는 다시금 영적 생명의 빛이 될 수 있다는 희망을 본 것입니다. 그러나 이 희망에는 그리스도교가 현대인의 영혼을 다시 붙들기 위해서는 자기를 근본에서 쇄신해야 한다는 과제가 따라옵니다. 이런 상황에서 가톨릭은 1960년대에 제2차 바티칸 공의회(1962~1965)를 열고, 교회가 "세상의 빛"이 될 수 있도록 전면적 쇄신을 감행하게 되었습니다. 공의회는 현대 세계와 현대인들의 영의 문제를 그리스도교 복음의 원점에서 철저히 새롭게 조명하며, 그 해결을 모색한 것입니다. 갈라진 그리스도교 사이에 대화와 화해는 물론, 세계의 생명 종교들에게도 마음을 열고 배움을 가지게 되었습니다. 가톨릭이 현대인의 영의 문제를 붙들고 씨름하고 개혁한 제2차 바티칸 공의회가 뿌린 씨의 결실은 가톨릭의 인구가 늘고 있다는 것으로 나타났습니다.

동구권을 여행하고 확인한 바이지만, 정교회가 엄청나게 부흥하고 있음을 볼 수 있습니다. 가톨릭과 갈라진 이래 정교회는 서방 교회로부터 배척을 받아 왔습니다. 더욱이 공산 치하에서 정교회는 말할 수 없는 고통의 시절을 보내야 했습니다. 공산 정권들이 무너지자 정교회는 자유롭게 되어서, 프로테스탄트의 에큐메니컬 운동에 뛰어들었고, 가톨릭과도 대화하게 되었습니다. 이렇게 되자 정교회 스스로도 자기를 활발히 성찰하며 드러내게 되었고, 서방 교회도 아주 엄청난 것들을 새로이 동방 교회로부터 배우게 되었습니다.

물론 정교회는 서방 교회처럼 고도의 신학 체계가 있지는 않지만, 동방 영성의 보고인 것입니다. 한 가지 예를 든다면, '신화'(神化, de-ification) 신앙입니다. 이것은 하나님이 세상에 오신 성육신처럼, 거꾸로 인간이 하나님의 경지에 이를 수 있다는 믿음입니다. 이 '신화'는 은총 안에서 되는 일이고, 예수께서 참사람인 동시에 참 하나님이라는 신앙에 근거한 것입니다. 이 신화를 이루는 수행체계로 정교회의 신앙과 삶이 영성 훈련으로 잘 짜여 있습니다. 정교회는 수련-수도(修道) 또는 영성 훈련 — "정화-조명=합일"에 이르는 오름의 길과 끊임없이 가슴으로 예수의 이름을 부르는 기도가 알려지고 전 세계로 번져 나가기 시작했습니다. 동방 교회에서 굳어진 기도 양식은 "주 예수 그리스도, 하나님의 아드님, 죄인인 저에게 자리를 베푸소서"입니다.

　가톨릭과 정교회의 부흥은 이처럼 현대인과 현재 세계 그리고 선교를 영의 문제로 붙들고 씨름한 결과입니다. 정교회의 새로운 선교개념에 따르면 '예배 이후의 예배'입니다. 곧 영의 문제입니다. 이로써 교회는 다시금 현대 세속문화 안에서 하나님 신앙의 '고유성'도 새롭게 정립되고, 현대의 영성도 새롭게 품기 시작할 수 있었습니다.

　이제 프로테스탄트의 선교운동과 에큐메니컬 운동은 '하나님의 선교'라는 보석을 길러내게 되었다는 말씀을 합니다. 하나님 선교 (Missio Dei)는 세상에 대하여 교회의 사명을 일깨웠습니다. 하나님 나라 복음의 차원을 활짝 열었습니다. 헌데 한국교회 경우는 진보적인 에큐메니컬 운동에 맞서 복음주의 권 에큐메니컬 운동이 대립각을 세웠고, 복음주의를 표방하는 보수적인 프로테스탄트는 절대다수를 차지했습니다. 진보적인 에큐메니컬 운동이 세상을 향하고 하나님 나라를 향할수록, 대다수의 프로테스탄트 신자들은 개인의 영혼 구원, 인간의 그 어떤 노력도 공존주의가 되는 일방적인 은혜, 율법적인 교회 생활, 성서문자주의, 전통문화와 타종교에 대한 배타, 세상과 문화에 대한 혐오를 고수했습니다.

　이런 이유들로 현대의 세속주의 앞에서 프로테스탄트는 새롭게 전면적인 종교개혁을 하지 못한 셈입니다. 그럼에도 프로테스탄트 교인들은 여전히 열심입니다. 새벽 기도 빠지지 않고, 주일 성수하고, 전도하고, 정해진 헌금하고 봉사합니다. 그러나 이 바쁜 교회 생활은 단지 교회를 위한 생활입니다. 마르다처럼 본질이 아닌 것을 붙들고 있습니다. 교회 생활은 신앙 생활의 부분입니다. 신앙 생활에는 교회 생활보다 더 본질적인 차원이 있습니다. 영성 생활의 차원입니다. 목마름으로 하나님께 나아가, 하나님을 만나는 생활입니다. 기도, 묵상, 순례, 노동, 찬미, 침묵과 같은 수련을 통해서 하나님의 임재를 경험하는 생활입니다. 오로지 예수님 발치에 앉아 그 말씀에 심취하는 마리아의 삶입니다(눅 10:38-42).

7

　신념 있는 신앙인이 된다는 것은 바로 그것이 깊은 데 그물을 던지는 것이 됩니다. 나라와 겨레가 분단의 아픔 그리고 안팎으로 큰 난국에 처해 있는 지금, 우리의 마음과 영혼은 춥고 굶주리고 병들어 있습니다. 러시아의 우크라이나 침공으로 다시 신냉전의 시대가 온다고 합니다. 깊은 이유는 우리 자신들 특히 가진 자들 중에 어떤 이들은 잘살게 되었다고 흥청망청하고 나라와 이웃이 어떻게 되는 상관없이 향락을 추구하고 사치로 흘러가기 때문입니다. 이런 물질주의와 이기주의 그리고 이것이 낳은 부정부패가 오늘 신냉전의 위기를 다시 가져오게 할 수 있습니다. 또한, 법은 서지 않고 질서는 지켜지지 않으며 윤리와 도덕은 땅에 떨어져 있습니다. 물질적 가치가 앞선 가치관 전도 속에 날 늘어나는 불법, 무질서, 폭력 행위, 범죄와 사회악이 늘어나는 것입니다.

이런 상황에서 진정한 신앙인이라면 지금 우리가 서 있는 좌표부터 확인해야 합니다. 우리가 본질적으로 사회적인 존재라면, 내가 남의 안에 있고, 남이 내 안에 존재하고 있음을 알아야 합니다. 그러면 이웃의 아픔이나 기쁨이 곧 나의 아픔이고 기쁨이며, 나의 웃음과 슬픔이 바로 이웃의 웃음과 슬픔입니다. 우리의 앎은 이러한 사랑, 즉, 서로 동참하려는 사랑을 전제로 하고 또 이러한 사랑을 향한 것이어야 비로소 그 뜻을 지니게 됩니다.

이 사순절에 예수 그리스도에서 보는 바와 같이, 하나님은 이 성육(成肉, incarnation)의 신비를 통해 스스로 우리와 똑같은 사람으로 태어나서, 우리 가운데 우리와 같이 먹기도 하며, 울기도 웃기도 하고, 심지어는 죽음에까지 우리 인간의 조건에 동참함으로써 사람의 존엄성을 들어 높였으며, 우리 인간도 하나님의 생명과 실존에 동참할 수 있는 계기를 마련해 주셨습니다.

사람의 인격이 존귀하다는 것은 무엇보다도 사람이 하나님의 창조 과업의 극치를 이룬다는 사실에 그 바탕을 두고 있습니다. 우리가 하나님의 형상을 가지고 있다는 것은 인격적인 행위를 할 수 있는 능력이 주어졌다는 것입니다. '아는 행위'나 '사랑하는 행위'는 인격적 주체에게만 가능한 것입니다. 또 사람을 창조한 하나님이 언제나 살아계신 하나님이고 우리는 그분의 형상을 지니고 있으면, 우리도 그 하나님의 생명에까지 동참하는 것입니다. 사실 하나님은 사람에게만 생명의 숨결을 직접 불어넣어 주셨습니다. 다른 동물의 생명이 단순한 명령으로만 이루어진 것과는 너무나 대조적인 것입니다. 이같이 사람의 생명은 직접 하나님 안에 그 근원을 가지고 있으며 그로 인해 신성합니다.

헌데 오늘날 비인간화의 거센 파도에 시달리고 있는 우리 사회는, 결코 스스로의 영웅보다 참사람, 신앙인을 부르고 있습니다. 우리 한 사람 한 사람이 이 부름에 기꺼이 응할 때, 우리 사회는 그만큼 더 따뜻해지고 미더워질 겁니다. 우리가 참사람이 되고 평화의 봉사자가 되려면 우선 우리 스스로가 신념 있는 신앙인이 되어야 합니다. 이것이 또한 그물을 깊은 데 내리는 일이 됩니다.

신념 있는 신앙인은 진리와 정의 앞에 겸손하며 사랑에 성실하고 비굴한 타협을 모릅니다. 진리와 정의를 사랑하기에 옳은 일에는 혼자서라도 주저함 없이 결단하고 투신합니다. 이제 우리들 서로의 관계는 지배자와 피지배자의 관계가 아니라, 인생의 긴 나그네길을 함께 가는 동반자이며 봉사자의 관계가 됩니다. 사람을 있는 그대로 존중하고 인간 본연의 동등권을 소중하게 여기는 사람들이 사는 나라와 교회 그리고 가정과 일터가 될 것입니다. 그물을 깊은 데 내리는 오늘 제자의 길, 신앙인의 길에서 신실하게 살아가는 우리 모두가 되시길 바랍니다.

2022년 3월 13일, 사순절 둘째 주 청년 주일

하나님 말씀의 자유와
복음과 함께 받는 고난
열왕기하 23:1-3; 디모데후서 1:3-14, 2:8-13

1

이스라엘 왕조 역사를 살펴보면, 솔로몬 왕조 이후 남북으로 분단된 이스라엘 민족은 계속 몰락의 길을 걷게 되었습니다. 국운은 날로 기울어져 갔고 백성들은 도탄에 빠져 허덕이게 되었습니다. 이런 퇴폐 일로의 길목에도 어두운 밤에 빛나는 혜성처럼 밝은 빛을 발휘한 때가 없지 않았습니다. 그것이 곧 이스라엘 민족사에 길이 빛나는 요시야 왕의 종교개혁 사업이었습니다.

요시야 왕은 8세에 즉위하여 18년째 되는 해에 무너진 성전을 대폭 수리하도록 명령을 내렸습니다. 당시 예루살렘 성전은 우상을 섬기는 왕들로 인하여 등한시되었고 그 시설들은 형편없이 훼손되었습니다. 다행히 신앙심이 돈독한 요시야 왕이 등극하여 잃어버린 이스라엘 민족의 여호와 하나님에 대한 뜨거운 신앙을 체험하게 되었고(대하

34장), 26세 때는 본문에 기록된 대로 성전을 대폭 수리하도록 명령을 내림으로 종교개혁의 횃불을 들었습니다. 신기한 사실은 이때 성전을 수리하던 중에 오랫동안 잃어버렸던 율법 책이 발견되었습니다.

이때 발견한 율법 책이 성경 어느 부분이냐에 대해서는 '신명기서'란 설도 있고 모세의 '율법선집'이란 설도 있지만 확실한 것은 알 수 없습니다. 하여튼 요시야 왕이 유다의 종교를 개혁하고 여호와의 참 종교를 되찾으려는 마당에 여호와의 율법 책이 발견되었다는 것은 큰 의미를 지니는 것입니다. 이것은 어떤 의미에서 하나님의 특별하신 섭리 속에서 이루어진 것입니다. 왜냐하면 여호와의 종교는 하나님의 말씀에서만 되찾을 수 있기 때문입니다. 이때 되찾은 성경은 원래 성전의 법궤 속에 보관되어 온 것인데 일시적으로 분실되었다가 다시 되찾은 것입니다.

서기장 사반은 이 되찾은 율법 책을 갖고 왕께 나가 보고하고 그것을 왕께 읽어드렸습니다. 그때 왕은 그 말씀을 듣고 옷을 찢었습니다. 무엇 때문에 왕이 옷을 찢었을까요? "우리 열조가 이 책의 말씀을 듣지 아니하며 이 책이 우리를 위하여 기록된 모든 것을 준행치 아니하였으므로 여호와께서 우리에게 발하신 진노가 크도다"(왕하 22:13) 했습니다. 이 말씀은 신명기 28장에 나온 대로 이스라엘 민족이 여호와 하나님을 순종할 때 받을 복과 순종치 아니하게 될 때 임할 저주와 화가 너무나 생생히 기록되어 있습니다. 이 말씀을 듣고 왕은 이스라엘 민족의 장래가 어떻게 될 것인지 여호와 하나님의 말씀에 비추어 반문해보라고 외친 것입니다. 이러한 요시야 왕의 태도는 분명히 성경을 하나님의 말씀으로 믿는 신앙에서 우러나온 갸륵한 것이었습니다. 한 걸음 더 나아가서 그는 이 되찾은 하나님의 말씀에 근거해서 종교개혁을 단행했습니다. 그는 모든 우상을 타파하고 여호와 하나님만을 섬기게 했습니다. 먼저 그는 지도자들과 민중들을 하나님의 전에 모이게 한 후, 이 되찾은 하나님의 말씀을 읽어 그들로 하여금 듣게 했습니다. 그리고 하나님 앞에서 마음을 다하고 성품을 다하여 여호와를 순종하고 그 계명과 법도와 율례를 지켜 이 책에 기록된 언약의 말씀을 이루게 할 것을 굳게 서약했습니다. 이 얼마나 아름다운 한 토막의 사건인지 알 수 없습니다.

우리는 본문 말씀을 통해 하나님의 말씀에 대한 재발견 없이는 진정한 의미에서 교회 갱신 운동이나 신앙 영성운동이 불가능하다는 것을 배우게 됩니다. 다른 말로 표현해서 만일 오늘의 교회에 신앙적 부조리가 가득 차 있고 영적 각성 운동이 그 어느 때보다 필요하다면 그것은 한마디로 하나님의 말씀을 상실한 데서 오는 증세라고 봅니다. 오늘의 그리스도인들은 성경책을 들고 다니면서도 그 속에 들어있는 하나님의 말씀을 상실하고 있습니다. 여기에 오늘의 교회와 그리스도인의 문제가 도사리고 있습니다. 참 근본적인 민족적 각성을 통한 민주주의에로의 개혁과 한국교회의 갱신 운동은 요시야 왕처럼 하나님의 말씀을 재발견하고 그 말씀을 읽고 옷을 찢을 수 있는 참회에 있습니다. 한 걸음 더 나아가서는 그것이 온 겨레의 말씀이 되도록 읽어주고 가르쳐 주는 데 있습니다. 성경은 읽는 사람으로 하여금 '새로운 눈'이 열리게 합니다. 지금까지 전혀 보지 못한 세계를 바라보게 합니다. 바라볼 뿐만 아니라 그 세계를 경험케 합니다.

2

　성경이 하나님의 말씀된 것은 바로 이 말씀성 때문입니다. 말씀이 육신이 되어 우리 가운데 거하십니다. 하나님의 말씀이 사람의 몸을 입고 이 땅에 오셨습니다. 병을 고치고 오천 명을 먹이시고 가난한 자들과 함께 생활하셨습니다. 예수를 믿는 사람들은 사람으로 오신 이 예수를 그의 본래성과 본성을 따라 하나님이라고 부릅니다. "우리가 그 영광을 보니 아버지의 독생자의 영광이요 은혜와 진리가 충만하더라" 독생자 하나님의 영광으로 예수를 보았고 은혜와 진리가 충만한 분으로 고백합니다. 이것이 그리스도인입니다.

　이 말씀의 사건이 문자화되어 성경이라는 귀한 책으로 나타납니다. 이 증거의 말씀에 역사가 있고 여러 가지 사건이 있습니다. 이 성경을 읽으면서 하나님을 만납니다. 하나님의 말씀을 듣습니다. 바로 이러한 사람이 그리스도인입니다. 우리는 성경을 하나님의 말씀으로 고백합니다. 말씀이 저자로 하여금 성령과 영감에 따라서 성경을 쓰도록 고용하셨습니다. 말씀 자체에 능력이 있고 계시성이 있으며, 거기에 생명과 구원이 있음을 우리는 믿고 또 체험하고 있습니다. 따라서 교회가 말씀을 지배하는 것이 아닙니다. 말씀이 교회를 지배합니다. 말씀이 있고 성령이 있어서 교회인 것입니다. 말씀이 선포되고, 말씀이 들려지고, 성령의 역사가 함께 할 때에 거기에 교회가 존재하고 성장하는 것입니다.

　사도 바울은 고백하고 있습니다. "내가 말씀을 전하는 것이 아니다. 말씀에 붙들린 것이요 말씀에 포로된 것이다. 말씀이 바울을 고용하여 그것을 전하게 한다." 오늘 본문은 사도 바울의 중요한 고백을 담고 있습니다. "복음을 위하여 내가 죄인과 같이 메이는 데까지 고난을 받았으나 하나님의 말씀은 매이지 아니하니라"(9절). 사도 바울은 감옥에 억류되어 있었습니다. 이렇게 되면 복음을 전하는 자로서 아무런 일도 할 수 없습니다. 쇠사슬에 묶이고 나면 하나님의 사업도 하나님의 말씀도 다 끝나는 것으로 생각하기 쉽습니다. 그러나 그것이 아니었습니다. 사도 바울은 놀라운 고백을 하고 있습니다. "형제들아, 나의 당한 일이 도리어 복음의 진보가 된 줄을 너희가 알기를 원하노라"(빌 1:12). 나의 당한 일이, 내가 감옥에 들어와서 갇힌 것이 복음의 진보가 되었다! 사도 바울은 차꼬에 매였습니다. 그러나 말씀은 자유합니다. 말씀은 매이지 않았습니다. 오히려 그가 감옥에 갇힘으로써 더 효과적으로 복음이 전파되었고, 그로부터 2백 년 후에 마침내 로마는 기독교의 신앙의 자유를 선포하기에 이르렀습니다. 놀라운 일이 아닐 수 없습니다.

사도 바울은 고백합니다. "나는 매였지만 복음은 매이지 아니한다." 스스로 존재하시고 스스로 자유하시다는 말씀입니다. 바울은 죽었습니다. 그러나 생명의 말씀은 죽지 않고 계속 전파됩니다. 바울의 전도 사업은 때로 실패하였습니다. 그러나 말씀은 실패한 일이 없습니다. 바울의 실패를 다 모아서 합동하여 선을 이루어가시며 계속 확장되어 갔습니다. 하나님의 일에는 중단이 없습니다. 이 모든 일을 겪고 나서 바울은 이렇게 말합니다. "하나님의 말씀은 언제나 자유하시다."

3

또한 말씀에 능력이 있습니다. 필요한 지혜도 그 속에 있습니다. 1950년, 중국은 모든 교회의 문을 완전히 닫아 버렸습니다. 많은 사람들은 이제 중국에는 더 이상 교회가 존재할 수 없으리라고 생각했습니다. 통계에 따르면 당시 중국에는 3백만 교인이 있었습니다. 그런데 공산 치하의 그 무서운 핍박 속에서도 하나님의 역사는 계속되었고 말씀은 살아 역사하였습니다. 1982년 중국 정부가 내놓은 통계 자료에는 그리스도인이 무려 5천만에 이르고 있다고 밝혀져 있습니다. 이들은 자유로운 종교 환경 속에서 교제 삼아 수양 삼아 다니는 교인들이 아니었습니다. 그곳에서 교인이라고 밝히는 것은 생명을 거는 것입니다. 모진 핍박과 어려움을 감수해야 합니다. 그런데도 '나는 그리스도인'이라며 당당하게 나선 자가 5천만입니다.—우리는 중국이 공산화되고 교회의 문이 닫히면 교회도 없어지고 말씀의 역사도 중단될 줄 알았습니다. 그러나 강조하거니와 말씀은 아무것에도 매이지 않습니다. 말씀은 참으로 자유롭습니다. 무한한 능력으로 계속하여 역사를 펴나가는 것입니다.

우리에게는 고난이 필요합니다. 말씀을 위하여, 말씀의 역사가 있기 위하여 고난이 존재합니다. 사실, 우리가 건강할 때 성경을 읽는 것과 병들었을 때 읽는 것은 다릅니다. 형통할 때 바빠 한 줄 읽는 것과 실패하고서 눈물 흘리며 읽는 성경이 같을 수가 없습니다. 가정에서 편안히 읽는 것과 감옥에서 무릎을 꿇고 읽는 성경이 같겠습니까? 진실하게 깨끗한 마음으로 한 번 읽어봅시다. 아무런 비판도 복잡한 연구도 필요 없습니다. 한 구절 한 구절이 내 마음에 그대로 말씀하시는 그러한 체험이 필요합니다. 이 깨끗한 말씀의 역사가 나타나기 위하여 때로는 실패도 있어야 합니다. 인간의 재난과 전쟁이 필요합니다.

주님은 분명히 말씀하십니다. "이 천국 복음이 모든 민족에게 증거되기 위하여 온 세상에 전파되리니 그제야 끝이 오리라!"(마 24:14). 역사의 중심이 여기에 있습니다. 왜 전쟁이 있냐고 묻지 맙시다. 왜 환난이 있냐고 묻지 맙시다. 이것은 하나님의 지혜요 능력입니다. 말씀은 그 큰 역사를 통해서 우리에게 역사를 이루어 나가는 것입니다. 우리가 마음 문을 열지 않을 때 그가 나로 하여금 열게 하십니다. 내가 겸손하지 않을 때 그가 겸손하게 하십니다. 말씀의 능력으로 강권적으로 나를 사로잡고자 하십니다. 여기에 이의가 있을 수 없습니다.

히브리서 4:12은 분명하게 이러한 사실을 밝히고 있습니다. "하나님의 말씀은 살았고 운동력이 있어 좌우에 날 선 어떤 검보다도 예리하여 혼과 영과 관절과 골수를 찔러 쪼개기까지 하며…" 내가 성경을 읽는 것이 아닙니다. 성경이 나를 읽는 것입니다. 내가 성경을 비판하는 것이 아닙니다. 성경이 나를 판단합니다. 이 일을 이루기 위해서는 엄청난 사건도 불사합니다. 그렇기 때문에 우리는 말씀을 사랑합니다. 말씀을 향하여 전폭적으로 마음을 엽니다. 말씀 속에서 우리의 합리성, 이성적인 욕구, 철학 등 어떠한 욕망이라도 다 충족됩니다. 다른 아무 소원이 없게 됩니다. 다윗은 말씀합니다. "여호와는 나의 목자시니 내게 부족함이 없으리로다." 중세기 유명한 신학자이며 성인이었던 토마스 아퀴나스는 "저는 오직 그리스도 예수뿐이옵니다." 더는 바랄 것이 없습니다. 이 말씀에 백 퍼센트 순종하면 백 퍼센트의 능력을 얻고, 십 퍼센트를 순종하면 십 퍼센트의 능력을 얻습니다. 전적으로 순종할 때 우리는 그 말씀의 능력 안에서 살아갈 수 있습니다.

본 교단 신학교에서 가르치신 우리나라 대표적인 신학자이며 구약학 전공이시고 평생 폐결핵과 투병하셨던 고 김정준 교수님은 종종 이런 말씀을 하셨습니다. "내 임종 시에는 '저 좋은 낙원 이르니'라는 찬송을 불러다오. 요한계시록 20장 이하의 말씀을 계속 읽어다오. 그리고 내 묘비에는 아무것도 쓰지 말고 오직 '임마누엘'이라고 기록해다오." 세상을 떠날 때도 말씀에 의지합니다. 어느 분은 성경을 읽으면 가책이 많이 생겨서 못 읽겠다고 합니다. 가슴이 뜨끔하고 두렵다고 합니다. 그리하거든 좀 더 읽으십시오. 나를 위해 십자가에 돌아가신 주님의 모습이 보일 때까지, 진노하신 하나님의 얼굴이 변하여 사랑하는 아버지의 얼굴로 보일 때까지, '네 죄를 사했느니라' 하시는 음성이 들릴 때까지 그리고 요단강을 건너 저 하늘나라가 내 눈에 환히 보일 때까지 이 성경을 읽어야 합니다. 그리할 때 말씀의 능력이 나타나게 될 것입니다. 내 인격도 내 성격도, 내 운명도 완전히 말씀에 사로잡힌 바 될 것입니다. 두려움에 떨던 사람이 마침내 찬송을 하게 됩니다. 복잡하게 시달리던 문제가 이제는 해결을 얻습니다. 하나님의 말씀은 자유하기 때문입니다. 그 하나님의 말씀에 의지하고 이제 남은 우리의 생을 주께 헌신할 것입니다. 나는 갇혔습니다. 그러나 하나님의 말씀은 자유 합니다. 나아가서 우리 동족은 무엇입니까? 세상의 어둠의 세력에게 포로되어 있습니다. 그러나 하나님의 말씀의 능력과 지혜로 자유하게 합시다.

4

유럽의 양심이라고 하는 알버트 슈바이처는 참으로 진실한 사람이었습니다. 말과 행동이 일치했으며 사상과 실천이 어긋나지 않았습니다. 그는 항상 자기 속에서 숨어있는 거짓과 허위에 대해 고민하고 있었습니다. 그는 어린 시절을 회상하는 글 가운데 다음과 같은 이야기를 썼습니다.

어느 날 아버지가 꿀벌을 다루고 있었는데, 벌 한 마리가 어린 슈바이처의 손등을 쏘았습니다. 비명을 지르면서 울고 있는 어린 슈바이처를 온 식구들이 염려하면서 사랑과 동정심을 표시했습니다. 슈바이처는 그것이 너무나도 기쁘고 만족하여 벌에게 쏘인 것을 오히려 다행으로 생각하면서 울음을 그치지 않았습니다. 이제는 아픈 것이 다 사라졌는데도 계속 울고 있었습니다. 진짜 울음이 끝난 후에도 가짜 울음을 울고 있었던 것입니다.

그가 성인이 되어서 그때의 가짜 울음에 대하여 고민을 했다는 것입니다. 그는 아프리카의 흑인들이 울고 있는 진짜 울음에 동참하기 위하여 신음하는 소리가 들려오는 검은 대륙을 향하여 떠나갔습니다. 그는 진짜 아파서 우는 울음이라면 백인이나 흑인이나 심지어 동물의 울음까지 염려하고 슬퍼해야 할 것이라고 생각했습니다. 가짜가 판을 치는 세상에서 진짜 울음을 울고 있는 사람들이 희생을 당하고 있다는 사실을 슈바이처는 생각했던 것입니다.

인간에게는 거룩한 수치감이 있어야 합니다. 군자의 덕 중 하나가 수오지심(羞惡之心)입니다. 악을 부끄러워할 줄 아는 마음, 즉 잘못된 일에 대해서는 부끄러워할 줄 아는 마음이 군자의 마음이라는 것입니다. 잘못되었으면 부끄러워하고, 또한 하나님의 심판을 두려워하여 회개할 줄 아는 자는 그리스도인입니다. 죄송함도 부끄러움도 모르고 두려움도 모른다면 그는 시체와 다를 바가 없는 것입니다.

문제는 무엇을 부끄러워하느냐가 중요합니다. 가난은 부끄러워할 일이 아닙니다. 다만 게으른 것이 부끄러움입니다. 물론 부자도 부끄러워할 것이 아닙니다. 문제는 얼마나 이기적이었느냐 하는 것이 부끄러움입니다. 부 자체나 진실한 가난은 결코 부끄러워할 일이 아닙니다. 정직한 평민은 자랑스럽습니다. 때로 우리는 문벌이나 학벌이 좋지 못하다고 부끄럽게 생각합니다. 학벌이 부족함이 부끄러운 것이 아니라 진실하지 못하고 비굴한 것이 부끄러움입니다. 때로는 용모가 초췌하고 왜소하다고 부끄러워합니다. 그것은 부끄러울 것이 없습니다. 다만 마음이 더러운 것이 부끄러움입니다. 마음이 작은 것이 부끄러움입니다.

우리는 무엇을 부끄러워하며 무엇을 자랑하고 있습니까? 부정한 출세, 부정한 재물이 부끄러운 것임을 알아야 합니다. 또한 격에 맞지 않는 칭찬을 들을 때 부끄러워할 줄 알아야 합니다. 인간의 인간됨은 그의 자랑과 부끄러움이 무엇이냐에 의해서 구별될 수 있습니다. 부끄러워할 일에 부끄러움이 없고, 아무 일도 아닌 것에 부끄러워하는 사람은 타인의 허위에 의해 좌우되는 사람에 불과합니다. 어린아이들의 맑은 눈동자를 들여다보면서 부끄러움이 없는 아버지와 어머니는 복된 사람입니다. 아이들의 깨끗한 음성을 들으면서 한 점의 부끄러움이 없는 어른들은 훌륭한 어른입니다.

여러분, 우리는 정말 무엇을 자랑으로 여겨왔고, 무엇을 부끄럽게 여기며 살아왔습니까? 오늘의 우리 각자의 위치에서 어떤 부끄러움과 자랑을 가지고 있는지 생각해 봐야 합니다. 당연히 해야 할 일을 하지 못하고 당연히 되어야 할 존재로 되지 못했을 때 부끄러움을 가지게 됩니다. 마땅히 해야 할 일을 어이없게도 하지 못했을 때 부끄러운 것은 당연합니다.

5

에스라 9:6에 보면, 에스라 선지자가 하나님께 부끄러워 고개를 들 수 없다고 참회하는 기도가 있습니다. 이스라엘 백성들이 많은 죄를 범해서 바빌론의 포로 생활을 70년간 했는데 여기서 살아나온다는 것은 상상도 못 할 일이었습니다. 그러나 하나님의 특별한 은혜로 포로에서 풀려나 조국으로 돌아와서 감격과 감사로 살아야 했었는데 그 감격과 감사는 잠시뿐이고, 제사장을 위시해서 많은 사람이 이방 여자를 취해 살고 불륜의 관계를 맺어 문란하기가 그지없었습니다. 이 사실을 들은 에스라는 은혜를 저버린 그 백성들을 대신하여 그럴 수 없다고 성전에 엎드려 울며 참회 기도를 하였습니다. "나의 하나님이여, 내가 부끄러워 낯이 뜨거워 감히 하나님을 향하여 얼굴을 들지 못하오니, 이는 우리 죄악이 많아 정수리에 넘치고 우리 허물이 커서 하늘에 미침이니이다"(스 9:6).

죄의 성질에도 여러 가지가 있습니다. 불가피한 상황에서 그럴 수밖에 없어서 짓는 동정이 가는 죄가 있습니다. 그러나 부끄러움을 느끼는 것은 그런 상황이 아니라 당연히 해야 할 일을 하지 못했을 때 갖게 되는 감정입니다. 본문에서는 사도 바울이 믿음의 아들 디모데가 부끄러워하는 모습이 바울의 편지를 통해 나타나고 있습니다. 디모데는 착하고 신실한 사람으로 충성된 일꾼입니다. 그런데 그의 어머니와 외조모 사이에서 사랑을 받으며 자란 탓인지 성격이 나약하고 용기가 부족했습니다. 그래서 지도력이나 담력이 약하여 당연히 고난 받아야 할 시기에 고난 받지 못하고 이리저리 기피하여 비굴하게 굴었던 적이 있었던 것 같습니다. 그래서 믿음의 아버지인 바울이 지금 디모데에게 편지를 쓴 것이 본문의 내용입니다.

"주를 위하여 갇힌 자 된 나를 부끄러워 말고 오직 하나님의 능력을 좇아 복음과 함께 고난을 받으라"(딤후 1:8). 디모데는 바울이 번번이 감옥에 들어가고 매를 맞으며 고생하는 것을 알고 있었습니다. 여기에 비해 디모데 자신은 너무 안일하게 지냈고 조그마한 고난과 수고도 피하려고 했으므로, 이제 하나님의 큰 역사가 이루어지는 일에 소외된 자기를 생각하니 부끄럽기 그지없었습니다. 사도 바울은 몹시 부끄러워하는 디모데를 편지로 위로하고 있는 것입니다.

예수님의 수제자 베드로는 예수께서 고통당하시는 가장 어려운 시간에 세 번씩이나 주님을 모른다고 부인했으며, 십자가에 돌아가실 때 도망했습니다. 예수님의 십자가를 구레네 시몬이 대신 지고 간 사실에 대해 당시 제자들은 어디로 다 갔고 무엇을 했느냐고 생각하면 유감이 아닐 수 없습니다. 베드로를 위시하여 열두 제자들은 다 어딜 가고 전혀 알지도 못하는 구레네 시몬이 십자가를 져야 했느냐 말입니다. 아마도 뒤늦게 깨달은 베드로가 가슴을 치며 부끄러워했을 것입니다.

성경에는 상세하게 기록되어 있지 않지만, 베드로가 부활하신 예수님을 만나고도 갈릴리로 되돌아가서 어부 생활을 시작하려 한 것은 분명히 너무 부끄러웠기 때문이었을 것이라고 짐작합니다. 그럴 수밖에 없지 않겠습니까? 지난날을 돌이켜볼 때 어찌 더 이상 예수님의 제자로 나설 수 있겠습니까? 철면피가 아니고서는 감히 예수님 앞에 나타날 수도 없고, 설혹 예수님께서 제자 되라 하셔도 될 수 없는 부끄러움을 가지고 있었습니다. 그러나 베드로가 이렇게 부끄러움과 후회를 가지고 있을 때 주님은 친히 그를 찾아가시어 "네가 나를 사랑하느냐?"고 묻습니다(요 21:15 이하).

6

디모데는 그가 희생해야 할 그 희생을 치르지 않았고, 그가 수고해야 할 시간에 수고하지 않아 하나님의 큰 역사가 이루어지는 동안에 뒷전에서 구경만 했으니 무슨 할 말이 있겠습니까? 특히 그는 믿음의 아버지 바울을 생각하면 부끄러워 견딜 수가 없는 것입니다.

이때 바울은 부끄러움을 극복할 수 있는 세 가지의 지혜를 주며 디모데를 위로하고 있습니다. 첫째, 은혜에 속한 사람으로서 은혜로 해결하라고 권면합니다. 본문에 보면 "하나님이 우리를 구원하사 거룩하신 부르심으로 부르심은, 우리의 행위대로 하심이 아니요 오직 자기 뜻과 영원한 때 전부터 그리스도 예수 안에서 우리에게 주신 은혜대로 하심이라"(딤후 1:9)고 말씀합니다. 행위대로가 아니라 은혜대로이니 다시 십자가를 쳐다보고 과거도 현재도 미래도 오직 은혜와 긍휼로 되어 짐을 알라는 것입니다. 그래서 은혜 안에 있는 자신을 새롭게 발견하여 부끄러움으로부터 벗어나라는 것입니다. 언제 우리가 나의 선행과 나의 의로 살았던 적이 있습니까? 오직 은혜만이 부끄러움을 해결해 줄 수 있습니다.

둘째, 미래가 있다는 것입니다. 얼마든지 고난의 기회가 다시 있으니 복음과 함께 고난을 받을 준비를 하라는 것입니다. 지난날에 게을렀으면 이제는 부지런하고, 지난날에 기피했으면 이제는 담대하게 선두에 서고, 지난날에 소극적인 태도였으면 이제는 적극적으로 나서고, 지난날에 안 된다는 것 때문에 비굴했으면 이제는 긍정적으로 창조적인 생을 살고, 지난날에 조그마한 고난과 어려움과 비방을 뒷전에 물러서서 비굴해졌다면 이제는 복음과 함께 고난을 받으라는 것입니다. 미래가 열리고 있어 다시 기회가 있으니 부끄러워 말라는 것입니다.

셋째, 여기에는 기능적인 중요한 의미가 있음을 알라는 것입니다. 지난날의 부끄러움이 정말로 사실이라면 딛고 일어서서 절망에서 소망으로 새로운 용기를 얻을 뿐만 아니라 자신에게 속한 고난이 따로 있음을 알라는 것입니다. 사도 바울은 로마 감옥에서 순교했습니다. 그러면 로마 감옥에서 죽어야만 순교입니까? 네로 황제의 박해 앞에서 죽어야만 순교이냔 말입니다. 물론 그렇지 않습니다. 오늘도 불의와 부정과 죄와 더불어 싸우며 죽어가면 거기에 순교가 있습니다. 사도 바울은 "로마 감옥에 있는 나를 부끄러워 말라. 네가 있는 목회 현장에도 고난은 있느니라. 그리고 네가 로마 감옥에 들어오지 않았다고 부끄러워 할 것 없다. 네 몫에 대한 십자가를 네가 지고 가면 바로 그것이 순교의 현장이니 복음과 함께 고난을 받으라"고 말씀하고 있습니다.

"오, 하나님 아버지시여! 썩어가는 세상의 만물에 대하여 우리들의 눈동자를 흐리게 하여 주시사 하나님의 그 많은 진리에 대하여 우리들의 눈동자를 밝게 하여 주시옵소서!" 키에르케고르의 기도문의 일부분입니다. 우리는 지난 세월 동안 참으로 귀중한 역사적인 교훈을 많이 경험했습니다. 생의 의미와 하나님의 역사 섭리가 무엇인가를 깊이 깨닫게 된 줄로 생각합니다.

7

사도 바울은 본래는 반기독교적, 세상의 영광에 오만한 자, 육적 만족과 권력에 도취했던 자 그러나 그가 그리스도를 만남으로 일어난 삶의 초점의 위대한 변화가 일어났음을 고백하고 옥중에서까지 사명에 신실한 모습을 보여주고 있습니다. 우리는 오늘의 팬데믹의 난관을 직시하며 겸손히 지혜의 용기로 새로이 출발하는 교회의 자기설계를 해야 하겠습니다.

첫째, 자화상을 분명하게 찾자. 사도 바울은 문벌, 학문, 명예, 세상에서의 지위가 이 세상에서 가장 고귀한 줄로 생각했던 사람입니다. 그러나 사도행전 9장에서 그것이 완전히 망가져 산산이 깨졌습니다. 그의 삶의 초점이 완전히 바뀌었습니다. 그리스도를 통한 자화상을 완전히 새롭게 발견했습니다. 이러한 영적인 경험이 우리에게도 뜨겁게 일어나기를 진심으로 바랍니다.

둘째, 어른스러운 교회상을 만드는 데 이바지하자. 한국교회는 제2세기에 접어든 교회답게 성장과 변혁의 발돋움을 새롭게 해야 합니다.

우리는 지난날을 뒤돌아볼 때 얼룩진 과거를 뉘우치면서 이제는 어른스러운 교회상을 만드는 일에 힘써야 하겠습니다. 배타적인 좁은 생각, 지방색, 교권으로 지향하려는 잘못된 경향에서 좀 어른스러운 교회상을 만드는 일에 선도적인 역할을 담당하여 주기를 기대하는 것입니다. 마틴 부버의 『나와 너』에서 말하는 대로 "당신이 있음으로 내가 존재합니다" 하는 인간관계처럼 우리는 서로가 존중하는 미덕과 어른스러운 교회상을 만드는 일에 힘씁시다.

셋째, 역사적 책임을 지는 자로 교회와 지극히 작은 자 이웃을 섬기자. 우리는 이 역사를 직시하는 신앙적 책임이 있음을 깊이 자각해야 하겠습니다. 교회는 현실을 도피하는 교회가 되어서는 안 될 것입니다.

넷째, 사명감에 더욱 투철해야 하겠습니다. 스웨덴의 선교학자 칼 헐터는 『잠 못 이루는 이 밤을 위하여』라는 책에서 인간의 가장 고귀한 순간은 자기의 사명을 자각하는 순간이라고 말했습니다. 정말로 자기 사명을 자각한다는 것보다 귀한 일은 없습니다. 우리가 교회 앞에, 나라와 민족 앞에 투철한 사명감을 가지고 복음을 위하여 고난에 동참하는 봉사 정신에 신실해야 하겠습니다.

교우 여러분! 지금 우리에게는 무엇보다 영적인 열정과 갱신과 변혁이 절실한 때입니다. 2022 신학교육주일을 맞아 기장 공동체가 영적으로 건강해지고 신앙 선배들이 땀 흘려 이룩한 한신대학교 신대원을 통해 한국교회의 영적인 각성과 갱신과 변혁의 새바람이 일어나기를 기도합니다.

코로나19 상황이 2년 이상 지속되는 가운데 우리는 이번 대선의 의미는 무엇이고, 한국교회는 어떤 정책 제안을 가지고 대선에 임할 것인지 고민해야 할 것입니다. 헌데 이번 선거는 어느 선거 때보다 미래지향적 정책대결보다는 진영논리에 사로잡혀 적대적 극단적인 양극화를 노출하고 있다는 점입니다. 우리 교회만큼은 어떤 선택이 팬데믹 시대에 우리나라의 미래와 인류를 위한 차선일지 고민하며 기도해야 하지 않을까요?

결론적인 말씀을 하며 마치겠습니다. 십자가를 외면한 채 명예와 자존심을 살려보겠다고 해서 남은 것이 무엇입니까? 그러나 이제 우리는 은혜 안에 있는 나를 발견해야 합니다. 십자가 안에 고 있는 새로운 존재로서 나를 발견해야 합니다. 하나님의 말씀은 그 무엇에게도 얽매이지 않고 자유 합니다. 이제 우리는 신앙의 선진들의 가르침에 따르며 복음과 함께 고난을 받으면 반드시 영광이 있음을 확신하며 전진합시다. 새 자화상을 찾고 어른스러운 교회상 확립과 역사적 책임을 지는 성숙한 그리스도인의 길에 매진해야 하지 않겠습니까?

2022년 2월 13일, 주현절 여섯째 신학교육주일

주의 나라로 임하소서

이사야 11:1-5; 마태복음 6:9-15

1. 에큐메니칼 공의회 역사

주전 4년 예수 그리스도의 탄생으로 길고 긴 구약시대는 막을 내리고 신약시대가 시작되었습니다. 예수 그리스도의 삶과 사역, 십자가의 죽음과 부활의 신앙과 신학적 의미를 이해했던 사도들과 제자들에 의해 로마에 의해 지중해 등지로 퍼져가면서 원시 그리스도교회는 시작되었습니다. 여기서 간단히 교회의 시기를 구분하여 보겠습니다.

그리스도 승천 이후 사도들과 제자들이 생존해 복음 전파와 교회를 세워가고 요한계시록이 기록되었던 주후 100년까지를 '원시 그리스도교회' 시기라고 합니다. 그리고 주후 100년부터 313년 로마의 황제 콘스탄틴(Constantine)이 그리스도교를 공식적으로 로마국교로 인정했던 시기까지를 '초대교회', 그리스도교 최고의 신학자 성 어거스틴(St. Augustine)의 등장까지의 시기를 '고대교회', 어거스틴 이후부터 1517년 로마 가톨릭의 사제였던 독일의 마틴 루터(Martine Luther)가

비텐베르크 성당 문 앞에 '95개 반박문'을 내걸었던 시기를 '중세교회'라고 합니다. 그 이후로부터 로마가톨릭, 동방정교회, 개신교회를 주축으로 교회는 분열과 발전을 거듭하는 시기를 지금까지 계속되고 있습니다.

공의회의 역사에서 중요한 점은 니케아 공의회를 제1차 에큐메니칼 공의회로 지정하면서 교회 역사에서 '에큐메니칼'이란 단어가 공식적으로 사용되었습니다. 이 단어는 오이쿠메네(oikoumene)에서 유래했습니다. 이 말의 어원은 oikos(집)인데, 이로부터 oikonomia(집안 살림살이)란 말이 나왔고, 이로부터 economy와 ecology(생태학)란 말이 나왔습니다.

이 말의 사전적 의미는 '사람들이 살고 있는 온 세상'(the whole inhabited world)입니다. 그리스-로마 세계(the Greco-Roman World)에서 이 '오이쿠메네'는 사람들이 거주하는 온 세상, 문명 세계 혹은 희랍-로마문화 영역, 나아가서는 로마제국을 의미했습니다. 신약성서에선 이와 같은 세속적인 의미로 15회가량 사용되었고, 2, 3세기에 이르면 이 용어가 '사람들이 살고 있는 온 세상' 속에 지역별로 흩어져 있는 세계교회를 가리키는 것으로 사용되었고, 4세기에서 5세기 동안에는 지중해 세계의 보편교회를 지칭하는 것으로 사용되었습니다

교회의 역사는 교회들의 분열의 역사요 일치 추구의 역사입니다. 교파들마다 성경에 대한 이해가 다르고 교리들과 직제들과 사회참여의 방법들이 다릅니다. 그러나 성경과 전통은 우리들에게 다양성(多樣性) 속에서 통일성(統一性)을 제시합니다. 구약의 구속사(救贖史)를 배경으로 하는 신약의 '하나님 나라의 복음 이야기'와 '삼위일체 하나님

과 하나님 나라'는 성경의 통일성에 해당하고, 이를 중심으로 하는 다양한 이야기들과 메시지들이 있고, 이것에서 비롯되는 다양한 교파들과 그들의 신학들의 통일성과 다양성을 찾아야 할 것입니다. 그래서 우리는 예수께서 기도하신 대로 다양성 속에서 통일성을 이룸으로써 역사와 창조 세계를 하나님께 화해케 하는 과제(골 1:20; 엡 1:10)를 수행할 수 있을 것입니다. 이상과 같은 성경에 나타난 에큐메니즘은 '신앙과 직제'(faith and order), '생활과 봉사'(life and work) 그리고 '복음 전도와 세계선교'의 성경적 근거입니다.

세계교회협의회(World Council of Churches)는 1948년 네델란드 암스텔담에서 "인간의 무질서와 하나님의 경륜"이라는 주제로 창립총회가 개최되었습니다. 제2차 미국 에반스톤 세계대회 주제는 "예수 그리스도 — 세상의 희망", 제3차 인도의 뉴델리 대회(1961년)는 "예수 그리스도 — 세상의 빛", 제4차 스웨덴의 웁살라 대회(1968년)는 "보라 내가 만물을 새롭게 하리라", 제5차 케냐의 나이로비 대회(1975년)는 "자유케 하시며 하나 되게 하시는 예수 그리스도", 제6차 캐나다의 밴쿠버 대회(1983년)는 "예수 그리스도 세상의 생명", 제7차 호주의 캔바라 대회(1991년)는 "오소서 성령이여, 만물을 새롭게 하소서", 제9차 브라질의 포르트 발레그레 대회(2006년)는 "하나님, 당신의 은혜 안에서 세상을 바꾸소서" 그리고 제10차 한국 부산대회(2013년)는 "생명의 하나님, 우리를 정의와 평화로 이끄소서"라는 주제로 열렸습니다.*

---

* WCC 제10차 부산총회 가이드북.

오늘의 메시지는 "주의 나라로 임하소서"입니다.

2. 세계 역사 속의 세 가지 대표적인 꿈

세계 역사 속에는 크게 세 가지의 대표적인 꿈이 있고, 그 꿈을 꾸어 온 사람들이 있습니다. 그 처음 사람은 고대 희랍의 철인 플라톤(Platon)입니다. 플라톤의 꿈은 공화국(共和國)이란 책 속에 담겨 있습니다. 여기서 플라톤은 이상적(理想的)인 국가가 무엇인가를 꿈꾸고 있습니다. 이상적인 국가, 그것은 '미덕'(美德)을 사는 국민 하나하나이고, '정의'(正義)가 이루어지는 사회일 거라고 제안합니다. 한 사람 한 사람은 '자기통제'(自己統制)를 잘할 줄 아는 '미덕'의 사람들이며, 이 미덕을 갖춘 사람들이 한데 뭉쳐서 사는 사회에는 '정의'(正義)가 실현되는 사회일 거라는 것입니다.

그런데 이 이상국가(理想國家)에는 이 미덕(美德)과 정의(正義)를 잘 살려나갈 세 계급의 사람들이 있어야 한다는 것입니다. 이 세 계급의 사람은 각기 자기 안에 있는 미덕을 따라 이루어진다는 것입니다. 첫째 계급은 '지혜의 덕'을 가진 사람이며, 이 사람들은 바로 다스리고 지배하는 지배계급이라고 했습니다. 왕(王)은 지혜(智慧)의 덕을 가진 사람이어야 했습니다(현인정치[賢人政治]).

두 번째 계급은 '용기'(勇氣)의 덕을 가진 사람입니다. 이 사람들은 나라를 지키는 군인(軍人)들이라 했습니다. 그러나 세 번째 계급은 '자신(自身)을 잘 자제할 줄 아는 덕(德)'을 가진 국민이라고 불렀습니다. 법(法)을 잘 지키는 국민이라는 뜻입니다. 지혜를 가진 왕과 용기를 가진 군인과 자제할 줄 아는 국민이 서로 얽히어 조화(調和)를 이루는 곳, 플라톤은 그것을 비로서 이상국가(理想國家)라고 했습니다.

플라톤의 이상국가의 꿈이 약 2,000년이 흘러오던 1518년, 깊은 감화를 받은 또 하나의 꿈꾸는 사람이 있었습니다. 영국 Oxford에서 교육받은 변호사, 영국상(宰相)을 지낸바 있는 정치인 그러나 왕의 부당한 명령 앞에 불복종했다는 이유로 감옥에서 사형당한 토마스 모어(Thomas More), 그는 죽고 1518년 유토피아(Utopia, 이상향)라는 유명한 글을 남겼습니다.

남쪽 나라의 한 섬, 있지도 않은 섬의 생활을 그는 꿈꾸었습니다. 모든 재산은 공동으로 하는 사회, 10년마다 살고 있던 집들을 서로 바꾸어 사는 사회, 모든 의복은 제복(制服)으로 만들어 입고 다니는 사회, 일하는 시간은 6시간 그리고 그 섬에는 종교의 자유가 있다는 꿈의 나라였습니다.

바로 이 토마스 모어(Thomas More)의 이상향(Utopia)의 꿈은 약 400년 후 칼 맑스(Karl Marx, 1818~1883)와 엥겔스(Friedrich Engels, 1820~1895)라는 두 사람에게 무한한 자극을 주었습니다. "공산당선언"(共産黨宣言)이라는 글에서 이 두 사람은 '계급 없는 사회'라는 꿈을 약속하고 나섰습니다. 이 역사가 완성되는 새 사회라는 약속이었습니다.

계급 없는 사회, 그것은 모든 재산을 공동소유로 하여 강력한 세금 제도를 실시하며, 상속권을 가지지 못하게 하여 이민(移民)온 자나 반대자의 재산은 몰수하며 은행, 교통, 농지(農地)는 국유화(國有化)하여 모든 사람은 노동의 의무를 가지는 사회라는 약속이었습니다. 이 약속 앞에 매혹되었던 사람들은 허다히 많았습니다. 그 중에 하나는 니콜라

이 레닌(Nikolai Lenin, 1870~1924)이었습니다. 맑스가 꿈꾸는 이상국가를 소련에서 완성해 보겠다는 레닌은 1917년 10월 혁명으로 소련을 뒤집어 놓았습니다. 이후로 전 세계는 계급 없는 사회를 건설한다는 이유로 '칼'을 쓰는 공산주의의 등장에 놀라움과 두려움을 경험하기 시작했습니다. 맑스주의는 인간의 죄성(罪性) 이해가 결여 되어 있습니다.

그 꿈 자체를 부정할 사람은 아무도 없습니다. 부자도, 가난한 사람도 없는 공평(公平)한 사회, 그런 미래를 싫어할 사람은 아무도 없을 것입니다. 방법과 용어(用語)는 다르다 해도 오늘 우리도 도시와 농촌 사이의 격차 없는, 부자와 가난한 자, 계층 간의 격차 없는 새 사회를 향해 달려가고 있는 것도 사실입니다.

그러나 문제는 플라톤의 공화국의 꿈은 지금까지 '꿈'으로 남습니다. 토마스 모어가 꿈꾼 남쪽 나라 한 섬이란 이 땅에 존재해 본 적이 없습니다. 더욱이 칼 맑스의 꿈을 소련 땅에 심기 시작했다는 소련 공산주의 그것은 오늘날도 수많은 생명들을 공산주의 이념(理念) 속에 노예로 묶었으며, 인간에게 주어진 기본적인 자유마저 다 빼앗아 가버린 공포의 왕국이 되었을 뿐입니다. 결국 1990년 끝장이 났고 소련과 동구권의 붕괴를 가져왔고, 1989년 11월 9일 베를린 장벽이 무너지는 놀라움을 겪었습니다. 성 어거스틴의 말을 빌리면 "폭력의 나라 ― 아벨을 쳐 죽인 가인의 왕국을 남겨 놓은 것뿐입니다." 오고 오는 미래의 세대에 심오한 역사의 교훈이 될 것이라고 생각합니다.

3. 예수의 하나님 나라 선포

요단강에서 세례자 요한으로부터 세례를 받은 나사렛 예수는 하나님 나라 운동을 시작하기에 앞서 먼저 제자들을 불러 모았습니다. 그는 갈릴리 해변에서 베드로 형제를 위시하여 네 명의 제자를 선택한 다음(막 1:16-20), 얼마 후에는 열두 명의 제자를 선발하여 그들에게 귀신을 내어 쫓을 수 있는 카리스마적 권세를 부여하고, 두 명씩 짝지어 파송합니다(막 3:13-19). 그들의 사명은 이스라엘 마을을 돌아다니면서 예수처럼 하나님 나라가 임박했음을 선포하고, 그 증거로써 귀신을 내쫓고 병자를 치료하는 일입니다.

예수는 열두 명의 제자들을 동역자(partner)로 선발하고, 그들과 더불어 하나님 나라 운동을 전개하였습니다. 열둘이 고대 이스라엘의 열두 지파를 상징하는 숫자임을 감안할 때, 예수의 하나님 나라 운동은 고대 이스라엘의 회복에 대한 당시 이스라엘 민중의 종말론적 희망과 꿈을 담고 있음이 분명합니다. 제자를 '선발하고' '파송하는' 행위(막 3:14)는 고대 이스라엘 공동체의 예언자 집단에서 발견되는 전형적인 모습입니다. 열두 제자를 선발하여 파송하는 데서 우리는 예수의 예언자적 자의식(自意識)을 엿볼 수 있습니다.

예수는 복음을 전파하시며 말씀하셨습니다. "때가 찼습니다. 하나님의 나라가 가까이 왔으니 회개하고 복음을 믿으시오"(막 1:14). "이때부터 비로소 전파하시며 회개하시오 하늘나라가 가까이 왔습니다"(마 4:17)라고 말씀하셨다. 마태와 마가는 이로써 예수의 메시지 전체를 요약하였습니다. 하나님의 나라는 그의 설교의 주제였습니다. 그의 비유의 주제도 하나님의 나라입니다. 예수는 산상설교에서도 행복한 사람은 "하나님의 나라를 소유한 자"라고 말씀하셨고(눅 6:20, 마 5:1), 인생의 참된 목적도 "하나님의 나라와 그의 의를 먼저 구하는 일"(마 6:39)이라고 말씀하셨습니다. 예수께서 잡히시기 전에 마지막으로 제자들에게 하신 위로의 말씀도 하나님 나라에 대한 것이었습니다(막 14:25). 이처럼 예수의 설교는 하나님의 나라로 시작하여 하나님의 나라로 끝났습니다.

하나님 나라는 예수의 말씀과 행위로서 현재에 나타난다고 하셨습니다. "맹인이 보며 못 걷는 사람이 걸으며 나병환자가 깨끗함을 받으며 못 듣는 자가 들으며 죽은 자가 살아나며 가난한 자에게 복음이 전파된다 하라"(마 11:5-6)고 세례 요한에게 알리라고 합니다. 그리고 지금 현재 이 사건이 일어나고 있으니 걸려 넘어지지 않는 사람이 복되다고 하십니다.

또 예수는 하나님의 나라가 언제 오느냐고 묻는 바리새인에게 "하나님의 나라는 볼 수 있게 오는 것이 아니고 또 여기 있다 저기 있다고 못합니다. 하나님의 나라는 그대들 안에 있다"(눅 17:20)고 하셨습니다. 이와 같이 예수는 신국(神國)이 객관적으로 임하는 게 아님을 분명히 했습니다. 오히려 그의 말씀과 행위로써 오늘 현재라는 시간(時間)을 이해했고 '오늘의 시간을 궁극적 미래의 결정이 되어지는 현재가 되게 했습니다. 예수는 당신의 인격에서 하나님 나라의 현재를 보셨습니다. 이러한 하나님의 축복은 종말에까지 연기될 수 없고 각개인은 '지금 여기서'(now and here) 하나님 나라에 들어갈 수 있습니다.

예수 그리스도는 하나님 나라를 선포하실 뿐만 아니라 그의 생명

속에 지참하신 분입니다. 하나님 나라가 나타내는 새 생명, 능력, 기쁨, 화평, 의로움 등의 역사가 예수의 생명 안에서 시작되고 살아 움직이는 것입니다. 그러므로 초대교회 공동체의 증언은 하나님 나라가 예수 안에 현존(現存)하고 그분과 더불어 이미 시작되었다고 증언했습니다. 교회는 예수의 주권에 따라 하나님 나라에 참여하면서 그 나라의 실재(實在)인 예수 그리스도를 증언하는 새 백성, 새 이스라엘입니다.

새 이스라엘이 된 그리스도인이 증언해야 할 하나님 나라는 하나님의 주권(主權)과 지배(支配)가 충분히 드러나는 나라요 하나님의 영광이 빛처럼 비취는 나라입니다. 아버지의 뜻이 아버지의 구원하시는 거룩한 의지(意志)가 지배하고 영화롭게 들어나는 곳이 곧 하나님의 나라입니다. 성도 여러분! 여러분은 예수의 주권으로 말미암는 하나님 나라의 시민으로서 정의롭고 거룩하며 겸손하며 책임적인 삶으로 항상 예수와 함께 동행하는 은총의 삶을 향유하기를 바랍니다. 오늘의 교회는 세상에서 예수 그리스도의 현존(現存)입니다.

4. 이상향(理想鄕)의 역사적 성찰

신약성서의 증언하는 하나님 나라는 언제나 하나님의 은혜의 선물이며, 하나님 자신이 친히 관여(關與)하고, 하나님의 주권과 지배의 상황으로 인도합니다(그러므로 하나님 나라는 인간의 어떤 형태로나 땅 위에 건설하는 이상적 세계와는 다른 것입니다). 이미 살펴본 바와 같이 Platon, Thomas More, K. Marx 등은 새 세계의 도래(到來)를 제도(制度)와 조직(組織)의 눈으로 보는 것이었습니다. 그러나 성서가 증언해주는 새 세계의 도래란 예수 그리스도를 통하여 그의 안에 계시는 하나님의 역사로 일어나고 있다고 하는 것입니다.

오늘날처럼 핵무기 경쟁의 시대, 제4차 산업혁명의 시대, 테러와의 전쟁, 자연재해와 정치 경제의 심한 경쟁 속에서 예측불허의 불확실성의 시대에 세계의 운명(運命)을 앞에 놓고 그리스도인들이 과연 할 수 있는 일들이 무엇일까요? 삼층천(三層天)적인 세계관 시대에나 있을 법한 존 번연이 쓴 『천로역정』(天路歷程)에 나오는 기독도(基督徒)처럼 장차 망할 이 도시 왕국을 떠나 저 하늘나라로 도피하는 길일까요? 그렇다고 Platon이나 Thomas More가 말하는 것처럼 새 세계를 인간이 만드는 제도(制度)와 조직만으로 이룩해 본다는 바벨탑을 쌓는 일일까요? 물론 둘 다 아닌 것 같습니다.

오히려 역사의 현실이 견딜 수 없을 만큼 답답하고 비관적이었던 바로 그 삶 속에 오고 있는 하나님 나라! 인간변혁을 통해 펼치시는 하나님의 구원의 손길을 보는 신앙의 눈, vision, "여호와의 영 곧 지혜와 총명의 영이요 모략과 재능의 영이요 지식과 여호와를 경외하는 영이 강림하시는" 나라이며, "공의(公義)로 정직(正直)으로 세상의 겸손한 자를 판단할 것이며… 공의로 허리띠를 삼고 성실로 몸의 띠를 삼으리라"(사 11:2-4).

우수(憂愁)의 도식(圖式)을 도입하여 역사를 기술해 간 역사가 아놀드 토인비는 이렇게 단언한 바 있습니다. "갈대아(메소포다미아)문명이 한 바퀴 일어났다가 굴러 넘어가는 시대의 깊은 우수를 체험한 이들 가운데 아브라함 같은 높은 영성(靈性)을 가진 이가 났고, 이집트문명의 수레바퀴가 일어났다가 굴러 넘어가는 때에 역사의 비극을 경험한 이들 가운데서 영성을 겸비한 모세가 났습니다. 또 바빌론 문명의 바퀴가 넘어가는 시절에 예언의 최고봉을 장식한 무명의 예언자 제2이사야가 났으며, 헬레니즘의 비극이 종막에 전무후무한 선교자 바울이 활약했습니다. 또한 로마제국의 영원한 도시 로마가 게르만의 알라릭의 말발굽에 유린 당하고, 그 불길에 무섭게 타오르는 시절에 로마의 마지막 영성의 결실자 성 어거스틴 을 산출한 것입니다. 시대의 우수(憂愁)를 이렇게 경험할수록 사람들의 영은 더 높은 경지(境地)로 승화(昇華)합니다."

그렇기 때문에 아놀드 토인비는 "최고의 영도자(領導者)인 나사렛 사람 예수와 같은 종교가로서 한 개인 한 사람의 심령에 근본적인 변화를 일으키는 방법인 '서로 봉사하고 사랑하는' 방향으로 사람들을 향도(嚮導)하며 시대의 방향을 이끌지 않으면 현대 서방 문명이 당면하고 있는 난국을 타개할 길이 없다"고 했습니다. 성도 여러분! 토인비의 역사 성찰의 혜안을 깊이 높이 넓게 vision을 갖고 앞으로 활용해 가시기를 바랍니다.

5. 마치면서: Thy Kingdom Come! 주의 나라로 임하소서!

위와 같이 기도하는 우리는 신국(神國)을 전적으로 타계적인 다른 세계라고 생각해서는 안 됩니다. 동시에 이 세계역사 속에서 인간이 실현하는 이상적 복지사회, 이상적 윤리 왕국이라고 생각해서는 안 됩니다. 주의 나라는 하나님이 그리스도 안에서 우리에게 주시는 나라요, 거기에 우리를 초청하시는 세계입니다. 우리가 그 초청된 나라로 들어갈 수 있는 유일한 조건은 회개(metanoia, repentance)뿐이며 그 외에 다른 것일 수 없습니다.

'주기도문'은 두 가지를 간구합니다. 하나는 하나님에 대하여, 또 하나는 인간에 관하여 간구합니다. 하나님은 예수 그리스도 안에 계십니다. 무슨 뜻입니까? 예수가 계신 그곳에 하나님 나라가 있습니다. 예수는 어디에 계신가요? 예수를 모신 여러분 각자의 마음 속에 있으며, 예수를 모신 여러분 가정에 있으며, 예수를 모신 우리 교회 모임 속에 계시며, 예수는 살아계시는 이 삶의 현장에 계시고, 예수의 영이 거하는 곳에 주의 나라는 현존하는 것입니다.

인간에 대하여 간구함의 일용할 양식을 비롯, 죄지은 자 용서와 우리 죄를 사하소서. 시험에 들지 않게 하소서. 악에서 구하소서 역시 주의 나라가 임하소서 의 기원입니다. 주기도는 주의 나라가 오늘 저희 속에 그리스도 안에서 이루어지이다 의 기원이며 우리가 이 땅에서 이 생명이 다하기까지 반복하여 드려야 할 기도입니다.

주의 나라는 의와 화평과 성령 안에서 누리는 기쁨(롬 14:17)이며 하나님의 능력이 드러나는 세계이며(막 9:1; 고전 4:20), 하나님의 영광과 생명이 넘치고 충만한 세계입니다(요 1:14). 주의 나라는 예수 그리스도의 인격으로 세상을 스쳐 지금도 우리 가운데 지나가고 있습니다. 주의 나라는 의와 진리와 사랑, 평화로 유통하는 예수의 주권이 다스리는 나라입니다.

21세기! 어두워가고 심히 어려운 이 한반도에 주의 나라로 임하소서. 현재 북핵 문제를 둘러싼 국제정세는 마치 100년 전처럼 북한, 중국, 러시아의 대륙 세력과 한국, 미국, 일본의 해양 세력의 대치인 듯합니다. 한국 사회가 서로의 종교를 존중하며 세계 여러 민족의 역사와 문화를 이해할 때 우리는 작지만, 세계 속에서 우뚝 서며 언젠가 우리의 한 형제인 북한과도 하나가 될 날이 올 것으로 믿게 성령 역사하여 주소서. 이것이 세계 모든 종교가 말하는 사랑의 실천일 것이라 믿나이다. 우리 한국이 바로 이러한 사랑의 출발점이 되어 한반도가 세계 평화의 중심이 되는 날이 올 것을 위하여 기도합니다.

주의 이름으로 적은 자에게 냉수 한 그릇 대접할 때 신국(神國)이 지나가는 것을 믿사오니, 곤고하고 억눌리고 실망과 좌절에 잡힌 자들의 현장에 주의 나라로 임하소서. 어두운 삶의 현장에서 아픔을 겪고 있는 이들에게 자유와 환희, 사랑의 속성을 익명의 그리스도인들의 삶에서 구원의 역사의 선(線)이 지나고 있음을 보게 하소서. 주의 나라의 증언자 평화의 일꾼으로 살게 하소서. 주의 나라가 임하소서!

2020년 2월 16일, 주현절 여섯째 주일

임마누엘의 복된 소식

이사야 7:14, 9:6-7; 마태복음 1:18-25

1. 임마누엘의 표적

출애굽 전승에 의하면 모세는 바로(Pharaoh) 앞에서 여러 표적을 행하였고, 신약에 의하면 예수도 표적(semeia)을 행하였습니다. 표적의 목적은 예언자를 통해 선포된 야훼의 말씀의 진실성과 권능을 가시적으로 드러내고 이를 극적으로 확증하는데 있습니다. 하나의 예를 들자면 이사야는 3년 동안 옷을 벗고 맨발로 활동함으로써 애굽과 구스 사람들이 그와 같은 상태로 앗수르에 끌려갈 것을 상징적으로 보여주었습니다(사 20장). 이러한 표적을 볼 수 있는 능력은 인간사의 영역에서 하나님의 활동을 생생하게 느끼는 이스라엘신앙의 특성을 보여주는 것입니다. 하나님은 역사의 무대에서 멀리 떨어져 계신 것이 아니라 "우리와 함께" 계십니다. 따라서 예언자의 메시지를 통해 하나님의 말씀을 들을 수 있을 뿐만 아니라 예언자가 가리켜 보이거나 실행하는 표적들을 통해 하나님의 행동을 볼 수 있습니다.

약속된 표적은 임마누엘(Immanuel)이라 불린 아기의 탄생입니다. 임마누엘은 히브리어로 "하나님이 우리와 함께 계신다"는 뜻입니다. 이 말은 아기가 이미 잉태됐거나 곧 잉태될 것이며 가까운 미래에 아기가 태어날 것을 전제하고 있습니다. 이사야 7:14의 임마누엘 예언에 수많은 관심이 집중되어 왔습니다. 신약시대에는 "하나님이 우리와 함께 계신다"라는 이름이 주어진 예수 그리스도를 통해 이 예언이 성취되었다고 믿게 되었습니다. 더욱이 어떤 사람들은 이 구절이 바로 동정녀 잉태(마 1:23)를 밑받침 하는 것이라 생각하였습니다. 오늘의 메시지는 '임마누엘의 복된 소식'입니다.

2. 성탄의 신비한 이야기들

마태복음 1, 2장이 전하는 성탄의 이야기는 신비합니다. 역사가들의 증언에 따르면, 마리아가 잉태했다는 소식을 천사에게 들었을 때는 10대의 소녀라고 합니다. 마리아는 요셉과 겨우 약혼하고 함께 잠자리를 한 일도, 다른 남자를 안일도 없는 정숙하고 순진한 소녀였습니다. 약혼녀의 잉태를 안 요셉은 의로운 청년이었기에, 당시의 율법으로는 부정한 약혼녀를 돌로 쳐 죽일 수도 있었으나 조용히 파혼으로 끝내려 했습니다. 바로 그때 천사가 나타나 그녀의 수태는 성령으로 잉태한 것이라며 마리아를 아내로 맞으라고 합니다.

아들을 낳으면 그 이름을 '예수'라고 미리 지어주었습니다. 그 뜻은 '자기 백성을 죄에서 구원할 것이다'라는 것입니다. 그리고 이는 수태 이전 7백 년 전에 이사야가 동정녀의 몸에서 아들을 낳을 것이요 그 이름을 '임마누엘'이라 하신 말씀(사7: 14) 그대로 이루어졌다고 천사가 꿈속에서 요셉에게 전한 것입니다. 임마누엘은 하나님이 우리와 함께 계신다는 뜻입니다. 천사의 지시대로 요셉은 마리아를 아내로 맞되, 아들을 낳기까지 동침치 않다가 아들을 낳자 이름을 '예수'라 불렀습니다.

성탄의 신비는 이 예수가 유다 베들레헴에서 낳게 되는 것을 동방 박사들이 먼저 알고, 먼 동방에서 그의 별을 보고 따라와 당시의 로마 분봉왕 헤롯 왕에게 그 정확한 곳을 묻는 데서도 나타납니다. 놀란 왕이 대사제들과 율법학자들을 다 모으고 예수가 나실 곳을 물었습니다. 그들은 이구동성으로 유다 베들레헴이라며, 7백 년 전 예루살렘에서 활동하던 미가 선지자가 예언한 말씀을 인용, 증거합니다.

> 유다의 땅 베들레헴아 너는 결코 유다의 땅에서 가장 작은 고을이 아니다.
> 네 백성 이스라엘의 목자가 될 영도자가 너에게서 나리라(미 5:2).

이때 헤롯은 놀라 자세히 알아보고, 그들을 베들레헴으로 보내며 아기를 찾거든 자기에게도 알려달라 했습니다. 왕의 부탁을 받고 떠난 박사들에게 별이 다시 나타나 그들을 인도했습니다. 마침내 마리아와 함께 있는 아기를 보고 대단히 기뻐하면서 엎드려 경배하며 가지고 온 황금(黃金)과 유향(乳香)과 몰약(沒藥)을 예물로 드렸습니다. 이 또한 신비할 뿐입니다. '황금'은 불변하는 것으로 예수 그리스도의 영원한 왕권을 상징하고, '유향'은 구약시대 때 희생제물을 태워서 향기로운 제물로 제사를 드렸듯이 예수께서 자신을 향기로운 제물로 바치는 것에 비유해서 대제사장 직분을 상징하고, '몰약'은 시체의 부패를 방지하는 것으로 예수께서 십자가의 수난 후 죽임을 당하신 연후 썩지 아니하고 부활하심을 비유하여 구속자이심을 상징합니다.

예수는 예언된 베들레헴에서 불가능한 방법인 처녀의 몸에서 탄생하고, 천사의 호위와 별의 안내를 받은 것, 헤롯 왕의 유아 살해를 모면한 것 등 다 신비하지만, 그 모든 것들 중에 가장 독특한 사건은 하나님의 아들이신 그리스도가 인간이 되어 이 세상에 어린아이로 태어나셨다는 사실입니다. 말구유에 탄생한 그 어린 아기가 하나님 이시라는 사건은 가장 신비한 것입니다. 기적 중의 기적이요 신비한 사건이요, 수백 년 전부터 하나님의 계획과 경륜으로 이루어진 일입니다. 이보다 더 큰 신기한 사건이 무엇이겠습니까? 크리스마스는 예수가 탄생하던 밤에 하나님이 영원(永遠)에서 지상의 시간(時間)으로 걸어 나온 날이요, 그 자신이 스스로 이 어린 아기를 통해 자신을 나타내신 것입니다. 이 사건을 신학적인 용어로는 성육신(成肉身, Incarnation)이라고 합니다. 이것이 크리스마스요 성탄의 신비입니다.

이 신비한 성탄이 보여주고 뜻하는 것은 무엇입니까? 세계 사람들이 존경하는 일본의 그리스도인이던 우찌무라 간조는 '성탄일은 하나님의 사랑을 실천하는 기념일이다'며, 주전 7백 년 전 이사야가 예언했던 '한 아기'에 대한 예언의 말씀을 읽었습니다.

이는 한 아기가 우리에게 났고 한 아들을 우리에게 주신바 되었는데 그의 어깨에는 정사를 메었고 그의 이름은 기묘자라, 모사라, 전능하신 하나님이라, 영존하시는 아버지라, 평강의 왕이라 할 것임이라. 그 정사와 평강의 더함이 무궁하며 또 다윗의 왕좌와 그의 나라에 군림하여 그 나라를 굳게 세우고 지금 이후로 영원히 정의와 공의로 그것을 보존하실 것이라 만군의 여호와의 열심이 이를 이루시리라(사 9:6-7).

이 말씀은 기쁨이 넘치는 소망의 시(詩)로 바뀌는 전환점의 역할을 합니다. 여기에서 "메시아"라는 단어는 사용되지 않았습니다. 그러나 주제는 분명하게 다윗의 계승자에 관한 것입니다. 이 계승자는 특별히 하나님께서 다윗과 맺은 영원한 언약을 따라 그의 백성들에게 자유를 주고 평화로 다스릴 왕입니다. 일부 학자들은 이 시(詩)가 유다 왕들의 즉위식에서 사용된 것이라고 생각합니다. 그리스도인들은 전통적으로 이 시(詩)를 그리스도의 탄생과 연관 맺습니다.

이 예언에 해당한 자가 요셉의 아들로 태어난 갈릴리 나사렛 예수요, 그는 세상 사람의 생각을 넘는 지혜와 영원한 하나님과 같은 품성을 지녔습니다. 그는 진실로 전능하신 하나님이요 평화의 왕입니다. 물이 대양을 덮듯이 이 공의가 온 땅을 덮고 그 기쁨은 아침에 더불어 오며 마침내 모든 눈물을 씻겨 주실 것이라고 우찌무라 간조는 고백했습니다. 온 우주가 구유의 아기를 보호하고 우리도 베들레헴의 아기를 지켜야 한다는 새로운 과제가 우리에게 주어집니다. 왜냐하면 역사적으로 인간의 권력들은 아기 예수를 죽여 왔습니다. 그러니 우리 믿음의 사람들은 아기 예수를 수호하여야 합니다. 그가 넘어지면 자유가 없기에 문인은 붓으로, 부자는 부(富)로, 지자는 지(知)로, 용사는 용(勇)으로 이 아기를 지켜야 합니다. 자유(自由)를 미워하는 자는 다 그를 죽이는 자들입니다. 포악한 군주는 검으로, 세상에 아부하는 학자는 학(學)으로, 탐욕의 부자는 부(富)로 몇 번이고 그 아기를 죽이려 했습니다. 그러나 그가 탄생하던 그날만이 아니라 지금도 세계 도처에서 아기의 생명을 노리는 자들이 있다고 했습니다(마 2:20 참조).

3. 임마누엘은 기쁜 소식, 복음(福音)

하나님과 나와의 관계에 대해서 철학(哲學)과 종교(宗敎)와 사상(思想)이 대체로 두 가지로 생각합니다. 하나는 사람이 하나님께 나아가는 길이 있고, 다른 하나는 하나님께서 사람에게로 오시는 길이 있습니다. 이 문제를 전문적으로 평생 동안 연구해서 유명해진 신학자가 있습니다. 니그렌 이라는 신학자의 유명한 『아가페와 에로스』(*Agape and Eros*)라는 책입니다. 니그렌은 이 책 한 권으로 세계 10대 신학자의 하나로 꼽힙니다. 언급한 대로 그는 종교, 철학, 사상의 모든 신앙의 구조를 둘로 나눕니다. 모든 노력을 기울여 하나님께로 가고자 하는 길- 도덕과 정결과 수도(修道)와 율법과 선행과 적선(積善)과 극기(克己)와 고행(苦行) 등의 방법을 통해서 인간이 하나님께로 가고자 애를 쓰는 모습을 가리켜 에로스(Eros)라고 했습니다. 그에 대하여 하나님께서 인간에게 오시는 것, 하나님이 인간을 만나러 인간에게로 오시는 것 그리고 우리가 그를 무조건 영접하는 그런 자세를 가리켜 아가페(Agape)라고 했습니다.

은혜란 하나님께서 스스로 사람이 되시어 인간에게 찾아오셨다는 것입니다. 여기에 아가페가 고 참사랑의 본질이 있습니다. 크리스마스의 뜻이 여기에 있습니다. 위에서 언급했듯이 신학 용어로 '성육신'(Incarnation)인데 "말씀이 육신이 되어 우리 가운데 거하신다"는 말입니다. 찾아오시는 하나님은 임마누엘입니다. 하나님께서 하늘 보좌를 떠났다는 뜻은 엄청난 희생입니다. 바울의 유명한 그리스도론 (빌 2:7 이하)의 '비었다'는 공(空)이요, empty입니다. 있으나 없는 것으로, 힘이 있으나 힘이 없는 것으로, 의인(義人)이나 죄인(罪人)으로, 알고 있으나 모르는 것으로, 영원(永遠)하신 분이 시간적(時間的) 존재(存在) 안에 작아지고 그리고 죄인이 됩니다. 본래적(本來的) 존재와 능력과 그 모든 권세(權勢)를 비워 버렸습니다. 그리고 하나님이 사람 되어 아기의 모습으로 우리 가운데 오신 것입니다. 이것이 참 진리요. 크리스마스의 뜻입니다. 기쁜 소식, 복음(福音)입니다.

임마누엘 ─ 하나님이 우리와 함께 계시다라고 하는 이 말의 뜻이 무엇입니까? 크리스마스의 의미가 여기에 있고, 오늘 우리가 살아갈 생명의 길이 여기에 있는 것입니다. 임마누엘, 그는 창조자요 구원자요 섭리자요 보호자입니다. 그 하나님은 우리와 끝까지 인격적 관계를 맺으려 하십니다. 이것이 임마누엘의 복음입니다. 거기에 자유가 있고, 사랑이 있고, 믿음과 소망이 있습니다. 하나님은 구원의 하나님입니다. 계시(啓示)하시고, 가르치시고, 훈련하시고, 선지자의 입을 통해 말씀하시고, 때로는 직접 인도하시며, 우리가 오늘 당하는 사건 하나하나를 통해서 끊임없이 우리로 깨닫게 하십니다.

성서의 하나님은 말씀하시며 찾아오시는 하나님이요, 치료하시는 하나님, 구속해 주시는 하나님입니다. 구체적이요 창조적인 사랑의 행위 속에 참사랑의 구체적인 계시, 결정적인 계시가 있습니다. 하나님의 구원의 능력, 지혜가 바로 거기에 나타나 있는 것입니다.

4. 고난의 시대에 새로운 길 찾아

　이사야가 살던 시대는 참으로 어려운 시대였습니다. 고난의 시대요, 어둠과 혼돈의 시대였습니다. 이사야 9장의 메시아 예언을 하던 시기는 아시리아제국이 그야말로 벌떼처럼 쳐들어오는 풍전등화 같은 위기 상황이 전개됩니다. 이스라엘의 역사는 아시리아의 침공으로부터 흔들리기 시작하여, 마침내 바빌론에 패망하고 끝없는 절망과 고통의 나락으로 떨어지고 맙니다. 파멸의 시대이고, 남 왕국 유다까지 망하고, 예루살렘이 무너지고, 전쟁과 재난으로 백성들의 삶은 비참해지고, 결국 바빌론 포로로 끌려가고 앞으로 70년을 포로의 생활 시련을 겪게 됩니다.

　이렇게 위태롭고 어두운 시대에 이사야는 한 아기의 출생, 전 이스라엘과 인류의 새 희망을 예언한 것입니다. 그런데 이사야는 이 아기를 여러 가지 이름으로 부릅니다. 놀라운 조언자, '기묘자', '모사'라고 불렀고, '전능하신 하나님', '영존하시는 아버지' 또는 '권자에 앉으신 이'입니다. 그리고 이사야는 그런 분이 왔다고, 하나님께서 그런 분을 보내셨다고 말합니다. 그런데 문제는, 참으로 당황케 하는 것은, 그분이 한 아기라는 것입니다. 아기가 도대체 어떤 능력을 가졌다는 것입니까? 이게 도대체 무엇을 의미하는 것입니까?

　그런데 바로 여기에 성탄의 역설, 성탄의 신비가 있습니다. 성서가 말하는 이 아기(예수)는 무엇입니까? 이 아기는 지금 세상의 '모사꾼'들을 정면으로 거부하며, 아기에게는 아무런 기묘한 술책이 없습니다. 아기에게 지금 우리나라가 처한 참담한 현실을 타개하려고 조언이나 강구책을 구한다면 무엇이라 할까요? 아기는 배고프면 울고, 싫으면 찡그리고, 좋으면 웃는 것이 상식입니다. 참으로 신비하게 어떤 기묘한 지혜나 혜안 그리고 더욱이 어떤 권력 따위는 아예 기대할 수도 없을 것입니다. 이것이 아기(예수)의 모습입니다.

다시 성서의 메시지로 돌아가, 아기 예수가 주는 새로운 길은 무엇일까요? 우리 인류를 위해 태어난 아기는, 세상 권력의 속임수를 거부하고, 세상의 폭력과 억압을 부정하고, 거짓과 폭력적 음모를 밑바닥으로부터 뒤집어엎는 새로운 지혜요 공정한 힘이요 진정한 권위입니다. 이 아기 예수의 평화로운 길은 저세상의 제국의 길과는 확연히 다르다는 것을 깨닫고 응답하며 경배하는 것입니다. 이 "아기가 기묘자요, 전능하신 하나님이요 영존하시는 아버지이며 평강의 왕"이기 때문입니다(사 9:6).

5. 개혁교회의 영성에 대한 이야기

앞으로 우리 그리스도인들은 예수의 삶과 복음에 비추어 항상 개혁해 나가는 개혁교회의 정신을 계승하여야 합니다. 한국장로교회가 새로 태어나는 산고(産苦)를 겪을 때에 한국교회에서는 '예수'와 '그리스도'가 싸움을 한다고 했습니다. 앞으로는 '성령'과 '영성'의 갈등 싸움이 예상된다고 하기도 했습니다. 영성 훈련의 의미는 무엇인가요? 영성 훈련은 하나님의 현존 경험, 성령 안에서 거듭남, 그리스도와의 연합의 신비를 심화하는 길입니다. 그것은 그리스도 안에 나타난 하나님의 사랑의 깊이, 넓이, 높이를 인식하고 경험하며 내면화하는 길입니다. 순교신학자 본회퍼 목사는 그것을 그리스도의 '비범한 제자직'이라고 말합니다. 그리스도의 제자는 자신을 죽이고 그리스도의 생명을 드러냅니다. 그는 세상을 긍정하기 위하여 세상과 구별되는 거룩한 삶을 삽니다. 그리스도를 따르는 제자는 그리스도의 형상을 지니며 그를 닮아야 합니다. 새로운 삶을 살려면 해산의 진통을 겪어야 합니다. '비범한 제자직'은 값진 아픔, 고독, 단절, 고난을 통해서 수행됩니다.

역사의 그리스도교는, 장하고 자랑스런 거룩한 역사의 장면들도 있지만, 수치스럽고 부끄러운 어두운 역사의 장면도 있습니다. 그럼에도 교회 역사의 생명이랄 수 있는 영성의 맥락 흐름이 있습니다. 21세기 이 시대에 와서 어울리지 않는 청빈, 절제, 단순성 같은 덕목이 과연 필요하기나 한 것인가 하고 의문을 제기할 수도 있습니다. 그럼에도 결론부분에 와서 이에 대하여 말씀을 해야 하겠습니다. 영성 훈련의 기본적인 것 몇 가지만 언급합니다.

1) 성서 읽기를 날마다 계속하며 명상하는 훈련을 계속합시다. 성서는 그리스도교적 영성을 잉태하고 양육하는 말씀과 생명을 담고 있습니다. 성서 명상은 하나님의 새로운 지시, 명령, 요구를 듣는 시간이고 그의 은총을 감득하는 시간입니다. 2) 기도의 훈련과 때로는 절제와 금식의 기도에도 동참할 필요가 있습니다. 기도는 마음의 평정(平靜)을 갖고 진실히 정성되게 드리는 것이어야 합니다. 3) 청빈(淸貧) 혹은 성빈(聖貧, 거룩한 가난)을 실천하시기 바랍니다. 위대한 영성 소유자들은 그리스도만을 얻고, 알고, 그 안에서 발견되기 위하여 모든 것을 버렸습니다. 그들의 삶의 바탕은 그리스도의 고뇌에 동참하려는 거룩한 정렬, 순교의 정신, 진지성, 자기부정과 애정이 흐르고 있습니

다. 우리 개혁교회는 청빈, 겸손, 저항, 순수로서 그리스도를 따랐던 영성을 회복해야 합니다.

마감부분에 와서, 5세기 초 콘스탄티노플의 대주교인 요한 크리소스토무스에 대하여 얼마를 언급할까 합니다. 후세사람들이 크리소스토무스(Chrysostomus)를 '황금(黃金)의 입'이라 부르는 안디옥 출신과 콘스탄티노플의 대주교 요한, 고대 말엽 교회의 위대한 인물입니다. 그는 오늘날에까지도 주일마다 수천 개의 정교 성당에서 거행되는 그의 이름을 딴 전례(典禮)를 통해 그의 저술들은 우리가운데 살아 있습니다. 우리가 특별히 기억해야 할 부분은 그의 불의한 권력에 맞선 정의의 설교자였고 평소와 유배 가운데서도 가난한 자들, 병든 자들의 진정한 목자였고, 그는 유배지에서 순교자로 그의 유해가 담긴 관으로 콘스탄티노플에 귀환한 예수님 닮은 진정한 교부였습니다.

크리소스토무스는 복음 정신에 따라 부자들의 과시와 냉혹함을 질책하고 이 심각한 사회적 불평등의 문제를 예언자의 자세로 강하게 비판했습니다. 그는 부(富) 자체를 나쁜 것으로 여기지 않았으나 불의와 착취를 통해 축적한 부나 사치로 낭비하는 부 그리고 과시 행위에 대해서는 가차 없이 비판했습니다. 이웃의 아픔에는 무관심한 채 자기 자신만을 위해 쓰는 부에 대해서도 강하게 질책하였습니다. 그는 '탐욕은 영혼의 부패를 가져오고 가난의 지름길이며 지옥의 친구이자 모든 악을 낳는 어머니라… 따라서 물질을 사랑하는 사람은 결코 그리스도를 사랑하는 사람이 될 수 없다'고 힘주어 강조했습니다.

크리소스토무스는 60년의 생애 가운데, 9년 7개월 동안 풍파의 세월을 견디며 영웅적인 삶으로 콘스탄티노플의 대주교직을 수행했습니다. 그중 3년 3개월간 유배 생활을 했습니다. 그는 대주교로서 유배지에서까지도 '양떼'를 향한 목자의 불꽃 같은 자기희생, 사랑 그리고 소박함은 많은 사람으로 하여금 그의 주변으로 몰려들게 하였습니다. 그들은 그를 아버지 이상으로 느꼈고 존경했습니다. 크리소스토무스는 귀족이었지만 평민(平民)의 처지로 내려갔고 평민인 백성들을 위해 자신의 능력, 학식, 삶을 바쳤습니다. 순수한 백성들은 그의 무욕(無慾)과 사심(私心) 없는 마음을 보았기에 이 목자를 더욱 순수하게 사랑했습니다.

6. 한반도에 임마누엘의 복된 소식

바이든이 당선되었지만 아직 북미 대결은 심화하고 남북관계가 막힌 상황입니다. 지난 1918년에 9월 평양 능라도 경기장에서 15만 평양시민 앞에서 '핵무기도 핵 위협도 없는 한반도'를 연설할 때 우레와 같은 박수를 받았던 때를 기억합니다. "그 직후에 개성공단과 금강산 관광을 재개하겠다고 미국에 통보하고 실천했더라면 남북관계가 이렇게 악화되지 않았을 것"이라고 뜻있는 이들의 공감이 있습니다. 그리고 주한미군 방위비 분담금 문제도 한미 사이의 뜨거운 현안입니다. 지금의 다섯 배가 넘는 50억 달러, 그것은 자존심 상하는 일입니다. 이 기회에 한미동맹을 평화동맹으로 발전시키면 미중 관계도 훨씬 좋아질 것이고, 미국 이 평화동맹 체제를 대승적으로 수용한다면 평화 흐름이 아시아 전체에 약동하게 될 것입니다.

한일관계 문제를 풀려면, 역사적으로 불행한 관계를 서로 인식하는 것이 중요합니다. 이 불행의 본질은 일본은 가해자, 우리는 피해자였다는 역사적 사실에 있습니다. 스가 총리는 메르켈 독일 총리 수준의 태도를 보여야 합니다. 그래야 한일 양국 간 화해가 이루어질 수 있습니다. 일본은 과거부터 쌓인 증오의 감옥에서 쥐고 있는 열쇠로 풀어줘야 하고 그때 한민족은 증오의 감옥에서 풀려 자유하게 됩니다. 그때 한일 양국은 화해된 대등한 위치에서 평화를 나눌 수 있습니다.

지난 한 세기 동안 우리는 강대국에 둘러싸여 너무 고생을 많이 했습니다. 다시 한쪽만 조건반사적으로 편드는 일은 이젠 그만두어야 합니다. 바다와 대륙을 다 함께 보아야 합니다. 반도의 운명은 기묘합니다. 대륙과 바다가 충돌할 때 평화를 만들 수 있는 민족이 바로 우리라는 생각이 듭니다. 남북 간 공조를 통해 한반도 평화체제를 유지하고 통일을 추진하면서 평화의 완충지대 역할을 우리 민족이 해야 합니다. 코로나 확산으로 신음하며 새 시대를 희망하는 오늘의 상황에서 광야 같은 그리고 살벌한 마치 목자 잃은 양떼 같은 남북한의 동포들과 그리고 한국교회에 임마누엘의 복된 소식이 전해지는 성탄의 절기가 되기를 바랍니다. 성도 여러분! 기쁜 성탄을 맞이하시기를 바랍니다.

2020년 12월 20일, 대림절 넷째 주일

영성적 새 삶의 방향

— 온유와 경건 훈련

시편 37:1-11; 디모데전서 4:6-16

1. 영성 이야기

그리스도교 영성이란 예수 그리스도의 삶과 인격을 본받아 살며 그의 성품을 자기 속에 형성해 가는 것입니다. 인격자이신 성령과 사귀는 끊임없는 교제의 삶을 사는 중에 우리의 삶 속에 성령의 열매를 맺게 하십니다. 영성은 지(知), 정(情), 의(意)를 통합 총괄하는 인간 존재의 본바탕이며, 인간성 안에 있는 무한한 가능성이며, 마음이 존재의 근거이신 하나님과의 교류, 합일, 동역을 체험하는 영혼의 핵입니다. 영성 훈련은 명성과 묵상, 기도와 예배의식, 성경 공부와 영적 자료 등을 통해서 조직적으로 깊이 있게 영적인 삶을 계발하는 것입니다. 그 영성은 찬양과 감사, 하나님께 영광 돌리는 삶으로 표현됩니다. 신약성서의 본문에 "육체의 유익이 있으나 경건은 범사에 유익하니 금생과 내생에 약속이 있느니라"(딤전 4:8) 하고, 운동선수가 그의 몸을 단련함 같이 그리스도인도 경건하게 그의 마음을 훈련해야 한다고 디모데는 충고를 받고 있습니다.

영성은 인간이 체험하는 가장 심원하고 고귀한 생명 체험이며, 위로부터 또는 밖으로부터 촉발하는 어떤 초월적 능력과 관계된 것입니다. 초월적인 것, 거룩한 실재에 의해 붙잡힘 받아 발생하는 생명 체험입니다. 영성적 인간, 영적 체험을 한 사람은 자기중심적 이기심과 혈육적 상태에서 해방되어 존재 중심, 타자 중심, 생명 중심, 하나님 중심의 삶을 살아가는 삶의 변화가 일어남을 체험한 사람입니다.

그리스도교 영성의 역사를 돌이켜 보면 마치 거대한 산맥처럼, 흘러가는 큰 강을 보는 것처럼 시대마다 독특하고 위대한 영적 인물들이 정신적 큰 봉우리들처럼 솟아있습니다. 그리스도교 영성 산맥을 조망할 때, 시대적으로 사막 교부들의 금욕적 영성, 영혼의 빛을 찾는 관상적 영성, 중세 수도원적 청빈 영성, 독일 신비주의 영성, 근대 스페인의 예수회 영성, 경건주의자들과 오순절 교회의 원초적 영성, 동방정교회의 비잔틴 전통의 영성과 러시아 정교회의 영성 등으로 개괄해 볼 수 있습니다. 오늘의 메시지는 "영성적 새 삶의 방향 ― 온유와 경건 훈련"입니다.

2. 통상적인 우리들 이야기

사람은 일생을 통하여 세 가지 소원으로 하나님께 기도합니다. 젊었을 때에는 말하자면 혁명가적인 의식이라 할까요 "주여, 내게 세상을 개혁할 수 있는 힘을 주옵소서." 이를테면 이렇게 기도합니다. "온 세상을 내게 주십시오 온 세상을 변화시킬 수 있는 힘을 내게 주옵소서." 주로 이러한 주제로 기도하게 되는 것입니다. 그런데 중년이 되면 자신의 힘이 얼마나 부족한지를 알고 조금 철이 납니다. 자신의 역부족을 알게 되니 기도의 주제가 달라질 수밖에 없습니다. "주여, 내가 만나는 모든 사람을 변화시킬 수 있게 해 주옵소서." 온 세계까지는 안 되겠고, 그저 집안 식구들이나 주위 사람들, 그들 가운데서라도 좀 평화스럽게 살도록 그리고 이 속에서 주님을 닮는 변화가 이루어지기를 바란다고 합니다. 말하자면 소원의 영역이 다소 축소되었다고 할까요.

그러다가 이윽고 노년이 됩니다. 죽을 날이 저만치 다가옵니다, 이제는 가족도 친척도 친구도 나와 상관이 없습니다. 마침내 마지막으로 가지는 소원이 있습니다. "주여, 나 자신을 고칠 수 있는 은총을 주옵소서." 보십시오. '나 하나를 고치지 못했습니다'라는 고백입니다. 트랜스포밍 셀프(transforming self), 나 자신을 개혁하지 못했습니다. 고쳐야 될 것이 너무도 많습니다. 살면서 평생을 두고 나름대로 다듬는 다 해보았지만, 아직도 성격이며 생각이며 생활 속에 잘못된 것이 너무 많습니다. "하나님이여, 나 자신을 고칠 수 있는 힘을 주옵소서." 남은 힘을 모아 이렇게 기도하다가 대부분은 자신도 다 고치지 못한 채 부끄러운 모습으로 주님의 부름을 받아 하나님 앞에 간다는 것입니다. 이것이 보통 사람들이 가는 길입니다.

구약 본문 말씀은 '하나님의 사람'의 모습을 여러 가지로 설명하고 있습니다. 하나님의 사람은 하나님만을 기뻐하고 하나님께 모든 것을 맡기며, 악한 자가 잘 되는 것도 부러워하지 않고, 항상 주님만을 기대하고 사는 것이라고 합니다. 그 결론을 본문 11절에서 말씀하고 있습니다.

"오직 온유한 자는 땅을 차지하며 풍부한 화평으로 즐기리로다."

오직 온유한 자, 이 말씀 속에 하나님의 사람 모습이 다 담겨 있습니다. 땅을 차지하며 풍부한 화평으로 즐길 것이라고 합니다. 하나님께서 우리 인간에게 주신 축복 가운데 가장 큰 것이 무엇이라고 생각합니까? 그것은 바로 '땅을 지배하라' 한 것입니다. 땅을 다스리라, 땅을 지배하라 그리고 땅의 소산을 먹으라. 땅을 향유할 수 있도록 은혜를 베푸셨습니다.

모든 것을 의무로 생각하는 것은 불행한 사람입니다. 모든 것을 축복이라고 생각하는 사람은 행복한 사람입니다. 그리고 모든 것을 특권이라고 생각하는 사람이 바로 그리스도인입니다. 어떠한 일을 하든, 그 일은 의무가 아니다. 일한다는 것 자체가 복이고 내게만 특별히 허락해 주신 특권이다. 이렇게 여기고 사는 사람이 그리스도인이라는 말입니다. 예컨대 우리에게 주신 물질, 우리에게 주신 가정, 우리에게 주신 건강, 우리에게 주셨을 뿐만 아니라 그것을 즐기도록 해주셨습니다. 공자님의 말씀 중에 이러한 것이 있습니다. '지자불여호자 호자불여낙자'(知者不如好者 好者不如樂者), 아는 것은 좋아하는 것만 못하고, 좋아하는 것은 즐기는 것만 못하다는 뜻입니다.

땅을 소유한다는 것도 그렇습니다. 풍부한 화평으로 즐기리로다. 즐길 수 있어야만 축복이 됩니다. 화평, 샬롬(Shalom)을 즐기게 해 주신 것이 하나님께서 우리에게 내리신 축복이요 특권입니다. 시편 37장 전체를 읽어보면 "땅을 차지한다"라는 말이 무려 다섯 번이나 나옵니다. 9절에서는 "여호와를 기대(企待)하는 자는 땅을 차지하리로다." 11절에서는 "오직 온유한 자는 땅을 차지하며," 22절에서는 "주의 복을 받은 자는 땅을 차지하고," 29절에서는 "의인이 땅을 차지함이여." 34절에서는 "여호와를 바라고 그 도를 지키라, 그리하면 너를 들어 땅을 차지하게 하실 것이라"고 말씀합니다. 깊이 생각해봅시다. 복을 주시되 근심을 겸하여 주시지 않습니다. 물질을 주셨지만 그것이 걱정거리가 되면 축복이 아닙니다. 지식을 얻었는데 식자우환(識字憂患)이 되었으면 그 지식도 축복이 아닙니다. 즐겨야 합니다. 즐길 수 있도록 하실 때에 비로소 축복이 됩니다.

3. 온유한 자가 어떤 사람인가

'땅을 차지한다.'라는 말의 의미를 옛날 개념으로 돌아가서 이해해 보도록 하겠습니다. 옛날에는 행정이 소도시 단위로 이루어져 있었습니다. 소도시마다 그 도시의 왕이 다스렸습니다. 교통수단이 좋지 않고 통신수단도 없는 때여서 큰 나라를 한 곳에서 다스릴 재간이 없었던 것입니다. 그래서 분봉왕(分封王)이 중앙의 왕이 내어준 지역을 다스려야 했던 것입니다. 분봉왕은 고을의 원님, 즉 고을의 왕입니다. 그들 위의 왕, 왕 위의 왕, 나랏님이 계셨습니다. 왕위의 왕, 나랏님의 개념에서 이해를 해봅시다.

하나님은 왕이십니다. 어느 지역, 어느 한계 안에서 우리에게 왕권을 주십니다. 가정을 주시고, 땅을 주시고, 건강을 주시고, 공장도 기업도 주십니다. 여기에서 왕으로 다스린다, 땅을 차지한다는 말은 소유의 개념보다는 주권적인 개념, 유업의 개념으로 이해해야 합니다. '다스린다', 즉 '야라쉬'라는 이 말은 왕권을 주신다는 말입니다. 그러면 하나님께서는 어떤 사람에게 왕권을 주십니까? 온유한 자에게 주십니다. 구약성경으로 돌아가서 그 온유한 자가 누구인지를 한번 살펴봅시다.

온유한 자의 제1호는 바로 모세입니다. 민수기를 보면 "이 사람 모세는 온유함이 지면의 모든 사람보다 승하더라"(12:3)라는 구절이 나옵니다. 하나님께서는 모세가 온 천하에서 가장 온유한 사람이라고 칭찬하십니다. 그렇게 칭찬하셨는데 모세는 혈기도 부리고 가끔 실수도 합니다. 이러한데도 모세가 온유합니까? 문제는 그 말씀을 들은 바로 그때가 중요한 것입니다. 모세가 실수를 했습니다. 그랬더니 누나인 미리암이 모세보다 연상이어서 그런지 모세의 권위를 인정하지 않고 비난합니다. '이스라엘의 지도자가 되어 구스여자를 첩으로 삼을 수가 있느냐'하고 거침없이 비난합니다. 모세는 이 비난을 참습니다. 미리암의 비난에 대꾸하지 않고 잘 참았던 것은 아마도 자신의 잘못을 스스로 인정했기 때문인지도 모르겠습니다. 미워하지 않고 참았는데 하나님께서는 '너는 참 온유하다'고 하시며 모세 편을 들어주십니다. 그리고 미리암을 치십니다. 비난을 그대로 받아들이고 참는 모세, 그를 온유하다고 하신 것입니다.

고린도전서 13장에 보면 "사랑은 온유하며"(4절)라는 말씀이 있습니다. 사랑의 특성이 온유라고 합니다. 사랑은 사람을 온유하게 만들며 사랑하는 사람은 교만하지 않습니다. 사랑에 빠져 있는 동안은 온유해집니다. 가만히 보면 시어머니들이 새 며느리를 맞고 기분 상해하는 이유도 이것 때문이라고 생각됩니다. 당당하던 아들이 여자로 해서 바보가 되었다는 말입니다. 이것이 못마땅해서 며느리를 학대하는 것입니다. 사실 여자를 진실로 사랑하게 되면 온유해집니다. 부드러워집니다. 또한 갈라디아서 5:23절에 보면 성령의 열매를 말씀하고 있습니다. 성령 받은 사람은 온유해집니다. 자연히 온유해집니다. 성령의 열매가 인격을 온유하게 만든다고 합니다. 마태복음 5장에서도 예수님께서는 여덟 가지 복을 열거하시는 중에 이번 본문과 같은 말씀을 하십니다. "온유한 자는 복이 있나니 저희가 땅을 기업으로 받을 것임이요"(5절)라고….

우리는 종종 온유의 개념을 혼동할 때가 있습니다. '온유'(溫柔)와 '온순'(溫順)을 혼동하는 것입니다. 온유는 능동적이요 온순은 수동적입니다. 온유는 연약함에서 나오는 것이 아닙니다. 강하기 때문에 부드러워지는 것입니다 자신이 있기 때문에 또는 충만하기 때문에 여유가 생기고 부드러워지는 것, 그것이 온유입니다. 영어의 미크니스(meekness)나 헬라어의 '프라우테스'라는 말은 이 온유의 의미를 나타내주고 있습니다. 이 말들은 물리적으로는 진통제에 쓰이기도 합니다. 아프고 쑤시다가도 진통제를 맞으면 통증이 사라지고 아주 부드럽게 되지 않습니까? 바람으로 말하면 거친 바람이 아니고 미풍과 같이 조용히 불어 사람의 마음과 기분을 평안하게 만드는 바람을 말하는 것입니다. 이 말은 길이 잘 들인 망아지와 같이 길들여진 동물들을 표현할 때에도 사용됩니다.

힘이 없는 것이 아닙니다. 비겁해진 것도 아닙니다. 다만 부드러워진 것입니다. 이것이 온유입니다.

온유의 개념을 다시 세 가지로 나누어 설명할 수 있습니다. 첫째, '중용'(中庸)의 뜻이 있습니다. 극단이면 온유가 아닙니다. 온유란 언제나 중용을 취합니다. 오늘날의 우리 사회가 문제되는 것도 이것 때문입니다. 흑백논리, 폭력, 갈등, 조급함, 원한, 이러한 것들이 어디에서 오는 것입니까? 전부 극단적입니다. 좀 더 온유하게, 좀 더 부드럽게 처리해야 하겠습니다. 온유라는 말은 문자 그대로 풀어보면 따뜻할 온(溫)과 부드러울 유(柔), 따뜻하고 부드러운 것입니다. 그러므로 극단은 피해야 합니다. 말이 너무 거칠고 행동이 폭력적이며 끝까지 나갔기 때문에 잘못된 줄을 알면서도 되돌릴 수가 없습니다. 멈출 자리를 찾지 못하고 내친걸음으로 그냥 내딛다가 마지막에 부러지는 것을 봅니다. 강한 자는 꺾이게 마련입니다. 여러분, 중용(中庸)을 잊지 마시기 바랍니다.

온유의 두 번째 의미는 셀프 컨트롤(self-control), 자제(自制)입니다. 내 마음을 다스리고 제어(制御)할 줄 아는 것입니다. 내 마음을 제어하지 못하는 사람에게는 아무것도 기대할 것이 없습니다. 결국은 자기와의 싸움에서 이겨야 하는 것입니다. 자기와의 싸움에서 이겨 자기 통제가 가능하게 될 때에 온유하게 되는 것입니다. 욕심으로부터 자유할 수 있고, 방종과 분노, 증오로부터 자기를 제어할 수 있는 사람만이 온유할 수 있습니다. 이것은 강함입니다. 자기를 다스리는 강함, 그 위에 온유가 있는 것입니다.

4. 온유와 겸손은 쌍둥이라는 이야기

셋째, 온유는 '겸손'이라는 말로도 통합니다. 온유와 겸손은 쌍둥이라는 말이 있습니다. 마치 손바닥의 안팎과 같습니다. 겸손이란 스스로 낮추는 마음이요, 온유는 스스로 높이지 않는 마음입니다. 또 겸손이란 소극적인 마음이요, 온유는 적극적인 행위입니다. 예를 들어 비교해 봅시다. 억울하게 욕을 먹었습니다. 그럴 때에 잘 참고 견디면 겸손한 사람입니다. 그런가 하면 자기 페이스를 잃지 않고 슬퍼하지도 않으며 오히려 빙그레 웃는 사람이 있습니다. 이 사람은 온유한 사람입니다. 또 억울하게 매를 맞는다고 합시다. 매를 맞으면서 내 잘못과 허물을 뉘우치고 그 매를 감수하면 겸손한 사람입니다. 그런데 매를 맞는 순간, 억울하게 매를 맞는 아픔을 생각하기 전에 자기를 억울하게 때리는 사람을 불쌍히 여깁니다. '당신, 지금 실수하고 있소. 이렇게 때려 놓고 어떻게 수습할 것이오?' '언젠가는 후회하고 내 앞에 무릎을 꿇어야 할 텐데…' 자기를 때리는 사람을 오히려 불쌍히 여기고 빙그레 웃습니다. 여유로움과 부드러움, 이것이 온유입니다. 이것은 위대한 능력이며 인격의 힘입니다.

다시 성경으로 돌아갑니다. 스데반의 경우, 그는 돌에 맞아 죽습니다. 그럼에도 불구하고 얼굴은 천사의 그것과 같으며, 자기를 죽이는 사람을 불쌍히 여깁니다. "하나님이여, 이 죄를 저들에게 돌리지 말아 주소서" 하고 기도합니다. 예수님께서도 십자가에 못 박히실 때에 억울하게 죽는다고 하는 아픔을 생각하지 않으셨습니다. 먼저 "하나님이여, 저들의 죄를 용서하여 주옵소서. 자기들이 하는 것을 모르기 때문입니다"라고 기도하십니다. 이 죄를 지어 놓고 자자손손이 얼마나 큰 멸망을 당합니까? 얼마나 무서운 저주를 받습니까? 그 앞날을 바라보면서 불쌍히 여기고 그들을 위하여 기도합니다. 이것이 온유입니다. 겸손이라는 말은 사람에게 쓰는 용어요, 온유는 하나님께까지 쓰는 성품 자체입니다. 그래서 하나님을 겸손하다고 말하지 않습니다. 악한 자의 밭에도 비를 내리시고 선한 자의 밭에도 비를 내리시는 온유하신 하나님, 하나님의 성품에까지 있는 귀한 것이 바로 온유입니다.

인도의 지성, R. 타골과 진리 파지의 M. 간디에 대한 만남의 일화입니다. 당시 인도는 외세에 짓눌린 비참한 시대였음에도 불구하고 역사는 이 시대를 인도의 황금시대라고 부를 것입니다. 그것은 인도가 낳은 위대한 두 아들 때문입니다. 타골과 간디. 간디가 마지막으로 타골을 찾아오기는 1940년 2월이었습니다(타골이 죽기 전해, 1941년 8월 7일. 80세로 고요히 마침). 산티니캐단의 타골 학원은 망고의 숲으로 더욱 빛나고 있었습니다. 타골은 간디 부처를 환영합니다. "나는 그대들을 우리들의 안방 식구로 또 인류를 감싸주는 위대한 인간으로 환영합니다." 간디는 정중하게 "나는 지금 조국의 여러 곳을 순례하고 있지만 여기에 와보니 나는 내 집에 돌아온 기분입니다. 나는 여러분의 축복을 받아 내 마음은 기쁨에 넘칩니다"라고 답합니다. 이것은 헌 옷을 걸친 위대한 혼 타골과 간디와의 마지막 만남이었습니다. 온유하고 겸손한 사람들의 모습입니다.

존 칼빈에 대한 "온유한 선지자 존 칼빈"이라는 논문이 있습니다. 칼빈 선생은 극한의 사람으로 알려졌습니다마는 깜짝 놀랄만한 이야기를 발견할 수 있습니다. 칼빈 선생은 젊었을 때에 조용하게 공부할 생각으로 프랑스의 스트라스부르로 가던 중 제네바에 들르게 되었습니다. 거기서 그는 윌리엄 파렐(William Farel)과 아는 교인들에게 붙들립니다. '하나님의 말씀을 전하고 이 제네바를 바로 잡아 주십시오' 간절히 요청합니다. 칼빈 선생은 결국 공부할 것을 중단하고 그곳에서 3년 동안 열심히 일합니다. 일주일에 세 번이 아니라 하루에 세 번씩 설교를 했습니다. 정치가로, 종교개혁자로, 목사로, 제네바를 위해 정성을 다했습니다. 너무도 진실하게 힘써 일하다 보니 부작용이 많았습니다. 3년 후 제네바 의회가 공식으로 추방 명령을 내립니다. 추방당한 그는 모든 것을 다 써버리고 스트라스부르에 가서 조용히 연구 생활을 했습니다. 칼빈 선생이 떠나자 제네바는 엉망이 되었습니다. 의회는 다시 그를 모셔 와야 되겠다는 결정을 하고 제발 와달라고 사정을 합니다. 그러자 칼빈 선생은 '하나님께서 부르시면 가야지요'하고 받아들입니다. '언제는 내쫓더니 이제는 다시 오라고?' 이렇게 생각하지 않고, 자기를 필요로 하는 곳에 서슴없이 돌아갑니다. 돌아가서 평생토록 복음을 전하고 오늘의 제네바를 만든 것입니다. 세계 낙원 제네바는 칼빈 선생의 힘으로 이루어졌던 것입니다. 칼빈의 그런 마음을 온유하고 겸손한 마음이라 할 수 있습니다.

기분대로 사는 사람은 온유한 사람이 아닙니다. 온유한 사람은 멀리 내다보고 하나님의 뜻을 생각하며 조용히 여유 있게 순종합니다. 순종 자체를 즐깁니다. 이것은 온유와 겸손의 힘이자 권세인 것입니다. 온유한 자, 끝까지 웃는 자가 이긴 것입니다. 풍부한 화평으로 즐기리라. 풍부한 샬롬으로 즐기리라고 말씀합니다. 여기 평강의 약속이 있습니다. 오직 온유한 자는 땅을 차지하며 풍부한 화평으로 즐기리로다.

5. 하나님의 형상과 영성 이야기

창세기 1장에 나타나는 창조 설화는 인간은 '하나님의 형상'을 따라 지음 받았다고 고백 선언합니다. "하나님의 형상"(창 1:26)이라고 말할 때, 성서 기자는 무엇을 의미하려고 의도했을까요? 인간이란 피조물은 다른 피조물과 달리 "하나님의 형상"을 닮았다는 은유적, 상징적 표현은 인간이 비록 흙으로 지음 받은 들풀 같은 존재이지만, 존엄하고 하나님의 영광과 권위를 반영하고 있는 존재이므로 인간의 존엄성을 함부로 침범해서는 안 된다는 메시지를 담고 있습니다. 더 나아가서 하나님의 창조 행위와 피조 세계를 다스리고 돌보는 활동을 본받아 인간이 에덴의 동산, 곧 피조 세계 속에서 할 일이 하나님의 통치를 위탁받은 대행자로서 '창조 통치, 돌봄'의 행위를 바르게 해야 한다는 것을 창세기 저자는 전하려고 했던 것입니다.

신학자 칼 바르트는 '하나님의 형상론'에 대하여 다음과 같이 신학적 해석을 한 바 있습니다. 첫째, 인간이 창조함을 받되 하나님의 형상대로 지음 받았다는 말은 삼위일체 하나님의 신적 존재 양식을 닮아 성부와 성자와 성령이 자유와 사랑 가운데서 사귀며, 통일성을 유지하는 한 분, 영원자 하나님인 것처럼 "사랑과 자유의 사귐의 교통 가운데서 형성되는 공동 인간성"으로써 인간성의 원형이 구성되어 있습니다. 둘째, 사귐의 공동 인간성의 원형은 창세기 인간 창조 기사가 보도하는 대로 남자와 여자, 곧 나와 너, 우리와 너희들이 서로 사랑하고 자유하는 사귐 가운데서 인간다움을 이뤄가고 향유하도록 창조되었다는 것입니다. 셋째, 참다운 '더불어 삶의 인간성'(co-humanity)이 실현되려면 다음의 기본적인 인간관계 조건이 이루어져야 하는데, "서로 마주 바라보는 사건", "서로 말하고 듣는 사건", "서로 도와주고 도움 받는 사건", "기쁘고 자발적으로 행하는 삶" 이상 네 가지 필요충분조건이 현실화되어야 합니다.

인간의 영성이란 다름 아니라 건강한 하나님의 형상의 꽃 피어남과 같다는 것입니다. 사람이란 본래 나와 네가 더불어 있는 존재요, 나와 너와의 사귐과 밀접한 관계성 속에서 사람답게 되고 사람으로서의 아름다움을 이루어간다는 생각입니다. 인간 개인의 존엄성과 실존적 단독성 속에는 이미 인간의 근원적 공동체성, 사회성이 전제되어 있습니다.

바른 영성을 지닌 자는 어떤 사람입니까? 상대방을 바로 바라보면서 얼굴과 얼굴을 맞대면서 살아갈 수 있는 열린 마음을 가진 사람이라는 것입니다. 여기에서 일체의 불평등한 신분 차별주의, 성차별주의, 인종차별주의는 설 자리가 없게 됩니다. 왜냐하면 그러한 것이 있는 곳엔 참다운 '서로 얼굴과 얼굴, 눈과 눈이 마주치는 열린 인간관계'가 성립조차 할 수 없기 때문입니다. 서로 눈과 눈이 마주치고 바라보는 열린 인간관계 속에서 진정한 '말하고 말을 듣는 말 사건'이 일어날 수 있게 됩니다. 참된 인간성이 살아 숨 쉬는 사회, 참된 영성이 꽃피는 사회는 일체의 언론 통제, 언론 억압, 언론 조작, 가짜 뉴스 같은 것이 일어나지 않습니다. 그것은 바르고 자유롭고 합리적인 의사소통이 이루어지는 사회입니다. 나아가 개인 관계, 가족 관계, 교회 안에서 성도 간의 관계에서 참다운 인간성이 꽃피려면 언론과 의사소통이 막힘없이 열려 있어야 합니다.

영성은 '서로 돕고 도움 받는 관계' 속에서 꽃피웁니다. 도움 주는 것은 시혜가 아니며, 도움 받는 것은 부끄러운 일이 아닙니다. 그것은 창조 때의 본래 모습입니다. 물질적 재화, 정신적 지식과 정보, 영적 은사와 자기실현의 기회, 문화 전통의 유산 등 모든 가시적 불가시적인 것들은 서로 교류되고, 나눠지고, 함께 공유되어야 합니다. 빈부 차이, 지식 차이, 권력의 집중, 기회의 불균형이 있는 곳에 인간다움의 영성이 꽃필 리 없습니다. 참 인간성의 비밀과 신비는 그 모든 일들이, 기쁘고 자발적으로, 신명나게 행해질 때 꽃피는 것입니다.

6. 영성적 새 삶의 방향 이야기

그리스도교 신앙과 신학의 기반을 놓으신 성 어거스틴은 겸손에 대하여 다음과 같이 피력하였음을 유념해야 합니다.

'첫째도 겸손이요, 둘째도 겸손이요, 셋째도 겸손입니다.' 그리스도인 현재의 상태를 기꺼이 참고 견디는 것은 하나님께 희망을 두고 있기 때문이며, 긴 인생길에 하나님의 임재를 인식하면서 살기 때문입니다. 숭고하고 찬란한 목표가 있다고 함은 투쟁하는 노고를 가치 있는 것으로 만듭니다.

하나님과의 영적인 교통, 사람과의 자유롭고 사랑하는 관계, 자연 피조물과의 유기적인 순환 관계 속에서만 영성의 꽃피고 생명 성숙의 열매를 맺게 됩니다.

가나 혼인집 기적 설화(요 2장)는 돌항아리 여섯을 비우고 깨끗한 물로 씻어내고 깨끗한 물로 가득 채워 포도주가 되기를 순종하는 마음으로 기다리는 일이 필요했습니다. 인간의 생명체는 흙이요 항아리입니다. 인간은 이 항아리를 비울 줄 알아야 합니다. 나이가 많아지고 공로를 쌓은 사람일수록 그의 흙 항아리는 무거워집니다. 맑은 물로 헹구어 순수한 물이 담겨야 할 항아리가 탐욕, 명예욕, 권력, 지배욕, 시기, 질투, 성취욕 등으로 가득 담긴 채 비우지는 않기 때문에 영적 기적은 일어나지 않고 영적인 고갈 상태가 일어나고 있습니다.

영국의 명문 옥스퍼드 대학의 총장 존 오웬(John Owen) 박사는 성령의 일시적인 은사와 영속적인 은사를 구별한 신학자이며 많은 큰 교회보다 존 버니언(John Bunyan)이 설교하는 작은 교회에 참석하곤 했습니다. 존 버니언은 영국에서 가장 영성이 많은 사람이고 오늘의 작은 예수라고 하면서 그의 말씀을 듣기를 원했던 것입니다. 존 버니언은 베드퍼드 감옥에서 12년간을 보내면서 성경을 한 달에 평균 한 번씩 읽기로 작정하고 1년에 열두 번씩을 읽어 갔습니다. 성경을 백 번 읽었을 때 그에게 환한 빛이 오고 깨달음이 오기 시작했다고 고백합니다. 『천로역정』은 그렇게 하여 쓰여진 구원의 책입니다.

성 안토니는 그리스도교 수도원주의의 창설자로 알려져 있습니다. 안토니는 광야 암굴에 들어가 어느 늙은 수사에게 교육을 받으면서 명사, 은둔, 수도, 고해의 생활을 시작했습니다. 그는 "쉬지 말고 기도하라"(살전 5:17)와 "일하기 싫거든 먹지도 말라"(살후 3:10)는 말씀대로 기도와 노동에 힘썼습니다. 이와 같이 기도, 금식, 겸손을 실천하며 인근에 있는 은사들과 영적 문제를 토의하는 중에 사람들은 안토니를 '하나님의 벗'이라고 존경하기에 이르렀습니다.

그의 수도 생활 중에 특이한 것은 사탄과의 싸움이었습니다. 때때로 그의 거처에서는 그가 사탄과 싸우면서 외치는 큰 고함 소리가 났습니다. 사탄은 어떤 때는 친구나 친척의 모양으로 나타나고, 때로는 요염한 미인의 모습으로, 때로는 꿈이나, 환상, 부귀영화로 꾀거나, 두고 온 누이동생에 대한 도의심으로 괴롭히거나, 그에게 사회적 지위를 약속하거나 그밖에 불순한 생각과 악행의 달콤한 쾌락, 위협과 공포 등으로 안토니를 괴롭혔습니다. 안토니는 사탄의 이와 같은 여러 가지 훼방은 자기 마음의 상태, 즉 자기 호기심과 생각의 반영에 불과하다는 것을 알았습니다. 그래서 사탄을 이길 가장 좋은 방도는 신앙과 경건이라고 말했습니다. 마음으로 주를 기뻐하고 거룩한 것을 생각하고 금식,

기도, 겸손, 고행하면 사탄은 두려워 아무 세력도 발휘하지 못합니다. 십자가의 표로 무장하면 사탄은 안개같이 사라질 것입니다.

성서와 그리스도교 2천 년 역사 속에 비춰진 그리스도인의 바람직한 새 삶의 방향을 정리하고자 합니다. 예수님의 바람직한 새 삶의 방향을 정리하고자 합니다. 예수님 주위에는 가난한 자, 병든 자, 죄인과 세리, 소외된 자들이 있었습니다. 예수님은 그들을 사랑했고 온 힘을 다해 가르치고 위로하며 구원하셨습니다. 콘스탄티누스 시대 이후에 교회는 청빈과 순수성을 잃어갔고, 세상 권력과 부와 타협해 갔습니다. 4, 5세기부터 성서적 전통과 초대 교회의 순수성을 보전하려는 수도원 운동이 일어났습니다. 주님을 따르고 참 제자가 되기 위하여 포기의 3대 요소가 생기게 되었습니다. 청빈과 독신 그리고 복종이 그것입니다.

오늘 이 시대에 우리 그리스도인들은 '포기의 윤리 운동'(Ethic of Renunciation)을 펴며 주님의 사랑에 감격하여 청빈한 신앙의 삶으로, 균등한 정의 분배로 평화위해 일하도록 부름 받았습니다. 우리는 사치와 호화스런 생활을 황송히 여겨야 하고, 우리에게 맡겨진 재산과 달란트를 청지기적 책임감으로 이웃과 함께 나눠 쓰는 지혜와 슬기 발휘해야 합니다. 그리고 개인의 영성을 사회 차원에까지 확대해야 합니다. 주의 부르심의 뜻에 합당하게 봉사와 헌신으로 나아감이 영성적 새 삶의 방향이 아니겠습니까?

2021년 6월 20일, 성령강림 제4주

오직 성실함으로

잠언 3:1-10; 디모데전서 1:12-17

1. 솔로몬의 초기는 지혜였다가 후기는 성실(誠實)이었다

지혜의 왕 솔로몬에게 마지막 결정적인 소원 한 가지가 있었습니다. 솔로몬은 21살에 왕이 되었습니다. 하나님께서 새로 임금이 된 솔로몬에게 꿈에 나타나셔서 한가지의 소원을 요청하도록 하셨습니다. 이때 솔로몬은 지혜를 구하였습니다. 실로 솔로몬의 지혜는 고명한 것으로, 그는 초기 유대 문학과 후기 이스라엘의 지혜문학 전통에 가장 많이 연관된 인물이 되었습니다. 그는 7년에 걸쳐 부왕 다윗이 준비하였던 건축자재로 성전 건축을 완성시켰습니다. 그 후 13년에 걸쳐서 왕궁을 건축하였습니다. 20여 년 동안을 건축을 한 셈이니 위대한 건축가라 할 수 있습니다.

솔로몬은 하나님 앞에 나아가서 간절히 구하는 중에 부귀도, 영화도, 장수도 그리고 군사의 힘도 아니었고, 하나님이 기뻐하시는 지혜를 구하였습니다. 그는 지혜를 구할 줄 아는 지혜의 사람이었습니다.

전무후무한 지혜의 왕으로서 역사에 길이 남는 일, 지혜로 나라를 다스리고, 지혜로 세계를 제패했습니다. 그는 전쟁 없이 지혜로 나라를 평안하게 다스리면서 40여 년의 왕의 영광을 누렸습니다.

그러나 그는 나이가 많아 세상을 떠나게 될 때가 임박했을 때 깨달은 것이 있었습니다. 그것은 이제 그의 마지막 소원이었습니다. 그것은 지혜가 아니라 성실(sincerity, faithful)이었습니다. "하나님이여 내 입에서 허탄한 말을 하지 않게 해 주세요. 죽기 전에 이 소원을 이루어 주세요." 이렇게 간절히 하나님 앞에 기도한 것을 잠언에서 읽을 수 있습니다. "너는 마음을 다하여 여호와를 의뢰하고 네 명철을 의뢰하지 말라. 너는 범사에 그를 인정하라 그리하면 네 길을 지도하시리라"(잠 3:5-6). 계속해서 말씀합니다. 7절 이하에서 "스스로 지혜롭게 여기지 말지어다. 여호와를 경외하며 악을 떠날지어다. 이것이 네 몸에 양약이 되어 네 골수로 윤택하게 하리라 네 재물과 네 소산물의 처음 익은 열매로 여호와를 공경하라. 그리하면 네 창고가 가득히 차고 네 즙 틀에 새 포도즙이 넘치리라"(잠 3:7-10).

사실 솔로몬 제국은 교역에 매우 중요한 위치를 확보했고, 군사적으로 협조 관계를 주변국들과 잘 유지했습니다. 솔로몬은 어떤 나라들과는 결혼을 통하여 긴밀한 관계를 맺었습니다. 그러나 불행하게도 그의 외국인 아내들은 솔로몬으로 하여금 이스라엘의 하나님께 대한 순수한 예배에서 멀어지도록 했습니다. 이로 인하여 그의 사후에 나라가 분열되는 결과를 낳게 되었습니다. 청년의 때의 솔로몬의 소원은 지혜였습니다. 그러나 세상을 끝낼 때의 그의 소원은 성실이었습니다.

진실이 얼마나 귀하다는 것을 알 때, 진실이 가장 귀한 것임을 깨달을 때 비로소 인생의 의미를 알게 되는 것입니다. 진실하기가 얼마나 어려운가! 진실하기 위해서 애써 본 사람이 아니면 진실이 얼마나 어렵다는 것을 모릅니다. 진실해 보지 않은 사람은 진실이 가장 귀하다는 사실도 모릅니다. 이보다 큰 보화도 없고, 이보다 큰 영광도 없고, 진실보다 무서운 힘도 없습니다. 하나님 앞에 진실하고 이웃에 대하여 진실하고, 자기 자신에 대하여 진실한 사람보다 더 큰 영광과 지혜와 보화는 없다는 말입니다.

신약 본문에 충성이란 말이 나옵니다. 공동번역에는 "성실함으로" 되었습니다. 그리스도께서 나를 충성되이 여겨 내게 직분을 맡기심이니"(딤전 1:12)라고 바울은 말씀했습니다. 이 충성이란 헬라 원문에는 "진실, 성실, 충성"(faithful, piston) 그런 의미입니다. 하나님께서는 언제나 그 중심에 있는 진실을 보십니다.

2. 서서평 선교사 이야기의 역사적 교훈

'한국판 테레사' 서서평 선교사를 기억하시나요! 재미 동포 양국조 씨가 『조선을 섬긴 행복 — 서서평의 사랑과 인생』과 『바보야, 성공이 아니라 섬김이야 — 엘리제 쉐핑 이야기』를 펴냈습니다. 서서평 선교사의 내한 100돌을 맞아 그를 기리는 두 권의 평전을 출간했습니다. 성녀 테레사 수녀(1910~1997)는 동유럽의 세르비아에서 태어나 18살에 수녀회에 입회한 데 이어 1930년 인도의 빈민가로 파견돼 버려진 채 죽어가던 사람들을 돌봤습니다. 테레사 수녀는 '인도인'이 아닙니다. 하지만 인도의 권위지가 인도인 5만 명을 대상으로 간디를 제외하고 '역대 위대한 인도인이 누구냐'고 물은 설문조사에서 '가장 위대한 인도인'으로 꼽혔습니다.

엘리제 셰핑(Elizabeth Johanna Shepping, 1880~1934), 한국 이름으로 서서평 선교사는 독일에서 태어나 9살에 미국으로 건너가 간호학교를 나와 간호사로 지내던 중 개신교에 투신해 테레사 수녀보다 18년 앞선 1912년 3월 조선 선교사로 파견됐습니다. 그는 최초의 여자신학교인 이일학교(한일장신대 전신)와 여성운동의 산실인 부인조력회와 조선여성 절제회, 조선간호부회(대한 간호협회 전신), 여전도회연합회 등을 창설해 이 땅의 여성운동과 간호계 그리고 개신교에 지대한 역할을 했습니다. 하지만 그런 외적 업적들만으로 그를 제대로 알긴 어렵습니다.

그는 전라도 일대의 나환우들과 걸인들을 돌보고 고아들을 자식 삼아 한 집에서 살다가 이 땅에서 병들어 생을 마쳤고, 자신의 주검마저 송두리째 병원에 기증하고 떠났습니다. 광주시에서 최초로 시민 사회장으로 거행된 그의 장례식엔 수많은 나환우와 걸인들이 상여를 메고 뒤따르면서 "어머니!"라 부르며 애도했습니다.

서서평이 활동하던 광주, 전남은 1930년도에, 45만 가구 220만 인구 가운데 굶주리는 인구가 무려 88만 명, 걸인이 11만 명에 이르렀다고 합니다. 서서평은 1년 가운데 100일 정도 나귀를 타고 전라남북도와 제주도까지 전도 여행을 다니며 병자들을 돌보고 여성들을 교육시켰습니다. 서서평의 당시 일기엔 "한 달 간 500명의 여성을 만났는데, 하나도 성한 사람이 없이 굶주리고 있거나 병들어 앓고 있거나 소박을 맞아 쫓겨나거나 다른 고통을 앓고 있었다"고 시대 상황을 말해 주고 있습니다.

서서평은 당시 이름조차 없이 '큰년이', '작은년이', '개똥어멈' 등으로 불리던 조선 여성들에게 일일이 이름을 지어 불러주고, 자존감을 살리도록 했습니다. 그리고 자신이 세운 이일학교 여학생들과 함께 농촌으로 가서 매년 3~4만여 명의 여성들을 교육시켜 존중 받을 한 인간으로서의 삶을 일깨웠습니다.

그는 한 나환우가 역시 나환우였던 아내가 죽자 병든 자신이 더 이상 키울 수 없어 버리려던 아이를 데려다 양아들로 삼은 것을 비롯해 버려진 아이 14명을 양아들, 양딸로 삼았습니다. 소박맞거나 오갈 데 없는 미망인 38명도 데려와 한집에서 함께 살았습니다.

1926년 이 땅의 한 매체는 서서평 인터뷰 기사에서 그를 "사랑스럽지 못한 자를 사랑스러운 존재로 만들고, 거칠고 깨진 존재를 유익하고 아름다움을 지닌 그리스도인으로서 단련된 생명체로 만들고자 하는 것이 서서평의 열정"이라고 썼습니다. 서서평이 별세하자 선교사 동료들은 그를 '한국의 메리 슬레서'라고 추모했습니다. 메리 슬레서는 아프리카 나이지리아로 가서 버려진 아이들을 돌보다 숨겨 아프리카 아이들의 어머니로 추앙된 인물입니다.

또 1930년대 미국 장로회는 전 세계에 파견된 수많은 선교사 가운데 한국 선교사로는 유일하게 서서평을 '가장 위대한 선교사 7인'으로 선정했습니다.

서서평의 부음을 듣고 그의 집에 달려간 벗들은 그의 침대 밑에 걸려 있던 좌우명을 보았습니다. "성공이 아니라 섬김이다"(Not Success, But Service).

그 후에 서서평의 선교 정신을 이은 후계자들이 많이 있었습니다.

유화례(광주 수피아여학교 교장), 고허번(광주 제중병원 원장) 등 여러 선교사가 그 뒤를 따랐고, 최흥종, 김필례, 이현필, 강순명, 조아라, 이준묵 등이 서서평의 정신을 이어받아 오 갈 데 없는 이들을 돌보았습니다. 광주 무등산의 영성 맥락이라 할 수 있겠습니다.

우리가 반드시 그를 회상해야 할 교훈적인 것은 "미국에서 온 초기 선교사들이 교회와 병원, 학교와 고아원을 세워 좋은 일을 많이 했지요. 그러나 대부분 그들은 미국식 삶을 고수했고, 조선인과 같이 된장국 먹고 고무신 신고 함께 자며 사는 서서평 같은 인물은 없었다"는 것입니다. 하나님이 이 땅에 오신 것은 우리와 하나가 되고 스킨십을 하기 위한 것이 아니겠습니까? 요즘 외국으로 파송된 2만여 명의 한인 선교사 가운데 상당수가 제3세계에 가서도 자기 안전과 영달, 자녀교육 등을 위해 주요 도시에 머물며 살고 있고, 정작 필요한 곳에 들어가 현지인들과 함께 살지 못하는 것에 대해 안타까움을 평전의 저자는 필력하였는데 이에 대하여 공감을 갖게 합니다. 서서평 선교사의 현지민 위주로의 성공지향의 삶보다는 섬김의 거룩한 삶은 선교사의 귀한 하나의 귀감이 된다고 하겠습니다.

3. 신약 본문 — 바울의 진실함 이야기

다시 신약의 본문을 말씀하신 바울에 대하여 생각해 보겠습니다. 바울은 수십 년간 율법을 배워왔고, 율법을 믿어왔지만, 부활하신 그리스도를 만나서 "네가 핍박하는 예수다" 하는 말씀을 듣는 순간부터 철저하게 주님과 복음을 위하여 진실하고 충성을 다해 살았습니다.

전에 그토록 소중히 여기던 지식과 가문, 자기의 믿음과 율법에의 확신, 그의 과거의 모든 것들을 배설물과 같이 여겼다고 고백하고 있습니다(빌 3장). 바울은 깨끗이 자기를 부정했고, 체면이고 뭐고 하나도 뒤돌아보지 않았습니다. 그는 깨닫는 대로 꼭 실천하여 행동으로 옮기는 데도 진실하였습니다. 그러기에 방금까지 예수 믿는 사람을 채포하기에 분망했던 그가 변화 받고 다메섹에 들어가서 예수를 그리스도라고 전도하는 진실함의 용기를 보여주고 있습니다.

바울은 "전에는 비방자요 박해자요 폭행자였다"고 고백합니다. 부끄럽지만 그는 과거를 숨기지 않고 과거를 인정하는 성실이 있었습니다. 그는 현재의 솔직함과 진실함을 보여주고 있습니다. 즉 그는 이중적 자아에 대한 고민을 털어놓았고, 그는 복음을 전할 때에 때로는 억지로 마지못해 전했다는 솔직함도 보여주고 있습니다. 그는 또한 미래에 대하여도 성실했습니다. 앞에 순교가 있든지 어떤 비참한 핍박이 있든지 그대로 받아들이는 성실을 가지고 있었습니다. "그리스도 예수 우리 주께 내가 감사함은 나를 충성되이 여겨 내게 직분을 맡기심이니"(딤전 1:12)라고 하나님께와 모든 성도들 앞에 고백하고 있습니다.

바울은 결코 보석이나 돈, 가죽옷이나 값비싼 물건들에 관심을 갖지 않았으며, 오직 본질적이고 영원한 것들, 즉 믿음 사랑 지혜의 영 하나님이 주시는 능력 같은 것의 귀함을 알고, 그런 것들을 위해 살며, 그런 유산을 우리에게 전해 주려 애썼습니다. 이런 본질적인 귀함을 알고 깨닫게 될 때 그 위력은 세상 무엇과도 바꿀 수 없습니다. 그는 세상적인 부귀영화 같은 이 모든 것을 분토 같이 여기며 그리스도가 보여주시고 가르친 그 영원한 것을 향해 진력할 뿐이라 고백했습니다.

오늘 우리의 삶의 주변과 나라는 어떠합니까? 먼저 우리 그리스도인들부터 그리스도 중심의 바른 삶의 가치관을 꼭 정립해야 합니다. 그리고 마음의 부정직함과 비리를 반드시 청산하고, 오직 성실함으로 살아가야 합니다. 우리의 고질적 병폐인 한탕주의, 돈과 명예를 위해서라면 수단 방법을 가리지 않는 몰양심적인 탐욕 등을 멀리 떨쳐 버려야 합니다. 정직과 성실이 우리 개개인의 삶과 사회의 정신적 기틀이 되고, 그래서 양심이 회복되고 도덕이 회복되고 신뢰가 회복되어야 합니다.

4. 우리 그리스도인 삶의 상황에서 진실함이란?

역사가 토인비는 왜 소수집단인 그리스도교가 로마제국의 공인(公認) 종교가 되었는가에 대해 연구한 바 있습니다. 토인비에 의하면 인명 존중이요, 형제 사랑이요, 이웃에 대한 관심이라 했습니다. 사실 그리스도교는 유대인은 물론이요 이방 사람들도 형제로 대하고 그들을 따뜻하게 영접했다는 것입니다. 우리가 다시 형제가 되고 이웃이 되는 길은 사랑의 친교, 코이노니아의 회복인 것입니다.

1975년에 과학자들에 의해 발견된 것이 인간 두뇌에서 생산되는 '엔도르핀'이란 호르몬입니다. 이것은 아편보다 200배의 성능을 가진 것인데, '티-임파구'라는 백혈구의 저항력을 강화시키고, 신체의 아픔을 없애는 놀라운 역할을 한다는 것입니다. 미국에서는 재빠른 장사꾼들이 50마리의 돼지머리에서 추출한 이 호르몬을 화학물질로 만들어서 2만 불씩 판다고 합니다. 그러나 이 2만 불짜리 약과 비교도 안 될 만큼 효과가 있는 진짜 '엔도르핀'은 사람이 진심으로 감사하는 마음을 가질 때, 기쁜 마음으로 사랑할 때 또 이런 사랑을 받을 때, 진리를 발견할 때, 희망에 넘칠 때 쏟아져 나온다는 것입니다. 그리스도의 구속애와 하나님의 사랑과 거룩에 대한 흠모로 감사와 찬송, 진실한 기원으로 예배할 때 '엔도르핀'이 쏟아져 나오는 시간이 되어야 합니다.

예배가 무엇입니까? "예배한다는 것은 하나님의 거룩하심을 힘입어 양심을 민감하게 하는 것이며, 하나님의 사랑을 향해 마음 문을 여는 것이며, 하나님의 목적하시는 뜻을 받들어 봉사하는 것입니다"(William Temple). 따라서 예배에 임하는 우리 그리스도인들의 자세는 성실함으로 진실함으로 드리는 예배여야 합니다. "하나님은 영이시니 예배하는 자가 신령과 진리로 예배하여야 합니다"(요 4:24).

5. 예수 기도와 헤시카즘: 쉼 없는 기도와 침묵의 영성

결론 삼아서 세 가지를 말씀드립니다.

1) 예수님은 사람이 무슨 일을 하며 어떻게 살게 되든 어떠한 생각과 생의 자세를 가지고 사는가가 중요함을 친히 가르치셨습니다. 자신의 유익이나 복리가 아니라 "오직 남을 위한 관심과 삶"이 예수님의 기본적인 생의 정신입니다. 이 남을 위함에는 불행하고 어려운 이웃과 세상이 다 포함됩니다. 일찍이 순교 신학자 본회퍼(D. Bonhoeffer) 목사가 '성숙한 이 시대'에 모든 전제를 빼고, '예수님'을 현대인에게 무엇이라 가르칠 것인가 물으면서 "오직 남을 위한 존재"라 했듯이, 오늘의

우리 그리스도인들이 오직 남과 세상을 위한 존재로 성실히 진실히 살 수만 있다면, 무엇을 더 바라겠습니까? 우리 그리스도인 신자만이 아니라 주님의 몸 된 땅 위의 신앙공동체인 교회도 스스로를 위한 존재가 아니라 불행과 고난의 세계를 위한 존재이기에, '오직 고난의 세계'를 위해 예수님의 생과 같이 자기를 희생하며 세상의 십자가를 친히 지고 살며 봉헌할 수 있어야 합니다. 오늘의 우리의 시대는 이러한 그리스도인과 교회를 요청하고 있습니다.

2) 고난은 인생을 위대하게 만듭니다. 고난을 견디고 남으로써 생명은 일단의 진화를 합니다. 핍박을 받음으로 대적을 포용하는 관대가 생기고, 궁핍과 형벌을 참음으로 자유와 고귀를 얻을 수 있습니다. 고난이 닥쳐올 때 사람은 사탄의 적수가 되든지 그렇지 않으면 하나님의 친구가 되든지 둘 중의 하나가 되어야 합니다. 고난이 주는 손해와 아픔은 한 때이나 그것이 주는 보람과 뜻은 영원한 것입니다. 개인에 있어서나 민족에 있어서나 위대한 성격은 고난의 선물입니다. 고난은 인생을 하나님께로 이끄는 길이며 진리이며 생명입니다.

3) 동방정교회 영성의 근원지 아토스 성산(Holy Mountain)에서 드려진 기도의 영성 '예수기도'(The Jesus Prayer)의 내용입니다. "주 예수 그리스도 하나님의 아들이여, 죄인인 나를 불쌍히 여기소서"(Lord Jesus Christ, Son of God, have mercy on me, a Sinner). 예수기도는 세 단계의 진행 과정을 가집니다. 첫째는 입술의 기도로서 외적 자아인 내가 하나님의 은총을 구하는 단계입니다. 둘째는 마음의 무정념(無情念), 아파

데이아(Apatheia)의 상태에서 평정심(平靜心)을 가지고 드리는 내면적(內面的) 단계입니다. 셋째는 성령의 도우심 안에서 심장으로 드리는 영육의 연합된 기도 단계입니다. 이러한 기도의 과정을 통해서 자비의 하나님을 만나는 경험을 가져옵니다. 기도의 가장 위대성은 겸손과 거룩함을 얻는 것입니다. 그러할 때 우리는 정말 부유해집니다.

'예수기도'에서 가장 중요한 요소는 절대적 침묵입니다. 이 침묵 기도를 가리켜 '헤지카즘'(Hesychasm)이라고 하는데 기도자, 즉 헤지 카스트는 기도 속에서 '자기를 말하는 것이 아니라 내면(內面)에서 들려오는 하나님의 음성 듣기를 지향합니다.

'예수기도'는 언제라도 다른 사람들과 같이 또는 혼자서도, 공동기도로도, 개인 기도로도 할 수 있습니다. '모든 세대를 위한, 어떤 장소이든, 매 순간을 위한, 사막이든 도시이든, 초보자이든 경험자이든, 시간과 장소에 구애받지 않습니다.'

"만약 당신이 신학자(목회자, 그리스도인)라면 당신은 참으로 기도하고, 만약 당신이 기도한다면 당신은 참된 신학자(목회자, 그리스도인)입니다."*

우리나라는 지금 동북아시아의 변화와 긴장, 발전의 소용돌이 속에서 동북아를 살아야 하는 지혜를 갈급하고 있습니다. 우리는 오늘의 우수(憂愁) 속에서 '회개'(metanoia), 과거의 질서와 생각에 대한 변화

---

* "예수기도," 204.

그리고 거짓을 인식하고 거부하는 것입니다. 회개의 가장 깊은 의미는 재구조화(perestroika)입니다. 회개는 거부이자 확증입니다. 회개는 진정한 재탄생이며 진리의 실현이고 미(美)와 진리의 회복이자 겸손뿐만 아니라 용기와 도전으로의 초대입니다. 회개는 영적인 것이고, 삶을 재탄생 시키는 것입니다. 영적 투쟁 없이, 영적 위대함 없이, 영원한 도덕적 가치에 대한 의지(意志) 없이 세계의 재탄생이 가능할까요?

6. 남녀 신도로서 그리스도인 삶의 다짐

주지하는 바와 같이 본 교단은 세계개혁교회 정신을 계승하고, 한국교회를 이끌고 가야 할 역사적 사명을 안고 출애굽한 교단입니다. "온갖 형태의 바리새주의를 배격하고 오직 살아계신 그리스도를 믿음으로 구원받는 복음의 자유 확보와 전 세계 장로교회의 테두리 안에서 건전한 교리 수렴함과 신앙 양심의 자유 확보와 전 세계 성도들과 협력 병진하려는 세계교회 정신에 철저하려 한다고 천명하였습니다. 우리는 전적인 그리스도를 인간 생활의 전 부분에 증거 하기 위하여 총진군할 것이라" 했습니다.

인생의 장년(壯年)을 맞은 남녀 신도 회원 여러분, 장년기는 인생의 극치의 시기이며 인생의 추수가 시작되는 중요한 시기입니다. 육체적으로 원숙하고, 사상과 인격적으로 원숙한 시기입니다. 약간의 인생 살이에 회의는 있겠으나 일가견의 인생관과 신앙의 확정된 때입니다. 젊은 때의 이상주의는 거의 사라졌을지 모르나 그 대신 인생과 세계를 달관(達觀)할 줄 아는 불혹(不惑)과 지천명의 시기입니다. 그러므로 여러분은 교회 공동체와 삶의 공동체에서 가장 안정된 세력을 이루고 주견(主見)과 확신을 가지고 주어진 삶의 사명(使命)을 책임감 있게 추진시키며 역사적 삶의 발전에 기여할 수 있는 기회를 살고 있다 할 수 있겠습니다. 희망의 주님께서 우리 모두와 함께하시기를 바랍니다. "오직 성실함으로" 다짐하며 예배에 임하신 성도 여러분에게 하나님의 은혜가 함께 하시기를 바랍니다.

2021년 3월 21일, 사순절 다섯째 주일

예수의 머리에 향유를 붓다

— 거룩한 낭비 · 흔들리는 터전
욥기 23:1-10; 마가복음 14:3-11

1. 시작하면서: 마가복음의 고난 주간 배경사

마가복음은 예수님의 마지막 일주일, 즉 종려주일 혹은 고난주간에 있었던 사건으로만 전 내용의 절반을 채우고 있습니다. 옥합을 깨뜨린 여인의 이야기 역시 고난주일로 불리는 예수의 마지막 일주일 중 수요일에 있었던 사건입니다. 이 본문을 종려(고난) 주간이라고 하는 배경과 함께 이해하지 않고서는 잘못 해석하기 십상입니다. 수요일에 있었던 이 여인의 이야기는 예수님을 따라다녔던 12명의 제자들의 실패담과 더불어 이해되어야 옳습니다. 가룟 유다의 이야기 역시 본문과 더불어 생각될 주제입니다. 예수님을 따랐던 12명의 제자들과 극명하게 다른 삶을 보여준 한 여인의 이야기가 핵심 내용이 되겠습니다. 오늘의 메시지는 "예수의 머리에 향유를 붓다 — 거룩한 낭비, 흔들리는 터전"입니다.

주지하듯 '고난 주간'이란 갈릴리에서 복음을 전하고, 하나님 나라를 선포하시며, 3년간의 공생애를 사셨던 예수께서 예루살렘에 입성하는 마지막 일주일의 삶을 일컫습니다. 마가복음에 따르면 당시 예루살렘은 유대인들에게 희망의 상징이기도 했지만, 온갖 탄압과 불의로 인해 하나님이 진노하시는 공간이기도 했습니다. 하나님의 성전이 있기에 예루살렘을 우주의 중심으로 존중히 여겼으나, 성전 자체는 그와는 너무도 다른 길을 걷고 있었습니다. 도둑과 강도의 소굴이었고, 정의가 사라져 버린 탓입니다. 백성들을 옥죄는 지배자 로마제국의 위용에 이스라엘 종교는 머리를 숙였고, 그들의 앞잡이 역할을 했습니다. 그곳은 예수님 공생애 3년간 선포했던 하나님 나라의 실상과는 거리가 먼 곳이었습니다. 예수께서는 그런 예루살렘으로 당신의 마지막 발걸음을 옮기셨습니다. 백성들을 진정으로 자유롭게 하기 위하여, 그들을 온전한 하나님의 자녀로 해방시켜 구원해내기 위하여 가난한 백성들에게 정치적으로, 종교적으로 군림하던 세력들에게 하나님의 정의를 선포하고자 예수님은 죽음을 예감하며 그 길을 걸었습니다. 예루살렘으로의 여행은 참으로 험난했습니다. 하나님 나라의 열정을 가슴에 품었던 예수님은 당시 예루살렘을 다스리던 로마의 세력과 성전 관리들에게 '불편한 진실'이었던 까닭입니다.

2. 예수님 중심을 읽지 못한 제자들의 이야기

예수님은 생의 마지막에 이르러 제자들과 함께 예루살렘으로의 여정을 시작하셨습니다. 지난 3년간 제자들은 예수를 보았고, 알았고,

누구보다 이해한 듯했습니다. 하지만 성서 곳곳을 보면 제자들 중 어느 누구도 예수님의 마지막 일주일간의 삶, 그가 가슴 속에 품었던 하나님 나라의 열정을 이해하지 못했습니다. 예수님은 곁에 있던 제자들에게 수차례, 적어도 성서에서 3번 이상 자신이 가야 할 길의 성격을 분명하게 말씀하였습니다. 다음 말씀 속에 자신이 가는 길의 성격을 분명히 언급하였습니다. "나를 따르려거든, 자기를 버리고 제 십자가를 져야 한다"(마 16:24). "하나의 밀알이 땅에 떨어져 죽지 않으면 아무런 열매를 맺을 수가 없다", "인자가 온 것은 섬김을 받으려 하는 것이 아니라 자신을 대속물로 내놓기 위함이다." 이렇게 3차례에 걸쳐 당신의 운명이 어떻게 될 것인가를 설명했습니다. 그럼에도 불구하고 제자들 중 누구하나라도 예수님의 가슴 깊은 중심 이야기를 진지하게 숙고하지 않았습니다. 오히려 그들은 예루살렘 입성과 함께 헛된 꿈을 꾸고 있었습니다. 누가 더 큰 존재가 될 것인가. 예루살렘에 가면 누가 예수님의 좌우편에 앉게 될 것인가가 그들의 관심사였습니다. 심지어 한 제자의 어머니는 예수님에게 자기 아들의 미래를 부탁할 정도였습니다.

예수님은 너무도 답답하셨고 안타까웠습니다. 그래서 예수님은 제자들에게 "너희는 나를 누구라 생각하느냐?" 베드로는 자신만만하게 "주는 그리스도시요 살아계신 하나님의 아들입니다"(마 16:16)라고 대답했습니다만 진정으로 예수님의 중심인 고난의 여정을 알지 못했습니다. 그리스도시요 살아계신 하나님의 아들이라고 당당하게 고백하는 베드로에게 인자는 죽을 것이란 말을 거듭 강조하였습니다. 베드로의 고백 바로 앞에는 소경된 자를 고치시는 이야기가 두 번 나옵니다. 예수께서 맹인을 보게 하셨던 이 사건은 육신을 고친 기적을 강조할 목적이 아니었습니다. 이야기의 핵심은 예루살렘의 길을 옳게 보지 못하는 제자들의 소경됨을 눈뜨게 하려는 데 있었습니다. 그만큼 예수님은 제자들의 장님된 상황을 답답하고 안타깝게 바라보았습니다. 이런 제자들이니 예수님 잡히시던 날 다 도망갔고, 십자가 처형 현장에 누구도 곁에 서 있을 수 없었습니다. 가롯 유다만이 특별히 나쁜 존재가 아니었습니다. 12명의 실패한 제자들 중 한 사람이었을 뿐입니다. 사실 오늘을 살아가는 우리들, 그리스도인들 역시 실패한 제자들을 닮아 있는 것은 아닌지 모르겠습니다. 예수님의 제자들 누구도 죽지 않으려 했고, 높아지려고만 했기 때문입니다. 하나님의 정의에 대한 갈망을 다 망각해버렸습니다. 예수께서 제일 근심하신 일이 소경이 소경을 인도하는 경우였는데, 바로 우리가 지금 오늘의 삶의 정황에서 예수님을 따르는 사람들이기보다도 다른 길을 가려는 자들이 아닐까 안타깝고 두려워지기 때문입니다. 사순절 기간에 깊은 자아 성찰을 해봐야 하겠습니다.

3. 예수님의 고난 여정에 따른 한 여인의 이야기

실패한 제자들의 옆에 한 여인의 이야기가 전해지고 있습니다. 성서에 여인의 이야기는 가롯 유다 이야기와 짝을 맺고 있습니다. 실패한 제자들과 다른 삶을 살았던 한 여인의 이야기를 강조하기 위함입니다. 마가복음서는 제자들의 실패에도 불구하고 이 여인만이 예수님 죽음의 길을 인지(認知)하고 깨달은 유일한 존재였음을 강조합니다. 모든 제자가 예수님과 동문서답을 하고 있을 때, 이 여인만이 홀로 예수님의 죽음을 준비했다는 것입니다. 하나님 나라의 열정이 예수님 마지막 생애의 일주일을 예루살렘으로 이끌었고, 그곳에서 기다리는 것은 죽음이었습니다. 베다니의 한 여인만이 이전 예수님의 죽음을 미리 보았고 앞서 장례를 치렀던 것입니다. 마지막 일주일 동안 이 여인만이 예수님을 바로 보았고, 참으로 알았고, 진정으로 따랐던 유일한 존재가 되었습니다. 그렇기에 이 여인은 모두가 피해 숨어있는 이른 아침 홀로 예수님 무덤가에 달려갔던 사람이 되었으며, 부활하신 예수님을 처음으로 목도한 증인이었다고 요한복음은 증거 합니다. 예수님의 길, 예루살렘 여정의 의미를 깨달은 사람에게는 죽음도 무서움의 대상일 수 없었습니다. 자신의 것을 예수님 마지막 죽음을 위해 아낌없이 내놓은 여인, 예수님의 장례를 치른 여인이야말로 땅에 떨어진 밀알이었습니다. 장식품으로서의 십자가가 아니라 자기 삶의 몫으로 십자가를 만났던 이들이 있었다는 것을 교훈하고 있습니다,

4. 거룩한 낭비

이 여인의 이야기 중 '거룩한 낭비'라는 말로 생각해봅니다. 절제하지 못하고 분수에 어긋나게 필요 이상의 물질과 돈을 쓰는 형태를 가리켜 낭비한다고 말합니다. 이런 식의 낭비는 막아야 합니다. 하나밖에 없는 지구 생태계의 미래 역시 지나친 낭비를 줄여야 존립이 가능한 일입니다. 그럼에도 불구하고 삼백 데나리온이란 엄청난 값어치의 향유를 예수님의 머리에 부었던 여인이 있었습니다. 데나리온이란 큰 화폐단위입니다. 부자들이 보석을 사고팔면서 흥정하는 단위의

돈이라 합니다. 수백 데나리온에 해당하는 기름이 한순간에 예수님의 머리에 쏟아 부어졌습니다. 가룻 유다가 말했듯이 그것은 엄청난 낭비였습니다. 가난한 이들을 수없이 구제할 수 있는 금액이었던 것입니다. 그런데 예수님은 이 여인의 행위를 아름답게 여겼고 복음이 전해지는 곳곳마다 여인의 이야기가 회자될 것이라 했습니다. 낭비에 '거룩'이라는 말을 붙여도 좋을만한, 어색하지 않은 그런 이야기로 전해질 것이라 한 것입니다. 이렇듯 분노, 허기, 낭비와 같은 부정적인 단어에 '거룩'이란 말이 붙여지면 본뜻과 전혀 다른 값지고 멋진 말로 변합니다. 우리 역시도 부정적 개념들을 달리 만들 수 있는 신앙적 힘을 지녔으면 좋겠습니다.

5. 신학적인 의미

신학자 폴 틸리히(Paul Tillich)의 두 권의 설교집이 있습니다. 하나는 『궁극적 관심』(Ultimate Concern)이고, 다른 하나는 『흔들리는 터전』(Shaking Foundation)이라는 책입니다. 그리스도교 언어를 일상의 실존적 언어로 바꿔서 신앙의 본질을 설명하는데 천재적인 능력을 갖고 있는 신학자입니다. 이 두 설교집에서 그가 전하는 메시지는 아주 분명합니다. 종교란 본래 궁극적인 관심에 대한 이해란 것입니다. 어떤 사람에게 명예가 궁극적 관심이라면 그것이 본인에게 신(神)과 같다고 했습니다. 만약에 물질(돈)이라는 것이 삶의 궁극적인 관심일 경우 그것 또한 그 사람에게 신(神)일 수밖에 없다는 것입니다. 아무리 교회에 와서 하나님을 부르고 신앙을 말한다 하더라도 일상적인 것에 그의 궁극적인 관심이 향해질 때 그것이 그에게 실제로 하나님이란 것입니다. 심지어 어떤 사람이 이성(理性)을 철저히 신뢰하고 그것에 생사를 걸 때, 그 또한 신(神)일 수 있다고 했습니다. 그래서 틸리히는 궁극적인 관심이 어디에 있는가를 치열하게 묻고 살폈습니다.

이런 맥락에서 옥합을 깨뜨린 여인의 이야기를 생각해봅니다. 이 여인은 아마도 막달라 마리아라고 추정됩니다. 성서에 그렇게 기록된 바 없지만 성서학자들은 여인의 직업이 창기였을 것이라고 가늠합니다. 당시의 가부장적인 체계 속에서, 율법이 지배하는 현실 속에서 이 여인에게는 인간 이하의 삶이 일상(日常)이었을 것입니다. 인간 대접을 받지 못했을 것이며, 개만도 못한 인생을 버티면서 옥합에 기름을 사서 모으는 일로 자기의 인생을 보상받으려 했을 것입니다. 여인에게는 옥합에 차곡차곡 쌓여 가는 기름이 존재 이유였고, 그것이 자기 인생의 궁극적인 관심이었으며, 그것으로써 자기 인생을 보상받을 수 있다고 믿었고, 그 희망만으로 모진 세월을 견디며 살았을 것입니다. 예수를 만나기 이전까지 여인에게 궁극적 관심은 오직 옥합에 쌓여 있는 기름뿐이었습니다. 그것이 모든 것 중의 모든 것이었습니다.

폴 틸리히의『흔들리는 터전』의 제목처럼 옥합에 쌓인 기름을 궁극적 관심으로 믿고 살던 이 여인에게 삶의 터전이 흔들리는 사건이 발생했습니다. 성서 속 여인에게 자신의 기초가 흔들리는 대지진의 순간이 찾아온 것입니다. 예수님과의 우연한 만남이 그녀에게 영향을 미쳤던 것입니다. 우리에게도 확고하다 여겼던 삶의 터전이 크게 흔들린 경험이 있었는지 모르겠습니다. 흔들리는 터전(Shaking Foundation)의 경험이 우리의 삶 속에 한 번쯤은 찾아와도 좋을 것입니다. 지금껏 인간 대접을 받지 못했고, 삶을 산 게 아니라 버텨왔던 이 여인을 예수님의 따사로운 눈으로 바라봐 주었던 탓입니다. 그를 인간으로, 창기가 아니라 정말 사랑스러운 한 여인으로, 천하보다 귀한 생명으로 바라봐 주는 눈길을 예수님으로부터 느낀 까닭입니다. 차곡차곡 채워진 옥합, 거기에 인생의 궁극적 관심을 두었던 이 여인의 터전(Foundation), 지금까지 자기 삶을 버텨주었던 삶의 토대가 그 따뜻한 예수님 눈길과 그의 인격으로 흔들리기 시작했습니다.

그간에 옥합에 쌓여 있는 기름이 아니라 자기를 전혀 다른 인간으로 바라봐 준 예수님에게로 삶의 방향을 돌렸던 것입니다. 흔들리는 자기 삶의 터전을 주시하며 그녀는 과감히 옥합에 모아 둔 향유, 삼백 데나리온이나 되는 엄청난 값어치의 기름을 예수님 머리에 쏟아 부었습니다. 성서는 이것이 예수님 장례를 준비하기 위한 것이라 했지만, 그것은 후대의 신학적 해석일 것입니다. 갑작스러운 터전의 흔들림 앞에서 예수님 장례를 생각할 겨를도 없었을 것입니다. 장례 이야기보다 중요한 것은 이 여인 속에서 생겨난 '흔들리는 터전'의 경험입니다. 옆에 있던 제자들마저 그것을 낭비라고 여겼고, 가난한 사람들을 도와주면 배불리 먹을 것이라고 비난했습니다. 그러나 예수님은 그 여인의 낭비가 어떤 의미인지를 알았습니다. 여인의 낭비를 아름답게 기억하라 했습니다. 이 복음이 전파되는 곳마다 여인의 이야기가 전해질 것이라고 말한 것입니다. 흔들리는 터전을 통하여 궁극적 관심 자체가 달라진 구체적 사례가 되었기 때문입니다. 그래서 이 여인의 낭비는 거룩한 낭비가 되었습니다. 오늘의 그리스도인도 궁극적 관심을 발견하고 흔들리는 터전의 경험을 반드시 통과해야 한다는 교훈입니다.

6. 거룩한 낭비는 역사 속에서 일어난다

거룩한 낭비는 성서 속의 인물들을 통해서만 접할 수 있는 것이 아닙니다. 자기 삶을 거룩하게 낭비했던 사람들이 있었기에 오늘 우리의 삶이 존재할 수 있었습니다. 역사 속의 두 인물을 통해 '거룩한 낭비'의 화신(化神)들을 언급하고 상고해 보겠습니다.

먼저 서학(西學)을 만난 정약용과 그 집안의 경우를 상고해 보겠습니다. 유학적 가치관과 세계관을 지켜 살던 실학자들이 서학, 천주교를 만났습니다. 지금까지 양반과 상놈의 차별 속에 살던 사람들에게 만민평등이 선포되고, 현상밖에 없다고 믿던 이들이 저세상과 영생이란 궁극적인 세계가 있음을 알았을 때 자기 터전이 흔들리는 경험이 있었습니다. 모진 고난과 갈등 속에서 그들은 서학을 받아들였고, 그 결과 제일 큰형 정약현과 정약용이 귀양을 갔으며, 바로 윗형 정약종이 아들 정하상과 더불어 순교를 당했습니다. 흔들리는 터전의 대가가 이런 식의 고통이자 죽음이었습니다. 유학자(실학자)로서 살았던 이들이 자신의 인생을 낭비한 것입니다. 아마도 정약용 가문이 학문적인 전통을 이으며 살았더라면 무탈했을 것입니다. 흔들린 터전의 경험 탓에 그래서 궁극적인 관심이 달라졌기에 그들은 자기의 인생을 과감히 던져야 했습니다. 삼백 데나리온을 던진 여인과 같은 낭비가 이들에게도 있었던 것입니다. 일가족 전체, 정씨 문중 전체의 거룩한 낭비를 통해서 오늘날의 한국의 가톨릭교회가 존재할 수 있었습니다.

다른 하나는 3·1 독립선언 당시 끝까지 망설이다가 마지막으로 선언서에 서명했던 신석구 목사의 경우입니다. 선교사들이 가르쳐

준 신앙의 지침에 따라서 그는 3·1 독립선언에 참여하지 않으려 했습니다. 선교사들은 그리스도인들에게 다른 종교인들과 같이 일할 수 없고, 정치적인 일에 관여해서는 안 된다고 가르쳤기 때문입니다. 이런 원칙이 이 땅의 목사들에게 강요되었던 것입니다. 따라서 그는 독립 선언서에 서명할 수 없다고 판단했습니다. 하지만 깊은 고민 속에서 그 역시 흔들리는 터전(shaking foundation)을 경험했습니다. 자신에게 주입된 신념 체계가 흔들렸던 것입니다. 민족의 장래를 위해 민족대표 33인 중 제일 마지막 서명을 했으나 끝까지 변절하지 않은 유일한 한 사람으로 기억되고 있습니다. 모진 고초와 감옥 생활을 견뎌야 했고, 병고에 고생했으나 그에게는 민족의 독립은 지켜야 할 궁극적 관심이 었습니다. 실로 그의 인생은 망가졌고, 버려졌지만, 자신을 거룩하게 낭비함으로써 그는 나라를 지켜낼 수 있었습니다.

이렇듯 흔들리는 터전 탓에 새로운 일들이 가능했습니다. 거룩한 낭비의 화신들을 성서에서만이 아니라, 우리 역사 속에서도 찾을 수 있었습니다. 그들 덕으로 오늘 우리가 이렇게 살고 있는 것입니다. 하지만 작금의 우리에게는 분노도, 욕망도 거룩하지 않습니다. 매 순간 분노하고 허기를 느끼며 낭비하지만 도무지 거룩하지가 않습니다. 예수께서는 이 여인의 이야기가 전파되는 곳에 복음이 있고, 복음이 전파되는 곳에 이 여인의 이야기가 전해질 것이라고 했습니다. 그렇다면 거룩한 낭비는 우리 안에서, 우리 속에서 거듭 발생되어야 옳습니다. 이것이 3·1절을 지내며 가지게 되는 우리의 생각입니다. 언젠가 우리의 삶 역시 거룩하게 낭비되어야 마땅합니다. 그런 날 반드시 우리에게도 허락해 주실 것이라고 믿습니다.

우리는 3.1혁명 100주년을 벌써 몇 년 지냈습니다만 아직도 정명(正名)을 회복하지 못한 채 관제 용어인 '3.1운동'이란 명칭을 사용하고 있습니다. 1919년 3~4월 한민족이 왜적의 총칼 앞에 생명을 내던지며 투쟁했던 '3.1혁명'의 역사적 의미부터 회복해야 할 과제를 갖고 있습니다.

아울러 혈육의 사람 야곱이 얍복 나루에서 하나님의 사자와 씨름하여 결국에 새 이름 이스라엘이 되어진 성서적 배경을 갖고 출범한 우리 나루교회가 창립 주일을 맞이했습니다. 창립 당시의 신앙 동기가 재생하여 현재에 새 의미와 비전을 갖고 앞으로 미래를 예비하시기를 바랍니다.

7. 욥기, 욥의 자화상

욥기 23:1-10에 고난이 닥친 현실 앞에서 하나님의 사람으로 치열하게 살고자 한 욥의 자화상이 기록되어 있습니다. 욥기에서 친숙한 구절은 23:10입니다. "그러나 내가 가는 길을 그가 아시나니 그가 나를 단련하신 후에는 내가 순금같이 되어 나오리라."

욥은 까닭 없이 고난을 겪은 대표주자입니다. "온전하고 정직하여 하나님을 공경하며 악에서 떠난"(욥 1:1) 사람인 욥에게 고난이 닥쳤습니다. 어느 날 갑자기 도적 떼에게 재산을 다 빼앗깁니다(욥 1:13-17). 아들 일곱, 딸 셋이 갑작스러운 재난으로 다 몰살 당합니다(욥 1:19). 발바닥에서 정수리까지 번진 피부병에 밤낮 시달리게 됩니다(욥 2:7, 8, 13). 그의 아내도 욥에게 "하나님을 욕하고 죽으라"(욥 2:9)고 퍼붓습니다. 욥을 "위문하고 위로하려"(욥 2:11) 온 세 친구도 정색하고 욥을 나무랍니다. 재앙은 혼자 오지 않습니다. 재산 잃고, 자식 잃고, 건강 잃고, 아내 잃고, 친구들에게서 따돌림을 당합니다. 그런 욥의 입에서 나오는 말이 무엇입니까?

그러나 내가 가는 길을 그가 아시나니(욥 23:10).

욥이 이 말을 하기까지 오랜 시간이 걸렸습니다. 친구들과 신앙논쟁을 거칠게 하였습니다. 욥의 친구들의 판단은 인과적이며 신명기적입니다. 신명기는 언약 백성의 어제, 오늘, 내일을 사람들이 알 수 있는 용어로 풀어보고자 했을 뿐 믿음 생활 자체를 인과응보로 단정한 것은 아닙니다. 그런데도 욥의 친구들은 인과응보밖에 몰랐습니다. 세상사에 얼마든지 예외가 있고, 재난이 있고, 사건 사고가 있는데도 그것들을 철저히 외면하였습니다. 그래서 욥이 외칩니다. "너희는 내 마음을 모른다. 내 처지를 모른다. 내 신앙을 모른다. 그래서 욥이 외친 소리가 이것입니다.

그러나 내가 가는 길을 그가 아시나니(욥 23:10).

'그러나'에 주목하십시오 사람들은 모르지만, 내가 가는 길을 하나님은 아시나니! 욥기는 단순히 고난을 겪는 자의 항변이 아닙니다. 고난 중에 하나님을 이야기하기가 욥기의 핵심입니다. '내가 가는 길'은 '내가 당한 처지'로도 번역할 수 있습니다. 사람들은 모르지만, 하나님은 욥이 가는 길을 아십니다. 욥이 당한 처지를 헤아리십니다. 나만 이 길을 가고 있다면 답이 없습니다. 나만 이 일을 당했다면 억울합니다. 나를 둘러싼 처지만 생각하면 내 입에서 나오는 말이 무엇입니까? "어째서 내게?"(Why me?)

욥은 시련을 만났을 때 "어째서 내게?"라고 외치지 않았습니다. 말로 다 할 수 없는 고통을 겪게 되었을 때 이렇게 속내를 밝혔습니다. "주신 이도 여호와시요 거두신 이도 여호와시오니 여호와의 이름이 찬송을 받으실지니이다"(욥 1:21). 욥은 깨달았습니다. "나라고 예외일 수는 없다!"(Why not me!) 고난은 누구에게나 닥칠 수 있다는 것입니다. 사순절이 끝나고 종려주일과 고난 주간이 시작됩니다. 이번 주간 고난을 깊이 사숙하고 내적인 새로움을 겪으시는 은혜가 있기를 바랍니다.

2022년 4월 10일, 종려주일